PRECONCEITO: UMA HISTÓRIA

LEANDRO KARNAL
LUIZ ESTEVAM DE OLIVEIRA FERNANDES

Preconceito:
Uma história

Copyright © 2023 by Leandro Karnal e Luiz Estevam de Oliveira Fernandes

Grafia atualizada segundo o Acordo Ortográfico da Língua Portuguesa de 1990, que entrou em vigor no Brasil em 2009.

Capa
Alceu Chiesorin Nunes

Pesquisa iconográfica
Vladimir Sacchetta/ Porviroscópio Projetos e Conteúdos

Preparação
Márcia Copola

Checagem e legendas
Érico Melo

Índice remissivo
Luciano Marchiori

Revisão
Jane Pessoa
Huendel Viana

Dados Internacionais de Catalogação na Publicação (CIP)
(Câmara Brasileira do Livro, SP, Brasil)

Karnal, Leandro
    Preconceito : Uma história / Leandro Karnal, Luiz Estevam de Oliveira Fernandes. — 1ª ed. — São Paulo : Companhia das Letras, 2023.

    Bibliografia.
    ISBN 978-85-359-3549-3

    1. Estereótipos 2. Misoginia 3. Preconceitos 4. Racismo 5. Sociologia 6. Xenofobia I. Fernandes, Luiz Estevam de Oliveira. II. Título.

23-168116   CDD-303.385

Índice para catálogo sistemático:
1. Estereótipos : Psicologia social : Sociologia   303.385

Eliane de Freitas Leite – Bibliotecária – CRB-8/8415

Todos os direitos desta edição reservados à
EDITORA SCHWARCZ S.A.
Rua Bandeira Paulista, 702, cj. 32
04532-002 — São Paulo — SP
Telefone: (11) 3707-3500
www.companhiadasletras.com.br
www.blogdacompanhia.com.br
facebook.com/companhiadasletras
instagram.com/companhiadasletras
twitter.com/cialetras

Este livro é dedicado a Lucas de Oliveira Fernandes e Adão Abel Hans. Nossos irmãos por sangue e por escolha. Porque eram eles, porque somos nós.

Como ir pro trabalho sem levar um tiro
Voltar pra casa sem levar um tiro.
[...]
Há preconceito com o nordestino
Há preconceito com o homem negro
Há preconceito com o analfabeto
Mas não há preconceito se um dos três for rico, pai.

Criolo

Sumário

Prefácio — Djamila Ribeiro 11
Introdução 15

1. O primeiro dos preconceitos: A misoginia 25
2. Corpo, desejo e identidade de gênero: "Borboletas vão queimar" ... 83
3. "Vocês, estrangeiros, não entendem nada": A xenofobia 151
4. "A humanidade precisa de uma poda": De antes das lógicas
   da eugenia ao racismo de hoje 206
5. O corpo ideal, o corpo eficiente 258
Uma conclusão? 304

Depoimentos 311
Agradecimentos 317
Notas 319
Referências bibliográficas 343
Créditos das imagens 359
Índice remissivo 361

Prefácio

Djamila Ribeiro[*]

Uma das questões que mais mobilizam a indignação coletiva nos dias que correm é a ojeriza a um preconceito vocalizado. Ofender uma pessoa negra com a utilização de adjetivos que evocam animais tem sido um comportamento reprovado em massa. Dizer que uma pessoa negra é criminosa pelo simples fato de ser negra pode até ser uma mensagem subliminar transmitida pela reiterada associação entre pessoas negras e crime efetuada por programas policiais de TV, porém dificilmente seria bem recebida se expressa textualmente pelos apresentadores desses mesmos programas. Bastou que alguns comentários dessa natureza viessem a público para que campanhas de conscientização e frases de ordem tomassem o ambiente digital da sociedade. O preconceito, como dito nas próximas páginas, é muitas vezes a verbalização da manifesta ignorância sobre determinado assunto. Está presente em todos os grupos sociais e, como também afirmado pelos autores deste livro, pode e deve ser desconstruído.

Trata-se de um juízo antecipado que não passa pelo crivo da razão e que possui dimensões históricas, produzindo sentidos materiais no mundo em que vivemos. Por exemplo, a ideia de que "negro não era bom para ser goleiro" foi um preconceito naturalizado que afastou toda pessoa negra da guarda debai-

---

[*] Escritora, coordenadora da Feminismos Plurais e membro da Academia Paulista de Letras.

xo das traves por cinquenta anos na seleção masculina de futebol. A ideia de que mulheres não eram aptas a praticar esportes as impediu de disputar diversas modalidades, incluindo o futebol, por mais de quarenta anos, desde a edição do decreto-lei de 1941, na era Vargas. Este livro lista infinitos exemplos, buscados entre milhares de anos, em diferentes culturas, sob ópticas distintas, com o compromisso pela conscientização acerca da base anticientífica desses "pré-conceitos", que, sendo mais que mera ignorância, geram efeitos materiais na vida das pessoas.

Instalado numa sociedade e numa época marcadas por desigualdades, o preconceito impacta com ainda maior produção de sentidos a vida de pessoas situadas à margem dos privilégios. Uma das formas como o preconceito tem sido analisado pela literatura negra não ficcionista é o estudo sobre a discriminação, que, por sua vez, possui uma pluralidade de sentidos. Segundo o professor Adilson José Moreira,

> alguns elementos possuem grande relevância para compreendermos o sentido genérico de discriminação: intenção, comparação, desvantagem e estigma. A doutrina tradicional afirma que um ato discriminatório tem uma característica principal: a intenção de um agente impor um tratamento desvantajoso a outro. Esse tratamento decorre então de uma comparação entre indivíduos a partir de um determinado traço. O agente discriminador parte do pressuposto de que a vítima não possui uma qualidade socialmente valorizada, atributo supostamente presente em certos segmentos, notoriamente nos grupos majoritários.*

Esse aspecto da discriminação na sociedade nos interessa quando olhamos para a contemporaneidade e refletimos criticamente sobre a fixação de práticas discriminatórias contra pessoas que estão num lugar de vulnerabilidade racial, social, de sexo/gênero, sexualidade, entre outras — por exemplo, o uso reiterado de palavras depreciativas acerca da identidade da outra ou do outro. Na verdade, embora essa seja também uma das dimensões de discriminação, atualmente se dá a compreensão do fenômeno como algo muito maior, que acaba por encampar todo o corpo social. O patriarcado racista e capitalista

---

* Adilson José Moreira, *Tratado de direito antidiscriminatório*. São Paulo: Contracorrente, 2020, p. 328.

formata a prática das instituições, regula as relações sociais e estrutura a sociedade inteira. Somos atravessados por ele a todo tempo; tomando o exemplo da mulher, esta já possui um modo e uma função dados antes mesmo de nascer, como nos ensina Simone de Beauvoir.

Por isso, esta obra de autoria de Leandro Karnal, meu querido confrade de Academia Paulista de Letras, e Luiz Estevam de Oliveira Fernandes, professor do IFCH-Unicamp, é um presente para o estudo da discriminação, como também um convite à prática pedagógica de conscientização para desconstruí-la, ao fazer uma análise histórica e reflexiva sobre as origens de preconceitos dirigidos a setores sociais situados num lugar de vulnerabilidade. Uma luta histórica empreendida por educadores e educadoras que esperançam uma sociedade mais justa e fraterna, e que contam com o livro escrito pelos dois estudiosos da história e da teologia como um ponto de observação científica para a revisão de pensamentos tidos hoje como "naturais", mas que foram historicamente engendrados.

É um prazer assinar o prefácio desta importante obra que nos convida à reflexão.

São Paulo, agosto de 2023

Introdução

DE NAZARÉ PODE VIR ALGO DE BOM? A UTILIDADE AMPLA DO PRECONCEITO

As raízes do preconceito podem ser buscadas muito longe e fundo. Decidimos começar pelo Evangelho. No final do capítulo 1 de João, há um diálogo entre o apóstolo Filipe e Natanael. O primeiro afirma ter encontrado o verdadeiro Messias anunciado pelos profetas. A reação de Natanael, ao saber a origem do profeta, é irônica: "De Nazaré pode sair algo de bom?" (João 1,46). Estamos no século I da era cristã, e nos deparamos com uma nítida, direta e declarada manifestação de preconceito.

A passagem contém quatro questões centrais para nosso ponto de partida. Identificando todas, teremos a primeira definição de como surge e como funciona o tema central deste livro. A primeira é que se trata de um "pré-conceito", ou seja, um conceito formado antes do conhecimento da questão. Natanael não conhece Jesus, nada sabe d'Eele, mas não gosta dos habitantes da cidade de Nazaré por vários motivos. Assim, sem conhecer a pessoa em questão, Jesus, já o classifica num grupo maior, o dos nazarenos. O preconceito é formado antes de uma experiência real, a partir de uma generalização. Como a base de quase todo pensamento racional é a experiência real e concreta das evidências, aqui esbarramos, de saída, no caráter não científico do preconceito. O preconceito é algo que contraria a lógica elementar de toda ciência. O preconceito nasce sem que necessite de dados objetivos. O preconceito, antes de tudo, vem de alguém com uma limitação intelectual conjectural — porque não *conhece* —, e que deduz sobre o vazio.

O segundo elemento do preconceito é a generalização. Parte-se de um exemplo como tipo geral para descrever uma região, um grupo humano, uma identidade étnica, uma religião, uma orientação sexual, e por aí vai. Propomos uma breve fantasia. Nazaré era uma vila muito pequena e simples no tempo de Jesus. Talvez Natanael tivesse experiências ruins com lugares assim. Talvez, um dia, um nazareno tenha enganado Natanael. Comprou algo e não pagou? Tentou namorar a filha dele? Nada sabemos. A partir do episódio, todos os nazarenos passam a ser caloteiros ou mulherengos. O ato único e individual se transforma em modelo, forma, fronteira e grupo dentro do qual se alojam todos os que também tenham nascido em Nazaré.

Apesar de, em si, contrariar o método científico, generalizar facilita as coisas para cabeças lineares, que gostam muito de regras universais, sempre aplicáveis. As exceções, os matizes e o aleatório (hoje se fala randômico ou até quântico) atrapalham o pensamento plano. A generalização seduz quem se sente pouco à vontade com o real e busca um nicho onde descansar sua angústia.

O terceiro elemento é a criação de identidade. No caso de Natanael, a identidade de não nazareno. Em outras palavras, quando se cria um preconceito (ou se mantém um vigente), parte-se de um fato não científico que foi generalizado e, ao mesmo tempo, estabelece-se uma comunidade. Meu grupo não é de Nazaré, talvez seja de Jerusalém. Meus vizinhos da Cidade Santa talvez não sejam muito agradáveis. Porém, há algo de positivo em ter nascido no mesmo lugar onde eu nasci. Nada nos une, a não ser aquilo que nos afasta de um terceiro. Isso é quase bizarro: estou próximo de você não porque eu sinta afeto ou confiança, mas porque você não é o terceiro e eu também não sou. No não ser de ambos encontramos uma maneira curiosa de constituir uma identidade. O outro, a alteridade, deve concentrar o elo da nossa própria corrente como bons habitantes legítimos de Jerusalém.

O terceiro passo do preconceito é um dos mais perigosos. O primeiro é sinal de pouca reflexão crítica. O segundo é um erro metodológico. O terceiro provoca violência porque permite combinar a força dos indivíduos contra o não ser coletivo, o outro. Aqui surge a associação racista, a torcida violenta, a força contra estrangeiros e contra a diferença, que, curiosamente, é a única coisa que pode unir preconceituosos.

É comum no processo histórico que um variado balaio de gatos encontre um inimigo em comum e se una em jornada criminosa. É o caso claro do nazismo na sua cruzada antissemita. Tendo chegado ao poder, uma parte da coesão fica frouxa. Os que se consideravam "oprimidos" agora possuem a força, e as diferenças afloram. No fim de junho e início de julho de 1934, Hitler provoca um expurgo interno no movimento, a chamada Noite dos Longos Punhais. Parte da elite de um grupo nazista, as Sturmabteilung, ou SA, foi eliminada. Aqui não nos interessam exatamente as origens do massacre, mas entender que a tomada do poder dissolve uma parte da coesão do grupo. Para restaurá-la, é preciso eliminar alguns, e depois utilizar a guerra, além das campanhas contra o judaísmo e contra o comunismo. Sem um inimigo, a coesão do grupo preconceituoso é fraca.

Voltemos a Natanael. Como todo ser humano, ele viveu alegrias e muitas frustrações. Talvez não tenha o êxito de que gostaria; é possível supor que sua vida pessoal não ande bem e até que, sendo habitante de uma periferia do grande Império Romano, tenha vastos e fundos ressentimentos contra a sociedade local e contra o poder mundial de Roma. Todos nós acumulamos dores. Muitos dos nossos fracassos são de clara autoria individual. Difícil reconhecer isso, então é melhor atribuí-los a terceiros. Estamos no quarto elemento fundamental. O preconceituoso cria um bode expiatório, inventa um grupo ou quaisquer outras coisas que possam ser a fonte do mal e do fracasso. Eu não estou bem na sociedade judaica do século I? Talvez seja culpa dessa gente de Nazaré que trabalha pouco e consome tudo o que produzimos. Se nos separássemos de Nazaré seríamos muito mais desenvolvidos. Há lixo nas ruas de Jerusalém? Só pode ser o povinho de Nazaré que vem para cá atrás de emprego e não é civilizado. Tudo o que eu possa identificar de ruim na minha vida e na minha região tem como raiz aqueles malditos nazarenos. Então, além de reforçar a já referida identidade dos não nazarenos, a existência do grupo ruim retira a responsabilidade individual e elimina a autoria no plano trágico da existência. O bem deriva de mim, e o mal, do outro. Esse quarto item seria o elemento psicologizante do preconceito, o efeito catártico e tranquilizador que responde a uma gramática interna e de grupo para que o agente do preconceito se sinta bem.

Os quatro elementos identificados não são os únicos, mas podem ser, direta ou indiretamente, percebidos na ação descrita no Evangelho. O preconceito é mais amplo do que essa quádrupla colunata. Aqui está um ponto de partida que não identifica um conceito, mas uma funcionalidade do preconceito que alimenta uma pessoa ou um grupo. Nem sempre estão presentes os quatro elementos, e há outros que identificaremos adiante. Porém, para reforçar o fluxo inicial, imaginamos algo assim:

A BIOGRAFIA DO PRECONCEITO

Preconceitos são históricos. Isso tem dois sentidos. O primeiro é que a própria palavra tem sua história. Ela aparece nos vernáculos europeus associada a condições de direito e penalidades, justiça e reparação, em plena Idade Média. Naquele contexto, do século XIII em diante, nasce a noção de "prejuízo" (e suas variações em outros idiomas europeus, como *prejudice*, *prejuicio* etc.). A ideia era que "algo foi feito em meu prejuízo; contra mim". Ainda usamos esse sentido da palavra — exemplo: perdi dinheiro, tive prejuízo. Literalmente, "prejuízo" quer dizer um "juízo prévio", um julgamento antecipado. Por isso, exigia reparação da parte de quem lhe causara o prejuízo. De prejudicar alguém, o termo começou a ganhar novos significados por volta do século XVII. Do XIX em diante, ganhou a carga conotativa atual. Em português, surge a noção de "preconceito" para afastar do uso corrente de "prejuízo" a ideia de que alguém tem opinião preconcebida sobre algo ou outrem. Outras línguas europeias mantiveram o mesmo termo, "prejuízo", para expressar essa nova lógica que chamamos de preconceito. A rigor, na etimologia, as duas são bem parecidas: uma forma um "pré-juízo" e outra elabora um "pré-conceito"; ou seja, ambas carregam a noção de um julgamento (de valor ou não) que foi feito aprioristicamente, sem o devido conhecimento, ou sem ser beneficiado pela experiência. Antes mesmo de conhecer, se forma uma opinião, um preconceito.

Se a palavra tem história, o que ela designa também tem. Mas dizer que há preconceitos antiquíssimos não significa que eles sempre foram expressos da mesma forma. Ainda que sejam muito antigos como o antissemitismo ou a misoginia, em cada época os discursos e as práticas preconceituosas foram distintos. A própria definição de preconceito varia ao longo do tempo, e podemos, claro, ver alguns processos similares, mas nunca um universal absoluto. O que é mais permanente no preconceito é a produção de vítimas, alvos de discursos de ódio, de limitações jurídicas e até de morte.

O que significa dizer que o preconceito é histórico? Em parte da Idade Média, o preconceito contra a mulher, a misoginia, tinha origem religiosa. Eva fora mais suscetível ao pecado. A mulher era mais submetida às tentações demoníacas. A mulher era, teologicamente, inferior. No século XIX, os motivos religiosos decaem e surgem explicações que se pretendiam científicas ou médicas. Emerge a "histeria feminina", desponta a "inveja do pênis" e outras teorias elaboradas dominantemente por homens que, sem usar a Bíblia, acreditavam numa nova base científica para elucidar a pretendida inferioridade do chamado "sexo frágil". O que une os dois momentos é a produção de discursos e de práticas que causaram danos enormes às mulheres.

O mesmo ocorre sobre o preconceito contra judeus. Na Idade Média, as acusações de deicídio eram as mais frequentes. "Os judeus mataram Jesus", gritavam as turbas enfurecidas. No século XIX, com o despontar de um tipo de pretensa ciência, o antijudaísmo religioso vai se tornando um antissemitismo racial. O racismo é a tentativa de explicar com linguajar pseudocientífico (obviamente insustentável) o velho preconceito medieval. O "sangue judeu", que contaminava espanhóis da Idade Média e os transformava em párias incapazes de assumir determinadas funções, agora é um dado biológico que pode embasar as leis racistas de Nuremberg, em 1935. Por terem ancestrais deicidas, os judeus medievais não podiam assumir cargos elevados na Igreja.

Em pleno século xx, o casamento de um judeu com uma "ariana" era considerado nulo.

Sendo próprios da história, os preconceitos são mutáveis. Ninguém mais duvidaria da capacidade de alguém por ser de Nazaré, e a frase de Natanael não seria sequer compreendida numa conversa contemporânea. Outros preconceitos, como a misoginia — possivelmente o mais amplo e generalizado preconceito das sociedades humanas —, mesmo buscando explicações diversas, são de uma notável perenidade. Aqui vai uma boa notícia: sendo histórico e produzido por pessoas e grupos, o preconceito pode ser superado por pessoas reais e concretas. Não sendo natural, é preciso que seja ensinado para existir. Logo, pode ser "desaprendido" ou deixar de ser reiterado. Preconceito tem biografia e, como tudo o que pode ser biografado, tem origem e, felizmente, pode ter um fim. Resta saber se é possível esperar pela morte natural de um preconceito ou se é necessário assassiná-lo de forma direta. Este livro não teria sentido se os autores não acreditassem ser possível identificar, analisar e superar o preconceito.

"Preconceito" e "discriminação" são termos próximos. Por vezes, juridicamente, parecem até a mesma coisa, como no texto da lei n. 7716, de 5 de janeiro de 1989, complementada pela lei n. 9459, de 15 de maio de 1997: "Serão punidos, na forma desta lei, os crimes resultantes de discriminação ou preconceito de raça, cor, etnia, religião ou procedência nacional". Mesmo assim, o preconceito pode ser definido como uma ideia de distinção, exclusão ou preferência tendo por base raça, sexo, religião, origem social ou geográfica etc.; já a discriminação diz respeito à ação decorrente do preconceito. Por exemplo, o preconceito racial cria um julgamento de superioridade de um grupo sobre outro, e aquele que esposa ideias racistas ao selecionar funcionários para uma empresa estabelece uma prática discriminatória no processo seletivo. O preconceito é uma opinião; a discriminação, um comportamento real e efetivo.

Sendo um pensamento, o preconceito, a rigor, não é crime. Quando se torna uma ação concreta ou uma afirmação pública, passa a ser discriminação e, a partir daí, é alvo da lei.

Neste livro, consideramos o preconceito a matriz que origina o ato discriminatório e a violência. Tentaremos analisar tanto a fonte mental, a concepção de mundo, a ideia chamada preconceito como suas ramificações concretas discriminatórias. As duas coisas constituem uma circularidade, pois ideias geram atos que confirmam determinada concepção. Tão importante quanto estudar o caudaloso curso de um rio é deter-se sobre o invisível lençol freático. Sem preconceito, não existiria discriminação. Ausente de sua expressão concreta discriminatória, o preconceito seria apenas uma fantasmagoria psíquica.

O CALEIDOSCÓPIO PRECONCEITUOSO

Aqui procuraremos desenvolver questões complexas. Ser vítima e alvo de um preconceito e de uma discriminação não significa estar liberto de outros. É absolutamente comum que alguém que sofre a violência de discursos e práticas preconceituosos encontre em outras vítimas uma boa compensação para sua dor. Como uma mulher que ouve no trânsito que mulheres dirigem mal e fica irritada. Ao chegar em casa ela encontra uma ordem não cumprida pela sua funcionária na cozinha e diz que "essa gente do Nordeste é tudo vagabunda". Um homem com a Bíblia debaixo do braço pode ser alvo de comentários negativos no metrô. Na calçada, encontra dois outros homens de mãos dadas e acha aquilo uma "pouca-vergonha". Mais adiante, cruza com adeptos de uma religião de matriz africana e emite juízo crítico de valor. A história está tomada de exemplos de pessoas e grupos que, sendo vítimas de um discurso preconceituoso, sofrem, e mesmo assim continuam desenvolvendo outros preconceitos.

O tema às vezes desafia a lógica. Existem mulheres misóginas, negros racistas, gays LGBTFóbicos e judeus antissemitas. Há pobres que odeiam pobres e manifestam aporofobia. Há pessoas com peso acima do padrão socialmente celebrado que proferem frases lipofóbicas. Pior: pessoas com peso acima do padrão que se esforçaram para perder a forma anterior e passam a olhar para os outros obesos com imenso preconceito. Novos-ricos atacam pobres, grupo a que pertenciam havia pouco.

Todos nós possuímos alguma coisa que, para algum grupo em algum lugar, de algum modo, pode ser alvo de preconceito. Este seria então o melhor argumento contra o tema: ele é histórico, como vimos, e, infelizmente, muito amplo. Está em você e está em nós, e fala dos nossos medos e da nossa cultura. Fomos criados com os preconceitos e desconstruí-los é uma tarefa longa. Com este livro, esperamos ajudar a entender por que um pensamento tão equivocado pode estar tão densamente cravado na nossa percepção e nos nossos afetos.

CAMPO VASTO E HISTÓRICO

Uma história do preconceito seria uma história de toda a espécie humana. Tratamos de alguns. Restam muitos outros. A ideia que esteve conosco não foi uma tentativa de esgotar as possibilidades analíticas nem de abarcar toda a história. Cada ponto focado por nós daria muitos outros livros. O racismo, o antissemitismo, a xenofobia e a LGBTfobia fizeram parte da construção de campos de concentração na Alemanha nazista, por exemplo. Nossa análise de cada medida repressiva não se pretende exaustiva. Nada há sobre o processo que Leonardo da Vinci sofreu por sodomia. Indicamos o de Oscar Wilde, mais recente. A ação inquisitorial resultaria em muitos livros. Traçamos algumas linhas para dar uma ideia do vasto mundo repressivo e mortal do preconceito.

Quais as duas preocupações? Uma é mapear uma ideia sem fazer uma fenomenologia, ou seja, sem tentar demonstrar que o mesmo preconceito foi idêntico no Egito dos faraós e na Inglaterra vitoriana. O ato de perseguir judeus no vale do Nilo era algo distinto de um pogrom russo no século XIX ou XX. Existem continuidades sobre grupos atingidos, todavia devemos evitar cortes largos transversais e essencialistas. O preconceito é tão antigo quanto a história, porém apresentou práticas e teorias diferentes a cada instante.

A segunda é deixar clara nossa posição: o preconceito tem uma invenção, uma origem. Ele nasce e se desenvolve a partir de um momento específico. Inventado por humanos, atendendo a necessidades humanas, ele pode ser vencido pelo mesmo grupo que o criou. O preconceito pode ser vencido, sim, como um dia foi criado. Não é um dado da natureza, não se trata de uma lei como a gravidade. Analisar e dissecar a construção do preconceito pode colaborar para mostrar sua artificialidade. Um dos esforços dos preconceituosos de todas as épocas foi inserir o preconceito no campo da natureza (ou mesmo de uma ordem divina). Nosso esforço foi de desconstrução.

PRECONCEITOS E... AUTORES

Este é um estudo de história feito por dois historiadores de profissão. Ele não retira a voz de ninguém e é produzido a partir de um ponto de vista que não se pretende único. Tampouco é a versão definitiva e obrigatória — em história, nunca existe a versão definitiva, porque o processo histórico nunca cessa. Este texto é uma tentativa de analisar a construção, as funções e os efeitos do preconceito no Ocidente.[1] Buscamos muitas vozes, inclusive em depoimentos. A análise segue aberta a críticas. Argumento de autoridade, em geral, é recurso de tradicionalistas. Sempre podemos refazer percursos.

Dois autores homens e... brancos. Um livro sobre preconceito que não inclui variantes étnicas ou de gênero? Bem, o argumento é bom. Vamos ao problema. Se os autores fossem indígenas poderiam falar de negros? Duas autoras lésbicas de classe média seriam autorizadas a falar de elitismo ou aporofobia? Sempre teremos uma falha, uma brecha. Sempre faltaria um representante de um grupo atingido pelo ódio.

Um dos autores fez sessenta anos. Fica mais legítima a análise sobre etarismo? Os dois nasceram longe dos grandes centros urbanos. Seria mais coerente sua visão sobre o orgulho xenofóbico de algumas grandes capitais? O autor hétero estaria incapaz de avaliar movimentos gays ou trans? O autor gay, sendo do gênero masculino, nada conseguiria analisar das mulheres? Sempre existe a falta. Indicá-la é legítimo. A luta contra o preconceito deve ser aberta à crítica permanente, inclusive de toda pessoa bem-intencionada.

Precisamos entender que lugar de fala é um conceito fundamental, especialmente para quem sofre a opressão. A principal voz da luta contra o machismo deve ser a das mulheres. O mesmo pode ser dito de todos os grupos que são vítimas do preconceito. Lugar de fala nunca foi censura ou interdição. Essa seria uma leitura equivocada do conceito.

O mais importante: estudar preconceitos não pode ser um esforço exclusivo das vítimas. Os alvos do preconceito devem possuir voz e destaque na análise, no entanto o preconceito é um dano ao conceito de humano e um ataque ao Estado Democrático de Direito. Se eu permito que alguém seja menosprezado ou morto por ser judeu, mesmo que eu não seja, acabo causando (pelo silêncio) um dano estrutural à possibilidade de tolerância ativa e de democracia. Como diria a filósofa Angela Davis, não basta apenas evitar o racismo, devemos ser antirracistas.[2]

Acreditamos na responsabilidade coletiva contra o preconceito. A motivação pode ser um impulso de elevada cidadania, porém, cremos, trata-se de um benefício a todos. Um mundo onde é possível atacar ou matar alguém por uma diferença é um mundo inseguro para todos. Um dia, um campo de concentração é feito para judeus. Depois, passa a incluir ciganos, homossexuais, testemunhas de Jeová. O processo do mal vai crescendo, e ninguém nunca estará a salvo se pudermos escolher quem são os "superiores" e quem deve ser eliminado. Ninguém é o "salvador" de um grupo, mas todos devem evitar ser convertidos em cúmplices de processos de redução da dignidade humana. Em outras palavras, se fico em silêncio porque alguém foi atacado (já que não sou do grupo atacado), permito um procedimento injusto, excludente, ilegal e, no limite, danoso a todos. Qualquer sociedade que admite o ataque e a eliminação de um único ser humano torna-se um lugar perigoso para todos.

Seria algo mais simples se identificássemos o preconceituoso apenas como um indivíduo doente. O mal é sempre mais aceitável quando individualizado e patologizado. Infelizmente, as teias do preconceito são mais densas e se tornam sociais. Ao pensar sobre o mal, retomando e ampliando a reflexão da banalidade que Hannah Arendt tinha despertado, Contardo Calligaris pega o exemplo dos fascismos e desenvolve sua amplitude social. As clivagens entre o *eu ideal* e o *ideal de eu* colaboram para preparar terreno para uma entrega a um "dever maior", algo que recupere uma unidade dilacerada. Na caminhada, o preconceito vira uma peça fundamental.[3]

Se você chegou até aqui, acompanhe-nos pela jornada a seguir. Ela é cheia de dores, horrores, opressão, violência e intolerância. Em cada capítulo, abordaremos um tipo de preconceito que nos aflige nos dias de hoje. Como ficará claro rapidamente, nenhum deles caminha isolado de outros. A separação que propusemos tem efeito didático tão somente. Muitos preconceitos ficaram de fora. Não porque somos indiferentes a eles, mas porque não temos embasamento suficiente para analisá-los ou porque parte do argumento que os sustenta pode ser depreendida de outros que abordamos aqui. Jamais menosprezaríamos a dor de alguém e, de antemão, nos desculpamos caso alguém se sinta deixado de lado ao terminar a leitura. Fica, contudo, o convite: acompanhe-nos, página a página, numa jornada tétrica, mas necessária, do que fomos e somos capazes de fazer uns com os outros. Ajude-nos a refletir sobre como podemos ser.

1. O primeiro dos preconceitos: A misoginia

AS PRIMEIRAS MULHERES, OS PRIMEIROS PRECONCEITOS

Existem muitas versões para o surgimento de nossa espécie. Todas elas podem, contudo, ser agrupadas em dois grandes blocos. O primeiro é composto das explicações de ordem mítico-religiosa. Nelas, deuses e deusas poderosos criaram a humanidade e instilaram nela suas características fundamentais. No geral, a humanidade, nessas versões, é imutável. Nascemos prontos, como somos hoje. Podemos ter ganhado novas aptidões com o passar do tempo, como o domínio de certas técnicas, mas, em essência, nos mantivemos como no primeiro dia. Uma lógica imobilista. Nesse sentido, garotos são garotos e meninas são meninas: há uma essência de gênero e aptidões programadas em nossa criação. Nessas perspectivas, forma e função vêm juntas: uma mulher vem acompanhada de suas designações de gênero. Seu sexo determina sua sexualidade e seus papéis de gênero. Os detalhes podem mudar.

Nossa tendência de análise é concentrada nas grandes tradições monoteístas em diálogo com textos sagrados como a Bíblia. Judaísmo, cristianismo e islamismo, apesar de fundamentais, não são as únicas. Por óbvio, existem matrizes religiosas distintas dessa lógica dual. Oxalá criou homens e mulheres simultaneamente, por exemplo. Entre os siques, mulheres e homens teriam a mesma alma, como duas faces da mesma moeda. No candomblé, por exemplo, Oxumaré é ligado ao arco-íris, e sua força está na mobilidade. A mudança marca seu gênero: uma parte do tempo Oxumaré é macho e, em outro momento, fêmea. A heteronormatividade, tão forte em algumas religiões, é muito mais esgarçada em outras.

Um elemento indicativo da melhor convivência do candomblé com a diversidade é o pajubá, socioleto que combina com o português expressões de origens linguísticas diversas, em especial o iorubá. Presente em terreiros, foi sendo incorporado pela comunidade LGBTQIA+ e já originou teses e dicionários.

Sim, o preconceito flui solto em grandes instituições de poder religioso, mas, como vimos, o discurso e as práticas de exclusão não são universais. Há muitas correntes budistas e de espiritismo kardecista, por exemplo, contrárias ao preconceito. Outro exemplo é a Igreja Cristã Contemporânea, com templos em vários estados. De matriz evangélica, a Igreja é marcada pelo acolhimento à diversidade sexual. O pastor Marcos Gladstone faz textos e pregações dando nova interpretação a episódios como Sodoma. No site da Igreja, uma imagem diz: "Sorria, Jesus te aceita".[1] Em resumo, nem sempre o sagrado é instrumentalizado como expressão da heteronormatividade.

Lembremo-nos, porém, que estamos investigando a raiz de lógicas preconceituosas, e não o seu reverso. Vamos nos atentar ao que é mais doloroso, às matrizes mais difundidas no mundo ocidental, em nosso país, e que são basilares para a misoginia. Justamente nas tradições religiosas e míticas de matriz abraâmica, o modelo da Criação é o homem. A mulher surge como adendo, uma "criatura complementar", uma versão adjunta da verdadeira Criação. Na tradição judaico-cristã, Eva, a primeira mulher, saiu da costela de Adão, quando Deus, depois de ter avaliado Sua obra como boa, repensa a tristeza da única criatura solitária que criara. Para apaziguar seu coração, lhe dá um par. Nesse sentido, Deus deve ser um ente masculino ou, no mínimo, ter atributos masculinos, pois Adão se assemelha a ele, ao passo que Eva é um subproduto de Adão, uma costela com sorte na vida. Essa passagem deve ser observada com lupa, pois sua leitura pautou muito da misoginia ao longo dos últimos milênios.

Mas essa é apenas uma versão condensada das primeiras páginas do texto sagrado. Voltemos a ele com mais vagar e veremos que há dois relatos da Criação no mesmo Gênesis. Primeiro, em Gênesis 1,27, a criação do homem e a da mulher ocorreram, se não ao mesmo tempo, muito próximas uma da outra:

"Deus criou o homem à Sua imagem, à imagem de Deus Ele o criou, homem e mulher Ele os criou". O narrador parece titubear. Deus criou o homem à Sua imagem, diz, para, logo em seguida, como se fizesse um remendo politicamente correto, afirmar que Deus criou o homem e a mulher. Teria também criado a mulher à imagem de Deus?

Albrecht Dürer, Adão e Eva, *1504. A harmonia do Éden está prestes a ser quebrada: Eva aceita o fruto proibido da árvore da vida, oferecido por uma serpente alusiva ao demônio. Por conta desse "pecado original", cuja narrativa bíblica é uma das fontes da misoginia contemporânea, teólogos como São Tomás de Aquino decretaram que "a mulher é um macho deficiente".*

Essa versão sintética da criação da humanidade é estendida e (talvez) contradita no capítulo seguinte. Adão é criado novamente em Gênesis 2,5-7. Dessa vez porque Deus parece ter notado que faltava algo na sua Criação. Não havia ninguém ali para lavrar as recém-criadas terras férteis. Então, o Todo-Poderoso tomou pó da terra ou barro, insuflou vida em suas narinas e, assim, Adão surgia em Sua frente. Deus parece ter dado como pronta a criação da humanidade, já que se pôs a fazer outras coisas, em especial a organizar os quatro rios primordiais que cortavam a terra de então. Quando retorna a Adão, é para pô-lo no Éden e dar-lhe a instrução de que poderia comer de tudo, menos das árvores da vida e do conhecimento, sob pena de morte se o fizesse. Instalado o homem, Deus reconsidera a situação dele e decide procurar uma companheira idônea para Adão. Isso mesmo, procurar! Primeiro, ele buscou *entre os animais* já criados, mas não a encontrou. Só então, em Gênesis 2,21-23, é que Ele anestesiou Adão e extraiu dele uma costela que foi transformada em Eva. Não há menção à imagem de Deus nesta segunda passagem, assim como não se mencionam barro e costela na primeira.

Os estudiosos da concepção e escritura do texto bíblico nos lembram que essas eram tradições orais e que, portanto, variavam de lugar para lugar, de grupo para grupo, de época para época. Tais diferenças de duas versões orais de diversos grupos judeus acabaram sendo costuradas na forma escrita do Pentateuco como o conhecemos hoje. Por isso, existem também dois relatos do Dilúvio, duas maneiras de justificar por que se deve guardar o sábado etc. Há ainda quem aposte que a primeira versão era uma espécie de trailer do que viria depois, um resumo da história de fato mais cheia de detalhes. Os religiosos tendem a fundir ambas, relevando as contradições e incoerências entre os dois textos.

Milênios de exegese e versões dessas passagens surgiram entre as religiões abraâmicas, todas as três de base misógina. Entre os islâmicos, a Criação é mais parecida com a primeira versão — um Deus criando homem e mulher à Sua imagem mas sendo claro que ela deveria lhe servir. Entre os judeus, teorias conspiratórias apareceram na tradição do Talmude, e frases como a de Adão ("Esta, sim, é osso de meus ossos e carne de minha carne", Gênesis 2,23) ao receber Eva indicariam que aquela não era sua primeira companheira. Tal teoria conspiratória deu origem ao mito de Lilith, a primeiríssima e insubordinada mulher criada por Deus. Em resumo, Deus de fato criara um homem (Adão) e uma mulher (Lilith) à Sua imagem e semelhança (o que sugeriria um Deus simultaneamente masculino e feminino), como na primeira versão da Criação. Contudo, algo teria dado errado e tal criatura teria sumido. Elucubrando sobre seu destino, diz-se que se recusou a deitar com Adão ficando por baixo dele. Sentindo-se subjugada, quis virar o jogo e, como punição pela insubordinação, foi banida, amaldiçoada, transformada numa espécie de ser demoníaco, uma bruxa, um súcubo. No seu lugar, como Adão ficara triste e solitário, Deus criou-lhe uma mulher que deveria lhe servir e ser submissa.

Lilith acabou atormentando a imaginação de muita gente ao longo do tempo, pois tinha a fama de surrupiar a vida de recém-nascidos durante o sono noturno — uma vingança por ter sido privada da chance de ter uma família. Uma falsa etimologia da palavra *lullaby* (forma anglófona para "canção de ninar") seria "Lilith Abe", algo como "afaste-se, Lilith". Ou seja, cantaríamos para os bebês como uma forma de afastar Lilith e preservar a vida de nossos rebentos. Crendices à parte, ela, a insubmissa e primeiríssima mulher, foi recuperada inúmeras vezes como símbolo feminista, contra a submissão feminina a uma ordem patriarcal, como na revista judaico-feminista *Lilith*, fundada em 1976, nos Estados Unidos.

Por outro lado, se Eva foi criada para ser uma cúmplice de Adão nas ordens divinas, isso não dura até o capítulo seguinte. Voltaremos a Eva e veremos como ela também não seguiu o script de submissão que lhe fora proposto. O que nos interessa até aqui é a epistemologia dessa narrativa, ou seja, o processo pelo qual essa história se constrói como uma verdade, como ela torna as personagens algo sólido, palpável.

Para além de sua fé, ou de seu ateísmo, é necessário perceber que o início de Gênesis conta uma dupla história de submissão e insubordinação. Deus cria Adão e Eva (talvez Lilith) para que eles Lhe sirvam, para que obedeçam a Ele. Adão se reporta a Deus; Eva se reporta a Deus e a Adão. Algo deu errado na alma das duas criaturas. Ambas desobedeceram ao Senhor, como veremos com mais vagar. Ou Deus falhou duas vezes — o que contradiria sua onisciência — ou sabia que falhariam, Eva antes de Adão, e ainda assim permitiu que o fizessem, que incorressem no erro. A mulher nessa narrativa falhou e fez falhar. Sua natureza nasceu menor que a do homem, para lhe servir. Em resumo: a mulher na visão religiosa mais difundida do mundo é exemplo de submissão, subproduto do homem, alguém que fere o mandamento divino tendo menos de uma página de texto sobre ela. A inferioridade, a propensão ao erro e à desobediência são normas, marcas da mulher na lógica religiosa judaico-cristã. Portanto, seu controle deve ser rígido se não queremos — nós, homens — ser coniventes com seus malfeitos em potencial.

A versão científica é diferente em sua forma de fazer crer, de analisar as evidências. Se perguntarmos ao religioso em quais provas empíricas, concretas, ele se baseia para afirmar a verdade de Adão e Eva, ele terá que recorrer ao texto sagrado. Sua fonte é *A* palavra, uma tradição religiosa. Acreditar nela é um ato de fé. Uma vez que se acredita, a verdade está estabelecida como um dado apriorístico, imutável, inquestionável. Duvidar é possível, mas negar é blasfêmia, heresia, apostasia. Ciência se faz de outro modo. Ela parte da dúvida, busca evidências materiais, concretas, conjuga com teorias, testa em laboratório. Erra e acerta, está aberta ao debate. Mas não é imune aos preconceitos e às verdades preestabelecidas, por isso pode e deve ser revista.

Quando analisamos as evidências da humanidade em seu início, não vemos Adão e Eva como dois humanos prontos. Mas a ciência da história humana antes das teocracias do Crescente Fértil também nos foi contada eivada de preconceitos e, entre eles, a misoginia. Tomemos apenas exemplos extremamente conhecidos, por ora. Um dos fósseis mais conhecidos de um de nossos longínquos antepassados é o de Lucy, uma *Australopithecus afarensis*, encontrado na África em 1974. Esse espécime tinha pouco mais de 1,2 metro de altura e pesava cerca de 28 quilos, ou seja, um adulto tinha o peso e a altura de uma criança de oito ou nove anos de nossa espécie. Seu cérebro era pouco maior que o de um chimpanzé (e isso a poria como uma das criaturas mais inteligentes a ter vivido sobre a Terra). Andava ereta. Não sabemos como nem por que Lucy se afogou, e 40% de seu esqueleto foi incrivelmente preservado pelo processo de fossilização em pequenos pedaços de pedra. Com cerca de 3,3 milhões de anos, esse é um pequeno milagre. Vale ser contado.

A equipe chefiada por Don Johanson escavava a nordeste da capital da Etiópia, Adis Abeba, num remoto vale do rio Awash, numa região conhecida como Triângulo de Afar (daí o "sobrenome" *afarensis*). Na tarde da descoberta, Johanson ouvia Beatles no carro, e "Lucy in the Sky with Diamonds" acabou por batizar aquela pequena criatura. No verão seguinte, a equipe retornou ao local e desenterrou fragmentos de treze indivíduos da mesma espécie de Lucy, incluindo quatro crianças. Alguns eram mais robustos, chegando a 1,5 metro de altura e 45 quilos. Isso foi imediatamente interpretado como dimorfismo sexual: a diferença entre machos e fêmeas dentro de certas espécies, como a juba no leão macho e a ausência dela nas fêmeas.

Em 1978, Mary Leakey — que formava com o marido, Louis, um casal sensação da paleoantropologia e da arqueologia pré-histórica da época —, escavando com sua equipe no Quênia, encontrou um conjunto impressionante de pegadas de australopitecos. Caminhando sobre cinzas vulcânicas recentes, duas (talvez três) dessas criaturas deixaram marcas nítidas de seus pés. É possível ver detalhes nelas, pois foram quase imediatamente cobertas por mais cinzas e se fossilizaram. Um dos indivíduos era maior do que o outro, e as pegadas estavam próximas umas das outras. Não demorou para que o prestigiado Museu de História Natural de Nova York construísse um comovente e realista diorama de um casal de australopitecos fugindo de um vulcão ativo.

Dois pequenos seres, um macho e uma fêmea, caminham juntos. Há uma conexão entre eles, evidenciada no universal gesto de cuidado que o macho faz com a fêmea, enlaçando-a com o braço esquerdo, repousando a mão em seu ombro. Ela se aninha no macho, nitidamente assustada, deixando-se ser guiada por ele. É ele quem olha para a frente, liderando o caminho. Ela, boquiaberta, tem expressão de medo e parece que acabou de descobrir um visitante do museu ou algo que a assustou bem ao lado. O patriarcado simiesco, presente em chimpanzés e naturalizado entre nós, tinha milhões de anos e ali estava naquele vetusto casal. Um macho grande dominava a cena, com segurança, e guiava *sua* fêmea, tão pequena, medrosa e indefesa.

A cena do museu ecoava a expulsão de Adão e Eva do Éden. Um casal primordial em arquetípica fuga. Ela menor do que ele, lhe servindo; ele, com medo do desconhecido mas ciente de sua condição de líder, se estabelece no mundo que se descortina, desconhecido, à frente da dupla. O machismo da cena foi concebido e executado por dois homens: o curador do museu na época e o artista. O tamanho dos seres, seu peso, compleição e reconstrução corpórea seguiam o que havia de mais avançado. Todo o resto era imaginação. Ninguém pode garantir que as pegadas encontradas no Quênia eram de um macho e uma fêmea! Podiam bem ter sido de um adulto e de um jovem australopiteco juntos, ambos machos, ambas fêmeas, uma mãe e seu filho, um pai e sua filha, dois indivíduos com outro grau de parentesco. Podiam estar caminhando próximos, mas um à frente do outro. Podiam ser três, como sugeriram alguns estudiosos. A escolha do museu revela o quão introjetada em nós está uma visão primordial da misoginia.

O diorama de um casal de australopitecos exposto no Museu de História Natural de Nova York ecoa a expulsão de Adão e Eva do Éden e revela a introjeção primordial da misoginia no moderno pensamento científico.

Mesmo o sexo de Lucy é algo baseado apenas em suposição. Quando questionado sobre o dimorfismo sexual dos *Australopithecus afarensis*, sobre como tinha deduzido o sexo de Lucy, Johanson foi categórico em afirmar que a pélvis dos animais que estudou não permitia essa conclusão. Supôs pelo tamanho. Pequeno significa fêmea; grande, macho. Lucy era fêmea porque pequena; pequena porque fêmea. A questão sobre se era Lucy ou Lúcio permanece em aberto até os dias de hoje.[2] Mesmo em nossa espécie, embora, na média, homens sejam maiores e mais fortes que mulheres, isso funciona para as pontas da linha comparativa. No centro dela, as amostras se confundem: uma mulher atleta, jogadora de vôlei ou levantadora de peso, é mais alta e mais forte do que os autores deste livro, ambos homens, um bem mais alto que o outro. Ou seja, se encontrassem nossos esqueletos daqui a milhões de anos, das duas atletas e dos escritores, pelo critério aplicado a Lucy é possível que o menor dos autores fosse considerado uma fêmea e a jogadora de vôlei um macho. Os demais ficariam no meio da amostra.

A pré-história é vista como uma época de formação de nossos instintos mais basais, de nossa conformação como espécie. Como vimos, há quem aposte numa "mente ancestral preconceituosa". Um dos imaginários mais fortes sobre nosso passado longínquo é o do "homem caçador-provedor". Essa não é uma teoria, mas um conjunto delas. Muita gente postulou interpretações sobre achados da história primitiva tendo uma ou outra versão dessa espécie de ideia fixa. Até o século XIX, no Ocidente, a interpretação mais aceita para nossas origens era a bíblica. Havia uma data para a Criação, algo como 4 mil ou 6 mil anos antes. A Terra seria recente, assim como a humanidade. Não haveria espécies extintas ou novas, pois todas teriam sido criadas ao mesmo tempo no mesmo ato demiúrgico. O homem estava no topo de uma imensa cadeia de vida, criatura dileta (mas pecadora) de seu Criador.

No século XVIII, já se estudavam fósseis de mamutes, mas ninguém supunha que aqueles enormes animais estivessem extintos. Um dos colecionadores desses fósseis, Thomas Jefferson, terceiro presidente dos Estados Unidos, enviou a primeira missão oficial de reconhecimento do interior de seu país (a famosa expedição de Lewis e Clark), em parte para verificar a existência de espécimes vivos de mamutes e mastodontes território adentro. Era impossível que Deus houvesse planejado, sob Sua batuta, algo distante de seres vivendo em harmonia. Logo, a extinção, se existente, estaria ligada a eventos cataclísmicos e bíblicos, como o Dilúvio. Jamais a lógicas evolutivas ou a pressões que nossa espécie faz sobre o meio ambiente.

No XIX, a ideia de evolução ganhou força e, com Charles Darwin, uma versão incontestável. Todas as formas de vida evoluem, sofrem individualmente a pressão da seleção natural. Vivemos numa luta constante para passar nossos genes adiante, mas só os mais aptos conseguem fazê-lo. Não foi de estranhar que o século XX tenha visto um boom do nosso conhecimento sobre o passado geológico da Terra (que hoje sabemos ter bilhões de anos) e biológico de nossa espécie (também muito mais antigo do que quatro ou cinco milênios). Embora os adeptos do criacionismo ou do "design inteligente" possam dizer coisas diferentes, comunidade científica alguma os corroboram. Mas atenção: esse novo pensamento científico, amplamente aceito, também interpretou mal as evidências do passado.

A antiga "febre do mamute", a localização e o estudo sistemático de objetos líticos (em especial de pontas de flechas, lanças e congêneres) e de fósseis de hominídeos, foi consolidando a ideia de que nosso primeiro e mais longo passado foi um mundo dominado por habilidosos caçadores. Tais homens (ou páleo-homens) viviam na estrada, em grupos, dotados de armas fabricadas por eles mesmos, esperando, cercando e emboscando presas imensas. A carne, a gordura, a pele, ossos e tendões: tudo era aproveitado. O custo humano era alto. Muita gente morria ou se feria nessas caçadas, mas o butim era fantástico: toneladas de calorias, pele para roupas e matéria-prima infinita para prover as fêmeas, que ficavam a alguns quilômetros de distância, sempre em atenção à prole, aos mais velhos. O homem todo-poderoso, criador e provedor. A mulher "toda-cuidadosa", mantida e provida. Ela, em casa. Ele, criando e fazendo história. Soa familiar? Curiosa e infelizmente, sim.

Estudos mais recentes, desde os anos 1970 em particular, têm mostrado que foram a imperícia e a leitura equivocada de arqueólogos homens que criaram essa imagem heroica e cheia de testosterona de nosso passado. Escavações começaram a dar cada vez mais atenção, por exemplo, a materiais perecíveis que, em terreno muito seco ou anaeróbio, podem se conservar. Em sítios bem preservados, até 95% do material pré-histórico escavado não tem relação alguma com pontas líticas, mas são artefatos de madeira ou de fibras. Dos líticos, até 85% eram de raspadores e facas, manuseados tanto por homens quanto por mulheres. Os ossos de animais encontrados associados aos nossos antepassados não sugerem um consumo em larga escala de bichos mastodônticos, nenhuma "febre do mamute", mas sim de pequenos mamíferos, peixes, aves, insetos e outras fontes de proteína menos grandiosas. É de supor que caçadas a mamutes (ainda que possam ter ocorrido) não eram a regra. Quando um animal de grande porte morria, nossa espécie agia como carniceira, mais do que como caçadora. Um mamute encalhado certamente podia ser aproveitado, mas só.

Logo, a interpretação do grande "homem caçador-provedor" teve que ser revista. Quando estudadas com atenção, sociedades nômades ou seminômades atuais não têm papéis de gênero assim tão fechados. Em algumas, homens e mulheres participam juntos de caçadas, embora possa, sim, haver divisões de tarefas entre os sexos. Todavia, isso parece ser mais recente do que imaginamos e está ligado a uma dupla revolução liderada por mulheres. A primeira dessas revoluções pré-históricas foi a do barbante, do cordame. Dizendo dessa maneira, parece pouco heroico para ser uma revolução. Temos dificuldade para imaginar alguém decapitando um monarca com um barbante em mãos. Nossa ideia de revolução é errada e tem muita influência de 1789. Por revolução, nesse caso, nos referimos a imensas mudanças que tiraram nossa espécie de um comportamento meramente biológico para um histórico, culturalmente moldado, civilizado. Não existe julgamento de valor aqui. Ser civilizado, histórico, não significa ser mais refinado ou menos violento. Apenas que criamos uma nova forma de viver da qual não há possibilidade de retrocesso. Não temos como abandonar coletivamente a civilização. E nós a devemos, em grande parte, a mulheres.

Estudiosos têm demonstrado que a habilidade de tecer, apesar de nunca ter sido exclusividade feminina em nenhuma sociedade conhecida, parece estar mais associada a mulheres na pré-história. Há uma tremenda habilidade e planejamento na atividade de pegar uma fibra, trançá-la, trabalhá-la em teares, cosê-las. De fato, a qualidade de muitos dos tecidos que datam de 15 mil ou 10 mil anos causaria inveja aos atuais. Diversas técnicas ainda estão em uso, e um tecelão dos dias de hoje as reconheceria se visse um pedaço de tecido primitivo. Tente imaginar como se caçavam pequenos mamíferos antigamente. Se imaginou que era com lanças ou arco, você nunca caçou! Caçadores habilidosos podem abatê-los assim, mas não sem muita correria e tentativas frustradas. É bem mais fácil e producente capturá-los em redes, com tramas adequadas ao animal que se quer pegar. Redes de pesca, cordões de sapato, interior de moradias feitas de cerâmica com palha trançada, roupas resistentes, bolsas, mochilas, revestimentos de casa e telhados; tudo isso dependeu da revolução do cordame. E as mulheres tiveram papel ativo nela.

A segunda revolução, aquela que o pródigo arqueólogo Gordon Childe, há quase cem anos, chamou de Revolução Neolítica, é outro feito feminino sem o qual não conseguiríamos conceber a vida atual. Nos anos 1920, Childe, analisando achados do Oriente Médio e da Europa, criou a "teoria do oásis" para explicar o "milagre" da sedentarização e da criação da agricultura pelos homens (este o cerne de sua revolução da "nova pedra" — a fixação do lítico ainda estava lá). Ele acreditava que, por volta de 10 mil anos atrás, com a retração das geleiras e glaciares ao norte, a desertificação de regiões de latitude mediana e a expansão de desertos, uma pressão ambiental levara os homens a se juntar ao redor de pequenos oásis e a produzir seu próprio alimento. Ele acertou a data (para a região) e algo da descrição das mudanças climáticas que envolveram o desenvolvimento da agricultura. Errou o resto, em parte porque partilhava da teoria do "macho provedor", que agora migrava de "supercaçador" para "superengenheiro agrícola". Mais uma vez, as frágeis mulheres seriam supridas de alimentos e suprimidas da narrativa histórica.

Vamos analisar seus erros. Sabemos hoje que a agricultura teve pelo menos sete berços distintos, quase todos em áreas ribeirinhas. Não eram os oásis, mas, sim, podiam estar próximos de regiões desérticas ou semiáridas, montanhosas ou latifoliadas. Também errou no gênero: foram mulheres as engenheiras. Alguém que nunca plantou ou colheu pode supor que tais atividades são meramente braçais e não requerem esforço intelectual. Quem pensa assim confunde o cultivo de uma planta (que você pode fazer em seu jardim ou na varanda de seu apartamento) com sua domesticação. O primeiro é mais braçal (embora exija saber muito sobre rega, luz, poda e épocas do ano) e requer apenas limpar terreno e ajudar a natureza a fazer seu caminho. O segundo é atuar, modificar a natureza profundamente. Faz-se isso selecionando sementes, frutos, misturando cepas, eliminando brotos indesejados para fortalecer outros. O caso do milho é paradigmático: de uma simples gramínea incomestível à espiga que vemos hoje, foi um caso de engenharia alimentar ancestral. Feminina. Como sabemos disso? Vamos a um exemplo.

Uma premissa para que possamos analisar o caso. O leitor e a leitora devem concordar que preparar cordames e domesticar plantas requerem tempo, esforço, e que isso combina com um estilo de vida mais sedentário, certo? Não dá para um grupo nômade ficar perambulando quilômetros durante o ano e manter uma plantação eficaz com seleção de sementes. Outra derivação lógica: nossos esqueletos carregam marcas de nossas atividades no decorrer da vida. Pessoas que correm ou andam muito ao longo da vida criam uma espécie de crista óssea no comprimento de seus fêmures, ao passo que as mais sedentárias não têm essa marcação. Até aqui, nenhuma surpresa, apenas constatações científicas. Agora, o talento, o estudo e a sorte da pesquisadora Marsha Ogilvie, que, em seu doutorado, debruçou-se sobre a questão: quem inventou a agricultura? Homens, mulheres ou ambos?

Para responder, escolheu duas populações. Sabidamente, uma era sedentária e outra nômade, caçadora-coletora. No primeiro caso, restos de uma aldeia do Novo México, abandonada no século XVI, quando da chegada dos espanhóis à região. Sabemos que eles plantavam grandes campos de milho, feijões e abóbora, e a ausência da crista no fêmur estava em todos os esqueletos, de ambos os sexos. Ninguém ali se movimentava por largas distâncias em bases regulares. Todos estavam envolvidos no sistema agropastoril. No segundo caso, dos nômades, Ogilvie estudou ossadas e sítios relacionados a povos do sudoeste do Texas, que viveram por milhares de anos coletando espécies como agaves e outras plantas para fabricarem seus artefatos e se alimentarem. Igualmente, homens e mulheres tinham a marcação esperada nos seus fêmures.

Quando terminou ambas as análises, a pesquisadora contou com a sorte de ter em suas mãos ossadas escavadas pouco tempo antes, durante obras na rodovia interestadual 10 do Arizona. Tinham cerca de 3,5 mil anos e situavam-se bem numa época de transição entre nomadismo e sedentarismo. Analisando os fêmures, bingo! Os femininos não apresentavam as cristas, os masculinos, sim. Conclusão: eles continuaram andando (para caçar e coletar? por tradição? por expectativa de gênero? por vadiagem? Jamais saberemos) e elas se tornaram sedentárias (para criar a agricultura? para fabricar cordames? para cuidar da família? Como saber?). Comparando com sociedades da época dos primeiros contatos com os europeus no século XVI, sabemos que a agricultura (salvo raríssimas exceções) era atividade feminina entre aquelas pessoas. Logo, é de supor que assim tenha sido desde pelo menos 6 mil anos atrás (talvez muito mais).[3]

SOCIEDADES MATRIARCAIS E PATRIARCAIS

Então, as sociedades pré-históricas eram exemplos de igualdade entre os sexos e de respeito à mulher? Durante muito tempo se acreditou que foram até mais do que isso. Nossos longínquos antepassados teriam sido matriarcais.

O impulso para essa ideia remonta à Suíça do século XIX. Lá, um professor aposentado de direito romano, filho de família dona de indústrias de seda da Basileia, publicou um livro em 1861: *Das Mutterrecht* (algo como "O direito materno", ou seja, o matriarcado). Analisando o que chamou de mundo antigo, ou seja, um universo anterior às civilizações clássicas, Johann Jakob Bachofen criou um sistema explicativo de quatro etapas. Na primeira delas, os primitivos humanos adorariam forças telúricas, emanações da terra, e teriam uma deusa-mãe que abençoava uma sociedade de poliamor, em que tudo era partilhado entre todos. Essa utopia protossocialista teria dado lugar a uma sociedade matriarcal, baseada na sedentarização, na agricultura, no aparecimento das primeiras leis. Tais sociedades eram mais complexas, e a deusa-mãe teria passado a abençoar colheitas e famílias nucleares mais do que na lógica do kibutz radical pré-histórico. Uma "Afrodite das cavernas" cedia lugar a uma "primeira Demeter". Até essa segunda fase de nossa pré-história, poucas guerras, quase nenhuma violência, testosterona controlada pela linhagem matriarcal e por deusas que valorizavam a vida, seja na forma do sexo, seja na forma da colheita, da abundância. Tornamo-nos uma versão piorada de nós mesmos quando, na terceira fase da evolução humana, os primeiros sinais de patriarcado despontaram e deuses homens passaram a tomar o espaço antes feminino. Ainda eram deuses mais generosos, com valores ligados à vida, às festividades, Dionisos em suas versões iniciais. No fim das contas, no quarto e derradeiro estágio, surgiu o patriarcado, deidades solares baniram a Lua, valores bélicos, de morte, de violência embasaram o aparecimento das civilizações clássicas. Na morte do matriarcado nascia o domínio masculino do mundo e, consequentemente, findava o direito materno que dava título ao livro.

A tese foi um sucesso. Detratores e empolgados seguidores liam-na e a comentavam. Nos Estados Unidos, Lewis H. Morgan, um pioneiro da antropologia e da etnologia, trocou cartas com Bachofen, Darwin e outros eminentes pensadores de então. Refletindo sobre essas novas ideias, como matriarcado e evolução, e estudando os povos iroqueses, Morgan escreveu livros que se tornaram referência na época. Neles, o norte-americano propôs teorias muito interessantes, como a vinculação entre progresso técnico, social e as estruturas familiares. Viajando pelo Atlântico de volta à Europa, as ideias de Morgan encontraram um jovem leitor ávido por explicar o capitalismo de seu tempo: Karl Marx. Quando o alemão morreu, seu amigo e parceiro intelectual, Friedrich Engels, analisando as anotações do falecido, relendo Morgan e Bachofen (a quem chamou de revolucionário), produziu outro clássico sobre o assunto:

A origem da família, da propriedade privada e do Estado (1884). Tanto Morgan quanto Engels cravaram que as sociedades primitivas haviam começado suas lógicas familiares como matriarcados e que, com o passar do tempo e o aumento da complexidade organizacional, desenvolveram formas patriarcais. Engels articulou ainda mais algumas ideias que já estavam em Bachofen: matriarcados combinavam com prosperidade coletiva, por exemplo, ao passo que a propriedade privada combinava com o patriarcado.

A hipótese do matriarcado era, até então, mais fruto de análises linguísticas, buscadas em textos gregos, hebraicos e outros, menções a um passado pré-civilizacional, do que de escavações arqueológicas. As evidências materiais para corroborar a tese começavam a surgir entre o fim do século XIX e o início do XX, quando espetaculares estatuetas da chamada era do gelo (40 mil a.C.-10 mil a.C.) passaram a ser encontradas pela Europa. Em Brassempouy, na França (1894), em Grimaldi, na Itália (1898), e em Willendorf, na Áustria (1908) — apenas para citar poucos entre dezenas de exemplos —, corpos femininos de quadris largos, seios fartos, genitália evidente e cabeça sem definição vinham à tona mostrando que o Paleolítico era matriarcal (ver figura 1 do caderno de imagens). As chamadas "Vênus" seriam prova do culto à deusa-mãe, à capacidade feminina de gerar vida, da valorização do papel feminino no matriarcado primitivo.

Na mesma época, em 1901, descobriu-se a fantástica civilização minoica, na ilha de Creta, cujo momento áureo teria se dado entre o terceiro e o segundo milênio antes de Cristo, no que hoje é território insular grego. Seu descobridor, o arqueólogo britânico Arthur Evans, cravou, sem pestanejar, que aquela era uma sociedade matriarcal, pois ali havia estatuetas de deusas carregando serpentes.

Em 1958, por acaso, uma das mais antigas cidades do mundo foi encontrada na Turquia. Batizada de Çatalhöyük, esse esplêndido sítio arqueológico foi lar de cerca de 8 mil pessoas distribuídas em 2 mil casas, construídas umas junto das outras, por vezes se sobrepondo. Não havia ruas ou muros em Çatalhöyük. As pessoas circulavam pelos telhados das casas e não esperavam ataques externos, visto que não havia muros. A paranoia do medo do ataque de fora que murou cidades antigas e medievais e que hoje em dia nos entoca em condomínios ou atrás de muros altos não estava no horizonte daquelas pessoas. Um muro externo numa cidade nos diz que, dentro dele, todos são "amigos"; fora dele, todos "inimigos" (ao menos em potencial). As cidades contemporâneas temem inimigos dentro da própria urbe. Çatalhöyük não parecia temer ninguém: nem de fora, nem de dentro. Ao analisar isso e grandes estátuas de figuras femininas, o arqueólogo inglês James Mellaart, então chefe das escavações, também asseverou que a cidade era matriarcal.[4]

Os achados de Çatalhöyük chegaram aos olhos atentos de uma arqueóloga lituana radicada nos Estados Unidos, Marija Gimbutas, nos anos 1960, no mesmo cadinho cultural que produziria *A mística feminina*, de Betty Friedan (a quem voltaremos mais adiante). Gimbutas absorveu os novos achados em seu extenso estudo de objetos neolíticos que foram encontrados da Rússia à Itália, passando por Grécia e Turquia. Ela propôs, então, uma teoria bombástica, que elevava a noção do matriarcado primitivo a outro patamar. Todos os lugares analisados partilhariam de uma mesma matriz cultural, "matrifocal", na qual a natureza era endeusada em sua forma feminina, numa cultura de paz, sem classes sociais ou propriedade privada, sem opressão às mulheres, pois estas ocupavam os principais cargos de liderança, que era colaborativa. Nesse idílico quadro, a herança era algo de passagem matrilinear, e os homens eram colaboradores ativos. De aproximadamente 35 mil a.C. até 4 mil/3,5 mil a.C., essa "Era da Grande Deusa" seria a materialização do previsto por Bachofen e só teria deixado de existir quando culturas bélicas e masculinas apareceram de fora desse nicho da Eurásia e conquistaram os territórios originalmente matrifocais. Da paz da deusa-mãe não sobrou nada; cavalos, os idiomas indo-europeus, deuses masculinos e a cultura de guerra vieram na bagagem desses invasores e se fixaram na alma eurasiana.[5]

Esse movimento interpretativo foi muito importante para o feminismo do século XX, pois construiu um dualismo poderoso. Um mundo masculino de violência, dominação, sujeição, dor. Um feminino, ancestral, de equilíbrio, paz, cooperação. Poucas pessoas teriam dúvidas se tivessem que escolher sob quais preceitos viver. Alguém teria que ser muito machão para escolher o primeiro modelo apenas pelo pânico de ver mulheres ditando as regras.

Na antropologia norte-americana, Margaret Mead já causara barulho similar ao estudar, desde os anos 1930, os Chambri, povo de Papua-Nova Guiné, no qual as mulheres, através da pesca, proviam suas famílias e comunidade. Mulheres capazes de prover tornava mais robusto um discurso sobre o feminino que estava perto de seu auge. Foi um período de ouro para a deusa-mãe, e ela extrapolou a Academia, encontrou feminismo e contracultura em ebulição, e espalhou-se como senso comum. Novas religiões surgiram tentando reviver ou recriar as tradições matrifocais.

O problema de tudo isso é o dualismo cartesiano. Traduzindo: se não é de um jeito, tem que ser seu oposto. Nesse longo movimento que estudamos desde os anos 1860 até Mead e Gimbutas, descreveram-se as estruturas de poder, no Neolítico ou em seus dias, como um modelo polar: ou homens dominavam mulheres ou mulheres dominavam homens. Dados mais recentes, recolhidos sob novas técnicas e perspectivas, puseram em xeque o mundo de alternância de dominações para nosso passado mais longínquo. Hoje, os estudos mostram um Neolítico de muito maior complexidade. Sabemos disso por fazer novas perguntas a artefatos já conhecidos e por termos enriquecido nossas visões sobre antropologia.

Por exemplo: Mead não estava errada em suas observações sobre os Chambri. De fato, as mulheres têm controle sobre muitos aspectos decisórios da sociedade e realmente pescam. Mas a dinâmica de poder entre homens e mulheres é mais igualitária do que ela deixou transparecer. E não são os únicos assim no mundo atual. Entre os Mosuo, no sudeste da China, são também as mulheres as que tomam a maioria das decisões importantes e, no aspecto familiar, gerenciam o cotidiano por meio de uma matriarca, em geral a mais velha da casa. Meninas com treze anos ganham seu próprio quarto. Dali em diante, escolhem quais ou quantos parceiros sexuais querem ter. Eles não formam uma família no sentido tradicional que damos para o termo. Os amantes se encontram de noite, mas não moram juntos. Filhos são criados de forma comunitária, e a figura paterna costuma ser exercida por um tio do bebê, não necessariamente por seu pai biológico. Nem sequer existe a palavra "pai" ou "marido" entre eles. Mas, mesmo num matriarcado assim, em que a propriedade se transmite por linearidade materna, em que não há pai/marido, os papéis sociais são complexos. Os homens, por exemplo, passam o dia cuidando de porcos, fundamentais para a sobrevivência dos Mosuo. E são valorizados por isso.[6]

Entre os Aka, na bacia do Congo, as mulheres caçam, os homens cozinham. Homens e mulheres criam os filhos e, se mamilos femininos servem como fonte de nutrição para o bebê, os masculinos são usados como "chupetas". Ou seja, não há uma relação de dominação ou subjugação de um sexo pelo outro, mas uma lógica cooperativa, intrincada. Isso fica mais claro entre os mais de 4 milhões de indonésios da etnia Minangkabau, na Sumatra Ocidental. Lá, a sociedade é matrilinear, e a mulher mora sozinha. Mas os homens são os chefes dos clãs e ensinam aos meninos uma série de habilidades que devem conhecer. Porém, são as mulheres que escolhem os chefes e podem destituí-los do cargo.[7]

Esse raciocínio apreendido pela antropologia foi projetado ao passado neolítico, e as evidências parecem contar outras histórias. O fato de que nossos antepassados cultuavam uma deusa ou várias deusas não implica diretamente uma vida livre de preconceitos para as mulheres. Na Índia existem muitas deusas, e isso não se reflete em melhores condições de vida para a população feminina.[8] Nossa Senhora é um modelo endeusado (não uma deusa) de mulher, mas bastante opressor. Quando as escavações em Çatalhöyük foram retomadas nos anos 1990, não se encontrou nada que sugerisse que as mulheres usufruíam de status especial, mas sim uma simbiose complexa de papéis femininos e masculinos. Não uma sociedade igualitária, mas sim uma em que ambos os sexos tinham papéis de relevância equivalente. Fortificações e covas coletivas neolíticas também foram desencavadas mundo afora, mostrando que já existia matança e violência na pré-história.

A questão de fundo que ainda não foi respondida é: em que momento e onde a mulher se tornou menos que o homem no imaginário dos seres humanos?

OS IMAGINÁRIOS SOBRE O FEMININO: DE EVA A MARIA, DO LAR À BRUXARIA

É impossível termos uma resposta precisa para a pergunta que levantamos. A impossibilidade reside no fato de não haver uma única história da humanidade que possa ser contada da Antiguidade aos dias de hoje. A diversidade de povos antigos mostra uma diversidade de histórias a ser contadas. Nessa cornucópia de visões sobre as mulheres cabem muitas formas de pensar o feminino e seus papéis no mundo.

Se partirmos da chamada tradição clássica, da qual a Europa acredita beber de canudinho e da qual, nós, latino-americanos, seríamos um brotamento mestiço, também houve muitas formas de conceber a mulher. Na Grécia das cidades--Estado, somos acostumados na cultura escolar a ver como Esparta criava seus filhos, separando-os pela genitália. Os meninos da elite espartana eram submetidos à educação austera, baseada em treinamentos físicos bastante rigorosos.

Até hoje, a expressão "espartano" é usada para designar algo severo, inflexível, por vezes escasso. Ao nascer, os meninos eram levados aos anciãos, que os avaliavam. Se fossem saudáveis, eram criados. Caso contrário, eram jogados num desfiladeiro, por serem considerados incapazes de se tornarem bons guerreiros. Aos sete anos, os garotos eram afastados de suas mães e divididos em tropas. Só emergiam desse mundo depois de terem aprendido a suportar dores, provações, de terem matado alguém, sido chicoteados etc. Ler, escrever e falar eram atividades pouco encorajadas, e só permitidas para realizar as práticas a que se propunham e sob a permissão de alguém mais velho. Nessa lógica militar e masculina, os papéis femininos estavam ligados à maternidade e à gerência dos assuntos domésticos. Mas, num mundo com parca presença masculina, as mulheres podiam sair desacompanhadas pela cidade e praticar exercícios físicos, coisa impensável em outros lugares da Hélade. Mostrar e treinar o corpo, coordenar parte da vida cotidiana, ter relações com outras mulheres: a imaginação dos demais gregos acendia-se com as espartanas. Assim, elas foram parar em textos deliciosos mas inegavelmente machistas, como *Lisístrata ou A guerra dos sexos*. Nele, Aristófanes, escrevendo em 411 a.C., imaginou uma forma para encerrar a violenta Guerra do Peloponeso, encabeçada por Atenas e Esparta: as mulheres resolvem deixar de fazer sexo com seus maridos. A ideia é de atenienses, mas Lampito, uma espartana, a leva à cidade rival. Lampito é descrita como alguém "malhada", "bombada", com seios firmes e bumbum durinho, capaz de provocar comentários das atenienses. A peça era uma comédia: gregos ririam de mulheres capazes de tamanha organização.

Na idealizada Atenas do século v a.C., onde a democracia abria direitos a uma população sem distinção de classe, as mulheres podiam menos que no modelo espartano. Calcula-se que então havia pouco mais de 310 mil habitantes na Ática, região que compreendia tanto a parte urbana como a parte rural daquela cidade. Destes, 172 mil eram considerados cidadãos, 28 500 eram estrangeiros com suas famílias, e 110 mil, escravizados. Os escravizados, os estrangeiros, as mulheres e crianças atenienses não tinham nenhum direito político e para eles a democracia não trazia vantagem alguma. As mulheres eram vistas como inferiores aos homens e eram criadas separadas deles, saindo de casa apenas com permissão do pai. Estavam sempre sob a tutela de um homem: do pai ou do marido ou do filho, caso de viúvas. Os homens estavam autorizados a matá-las em público se elas os traíssem. Chico Buarque e Augusto Boal tinham ampla razão quando compuseram a canção "Mulheres de Atenas", em 1976, sobre essa situação... certamente ecoando a naturalização da inferioridade e submissão feminina que continuavam vivas naquele tempo!

O padrão masculino que pautava o mundo grego se pretendia universal. Voltaremos a ele quando discutirmos, em capítulo futuro, a homossexualidade. Por ora, basta saber que os gregos admiravam aquilo que consideravam igual a si mesmos ou melhor. Logo, para homens, outros homens partilhavam de seus valores, suas aptidões. Mulheres eram menos, podiam menos, sendo, pois, impossível que fossem padrão para a excelência em qualquer coisa. Para a própria ideia de beleza (que não estava apenas no senso estético, físico, mas passava por uma ideia de intelecto, espírito) grega, o padrão era o corpo masculino. Tampouco era qualquer homem que estabelecia esse padrão: em geral, era outro grego, visto como civilizado, portanto. Além de grego, membro da aristocracia, mais velho, atlético. Um estrangeiro, um bárbaro, como veremos, também era visto com preconceito, como inferior.

Logo, as mulheres podiam até ser belas, mas não boas ou valorosas ao mesmo tempo. Isso era raro. Hesíodo, poeta que viveu no século VII a.C., descrevia as mulheres como "coisas perversas e belas". A maldade era associada à beleza feminina. Eram belas porque perversas; perversas porque belas. Por oposição, a beleza masculina era boa. Bom e belo caminhavam juntos no pacote do homem. Dissociavam-se no da mulher. Mesmo séculos depois, um autor como Xenofonte atribuía características ao feminino e ao masculino, associando natureza, biologia e divindade aos papéis de gênero. Diz ele que os casais se formam para gerar filhos e gerir uma casa. Ao homem casado cabia o papel de prover: "Para terem o que levar para o interior dos abrigos, os homens precisam de quem faça as tarefas ao ar livre [como] lavra, semeadura, plantação e pastoreio". Às mulheres, sobrava o trabalho doméstico: "Depois que [os víveres] são levados para o interior do abrigo, ainda é necessário que haja quem os conserve e realize os trabalhos que exigem lugar coberto [como] os cuidados com os filhos recém-nascidos, o preparo do pão a partir dos grãos e o feitio das vestes com fios de lã".

Em simbiose, homens e mulheres criariam uma harmonia do cotidiano, em que cada um teria seu papel bem delimitado e complementar: "Ambas as tarefas, as do interior e as do exterior da casa, exigem trabalhos e zelo, [...] o deus preparou-lhes a natureza, a da mulher para os trabalhos e cuidados do interior, a do homem para os trabalhos e cuidados do exterior".[9] Como podemos perceber, há uma associação entre uma ordenação divina (deus criou e assim o quer) e uma ideia do que é *natural*. A natureza seria, nessa lógica (como na Bíblia), um universo organizado por lógica e intervenção divina. Agir *contra a natureza*, portanto, seria atentar contra a organização do universo tal como ele *deveria* funcionar; seria desordenar o mundo e tudo o que nele existe.

O importante é entendermos que essa naturalização dos papéis de gênero ainda é comum. Alguns leitores e leitoras podem ver em Xenofonte uma sabedoria dos antigos: (algum) deus quis assim, logo, *deve* ser assim; corpos diferentes, funções diferentes. Mas pensem de novo: um lar e uma família, para gregos, diferiam muito do que consideramos lar e família. Um pai de família podia dispor da vida e da morte de seus bois, escravos, propriedades, filhos e esposa de igual maneira. Quase nenhuma legislação atual no mundo permitiria tais aberrações. Os deuses de Xenofonte não são os seus, caro leitor, estimada leitora. Os deuses de Xenofonte caíram em desuso faz muito tempo. O que ele entendia de anatomia e fisiologia dos corpos partilhava de lógicas hipocráticas que deixaram de ser consideradas na medicina há mais de duzentos anos. Se quem nos lê possuísse a mesma noção sobre corpos, seu funcionamento e tratamentos para doenças que um ateniense dos tempos de Xenofonte, teria uma chance em quatro de ter falecido na última pandemia. Foi essa a proporção de mortos na peste que se abateu sobre Atenas entre 430 a.C. e 429 a.C., voltando alguns anos depois. Cerca de 25% dos seus habitantes morreram. Havia quem achasse que os deuses não mais favoreciam a cidade, que a doença podia estar associada aos corpos em putrefação. Mas ninguém supunha a existência de patógenos microscópicos, regras de distanciamento, máscaras, confinamento, vacinas etc. A medicina avançou muito. Mas e nossos preconceitos? Continuam similares! Ninguém mais, com o mínimo de educação formal, acha que doenças são pragas divinas e não têm tratamento. Mas continuam achando que a fisiologia de homens e mulheres definem seus destinos e papéis na sociedade!

Não nos deixemos enganar pelas aparências. As palavras podem ser as mesmas, mas seus significados mudaram muito. Boa parte do preconceito nasce da preguiça de reconhecer o quanto as coisas mudam. Tendemos a naturalizar o que sabemos (ou o que julgamos saber!) como única baliza do mundo. Dá trabalho buscar entender que nem tudo é natural, mas sim cultural, logo cambiante. Nosso ímpeto é transformar nossa visão de mundo, nosso deus, nossa moral na única alternativa válida para tudo e todos, em todas as épocas.

Em tempos romanos, a testosterona também servia de base para o discurso de inferioridade feminina. Mesmo quando comparamos os antigos romanos a povos com quem conviveram em sua formação, como os misteriosos etruscos, vemos diferenças no trato com as mulheres. Na Etrúria, ao que tudo indica, as mulheres podiam participar de banquetes, trocavam carinhos com seus companheiros em público, assistiam aos jogos e espetáculos em meio aos homens, mantinham o sobrenome de solteira ao se casar (costume que permaneceu em Roma). Os romanos, em compensação, viam tais atitudes com imenso descaso. O escritor Plauto (*c.* 254 a.C.-184 a.C.) escreveu um texto violento que nos ajuda a entender como as liberdades da mulher etrusca eram recriminadas pela sociedade romana: "Receberás de teu pai vinte mil talentos, para que não tenhas que ganhar um dote à moda etrusca, prostituindo vergonhosamente teu corpo". Até mulheres poderosas, como a esposa do imperador Augusto, Lívia Drusa, primeira mulher a aparecer em moedas provinciais em 16 a.C., alguém que ditava moda em todo o Império, eram modelos de submissão ao marido. Retratos seus eram feitos com frequência e distribuídos, mostrando aos romanos uma mensagem política sobre como deveria ser a mulher romana ideal: uma figura maternal, piedosa e promotora da concórdia. Depois de sua morte, foi divinizada e tornou-se modelo para as imperatrizes seguintes.[10]

Aliás, a noção de família romana era similar à grega, aristocrática, e incluía pai, mãe, filhos, escravos, animais e bens como propriedades do homem, que podia mandar em tudo e em todos e decidir destinos. Essa lógica também fazia com que a identidade dos filhos fosse dada por linhagem paterna e que não raro o nome das meninas fosse variação do nome do pai ou do avô: Júlia era a filha ou neta de Júlio, por exemplo. Se tivesse duas filhas, Júlia Maior e Júlia Menor. Reparemos: o modelo da identidade de um ser humano é dado pelo seu progenitor. Estar sob a influência de um homem fazia bem a uma mulher, atestando, com isso, sua inferioridade. Cícero, outro destacado autor romano, escreveu que seus ancestrais eram seguidores da antiga lei segundo a qual toda mulher, por sua natureza frágil e pouco inteligente, deveria estar sob o poder de protetores homens.[11]

Por outro lado, se um homem ficasse tempo demais ao lado de mulheres, isso poderia fazer mal a sua imagem pública, pois escolhera estar com seres inferiores. Suas decisões poderiam ser malvistas e questionadas. Parte da má fama de imperadores considerados insanos, como Nero, vem de escritores como Tácito, que abertamente escreveu que o príncipe se deixara levar por más influências das mulheres de sua vida. Na primeira fase de seu governo, escreveu o autor romano, Nero era um bom imperador. Mas, a partir do ano 60 d.C., começou a se tornar cada vez mais passivo, mais frágil, manipulado por mulheres, em especial por ouvir conselhos de sua mãe, Agripina, e suas esposas, Otávia e Popeia.

Esse tipo de preconceito contra a mulher tem que ser relativizado: não era todo o mundo antigo que pensava como os gregos ou os romanos. Mesmo entre eles, houve notórios exemplos de mulheres que não cumpriam os papéis delas esperados e foram respeitadas ou temidas, como a amante[12] de Péricles, Aspásia, que era filósofa e uma das poucas pessoas com quem Sócrates realmente gostava de conversar. Mas essa era a exceção à regra. E, ainda nesse caso, os filhos do relacionamento entre Péricles e Aspásia não seriam considerados filhos legítimos dele, assim como ela não podia usufruir da cidadania da democracia ateniense.

No Egito antigo, por exemplo, as mulheres tinham relativa autonomia se as compararmos às gregas ou romanas. Embora a regra ainda fosse a dos cuidados da casa e da família, elas eram socialmente valorizadas, tendo mais liberdade para se casar e se divorciar, entre outras coisas. Podiam também exercer várias profissões, e a documentação nos mostra que houve mulheres escribas, proprietárias rurais, artesãs e sacerdotisas. Em tempos ptolomaicos, lembremo-nos de Cleópatra, uma faraó do Egito que se tornou uma lenda ainda em vida, respeitada em sua terra natal e em Roma. Na Mesopotâmia de séculos antes, o Código de Hamurabi deixa entrever mulheres como diferentes e valendo menos do que os homens, apesar de terem alguns direitos. Podiam circular livremente, ter propriedade, negócios, envolver-se em processos judiciais, manter empregos remunerados, saber ler e escrever. Ou seja, a regra da divisão de papéis de gênero ainda era naturalizada, mas o que se permitia e proibia a ambos os sexos mudava de lugar para lugar, de tempo para tempo.

Mary Beard, historiadora especialista em estudos clássicos, nos lembra que, embora muitos descrevessem sociedades exclusivamente femininas (como as amazonas) ou situações em que as mulheres estavam no poder, todas essas histórias e mitos tinham como objetivo ensinar o quão inadequadas, ridículas ou assustadoras tais conjunturas seriam. De modo similar, muitas representações de mulheres em mitos clássicos reforçam a noção de que o espaço de fala pública não pertencia às mulheres. Logo no início da *Odisseia*, por exemplo, há uma cena em que Telêmaco, filho de Ulisses e Penélope, está rodeado dos pretendentes da mãe, que querem desposá-la, visto que seu marido desaparecera. Junto da cena há um cantor, cuja música está deixando Penélope muito triste. Ela então pede ao artista que cante outra música. Telêmaco ordena que sua mãe se cale, se recolha a seus aposentos e cuide de "coisas de mulher", pois falar e cuidar do que é público eram algo de que apenas os homens deviam se ocupar.[13] O aspecto-chave disso é a noção clássica de política, que acentua a ideia de que esse é um espaço masculino e que as mulheres devem permanecer em casa, em silêncio. Em nossos dias, Beard tem razão em apontar, é possível notar como grande parte dos ataques masculinos a mulheres em lugares de autoridade — virtuais e no mundo real — visa justamente a capacidade de fala dessas mulheres, com a intenção de silenciá-las. Mulheres são atacadas como feias, masculinizadas, brutas, pouco femininas. Ataca-se o físico para calar a fala. Roma, lembremos, teria sido fundada sob o Rapto das Sabinas (ver figura 2 do caderno de imagens), um episódio em que Rômulo, depois de reunir os primeiros habitantes do lugar (todos homens e forasteiros), percebe não haver mulheres na cidade. Diante disso, raptam as vizinhas do grupo dos sabinos. Os estupros advindos desse ato geraram os primeiros romanos de fato. O impacto simbólico está no estupro como elemento fundacional dessa sociedade, mas também no significado do casamento: o lugar social e simbólico do casamento romano como uma instituição voltada para a perpetuação da linhagem advém de um estupro em massa.

Quando os diferentes tipos de cristianismo[14] se espalharam pelo mundo romano, pelo Norte da África e por parte da Ásia, o preceito do Velho Testamento de que a mulher deve servir ao marido casou-se muito bem com as lógicas locais de diferenciação entre homem e mulher. Em Roma, o catolicismo tornou-se religião oficial e combinou perfeitamente com o patriarcalismo romano, pautando o imaginário medieval europeu. Agostinho, que, como muitos de seus contemporâneos cristãos, tinha horror ao ardor sexual (sobretudo feminino), condenava o sexo fora do casamento, mas recomendava que mulheres e homens casados dividissem o leito conjugal. Para os escritores romanos cristianizados, como Tertuliano (séculos II-III), a maquiagem era um ato contra Deus, pois a mulher estaria tentando "refazer a criação divina". Com o matrimônio santificado, o aborto vira tabu, os filhos passam a ser, no plano ideal, cópias das virtudes dos pais. O casamento é um sacramento, mas diminui quem o faz: o estado celibatário é tido como superior e melhor. Paulo escreve aos coríntios a carta que mais pautou a lógica familiar milênios adentro: "Contudo, digo às pessoas solteiras e às viúvas que é bom ficarem como eu. Mas, se não podem guardar a continência, casem-se, pois é melhor casar-se do que ficar abrasado" (1 Coríntios 7,8-9). A historiadora Michelle Perrot sintetizou a lógica que se estabelecia: "O catolicismo é, em princípio, clerical e macho, à imagem da sociedade de seu tempo. Somente os homens podem ter acesso ao sacerdócio e ao latim".[15]

Na Europa medieval, uma fusão poderosa colocou a mulher entre a cruz e a espada. De um lado, a misoginia do mundo clássico. De outro, a bíblica. A junção dessas duas tradições criou um duplo papel subalterno para as mulheres no discurso masculino: ou deveriam seguir um padrão inatingível, mas louvado, de virtude, virgindade/castidade e devoção familiar preconizado pela Virgem Maria, ou seriam taxadas pelo seu antônimo, o estigma de Eva, a pecadora, tentadora, adúltera/prostituta, a inclinada ao demônio. Se repararmos bem, a questão toda, o pêndulo entre virtude e vício, era o controle da sexualidade, do corpo feminino. Por um lado, a mulher poderia ser sublime; por outro, a causa da perdição masculina. Tertuliano dizia que elas eram "a porta do Diabo"; Ambrósio incitava-as à virgindade, pois não havia muitas outras formas de serem virtuosas; Jerônimo, ecoando Paulo (para quem as mulheres deveriam permanecer caladas nos templos), escreveu que "o casamento é um dom do pecado". Portanto, a sexualidade tornava-se, escancaradamente, a fonte, por excelência, do grande pecado feminino.

No início do Evangelho de Mateus vemos uma genealogia de Jesus. Quatro mulheres são mencionadas numa linhagem basicamente patriarcal, que serviria para mostrar, entre outras coisas, como o Messias cristão era descendente do rei Davi. Três delas eram mulheres cuja conduta não tinha como ser lida de forma benévola na linguagem da ortodoxia da Igreja medieval. Tamar era pecadora; Rute, uma estrangeira (situação potencialmente vexatória no Velho Testamento); Betsabé, a quem Davi engravidou sabendo se tratar de uma mulher casada, uma adúltera. O rei judeu aprofundou o pecado ao mandar Urias, marido de sua amante, para a guerra e colocá-lo numa situação em que pereceria. A linhagem de Jesus incluía reis, sem dúvida: como Messias, descendia de Davi, de Salomão. Mas também incluía o pecado original de Adão e Eva (como todos nós, se seguirmos a lógica), uma mulher que se disfarça de prostituta para engravidar do sogro, uma virtuosa estrangeira, um adultério e um assassinato. Tudo isso no nome de três mulheres. Quando Mateus menciona a quarta mulher, Maria, que concebe por obra do Espírito Santo, resgata a virtude de Jesus, limpa o passado de vícios. Redime-se a linhagem do Nazareno, que vem ao mundo sem pecado nenhum cometido por seus antepassados. Ele, gerado sem pecado, redimiria toda a humanidade de todos os nossos pecados. Ser concebido sem sexo, aos olhos da teologia medieval, empapava Jesus de santidade, como se o Deus encarnado precisasse de toda a pureza da virgindade e castidade da mãe para se aventurar entre os pecadores mortais. Logo, o sexo era sujo. Praticá-lo era dever marital porque era imperativo bíblico o fato de que deveríamos nos reproduzir. De resto, deveria ser evitado.

A Igreja legislou como pôde sobre a sexualidade. Tentou impedir que o sexo fosse feito antes do casamento ou fora deste; que ocorresse com outros fins a não ser o reprodutivo; que fosse feito em dias santos ou em certos dias da semana, ou ainda quando a mulher estivesse menstruada etc. Ainda assim, as pessoas insistiram em não seguir código algum sobre o assunto! Para dar uma ajuda e evitar o pecado, as mulheres deveriam cobrir seus corpos e permanecer o máximo possível em ambiente recluso (a regra era mais seguida nas elites). Qualquer desvio da norma manchava o nome e a reputação de uma família, causava desonra aos pais, um pecado aos olhos de Deus. Mesmo fora do discurso da Igreja, como na popular literatura de cavalaria ou na cortesã poesia trovadoresca, o ideal feminino era o da pureza, da donzela virgem a ser resgatada ou da que esperava num balcão, inatingível, ouvindo loas e juras de amor. Ambas adoradas como um troféu ou uma musa.

O modelo mariano ganhou as páginas, escritas majoritariamente por homens, das populares hagiografias, as vidas de santos. As mulheres santificadas nesses textos eram exemplos das virtudes marianas de fidelidade a Deus. Eram virgens, castas ou abdicavam de uma vida mundana, expurgando a sexualidade de suas existências. Cortavam o cabelo bem curto, pois isso as afastava da vaidade (vício que era visto como quase inerente à mulher). Joana d'Arc vestiu-se de homem e cortou o cabelo para atender a um pedido de Deus e lutar pelo rei de França.

Também para inibir a vaidade, voluntariamente desfiguravam seus corpos ou aceitavam castigos que as mutilavam. São muitas as santas que tiveram os seios arrancados e os corpos amputados para permanecer ao lado de Deus. Na *Legenda áurea*, de Jacopo de Varazze, talvez o grande manual de hagiografia medieval, manter a virgindade a todo custo era uma tônica das mulheres de vida santa. Ao narrar a fantástica biografia de santo Hilário, Varazze nos diz que ele dissuadiu sua filha, Ápia, do desejo de se casar, fortalecendo-a "no desígnio de salvaguardar" sua virgindade. Quando viu que a menina estava firme nesse propósito, rogou a Deus que a matasse, evitando ver a filha pecar caso ela tivesse uma recaída. Foi atendido. Livrou-se da esposa pouco depois com a mesma fórmula: ao ver a filha morta, a mãe da beata pediu ao santo que rezasse mais uma vez a Deus e que Ele, desta feita, a levasse. Funcionou: "com suas orações enviou-a para o reino do Céu".[16] O santo homem rezou pela morte da filha e da esposa! Antes mortas do que fazendo sexo!

A virgindade mariana era tão poderosa que podia converter ao cristianismo, ou seja, redimir pecados. Esse é o caso de santa Cecília, prometida em casamento ao jovem Valeriano, um descrente do "verdadeiro Deus". No dia das núpcias, ela revelou que um anjo de Deus era seu amante e que, muito ciosamente, cuidava de seu corpo. Explicou ao marido pagão que, caso fosse "maculada", ele seria punido; mas que, se seu amor fosse realmente sincero, o amaria como a um cristão. Ou seja, ofereceu a Valeriano uma estranha escolha: a pureza casta do amor cristão ou a morte, fulminado por um anjo amante da virgem. O noivo, com uma dúvida salutar na cabeça, insistiu que queria ver tal anjo. A santa respondeu-lhe que ele deveria realizar um processo de peregrinação e conversão. Ele o fez e, cristão, viu o anjo.

O modelo de beatitude e santidade era um ideal difícil de alcançar. Implicava mortificação do corpo, anulação dos desejos, conduta ascética irrepreensível. Seu oposto, em compensação, era mais comum, uma obsessão da teologia medieval. Já se escreveu que a Igreja parece se preocupar mais com o pecado que com a virtude. Isso pode não ser sempre verdade, mas, no caso das mulheres medievais, cai como uma luva. O modelo mariano era de uma inatingível simplicidade: seguindo-se o exemplo de Maria (sabendo que nunca seria alcançado) ou se inspirando na vida de santas que chegaram perto de sua glória, estava tudo pavimentado para a virtude. Mas como ficava a mulher que saía das regras?

O pavor masculino da mulher é equivalente ao fascínio provocado. Como escreveu o historiador Jean Delumeau: "Como não temer um ser que nunca é tão perigoso como quando sorri?". As tradições abraâmicas buscaram cobrir o corpo feminino com véus, roupas longas, burcas e toda sorte de apetrechos que repelissem o objeto de desejo: o corpo feminino. Dona de uma ferramenta capaz de pecar e de incitar o pecado, seu intelecto e alma tiveram que ser diminuídos. A mulher era de natureza frágil, acreditavam, por isso a primeira de todas sucumbira à tentação. O Diabo procurou Eva, e ela desvirtuou Adão. Tomás de Aquino foi claro em afirmar que "a mulher é um macho deficiente", ou seja, um pedaço reformulado do homem, sua costela crescida. Os homens tinham a imagem de Deus, as mulheres, não; logo, "não é então surpreendente que este débil ser, marcado pela *imbecillitas* de sua natureza", estivesse mais exposto "às seduções do tentador, devendo ficar sob tutela".[17] A argumentação insistia em que todo ser humano possuía uma alma espiritual assexuada e um corpo sexuado. No indivíduo masculino, o corpo reflete a alma, uma vez que o homem é a imagem de Deus. Mas não a mulher, que, inferior ao homem, deve se submeter a ele. Odon, abade de Cluny, no século x, foi ainda mais objetivo em sua descrição: a mulher é "um saco de excremento".

É evidente que a medicina e os saberes ligados ao feminino partilhavam dessas concepções pouco lisonjeiras e abertamente misóginas. Todo o conhecimento ligado à saúde tinha como base o corpo masculino, portanto doenças do universo da mulher eram quase desconhecidas e seus tratamentos ainda mais ineficazes do que os dirigidos aos homens. As mulheres estavam um pouco mais a salvo quando davam à luz, pois numa sala em que havia uma parturiente nenhum homem poderia entrar. Nem que fosse uma rainha ali dentro. Apenas as parteiras, parentas ou mulheres escolhidas a dedo. O conhecimento prático das parteiras incluía formas mais eficientes de ajudar em partos difíceis, como untar as mãos e ajustar a postura da parturiente. Também incluía relicários, rolos de oração e outros objetos mágicos. O papel das parteiras era tão crucial que, na Inglaterra do fim da Idade Média, elas passaram a poder administrar o batismo em casos nos quais o bebê corresse risco de vida. Para evitar o inferno, a Igreja chegou ao extremo de autorizar mulheres a administrar sacramentos! De qualquer modo, a obsessão contra as mulheres mostra-nos, paradoxalmente, o imenso poder que se imaginava que tinham. Quando eu tenho que, de forma sistemática, diminuir um grupo social, meu preconceito revela meu medo, o quanto eu me sinto menor do que meu objeto de ódio/repulsa. O preconceito é sempre, sem erro, filho do medo, da insegurança.

O fim da Idade Média e o início da Modernidade viram a explosão da mulher como agente de Satã. Se elas eram tão propensas ao pecado e tão inclinadas ao demônio, a derivação foi óbvia. Podiam se tornar amantes do Diabo e suas seguidoras: bruxas, a reelaboração perfeita do Estigma de Eva, paradigma do pecado feminino. Para achá-las e puni-las, houve sistemático esforço. Homens estudavam hábitos de bruxaria, aprendiam a identificá-los, a inquirir feiticeiras astutas, desvendar seus ardis que poriam a humanidade em perigo. O grande manual para isso acabou sendo o *Martelo das bruxas* (*Malleus maleficarum*), do final do século xv, escrito pelos inquisidores germânicos Heinrich Kramer e Jakob Sprenger. Para ambos, que contaram com aval do papa e foram lidos até o século xviii, o Diabo tinha cabelos compridos, um doce olhar lânguido e um par de seios. Bruxas compunham um harém de Satanás, copulavam com ele em espírito, em rituais orgiásticos. O preconceito era duplo, pois essas festas sexuais que os cristãos descreviam eram o reflexo do imaginário que tinham tanto das mulheres quanto dos turcos, a quem projetavam vivendo lascivamente em meio a haréns. "Toda bruxaria provém da luxúria carnal, que nas mulheres é insaciável"; a companhia feminina seria fétida e mortal, pois atraía com dulçor os homens para, como serpentes e com rabos de escorpião, aniquilá-los. Mulheres que dormiam com o capeta anulavam a potência masculina, deixando os homens com problemas eréteis, com o intelecto desordenado. Ofereciam crianças a Satã, abortavam, causavam distúrbios na ordem das coisas, como a destruição das colheitas ou doenças nos animais. Não é difícil entender por que parteiras, benzedeiras, mulheres que tinham conhecimento de curas por ervas e poções, que tratavam animais e conheciam o campo (associado ao trabalho masculino), eram taxadas de bruxas e perseguidas.

Em sermões, no discurso médico e jurídico, potencializados pelo nascimento da imprensa, a neurose persecutória da mulher se espalhou rapidamente, associando-a ao demônio, à apostasia, ao pecado, à morte. Se criatura de natureza frágil, quanto poder tinha, pois inspirava uma obsessiva literatura, um cuidado cotidiano, a criação de instituições para protegê-la de sua própria índole pecadora! É necessário reforçar nossa ironia neste ponto: a obsessão sexual, as loucuras derivadas dela e os crimes imputados a mulheres foram imaginação fértil de homens. Cristãos. O pecado que se atribuía ao feminino era lavra do cérebro imaginativo masculino.

O imaginário da bruxa foi se concretizando por meio da arte, como nas conhecidas gravuras de Albrecht Dürer sobre a dupla natureza das feiticeiras. Podiam ser jovens, belas, atraentes, por isso mesmo perigosas, como em *As quatro bruxas* (1497), ou velhas, de nariz adunco, decrépitas e, portanto, apavorantes, como as vemos em *Bruxa montando uma cabra ao revés* (*c*. 1500). No primeiro caso, a nudez e as poses lembram-nos as representações das Três Graças, mas o quarto elemento embaralha a cena, cria uma espécie de dança perversa, de quadrilha macabra, com ossos humanos no chão e um demônio à espreita da orgia que se iniciará em breve. No segundo, uma feiticeira com vassoura na mão monta uma cabra com chifres, alusão costumeira ao demônio. Mas, reparemos, a montaria se dá ao contrário, mostrando a natureza das coisas sendo invertida pela ação maléfica da bruxa e de seu patrono. Incapazes de criar, subverteram a criação divina, perfeitamente ordenada em direção à Salvação.

A inspiração para essa visão do feminino como perverso talvez se encontre na *Inveja*, de Andrea Mantegna (1431-1506), destacada na gravura *A batalha dos deuses marinhos*. Nessa imagem, o estereótipo da bruxa fica associado a uma velha harpia, macilenta, com seios murchos, o que explicaria sua inveja das mais jovens e por que comia bebês.[18] O mesmo arquétipo da bruxa velha está em *Lo Stregozzo*, de Agostino Musi, feita por volta de 1520. Boca também aberta, seios caídos, cabelo desgrenhado, a referência ao caprino chifrudo, mas, dessa vez, com crianças raptadas e um caldeirão.

A perseguição à bruxaria entrava em seu auge — um pico que perduraria até meados do século seguinte. Calcula-se que entre 35 mil e 100 mil pessoas foram executadas acusadas de bruxaria[19] nesse período. Mostrando que protestantes e católicos tinham mais de mil anos de leituras e vivências em comum, tanto em países reformados como nos que permaneceram católicos, a perseguição às chamadas bruxas foi enorme. Um dos mais conhecidos surtos de bruxaria se deu na cidade de Salem, em Massachusetts, quando, em 1692, 150 pessoas foram presas depois que algumas meninas alegaram ter sido enfeitiçadas. Dezenove delas foram enforcadas. O episódio se tornou famoso pela literatura e pelo cinema contemporâneo. Casos muito mais expressivos foram registrados bem antes. Entre 1320 e 1350, seiscentas pessoas acusadas de bruxaria foram julgadas na cidade de Toulouse: quatrocentas delas foram condenadas e executadas. Na vizinha Carcassonne, também nessa época, quatrocentas pessoas julgadas e duzentas condenadas e executadas.[20] Mas nada como no

Sacro Império dos séculos XVI e XVII, em que autos de fé julgaram pelo menos mil pessoas, executadas por autoridades locais em Bamberg (1626-31) e em Trier (1581-93). No mesmo período, mais 250 em Fulda (1603-6) e novecentas em Würzburg (1626-31). Em média, 85% dos condenados eram mulheres (de todas as idades, incluindo crianças). Na Inglaterra, talvez as condenadas tenham

Albrecht Dürer, A bruxa (Bruxa montando uma cabra ao revés), c. 1500. Calcula-se que até 100 mil pessoas, quase todas mulheres, foram executadas pela Inquisição sob a acusação de feitiçaria, entre os séculos XV e XVIII. Reedição do estigma de Eva, o mito das bruxas assombrou a Europa renascentista.

chegado a 90%, astronômica percentagem igual à da Hungria. Um pouco menos, na casa de 75%, para regiões como a França e o Sacro Império, e um pouco mais para a Suíça, onde as estimativas de condenação de mulheres como bruxas em autos de fé passou de 95% dos casos.[21] Nas Américas, a bruxaria associou-se a questões de cor de pele: mulheres indígenas, negras e mestiças representavam alvos fáceis de preconceitos e foram perseguidas com mais frequência. Até os dias de hoje, o estereótipo da curandeira negra fazendo vodu como uma bruxa demoníaca abunda em filmes de terror em Hollywood.

A misoginia contamina o olhar dos viajantes. A América é descoberta e colonizada em meio ao aumento da perseguição a mulheres acusadas de feitiçaria e pactos com Satanás. O sombrio e clássico deus Saturno (que devorava os filhos) também era associado a rituais diabólicos e de canibalismo. Ao encontrarem mulheres no Novo Mundo, foi fácil transferir todos os imaginários misóginos clássicos e modernos.

Nas gravuras de Théodore de Bry (como em *Americae Tertia Pars*, 1592), aparecem as mulheres velhas, decrépitas no corpo e, por consequência, na visão de muitos homens europeus, decadentes nos costumes. A gula delas ao devorar a carne humana mostrava que mulheres indígenas eram a continuidade natural na feitiçaria moderna. Dos dois lados do oceano Atlântico o demônio/Saturno estimulava o sexo tido como frágil aos piores hábitos. Se fossem representadas jovens, ficava claro que logo assumiriam deformidades físicas pelos maus hábitos.

Os monstros femininos não eram apenas "feiticeiras" tupinambás. A mitologia serve de base: as antropófagas poderiam virar harpias, seres terríveis com rosto de velha e corpo de abutre — assim descreve o jesuíta Simão de Vasconcelos na sua *Crônica da Companhia de Jesus*.[22] Os modelos estavam no olhar do homem colonizador da América e reabasteceram um renovado imaginário misógino. Sim, era um Novo Mundo, todavia o velho olhar preconceituoso tinha contaminado a narrativa.

Já se aventou a possibilidade de que esse ataque às mulheres que fugiam da norma fosse peça fundamental para a própria criação do capitalismo. A historiadora Silvia Federici escreveu que reservar o trabalho em casa para as mulheres ajudou um mundo branco, masculino e capitalista a forjar uma lógica que se apropriava dos frutos do trabalho feminino, ao mesmo tempo que o diminuía. Relegadas à esfera doméstica, dando à luz, criando e nutrindo bebês (e maridos!), costurando, lavando e realizando toda sorte de trabalho em casa (que podia gerar complemento à renda do lar), as mulheres permitiam o que, na visão marxista da autora, pode ser descrito como "acumulação primitiva de capital", uma condição necessária à existência do capitalismo. Isso porque o trabalho em casa, feminino, nunca foi pago! Não o remunerar ajudou a poupar dinheiro. E sem capital acumulado, sem capitalismo.[23] Trabalhar sem receber virou a tônica do trabalho doméstico.

Para Federici, as caças às bruxas estiveram ligadas ao contexto de crises econômicas nos séculos XVI e XVII, bem como às políticas de terras e de trabalho associadas ao mercantilismo. Caçar bruxas não seria meramente fruto de um conservadorismo religioso, mas o próprio mecanismo de exclusão em relação a mulheres. Ai de quem fugisse da regra! Fogueira! Estigma! Letra escarlate! A autora conclui, portanto, que as lógicas de transmissão de propriedade privada excluíam mulheres ao mesmo tempo que se apropriavam do trabalho feminino, especialmente no ambiente doméstico. Caçar bruxas, em resumo, era um mecanismo elaborado para submeter a mulher a um lugar no qual ela contribuísse para que a máquina do dinheiro e da propriedade continuasse girando.

Ela não está errada nisso, embora o capitalismo deva sua existência a várias outras formas de exploração. A própria Federici escreve sobre como outros corpos foram subjugados. O capitalismo deve sua existência a corpos de negros, indianos, indígenas e uma enorme fileira de milhões e milhões de pessoas que foram escravizadas ou tiveram que trabalhar de maneira servil. Mulheres e homens, crianças e velhos. Jovens e adultos. Isso não é demonizar o capitalismo. Isso é história. Tampouco é endeusar alternativas históricas ao capitalismo, como os muitos comunismos já tentados, também perniciosos no uso de mão de obra de pessoas presas, etnias inteiras, dissidentes políticos etc. Este não é um livro sobre virtude, mas sobre nossos defeitos.

Curiosamente, a Primeira Modernidade — esse período pródigo em caçar bruxas e deixar mulheres restritas à casa — viu a ascensão de poderosas mulheres em papéis tradicionalmente masculinos. O padre Carvajal jurou de pés juntos ter visto amazonas no rio que ganharia esse nome no que hoje é o Norte do Brasil. Mulheres guerreiras que prescindiam de homens entre elas era algo tão bizarro para o imaginário do religioso que ele só poderia ter encontrado tal maravilha no coração de um caudaloso e misterioso rio dentro de uma selva que, para um europeu, não deveria existir nem no mais estranho dos sonhos.

Na mesma época ou pouco antes, mulheres, de carne e osso, reinaram no Velho Mundo. Isabel de Castela foi uma das mulheres mais poderosas de seu continente. O mesmo vale para Nzinga Mbandi, rainha de Ndongo. Na Inglaterra, a palavra *queen* teve de ser ressignificada com a ascensão ao trono de Maria Tudor e, mais tarde, de sua meia-irmã, Elizabeth. Ambas foram as primeiras mulheres a de fato reinar (*to reign*, em inglês) e governar (*to rule*). Isso, até então, era atributo apenas de reis (*kings*).

Ser poderosa não eximia uma mulher do preconceito. Talvez até o ampliasse. Elizabeth, mulher das mais poderosas do fim do século XVI, foi vilipendiada ainda em vida, como uma terrível Medeia, bruxa. Mulher em lugar de homem. Nunca se casou para evitar dividir o poder com um homem ou perder o respeito de seus súditos. Ganhou com isso a alcunha de Rainha Virgem, de onde derivou a Virgínia, primeira das colônias britânicas no Novo Mundo. Reparemos que, mesmo poderosas, as mulheres não escapavam de viver entre o modelo de Maria, virgem, ou da pecadora Eva, a Medeia do imaginário masculino da época.

No pensamento político moderno, a mulher foi a baliza do que deveria ser evitado, e o imaginário sobre o feminino decidiu as cartas que deveriam ser jogadas e quais não. Maquiavel, talvez a melhor síntese da política moderna, escreveu *O príncipe*, que seria lançado após sua morte. Nesse texto, um clássico por diferentes razões, o florentino recomendava que os governantes buscassem se equilibrar sobre um conjunto de virtudes (uma tentativa de traduzir o seu conceito de *virtù*), mas que se lembrassem de que estavam sujeitos à sorte, ao acaso, que ele alegoricamente descreveu como a Fortuna. Toda a sua descrição de virtuosidade de um governante exalava testosterona, ao passo que o reverso do espelho da *virtù* maquiavélica seria o ser "efeminado". As características que Maquiavel considerava típicas das mulheres foram, então, condenadas e deveriam ser evitadas pelo "príncipe" como o Diabo evitaria a cruz. Dentre tais traços femininos destacam-se a fraqueza, o medo, a burrice, a indecisão e a dependência. A Fortuna, como uma mulher caprichosa, se enamora de homens que a adulam. Receita de Maquiavel para "domar" a Fortuna? Bata nela. Como os homens deveriam fazer com quaisquer mulheres para que elas entendessem "seus lugares".

Paradoxalmente, mesmo com todas essas debilidades, as mulheres seriam, no texto, detentoras de poderes ocultos, constituindo um perigo para os homens. As figuras de mulheres mais jovens são representadas em outros escritos de Maquiavel como passivos objetos sexuais quase sempre sem vontade própria, muitas vezes exemplos de pureza e castidade, pelos quais os homens agem movidos por desejo, sem que elas exerçam protagonismo algum nisso. Em sua peça *A mandrágora*, a personagem Lucrécia aparece, a princípio, como casta e ingênua. Depois, perde sua inocência nas mãos das maquinações de homens, é manipulada para o adultério e, a partir de então, passa de virgem casta e inocente a manipuladora, conspiradora e adúltera. Para o leitor e a leitora mais atentos, a inspiração fica clara: Tito Lívio, o historiador romano, a quem Maquiavel conhecia tão bem. No século I d.C., em sua *História de Roma*, Lívio nos narrou a vida de outra Lucrécia. Se o que se conta é correto, o fim da monarquia em Roma deveu-se a enredo similar ao narrado na *Mandrágora*. Soldados bêbados e entediados conhecem Lucrécia, uma virtuosíssima e recatada mulher casada. Ela, por convite do marido, serve um jantar ao grupo de fanfarrões. Dias depois, um deles, que por acaso era o filho do rei de Roma, volta à casa e estupra Lucrécia. Envergonhada, arrasada, a vítima conta ao marido e ao pai o que se passara. E suicida-se. A revolta pelo ocorrido teria levado ao início da República. Roma começara com estupros (lembram-se do Rapto das Sabinas?), e agora entrava em sua fase de grande vigor e expansão com outro estupro.[24] Ainda resta dúvida sobre o argumento que estamos desenvolvendo?

Voltando a Maquiavel, é preciso lembrar que, se as mulheres jovens deviam ser evitadas pelo governante (de quem se esperava a castidade ou que vivesse sua sexualidade de maneira jocosa e livre), pois o amor seria tentador, prazeroso e atormentador, as mulheres mais velhas eram outro problema. Ambiciosas como homens, corruptas e corruptoras, estas sabiam empregar o poder sexual de modo mais estratégico, geralmente controlando o acesso às mais jovens e usando de ardis diversos para manipular os homens e enfraquecer os laços fraternais que eles possuem entre si, levando a ruínas políticas e familiares. Em "Belfagor, o arquidiabo", um conto sobre demônios, Maquiavel nos relata que houve um estranhamento no inferno diante de um aumento no número de homens que ali chegavam. A causa desse curioso aumento: o casamento! O diabo do título é enviado à Terra para investigar essas esposas e... acaba se apaixonando perdidamente por uma mulher! A esposa do pobre diabo Belfagor, ciente de seu poder como uma nova Eva, capaz de tentar até anjos caídos (numa curiosa inversão do texto de Gênesis), revela-se uma megera gastona e cruel. Indefeso, o diabo a abandona e foge.

Em resumo, Maquiavel via as mulheres como seres dominados por instintos naturais tórridos, como forças ocultas superiores, distintas de Deus e hostis ao homem. Os homens, pobrezinhos, contra a ambição e a avareza de tais forças da natureza, femininas, deveriam se preservar. Pois essas incontroláveis forças femininas, como o fizeram desde Eva, ameaçam a estabilidade, a ordem que se pretendia. Do Éden ao Estado.

QUANDO O MUNDO PASSOU A QUESTIONAR O LUGAR DO FEMININO?

Com a gradativa mundialização de valores europeus após 1492, o pensamento preconceituoso contra as mulheres passou a circular globo afora. Houve episódios curiosos (e violentos) quando imaginários sobre o feminino se chocaram. No Novo Mundo, entre as nações algonquinas, plantar era atividade feminina. Na Inglaterra tudoriana, atividade masculina. Para um algonquino, lugar de mulher, naturalmente, era nos campos. Para um inglês, lugar de mulher era, naturalmente, fora dos campos. Não demorou para que homens de ambos os lados se acusassem mutuamente de efeminados. Cenas assim servem para nos mostrar a tese deste capítulo como um todo: as eventuais distinções biológicas entre homens e mulheres não podem naturalizar as distinções dos papéis de gênero. Dito de forma mais simples: o lugar social de um homem e de uma mulher é uma invenção que variou de sociedade para sociedade através do tempo. Não se trata de coisa natural. Curiosamente, todas as sociedades parecem ter criado papéis distintos, por vezes complementares, para homens e mulheres.

Em suma, há algo de natural em ver homens e mulheres em lugares sociais distintos. Talvez em razão do nosso cérebro primitivamente afeito a criar relações de grupo baseadas em amigo/inimigo, ou da nossa maneira de pensar que tende a atribuir lugares e criar imaginários onde enxergamos diferenças. Se tenho o poder, esse estabelecimento do papel do outro e do meu é confortável, inclui, reforça, ajuda. Se não o tenho, é desconfortável, exclui, enfraquece, atrapalha. Ao mesmo tempo, é sempre bom lembrar, se há algo que nos distingue como humanos é nossa insistência em deixarmos de ser apenas seres biológicos e criarmos cultura, história. A biologia de uma espécie pouco se altera. Se ela é profundamente alterada, a espécie muda, vira outra. Se a biologia do

Homo sapiens se alterar demasiadamente, deixaremos de ser *Homo sapiens*. Com a cultura, com a história, algo verdadeiramente mágico ocorre. Quando ela se altera, não deixamos de ser biologicamente *Homo sapiens*, mas nos tornamos mais... humanos. Estamos advogando que parte de nossa condição humana advém de sermos seres históricos, culturalmente mutantes. Quanto mais a cultura muda, mais nos tornamos humanos, cientes das tantas mudanças pelas quais já passamos como espécie. Podemos nos entender como humanos num sentido biológico, de espécie, mas nossa condição humana é outra. Além disso, o mundo não é algo externo a nós, não somos separados da natureza pela civilização. Pelo contrário, essa é uma armadilha que criamos para nós mesmos. Outras culturas no mundo enxergam diversas naturezas em nós, não nos separam de animais e outros seres vivos (vendo vida inclusive onde vemos objetos inanimados). Há algo de "humano" em tudo, e algo de tudo naquilo que concebemos como "humano".

Não nascemos programados para voar, mas criamos formas de fazê-lo porque isso nos foi mais conveniente. Não nascemos programados para altas profundidades, mas inventamos máquinas que podem nos levar até pressões incalculáveis embaixo d'água. Como humanos (entendido como *humanity*), desafiamos nossos limites biológicos (entendidos como *humankind*).[25] Logo, por mais que nossa cabeça possa estar programada para criar preconceitos, sejamos humanos e busquemos contorná-los, nunca naturalizando diferenças, mas sim entendendo como foram produzidas, e como e a quem beneficiam e a quem fazem mal.

Talvez possamos pinçar o século XVIII para entendermos o nascimento de contestações mais consistentes do lugar da mulher no mundo ocidental. No seio das revoluções liberais e das contestações iluministas à velha ordem absolutista, lampejos de que algo não ia bem na dicotomia "homem-direitos-mundo externo" versus "mulher-deveres-mundo doméstico" começaram a ser ouvidos, notados.[26] E, claro, partiram de mulheres. O jovem pensamento liberal de então ecoava Locke, para quem o direito à rebelião contra um governo injusto era lógico, mas para quem a mulher deveria se submeter ao marido, embora tivesse alguns direitos e a maternidade fosse vista como sagrada.

Na nascente República dos Estados Unidos, Abigail Adams pediu ao marido, John Adams, um dos assim chamados *Founding Fathers*, que se lembrasse das mulheres na hora de elaborar leis para a nova nação. Os americanos haviam feito uma revolução contra a tirania do antigo regime e não deveriam manter metade da população sem direitos, em reinventada tirania, dessa vez dos homens sobre as mulheres. Não foi ouvida, ao que parece. Além do mais, ainda que o tivesse sido, era mulher branca. Ser uma mulher negra ou indígena continuava a ser um somatório de problemas, com solução mais distante do que a chance de sussurrar na orelha de um marido que, eventualmente, seria presidente da República. Na França dessa época, barricadas se ergueram na mesma velocidade com que a lâmina da guilhotina descia. Nas ruas revolucionárias de Paris, um documento circulava garantindo direitos universais aos homens e cidadãos. Todos eram declarados livres, iguais por natureza, e podiam manter propriedade, falar e se expressar livremente.

De fato, o liberalismo nasceu revolucionário. Mas apenas se você fosse um homem branco francês. Para os negros haitianos escravizados, ter nascido em solo francês não era garantia alguma. Nesse ambiente em que novos direitos e novas sociedades políticas eram criados para reconfigurar o mundo dos homens, ainda se discutia se as mulheres eram seres humanos como os homens ou se estavam mais próximas da irracionalidade animalesca.[27]

Contrariada, a atriz e pensadora Olympe de Gouges redigiu, em 1791, a Declaração dos Direitos da Mulher e da Cidadã, exigindo o reverso da moeda, a extensão dos direitos de cidadania e... de humanidade às mulheres! Em vez de sugerir algo ao marido, como fizera a sábia futura primeira-dama dos Estados Unidos, De Gouges escreveu que a tirania dos homens deveria acabar, por ser a origem de todas as formas de desigualdade. Terminava seu texto com um contrato, um pacto que deveria ser assinado por homens e mulheres garantindo um ao outro a igualdade. Suas ideias foram lidas, circularam e, naquelas mentes tomadas pelo Iluminismo e pelo desejo de igualdade, fraternidade e liberdade... encontraram o horror, olhos arregalados de espanto dos homens que conduziam a Revolução. Madame Olympe de Gouges foi presa e guilhotinada. Para evitar novas proposições como aquela e assegurar que o mundo se manteria masculino em sua ordem social, o regime revolucionário francês mandou extinguir todas as associações femininas e proibiu que mulheres demonstrassem "atitudes patriotas" por irem contra a "ordem natural". Curiosamente, a república jacobina e a razão iluminista sempre foram alegorias representadas por mulheres.

Há algo de muito paradoxal nessa situação. Historicamente, as mulheres trabalharam lado a lado dos homens, em ambiente doméstico ou em trabalhos próximos a suas casas. Claro que havia distinções e papéis, mas o trabalho era físico, sujo e suado. O advento da industrialização trocou o ambiente do trabalho: surgia a fábrica, desconectada e muitas vezes distante da casa das pessoas. Homens, mulheres e crianças compunham as fileiras de operários. Por volta de meados do século XIX, surge a figura do homem "provedor do lar", e o discurso que há pouco enunciamos se consolidou. No plano ideal, novamente confinadas em espaço doméstico, como se ali fosse o lugar de sua natureza, as mulheres de elite das sociedades europeias que se industrializavam eram perfeitas quando refletiam o ideal do recato, do lar, do cuidado maternal. Por outro lado, a maioria das mulheres, que precisavam do trabalho pago, fora de casa, para o orçamento mensal da família, sofriam o estigma de serem más esposas e mães.

Foi justamente nesse ambiente de novo confinamento doméstico, em especial entre mulheres de elite, que poderosos e inéditos movimentos femininos se articularam. No século XIX, viver em casa, cuidando de empregados e filhos, era o triunfo do mundo feminino tanto na aristocracia da nobreza quanto na fortuna de grandes empresários burgueses. No competitivo e exigente mundo dos negócios, as muitas demandas da agenda do homem de sucesso o retiravam do lar para o escritório, para o comando da fábrica, para almoços e jantares de negócios, para viagens e atividades de lazer que demandavam astúcia e atenção. No mundo da política, tornado uma extensão do mundo dos negócios, tramoias, conchavos, partidos, leis e destinos eram traçados por associações de homens dispostos a matar e morrer para gerir o futuro e o presente de sociedades inteiras.

O termômetro do sucesso desses homens que exalavam a nova masculinidade (atrelada ao sucesso dos negócios) eram suas casas pouco frequentadas mas suntuosas. Tais espaços imensos eram regidos pela "rainha do lar" (expressão cuja origem remete ao livro *Emílio*, de Rousseau), a mulher sustentada financeiramente, cuja função era criar filhos que repetiriam os lugares sociais dos pais. Empregados ou escravizados (ou ambos), orçamento doméstico, tutores e professores, escolas, música, roupas, asseio... uma multidão de afazeres deveria recair no colo de mulheres mantidas pelo sucesso financeiro do marido. A palidez da pele de mulheres e filhas, indicando que ficavam restritas ao ambiente doméstico, começou a ser louvada em prosa e em verso, como podemos ler na pena de Flaubert, Dumas, Alencar e tantos outros. Num mundo de liberdade comercial e política para burgueses brancos, casar-se passou a ser mais e mais uma opção dos noivos em vez de um arranjo dos pais deles para assegurar patrimônio e linhagem. Para mulheres pobres, escravizadas, a vida podia ser duas ou três vezes mais complicada. A lógica da "serva doméstica", da mulher com múltiplas jornadas de trabalho (fora de casa — em um ou mais empregos —, no cuidado de filhos ou parentes e dentro da própria casa), exauriu corpos e mentes.

Não demorou igualmente para que a lógica do homem que "pode pôr a mulher em seu devido lugar" por meio da força, o que em ambiente anglófono se chamava de *coverture*, passasse a ser coibida: por que um homem bateria na sua esposa se a amava? Também as leis de divórcio foram se tornando mais maleáveis e comuns, pois se a união era baseada no amor, o que fazer quando ele acabasse ou saísse do casamento para uma nova noiva?

Mas uma mudança nas leis, proibindo ou desincentivando a violência doméstica, não alterava práticas arraigadas havia séculos. Analisemos alguns casos concretos. Comecemos com o casal Daniel e Abby Mcfarland, que se separou nos Estados Unidos do século xix. Depois de ficar sozinha por anos, ela iniciou um namoro com um jornalista muito conhecido por sua cobertura da Guerra Civil, Albert D. Richardson. Quando o affair se tornou público, os dois moravam juntos e ela tentava se divorciar legalmente, algo malvisto mas permitido na época. O ex-marido invadiu a redação do *New York Tribune* e matou a tiros o namorado da ex-esposa. A essa altura do campeonato, eles estavam legalmente divorciados: o resultado do pleito saíra pouco tempo antes! Levado a julgamento, Daniel foi inocentado porque tinha apenas "lavado sua honra ferida".

Segundo exemplo: Brasil, início do século xx, e o divórcio era tabu. O brilhante Euclides da Cunha resolve matar o amante de sua esposa quando descobre que ela estava mantendo um caso. Erra o cálculo: era um jornalista e escritor acima da média, mas um atirador inexperiente. O rival era do Exército e se saía melhor com armas do que com a pena. Dilermando de Assis manda para o caixão o autor de *Os sertões*. Maldição de família, o filho de Euclides, quando mais velho, resolve vingar o pai: mataria ele o tal Dilermando! Teve o mesmo fim do pai. O machismo e a misoginia matam homens também.

Casos assim seriam a regra dos séculos xix e xx. Homens se sentindo donos do corpo de mulheres e com poderes para decidir quando a vida delas deveria terminar. Ditados como "em briga de marido e mulher não se mete a colher" escondem essa lógica de que o mundo doméstico pode subverter regras públicas. Se alguém matar o outro na rua, por negócios, para roubar ou pelo que quer que seja, prisão. Sem dúvida. Quem negaria que isso é errado? Mas, se matar por questão doméstica, para "lavar a honra", estaria no seu direito. Sabe-se lá o que se passava no segredo do lar, se a mulher não tinha dado motivos... A quem poderia recorrer uma mulher espancada? Como enfrentar tribunais que acatavam a teoria de "legítima defesa da honra" quando um marido eliminava sua companheira? A concepção tradicional de família era a constituição de um espaço muito confortável para o poder e o arbítrio masculinos. O Código Civil de 1916 exigia que a mulher, para trabalhar fora de casa, obtivesse autorização do marido.[28] O "pátrio poder" era atribuído ao homem. A mulher era obrigada a mudar seu nome de solteira. O artigo 233 dizia que "o marido é o chefe da sociedade conjugal; compete-lhe [...] o direito de fixar e mudar o domicílio da família". O código previa ainda a existência de um dote da esposa. Caso a mulher tivesse sido deflorada sem o conhecimento prévio do marido (tratava-se de um "erro essencial"), o homem poderia invocar a dissolução do vínculo, segundo previa o mesmo código no artigo 219. Algumas mudanças na direção da igualdade foram estabelecidas pelo Estatuto da Mulher Casada (1962), pela Lei do Divórcio (1977), pela Constituição de 1988 e, por fim, pelo novo Código Civil, de 2002. Até o surgimento desses novos dispositivos jurídicos, a mulher era equiparada a incapazes e menores de idade.

Houve resistências e exceções notáveis. Chiquinha Gonzaga (1847-1935) é um exemplo. Forçada a um casamento de conveniência, rebelou-se e afirmou seu direito a ser compositora. Abandonou o marido oficial, buscou seus próprios caminhos afetivos e profissionais e pagou um preço alto por sua coragem e independência, resultando inclusive na ruptura com o próprio pai. Outro exemplo é a análise que o historiador Boris Fausto fez de uma mulher que, enganada pelo namorado, elaborou um plano para matá-lo. O caso, famoso, ficou conhecido como crime da Galeria de Cristal. O homicídio, em 1909, e os julgamentos subsequentes dividiram a opinião pública e dos jornais, com várias pessoas expressando apoio à jovem que matou aquele que havia retirado sua honra. Albertina Bonilha, com auxílio do novo companheiro, eliminou Artur Malheiros, e uma parte da sociedade ficou ao lado dela. Difícil dizer se isso é uma evidência do conservadorismo da época (Malheiros e Albertina tiveram relação sexual e não se casaram) ou se era uma fissura no machismo vigente.[29]

Desse ambiente de elites brancas dos dois lados do Atlântico, novos papéis femininos começaram a surgir. Aparentemente, reforçavam a lógica do imaginário feminino da cuidadora devotada, mas, na prática, abriam espaço para mudanças mais profundas. Nos Estados Unidos, por exemplo, movimentos extremamente influentes na política, como o da Temperança, precisam ser postos no microscópio. Na segunda metade do século XIX e na virada para o XX, pensava-se na sociedade americana como um turbilhão de corrupção e amoralidade. Parte do que era visto como o grande mal naquele país estava associada ao consumo desarrazoado de álcool. De fato, tomava-se mais uísque do que água per capita, o que se explica também pela baixa qualidade da água e pela alta qualidade da bebida alcoólica: uma transmitia doenças; outra, pela gradação alcoólica que tinha, matava microrganismos! A cerveja, trazida na bagagem de imigrantes germânicos, se transformava numa indústria vigorosa, e eram comuns os comércios que serviam canecões da bebida com petiscos salgados a preços módicos. Resultado: as pessoas bebiam. Muito. Em especial os homens.

Religiosos e religiosas ligados a movimentos de reavivamento da fé, carismáticos, atuantes e engajados, acreditavam que a bebida corrompia. Nada novo nisso. Beber é uma maneira de praticar a gula, um pecado capital. Entorpecidos pela bebida, homens virtuosos, bons pais e maridos, trabalhadores e honestos, viravam animais violentos, envolviam-se com o crime, matavam, batiam em esposas e filhos, e acabavam com o suado estipêndio familiar em atividades que eram ainda mais pecaminosas: jogos de azar, prostituição etc.

A lógica do Movimento da Temperança está expressa na litogravura de Nathaniel Currier *O progresso da bebedeira*, de janeiro de 1846 (ver figura 4 do caderno de imagens). Nela, uma senhora abandonada chora, segurando a mão de sua criança, enquanto se afasta de sua casa em chamas (é possível ver a fumaça saindo através de uma fenda no telhado), como se estivesse procurando o marido. Uma mulher é obrigada a se aventurar no mundo em busca do marido. Ela mantém seu compromisso de cuidadora, mesmo fora do seu ambiente. Ele, contudo, sobe e desce degraus que funcionam como passos da virtude ao suicídio, passando por todos os tipos de vícios, maus comportamentos e crimes. Tudo começa com apenas um copo...

Poderosa junção de argumentos morais e científicos passou a vincular, desde o fim do século XVIII, o consumo excessivo de álcool a problemas de saúde. A religiosidade associou essa noção à de pecado. Se os que bebiam acabavam numa vida desregrada, de crimes, faltavam ao trabalho e, com isso, faziam a economia ruir, os que produziam as bebidas lucravam com a desgraça alheia. Os lobistas no Congresso americano, que advogavam em favor da facilidade de produção e circulação de álcool, arderiam no inferno.

Mulheres ligadas à Temperança iam além no argumento: beber arruinava a família, núcleo duro de qualquer sociedade cristã. Um homem embriagado ausentava-se do lar e envolvia-se em jogatinas e prostituição, levando embora o sustento da esposa e dos filhos. Se ficasse em casa alcoolizado, podia espancar os seus, matá-los até. O álcool corrompia, e a corrupção era a base da ruína do país. Um país com lares corrompidos era uma nação, como conjunto, corrupta. Ao leitor incauto, uma nota: não podemos naturalizar vetores de corrupção numa sociedade. Um país pode ser corrupto por ter elites corruptas, práticas corruptas no dia a dia; a corrupção pode vir de cima para baixo ou de baixo para cima. Pode fluir em todas as direções. Atacar a corrupção sempre é um discurso moral que pressupõe um ideal impoluto em algum lugar. Em democracias, buscar mecanismos que combatam a corrupção é algo vital, mas devemos sempre, antes de implementar medidas e procurar culpados, entender os jogos morais que pedem o "fim da corrupção".

Voltando ao nosso ponto (entender o papel das mulheres religiosas na reconfiguração do próprio papel do feminino): para evitar que peregrinos e viajantes bebessem e pecassem, Bíblias eram postas nos quartos de hotel. O tédio agora podia encontrar a palavra de Deus na mesa de cabeceira, ao alcance da mão. Em jornais e panfletos, livros e impressos em geral, ilustrações e textos mostravam os benefícios de uma vida de temperança e moderação, abstêmia do pavoroso líquido causador primeiro de todos os males. Grupos liderados por mulheres, em demonstrações quase luditas, quebravam a machadinhas saloons e bares de suas cidades.

Mulheres, mantendo a lógica de que eram "cuidadoras de lares", agora velando pela manutenção da sociedade, como se esta fosse uma grande família estendida, ganhavam, como efeito colateral... a arena pública! Que sempre lhes fora negada.

Nesse ambiente projetado e gerido por homens, contudo, sofriam com uma lógica masculina que as mandava de volta para o lar, tirava delas a voz. Precisavam, portanto, de mais voz, pois os homens estavam sucumbindo ao pecado e se recusavam a ouvir as "rainhas do lar", campeãs da moralidade e do cuidado, como boas esposas e mães que eram. Para serem as "guardiãs da virtude" precisavam de mais poder. Reparem no pequeno mas poderoso momento de mudança: a ideia da cuidadora do lar, arquetípica no discurso de contenção do feminino na arena pública, agora se expandia para a cuidadora da sociedade. Como cuidar da sociedade se esta, por ser dominada por homens, não a ouvia? O único caminho para isso, não demorou para que ficasse claro, era pleitear o direito de voto. Frances Willard é um nome que vale ser citado: líder feminina que começou seu engajamento pregando o fim do consumo desarrazoado de álcool e terminou seus dias pedindo sufrágio feminino.

Outra fonte dos movimentos pelo voto das mulheres foi a escravidão e a desigualdade racial. No sul dos Estados Unidos, a bebida era associada não só aos homens brancos, pais de família e trabalhadores, mas, acima de tudo e primordialmente, aos negros. Todos consumiam em largas quantidades, mas a mente preconceituosa sulista relacionava criminalidade ao consumo de entorpecentes feito por negros. Em resumo: "pessoas de cor" (tradução possível para a expressão preconceituosa *colored people*, então corriqueira por lá) já eram mais propensas ao crime, pensava-se. Entorpecidas, seriam ainda mais impelidas à criminalidade. Mesmo se não bebessem, eram vistas como inferiores aos brancos, tinham direitos negados, eram perseguidas, ganhavam menos, não frequentavam escolas. Associando a repressão de direitos dos negros à tirania dos homens sobre as mulheres, várias mulheres se uniram, muitas munidas de discurso religioso similar ao da Temperança ou abertamente ligado a ele, para promover a igualdade e pedir votos: para os negros e para as mulheres.

Na Women's Convention, que se deu em 1851 nos Estados Unidos, em Akron, Ohio, um episódio mostra o cruzamento entre questões de gênero e raciais, que nunca mais se divorciariam. Mulheres brancas discursavam por seus direitos, quando um grupo de pastores homens irrompeu no recinto e tomou de assalto a palavra. Silenciavam aos brados um grupo de mulheres brancas, de classe média e alta, que corajosamente haviam organizado aquela pioneira convenção. Os homens bufavam que Jesus nascera homem, que a primeira mulher fora uma pecadora. Logo, todas as mulheres seriam débeis, frágeis física e intelectualmente. Como ousar falar em direitos a não ser os da maternidade e do lar?

Naquele momento de balbúrdia, uma liderança que, originalmente — é preciso ressaltar —, não estava escalada para falar se levantou e roubou de volta a palavra. Aquela mulher idosa nascera escravizada no estado de Nova York. Isso mesmo, em Nova York e não no sul, como o senso comum costuma associar. Trabalhara a vida toda de forma servil e vira muitos de seus filhos serem vendidos. Educou-se, libertou-se e se transformou na Peregrina da Verdade, Sojourner Truth. Ela disse que não se lembrava de ter sido chamada de frágil quando carregava sacos em carroças no seu tempo de escravizada, ou quando tivera filhos sozinha e estes foram arrancados dela e vendidos. Sempre que lembrava uma situação de força em sua vida, arrematava com: "E não sou eu uma mulher?". Ao mostrar que não tinha nada de frágil em sua natureza, a

Sojourner Truth nasceu escravizada em 1797, como Isabella Baumfree, no estado de Nova York. Em 1843, mudou seu nome — que significa "Verdade Peregrina" — para expressar a iluminação que a impeliu a se tornar uma pregadora da abolição da escravatura.

pequena senhora calou os homens, que se retiraram do salão, ao mesmo tempo que expôs o racismo velado do movimento de mulheres brancas ali presentes.

O discurso de Sojourner Truth "virou a maré" da convenção de Akron e do movimento feminino de então, segundo outra pioneira, Frances Gage, testemunha do incrível poder daquela senhora negra. Truth, negra, mulher e pobre, prova que raça, gênero e classe andam de mãos dadas, como nos advertiu mais de trinta anos atrás outra mulher admirável, Angela Davis.

O sufragismo teve uma terceira raiz: as fábricas, onde operárias começaram reclamando mais direitos trabalhistas e acabaram por reivindicar o direito ao voto. Pausa para pensarmos nessa situação: na industrialização, mulheres e crianças eram maioria nas fábricas. Duvida? Assista a um dos primeiros filmes já feitos: *La Sortie de l'usine Lumière à Lyon*, de 1895. A cena mostra operários saindo de uma fábrica no fim da jornada. Contam-se os homens nos dedos. No ano seguinte, um filme português, *Saída do pessoal operário da Fábrica Confiança*, registrou a mesma coisa (operários saindo de uma fábrica, dessa vez na cidade do Porto). Por enquanto, pedimos um favor: largue o livro e, num computador ou no celular, assista aos dois filmes. Depois, retome a leitura. Nós esperamos.

A explicação para o que você acabou de ver — operárias saindo de fábricas em número muito maior que o de homens — é razoavelmente simples: o trabalho de homens era regulamentado desde o tempo das guildas e corporações de ofício. Havia organizações laborais masculinas e, por consequência, embora com salários baixos e sem direitos trabalhistas, eles custavam mais que mulheres na hora da contratação. Lembremos que o mundo dos negócios foi desenhado para homens e por homens. Como custavam menos, as mulheres começaram a compor um enorme contingente em fábricas.

Quando organizavam piquetes ou faziam reivindicações, lideranças eram presas. Na cadeia, fizeram greve de fome. Soltas, manifestações de rua, piquetes. O voto veio lentamente e ganhou um boom nos anos 1920 e 1930, logo depois que coube às mulheres tocar a vida cotidiana de países inteiros enquanto os homens se afundavam em trincheiras na Primeira Guerra Mundial de 1914-8.

Mas o voto ainda não matou o que o século XX passou a claramente identificar como machismo. Ao contrário, o ideal da esposa recatada e do lar, cercada de afazeres, às voltas com inúmeros eletrodomésticos, enquanto maridos garimpavam o sustento fora de casa (sem se interessar pelo que se passava no "reino da mulher"), é a cara de um pensamento classista e branco do período que vai dos anos 1940 aos 1960. O aumento da classe média em sociedades cada vez mais industrializadas e urbanas reduziu a oferta de empregados domésticos. Agora a mulher deveria resolver tudo sozinha: rainha do lar, serva do lar... o próprio lar encarnado! Quando se tratava de uma mulher pobre — normalmente negra, *morena* (numa terminologia associada à imigrante de origem latina) —, o emprego era no lar de uma família branca capaz de pagar um salário baixo e sem garantias, fazendo o que se convencionou chamar de "dupla jornada" (em casa e na casa dos outros) e que, hoje, entendemos como "múltiplas jornadas" (cuidar da casa e dos filhos, do marido e de outros parentes, de si, do trabalho — o que, no caso do serviço doméstico, se estende a cuidar dos filhos do patrão, de seus animais de estimação, das compras etc.). Ter uma empregada doméstica (ou mais de uma) virou sinal de status, num indicativo do sucesso empresarial do homem capaz de prover sua esposa com a libertação do trabalho braçal em casa. Agora, ela podia cuidar de si e dos filhos "tão somente". Percebam, leitor e leitora: estamos falando de países industrializados, em especial dos Estados Unidos. No Brasil, a empregada doméstica (que se estabeleceu como símbolo de status desde o fim da escravidão, numa óbvia herança do escravismo do xix) tem a mesma lógica, mas aqui as empregadas eram (e ainda são), em geral, negras, pardas, nordestinas ou oriundas das periferias urbanas da segunda metade do século xx em diante (textos do grupo Geledés confirmam essa atávica realidade).[30]

Esse foi o contexto de várias publicações de autoras — de Betty Friedan a Simone de Beauvoir — que denunciavam aquele imaginário preconceituoso que poderia e deveria ser mudado. No monumental *O segundo sexo*, de 1949, Beauvoir argumenta que não há nada natural nos papéis dos sexos. Na verdade, lembra seus leitores de que os homens tomaram para si a definição do que é "ser humano" na sociedade, positivando-se com isso. Simone tinha razão, e continua tendo! Quando uma arena pública desenhada por homens e para homens se estabelece, cabe às mulheres apenas papéis vistos como menores, secundários. Por isso a mulher é identificada como *o outro*, perdendo sua identidade, sendo limitada pelo assim chamado "patriarcado". O livro foi uma bomba por escancarar o óbvio. Chocou tanto que foi parar no *Index*, que reunia os livros proibidos aos católicos pela Igreja, em 1956.

A polêmica frase "Ninguém nasce mulher: torna-se mulher" queria demonstrar o mesmo argumento que defendemos em nosso livro: a ideia e afirmação de que as identidades não são naturais, mas construções sociais, históricas.[31] Claro que há imperativos biológicos: precisamos comer, excretar, dormir etc. Mas a maneira como pensamos em cada um desses atos e em outros menos naturais variou no tempo e no espaço. As mulheres não nascem femininas. Nascem bebês, sem saber falar, sem valores predefinidos. Seria curioso o caso de uma bebê que, ao sair do útero da mãe, cumprimentasse a médica pelo parto excelente e pouco traumático, os anestesistas pelos serviços prestados. E que em seguida se virasse para a mãe e lhe dissesse o que esperava dela e o quão disposta a ser mulher estava: não via a hora de cuidar de um lar e de um monte de filhos, servindo ao marido! Dizendo assim, fica patético, não? Mas é o que pensa quem naturaliza uma identidade de gênero ou qualquer outra. Um bebê precisa aprender que é menina, o que dela se espera em termos de postura, roupas, cabelos, comportamentos. Ganhará brinquedos, será impedida de brincar com outros. Aprenderá com o idioma materno os valores de sua família e sociedade. Não é natural, mas histórico.

Para uma mulher combativa e fora dos padrões de seu tempo como era Beauvoir, a "cultura patriarcal" produzia o ideal do feminino. As mulheres seriam, então, "obrigadas" (pela mais pura falta de outra perspectiva) a seguir "vidas monótonas" de esposas, mães e cuidadoras de seus lares, impedidas de encontrar "realização pessoal" através de sua criatividade ou de empregos, por exemplo. Isso não ocorreria porque "certos homens temem a concorrência feminina". Hoje em dia, esse raciocínio passa longe de estar errado, mas pode e deve ser matizado. Para certas mulheres, aquelas nas quais outros preconceitos se conjugam, como as negras, pobres, migrantes, obesas, idosas etc., apenas querer ser diferente não é garantia de conseguir nada.

Tal insatisfação de mulheres de classe média (de maioria branca) reportada por Beauvoir como características universais do feminino ganhou um nome nos anos 1960 graças a outro livro de imenso impacto: era *A mística feminina*, de Betty Friedan. Ela também experimentara esse "mal" ou "problema sem nome" que atingia principalmente as mulheres casadas de seu tempo: um sentimento de vazio, de cansaço, de angústia. "A mulher que sofre deste mal, e em cujo íntimo fervilha a insatisfação, passou a vida inteira procurando realizar seu papel feminino. Não seguiu uma carreira [...]; sua maior ambição era casar e ter filhos."[32] A pesquisadora conseguiu mapear que, na sociedade norte-americana de então, mulheres não concluíam seus estudos, casavam-se jovens, achando que a maternidade e os cuidados do lar eram seus destinos — um discurso reforçado por filmes, pela TV, por revistas femininas, que mostravam sorrisos e satisfação nessas funções. No lugar de carreiras em negócios ou na política, tudo o que se lhes oferecia como futuro era a luta por continuarem belas e jovens o máximo de tempo possível, cuidando de filhos e marido. De fato, ao folhear essas revistas, por exemplo, não era incomum ler textos que falavam em "vocação" feminina para o lar — um vocábulo de lógica religiosa, como se, mais do que natural, ficar em casa fosse um destino para as mulheres. Fugir de tal destino era errado e "masculinizava", podia ter "consequências profundamente perigosas para o lar, as crianças e a vida sexual, tanto do homem como da mulher". Uma mulher com carreira era menos mulher. Mais uma vez, chamamos a atenção para como esse discurso mirava a classe média branca dos Estados Unidos ou de outros países. Mulheres pobres que precisavam trabalhar deveriam se sentir como? Incapacitadas por natureza de serem femininas? Cuidavam de seus lares e ainda por cima trabalhavam fora. Ainda assim, eram invisíveis.

Nenhuma dessas autoras afirmou, nem afirmamos nós, homens autores deste texto, que não existe realização em gerir uma casa e harmonizá-la, que não exista imensa satisfação em criar filhos. Isso pode ser fonte de imensa realização, claro. Para homens, inclusive. O ponto é naturalizar essas funções, tratá-las como destinos únicos, fechando outras portas que podem trazer outras realizações. Tampouco devemos glamorizar o mercado de trabalho, fonte de realização por vezes, mas com certeza de tédio, estresse e insatisfação no mais das vezes!

Em resumo, as publicações que impulsionaram a nova onda de feminismo dos anos 1950 aos 1970 denunciavam, com razão, que tudo girava em torno do controle do corpo da mulher. O corpo feminino incomodava as sociedades havia tempos, por razões e justificativas distintas. Subordiná-lo era a ordem do dia para o machismo, patriarcalismo ou outro nome para o mesmo fenômeno de instituições e legislações que favoreciam uma lógica do que era ser homem.

Conservadores e reacionários, temerosos de mudanças que são, por definição, não tardaram a contra-atacar a nova onda feminista. Muito se condenou o feminismo nos anos 1960 e 1970 como responsável pela infelicidade das mulheres. O excesso de independência conquistada seria a causa de novas angústias. Em 1971, por exemplo, parte considerável da imprensa chamaria o movimento de "morto" ou de "fogo de palha", alegando que a famosa queima de sutiãs, que nunca existiu, havia alienado as mulheres.[33] Nos anos 1980, a revista *New York Times Magazine* chegou a publicar um obituário do feminismo, com nomes de universitárias que não mais apoiavam o movimento, pois as feministas seriam "descuidadas fisicamente" e não tinham "a menor classe".

A mudança discursiva do *mainstream* teve início em meados dos anos 1970 e passou a se consolidar nos 1980. Se as mulheres agora eram independentes, tomavam pílula e trabalhavam fora de casa (ao menos parte delas), elas não estariam mais buscando direitos (já conquistados), mas sim novos estilos de vida. E tais estilos podiam ser comprados!

Se, durante séculos, o ideal feminino era o inalcançável exemplo de Maria, mãe virtuosa, virgem/casta, santa, do final do século XIX até hoje o padrão é o da beleza. Beleza inalcançável, branca, magra, jovem, sorridente. Até algumas décadas atrás, as publicações voltadas para mulheres traziam capas que demonstravam como era possível, ao ler o texto, tornar-se uma mulher poderosa no trabalho, na cama e como mãe. Sem rugas, barriga enxuta, sem estrias, sem celulite, sem fios brancos no cabelo. Tudo artificial para parecer cada vez mais... natural! Uma enorme pressão, uma gigantesca fonte de estresse e de frustrações. Pois a meta é parecer fácil, parecer que o Santo Graal está ao alcance das mãos. Bastam esforço e dedicação![34]

A nova situação de ter que ser bonita, produtiva, supermãe e amante dificultou a vida das mulheres mais do que ajudou. Rendeu muito para terapeutas e para as indústrias cosmética, farmacêutica e estética na outra mão. Certamente, o ódio ao próprio corpo, as várias tentativas de mudá-lo para entrar em padrões inalcançáveis (ao menos de modo perene) geram lucro para a indústria da beleza. Junto disso, no mercado de trabalho, a maneira mais comum de atacar uma mulher é dizendo que ela está feia, masculinizada, malvestida ou fora de forma. "Pode até ser competente, mas é histérica, gorda, feia e mal-amada." Já ouviu algo assim? Pior: já falou algo assim de alguém?

Não vendo mulheres de destaque em governos, posições de liderança e na lista local de milionários, elas miram ideias de mulheres visíveis: aquelas cujos corpos, rostos, roupas, acessórios, joias e juventude estão por todos os lugares. No mundo das redes sociais, há perfis seguidos por milhares, alguns por milhões de pessoas, buscando dietas e exercícios milagrosos que farão as mulheres "entrarem no padrão", "chegarem à forma desejada". Desejada por quem?

Aliás, ligar desejo ao feminino é outro buraco de coelho de *Alice no País das Maravilhas*: entrar num desses levará a leitora ou o leitor a um mundo novo de discussão. Os corpos femininos são constantemente erotizados, mostrados em posições subalternas, voluptuosas. De video games a filmes, de propagandas a plataformas de streaming, esses corpos devem atrair.[35] Além, claro, de serem cuidados! Isso não é moralismo barato de nossa parte:

> Seios, coxas, nádegas, ventres: as partes mais importantes da mulher sob o aspecto sexual, cuja "feiura" se transforma, portanto, em obsessão. São essas as regiões espancadas com mais frequência por homens violentos. As partes que os assassinos sexuais mutilam mais. As partes mais profanadas pela pornografia pesada. As partes que os cirurgiões plásticos mais operam. As partes que produzem filhos e os amamentam; as que têm sentido sexual. Uma cultura misógina conseguiu fazer com que as mulheres odeiem o que os misóginos odeiam.[36]

Paralelamente, como mencionamos de passagem há pouco, houve a revolução da pílula anticoncepcional. A história é amplamente conhecida, mas algumas linhas gerais devem ser lembradas. Muitos países não tinham nenhum tipo de educação sexual. Nem para homens, nem para mulheres. Para elas, mesmo diante de dúvidas sobre relações sexuais, gravidez, como evitá-la e outras coisas vistas como direitos da saúde da mulher garantidos por legislações mundo afora, nada podia ser dito. Nos Estados Unidos, médicos nem sequer podiam orientar suas pacientes sobre o assunto, sob acusação de violarem normas éticas da profissão. Muitas mulheres descobriam a vida sexual, com algum horror, apenas na noite de núpcias. Algo disso ecoa na excelente *Nada ortodoxa*, série da Netflix lançada em 2020.

Sem controlar seus corpos, mais um elemento da sujeição da mulher estava dado. Numa luta antiga para evitar essa violência, pioneiras como Margaret Sanger juntaram forças com pesquisadores e, em 1957, o FDA (órgão norte-americano equivalente à nossa Anvisa e ao SIF) aprovou um medicamento capaz de "controlar distúrbios na menstruação". Era a primeira pílula anticoncepcional, mas não anunciada com tal função e nem sequer recomendada para isso. Passados três anos, liberou-se seu uso como contraceptivo. Nesse curto tempo, as pílulas já eram usadas por pelo menos 500 mil mulheres! Difícil crer que todas tivessem somente distúrbios menstruais. Em 1965, 25% das mulheres casadas em idade fértil tomavam o medicamento. Apenas dois anos depois, eram quase 13 milhões usando no mundo todo. Uma nova era de planejamento familiar, liberdade sexual, controle do corpo parecia se anunciar. Hoje, mais de 100 milhões de mulheres usam a pílula, que também é eficaz contra acne, mas pode causar uma série de problemas secundários e efeitos colaterais. Talvez por isso, o uso tem diminuído. Na Espanha, menos de 20% das mulheres continuam a tomá-la. Apenas para demonstrar que é um número baixo, em outros países europeus como França e Reino Unido passa de 50% o número de usuárias. Preservativos parecem tomar esse lugar, pois além de prevenirem gravidez indesejada previnem doenças venéreas. A geração das mulheres *millennials* não vê com bons olhos que elas tenham que arcar com custos e efeitos colaterais ao passo que a pesquisa com anticoncepcional masculino foi suspensa (embora estivesse apresentando resultados promissores) porque 3% dos homens tiveram reações adversas — número infinitamente menor que o de mulheres afetadas. Curioso: os homens são férteis todos os dias do ano. As mulheres, alguns poucos dias por mês. O que nasceu como libertação, já foi controle do próprio corpo e símbolo de libertação feminina pode, hoje, ser lido como mais uma peça na engrenagem da misoginia.[37]

Chegamos aos dias de hoje, em que o mundo privado, associado aos cuidados de filhos e da casa, ainda parece colado ao feminino como se isso fosse natural. Na Espanha, dois em cada dez homens compartilham as tarefas domésticas com suas parceiras, de acordo com uma pesquisa do Centro de Investigação Sociológica (CIS) realizada em 2017. No Brasil, as mulheres dedicam em média quase dez horas a mais por semana do que os homens ao desempenho dos afazeres domésticos, segundo o Instituto Brasileiro de Geografia e Estatística (IBGE). A média mundial é de seis vezes mais trabalhos domésticos feitos por mulheres do que por homens.

Quem trabalha tanto a mais tem menos chance de concorrência no mundo do trabalho, certo? Empresas e Estados que já entenderam isso investem em licenças-paternidade, por exemplo, tanto quanto em licenças-maternidade. Mas os homens se recusam a usar esses direitos. É mais cômodo ficar onde se está. No já longínquo 1969, Ursula K. Le Guin publicou sua ficção científica *A mão esquerda da escuridão*, na qual os sujeitos possuem sexualidades e funções sexuais ambivalentes, e qualquer um pode ter filhos. Apenas no momento do sexo e, no caso de gravidez, durante a gestação e lactação, aparecem sexos definidos. E, ainda assim, nenhum dos envolvidos sabe qual sexo vai tomar. Não há escolha sobre tal processo. Desse modo, os problemas da demarcação de papéis sociais, tanto o masculino quanto o feminino, bem como o papel das instituições nesse processo, não existem. O romance exerceu forte impacto na época e suscitou diversos debates. Relê-lo hoje seria importante, pois, a rigor, gerar filhos é apenas uma parte do problema: quem os cria parece ser igualmente importante. Isso é tarefa feminina? Quem tomará tal papel em sua família? Quem já o faz?

O preconceito faz bem para quem o exerce: as mulheres, em nosso país, representam apenas 2,8% dos cargos mais altos nas empresas;[38] estas, se comparadas aos colegas nos mesmos cargos, ganham salários que, em média, equivalem a três quartos do valor dos masculinos.[39] Das quinhentas maiores empresas do mundo, só 10% são chefiadas por mulheres. Beauvoir e sua frase icônica chamam a atenção para como culturalmente, historicamente, produzimos um discurso que naturaliza como atividades femininas lavar louça, planejar compras, saber quais remédios os filhos tomam. Por antítese, tomar cerveja vendo TV, reclamando do dia cheio, e ignorar a vassoura ou as tarefas da escola dos filhos seriam atitudes masculinas. A experiência de vida constrói essas coisas: nenhum bebê nasce falando, logo, não nasce com tais acepções em seus pequenos e plásticos cérebros. Podem aprender aquilo que lhes é ensinado. E ensinamos o lugar de todos na sociedade. Sessenta por cento dos homens mundo afora acreditam ser seu dever prover o lar, e 50% das mulheres concordam com isso. Como somos preconceituosos e isso nos conforta, passamos adiante o confortável lugar que temos no mundo.[40]

Além disso, os preconceitos históricos se entrecruzam, como temos demonstrado. Ainda é muito mais difícil ser mulher e negra do que ser mulher e branca, estatisticamente. Não é de hoje que autoras como bell hooks e Djamila Ribeiro mostram que a misoginia e a luta feminista por equiparação de direitos e oportunidades fogem a um binarismo "mulher versus homem". Na verdade, quando uma mulher branca se "emancipa" e conquista seus espaços na arena pública, quem toma conta de seus filhos e da casa? Seu companheiro? Por certo isso ainda é minoria. Ali está empregada uma mulher de pele escura de quem a luta feminista (sob óptica branca) parece ter se esquecido. Enquanto as feministas brancas, em sua maioria pertencentes a camadas sociais elitizadas, buscavam demarcar seu espaço no mundo do trabalho, mulheres negras pobres assumiam historicamente papéis diversos como trabalhadoras fora de casa para garantir sua sobrevivência e a dos seus. Novas Sojouners Truths, como Sueli Carneiro,[41] Cida Bento[42] e Lélia Gonzalez,[43] para citar alguns poucos exemplos, levantam-se todos os dias para apontar como aspectos de caráter social, racial e de classe ainda povoam uma libertação da "natureza do feminino". A rigor, a universalização de um feminino nem sequer faz sentido, pois ele só é válido para algumas mulheres.[44] No ambiente de trabalho corporativo, uma maioria de lideranças masculinas e brancas mostra as lógicas da interseccionalidade:

> As organizações constroem narrativas sobre si próprias sem considerar a pluralidade da população com a qual se relacionam, que utiliza seus serviços e que consome seus produtos. Muitas dizem prezar a diversidade e a equidade, inclusive colocando esses objetivos como parte de seus valores, de sua missão e do seu código de conduta.[45]

Nas instituições públicas e privadas, na esquerda e na direita, a presença e a contribuição negras se tornam invisibilizadas. Como asseverou Cida Bento,

> é evidente que os brancos não promovem reuniões secretas às cinco da manhã para definir como vão manter seus privilégios e excluir os negros. Mas é como se assim fosse: as formas de exclusão e de manutenção de privilégios nos mais diferentes tipos de instituições são similares e sistematicamente negadas ou silenciadas. Esse pacto da branquitude possui um componente narcísico, de autopreservação, como se o "diferente" ameaçasse o "normal", o "universal". Esse sentimento de ameaça e medo está na essência do preconceito, da representação que é feita do outro e da forma como reagimos a ele.[46]

No Brasil, o problema pode ser abordado por desigualdades regionais, na empregada nordestina ou negra que sustenta o lar de famílias brancas de classe média e alta. Em outros países, na mulher migrante, como as hispânicas nos Estados Unidos. A lista não tem fim, o problema é o mesmo. O ambiente doméstico foi o último bastião de resistência à profissionalização do trabalho. A CLT getulista privilegiou trabalhadores urbanos, especialmente da indústria. O campo foi sendo incorporado aos poucos à ideia de amparo legal. O lar ficou por último. A figura da "doméstica" foi e continua sendo cercada de muito preconceito. Presente nos esquetes de humor, é tratada com misto de ironia e paternalismo ("como se fosse da família") e vista como inferior em direitos e saber. Há muitas representações das "domésticas" nas artes, como a clássica — e problemática — Tia Nastácia, de Monteiro Lobato, as personagem retratadas no longa *Domésticas* (2001) e a premiada Val, interpretada por Regina Casé no filme *Que horas ela volta?* (2015, Anna Muylaert). Em comum? As trabalhadoras dentro do lar são alvo de violências e preconceitos.

A luta pela profissionalização do trabalho doméstico e por maior dignidade teve muitas pioneiras. Cabe destacar Laudelina de Campos Melo. Nascida em Poços de Caldas (MG) em 1904, desde cedo vivenciou a exclusão e a violência: no fim da adolescência, Laudelina iniciou a vida regular de doméstica. Acompanhando o marido, mudou-se para Santos (SP), onde participou, em 1936, da fundação da Associação de Empregadas Domésticas, que reivindicava a sindicalização e a regulamentação do serviço doméstico. Mais tarde, migrou para Campinas (SP), mas sua luta continuou. Acusada de comunismo depois do golpe de 1964, teve de se defender na delegacia. O sonhado sindicato surgiria bem depois, em 1988, com auxílio da deputada Benedita da Silva (a mesma que estava vestida de empregada doméstica quando da aprovação da chamada PEC das Domésticas, em 2013). Laudelina faleceu em 1991, aos 86 anos, em Campinas.

O trabalho doméstico tem como característica ser realizado por uma maioria feminina e negra. Cruzando três campos do preconceito — misoginia, racismo e aporofobia —, o ambiente doméstico sempre foi fértil para criação de violências e de estereótipos. A simples equiparação do serviço doméstico aos direitos trabalhistas de outras categorias encontrou enorme resistência. Apenas em 2013 foi aprovada a PEC n. 478/2010, que revogava o parágrafo único do artigo 7º e conferia "igualdade de direitos trabalhistas entre os empregados domésticos e os demais trabalhadores urbanos e rurais". Observe-se que não se falava em benefícios extraordinários, mas em tratar trabalhadores domésticos com os mesmos direitos dos demais, como férias e licença-maternidade, por exemplo.

Se refizermos a história deste capítulo destacando as idealizações dos papéis masculinos, veremos imaginários de reis, guerreiros poderosos, sangue, suor associados à glória, ao sucesso. Monarcas assírios são mostrados em estelas antigas matando leões e homens, frente a frente. Uma dualidade se instaurava: incapaz de gerar a vida, o masculino parecia ter prazer em ser retratado como aquele que tolhe a vida. O verdadeiro homem seria um matador. Romanos criam a ideia de virilidade: *vir*, o homem, era uma figura pública, associada a virtudes de dominação e autocontrole. Dono de discurso afiado e espada mais ainda. O masculino entra na Idade Média se imaginando como uma abnegação. O homem abdica do lar, da família, de tudo. E o faz em nome de altos ideais. Artur atrás do Santo Graal, Rolando combatendo sarracenos, El Cid campeador sobre um cavalo, vencendo batalhas mesmo depois de morto. Esses homens lutavam em nome de Deus, da glória, da fama, da família e da honra. Estavam dispostos a se sacrificar em nome desses ideais, abnegadamente. A vida cortesã doma o ímpeto bélico. Os corpos ganham elasticidade e a elegância dos salões e dos bailes. O ideal da virilidade recebe camadas de maquiagem, perucas, roupas bufantes, perfumes e gestos teatrais. O homem exemplar domina a etiqueta e a civilidade palaciana. No lado de fora do castelo, rivaliza outra lógica de virilidade que, após as revoluções liberais de fins do século XVIII, toma o poder e se impõe como modelo. A lógica burguesa da virilidade incorporava o valor do trabalho, do suor. O macho era agora um provedor bem-sucedido, a arena era a dos negócios. Entram roupas austeras, escuras, somem plumas e maquiagens. Trata-se da chamada "grande renúncia". O verdadeiro homem abdica da vaidade. A moral vitoriana reforçou séculos de dissociação entre prazer, sexo e esposa. Reprimiu corpos e criou padrões altíssimos para o homem, que chegou ao século XX como um misto de guerreiro, empreendedor, cortesão e pai de família (que provê e não convive).

Vieram as carnificinas das guerras mundiais no século XX. Pouco antes da primeira, exaltava-se o poder regenerador da batalha, do sangue derramado, o romantismo e a camaradagem na ponta de baionetas para os futuristas defensores da hecatombe. Pensadores como Freud decretam o mal-estar da civilização falocêntrica e seus valores de dominação e sujeição. Depois da Segunda Guerra, o mundo passa por novas ondas feministas, povos subalternos desmontam ordens imperiais seculares e gerações de contracultura questionam a autoridade do outrora incontestável páter-famílias. O macho latino perde ímpeto, embora siga com o coração batendo.

O século XXI aponta um novo modelo do masculino. O verdadeiro homem é alguém solidário, empático, positivo, presente. Percebe a construção histórica e violenta da masculinidade e quer outra roupa. Mas não! A regra continua a ser a antiga. O cômodo machão, aprovando e cometendo feminicídios, atacando legislações que equiparam gêneros, desdenhando da mudança e aplaudindo o mais do mesmo, sofre também, sem perceber. Ou com orgulho por sofrer. Dados da Organização Mundial da Saúde (OMS) mostram que a expectativa de vida dos homens é inferior à das mulheres em quatro anos. No Brasil, a diferença da média é quase o dobro: mulheres vivem sete anos a mais que os homens.[47] Pesquisas revelam que isso tem a ver com o machismo: homens se cuidam menos (fazem menos exames preventivos, se alimentam pior, não praticam atividades físicas etc.), bebem e fumam mais, se arriscam mais, se matam mais, se agridem mais, correm mais com seus carros etc.[48] Ser homem é ter potência: sempre mais! Resultado: no Brasil, eles se suicidam quatro vezes mais do que elas,[49] matam e morrem, agridem e são agredidos bem mais do que elas. Em 2016, 92% das mortes violentas ocorridas por aqui foram de homens,[50] e o perfil dos autores dos homicídios também é masculino.[51] Homens que se matam também matam suas companheiras por acreditarem possuir seus corpos: segundo a OMS, o Brasil é o quinto país com a maior taxa de feminicídios. Uma em cada três mulheres no mundo sofre violência doméstica ao longo da vida, e um em cada três países do mundo simplesmente não tem legislação que puna tais atitudes.

Alguém pode nos perguntar: mas se sempre foi assim, qual o problema? Isso é o machismo: achar que as mulheres têm somente um caminho na vida, o de sempre. Não têm o direito de escolher o que querem ser, mas devem seguir o que lhes foi preconizado ainda no berço. É a concretização do distópico *O conto da aia*, de Margaret Atwood, que retrata uma sociedade em que as mulheres *apenas* devem conceber novas gerações.

Acreditar que homens e mulheres têm papéis distintos na sociedade, que a mulher não pode ou não deve se portar como queira, ou pior, que não deve ter os mesmos direitos de um homem simplesmente porque não é um homem... Há muitas formas de ser machista, todas confortáveis. Como estamos insistindo: é mais fácil permanecer assim. Lei de Newton: um corpo inerte tende a ficar inerte. Mas a física conhece hoje a relatividade. Nós também. Contrariar essa constatação é incorrer no título do capítulo, misoginia: não o simples ódio às mulheres (afinal, o "bom machismo" afirma amá-las! Muito do preconceito usa a linguagem do afeto, do amor, e não a do ódio); mas, sim, o ódio às mulheres que não se comportam da maneira esperada por aquele que as odeia. Siga as regras e será amada, Maria. Fuja delas e sofrerá as consequências, Eva. Cômodo, fácil e binário. Na Atenas clássica, na Idade Média da Europa ou no Brasil do século XXI, ser mulher continua sendo, no mínimo, perigoso.

PARA PENSAR: AS CAMADAS SOBREPOSTAS

A misoginia é o mais antigo dos preconceitos. Sendo um preconceito estruturante de muitos outros, ele está presente no ódio aos homens gays. Afinal, dotados pela natureza de um corpo masculino, os gays teriam declinado dessa "superioridade" e se comportado como "mulheres". Uma parte da homofobia dialoga com a misoginia. O ódio existe contra todo tipo de homossexualidade, todavia está muito direcionado ao indivíduo biologicamente masculino que seja identificado com comportamento tido por feminino.

A misoginia também está na base do preconceito contra lésbicas. Se uma mulher abre mão do seu papel de inserção tradicional na sociedade patriarcal, ela será classificada como um problema. Mais curioso: a lesbofobia parece menos estudada e visibilizada do que o preconceito contra homens gays.

A diluição das fronteiras de gênero tradicionais vai ser a base para atacar pessoas trans. A transfobia está ancorada na ideia fixa e "natural" de gênero. Fluidez sexual assusta muito. Existe um verdadeiro pavor conservador quando as fronteiras de gênero ficam flexíveis.

Assim, a misoginia estabelece um modelo de mulher em relação a um modelo de homem e, igualmente, uma hierarquia. A partir de modelos fixos e hierárquicos, ataca-se quem deseje abandonar o "privilégio do masculino" (homens gays), quem abra mão da "natureza do feminino" (mulheres lésbicas) ou quem habite uma zona menos definida em relação a gêneros tradicionais (como as pessoas trans). Mesmo sendo um tema amplo, podemos dizer, logo no capítulo inicial, que a definição do papel da mulher atinge todo o edifício do preconceito no campo do gênero. Na mitologia clássica, Palas Atena (Minerva) sai pronta, virgem e defendida, da cabeça de Zeus (Júpiter). As mulheres assim são, quase sempre, a invenção de uma cabeça. Voltaremos ao tema no próximo capítulo.

2. Corpo, desejo e identidade de gênero: "Borboletas vão queimar"

UMA DERIVAÇÃO DA MISOGINIA?

Em julho de 2021, numa noite de certo relaxamento das medidas protetivas da pandemia, dois senegaleses, Ibrahima Shakur, de 38 anos, e seu compatriota Magatte, de 24 anos, foram surpreendidos por uma cena violenta enquanto caminhavam pela cidade de La Coruña, na Espanha. Um jovem era cruelmente espancado por um grupo bem diante de seus incrédulos olhos. Apesar de haver inúmeras testemunhas, e mesmo sendo imigrantes considerados ilegais, os dois tentaram intervir, apartando o grupo, usando seus próprios corpos para evitar o linchamento que se desdobrava ali. Shakur apanhou severamente. O esforço de ambos foi vão. O rapaz que estava caído no chão já fora agredido a ponto de perder a consciência. Pouco adiantou o socorro prestado no local quando os agressores foram embora. Samuel Luiz Muñiz fora brutalmente assassinado. Era enfermeiro e voluntário da Cruz Vermelha naquele país. Nascido no Brasil, mudara-se ainda criança para a região da Galícia. Lá, trabalhara por quatro anos no lar de idosos da Fundação Padre Rubinos e estudava para obter o título de técnico em prótese dentária. Segundo amigos próximos, era uma pessoa pacífica, dedicada ao trabalho e à carreira universitária.

Como muitos jovens de sua idade, a partir de 2020 ele teve que se submeter às diversas medidas de distanciamento social necessárias ao enfrentamento da pandemia de Sars-cov-2. Na época, o governo do país e autoridades locais haviam decretado o fechamento noturno de bares, boates e salões de dança. A Espanha tinha sido um dos epicentros iniciais da doença na Europa, e o aumento do contágio entre jovens era creditado a essas atividades sociais. A interrupção da vida noturna durou 115 dias, quatro meses aproximadamente, havendo variações locais. Com a reabertura no começo de julho de 2021, Samuel e centenas de outros jovens, como os dois bons samaritanos senegaleses, saíram às ruas para se divertir. Muita coisa mudara desde a última vez: aferição de temperatura na entrada, pistas de dança interditadas; em alguns lugares, linhas amarelas com prescrição de distância segura. Flertar com desconhecidos, nem pensar; tirar a máscara, apenas quando a bebida chegasse.

Na luta contra um inimigo invisível, o toque, o abraço e o beijo fortuito estavam temporariamente interditados ou, no mínimo, seriamente comprometidos. Eram medidas difíceis de serem controladas com o avanço das horas, ainda mais porque a reabertura coincidiu com o início do verão europeu. Nas ruas, uma mistura explosiva: aglomerações de jovens ao ar livre e o consumo excessivo de álcool (que deprime a zona do cérebro responsável pelo autocontrole e pela tomada de decisões). In vino veritas. Quantos demônios se revelam com a liberdade experimentada pelo álcool? Não que o álcool cause o comportamento abjeto, mas tira a inibição de exercê-lo. Percebam, não se trata de uma leitura falso-moralista do consumo de álcool! Até mesmo porque a relação entre violência e bebidas alcoólicas é bastante complexa e decerto não é do tipo causal simples (bebo, logo, pratico violência). Há quem beba e compre cachorros, como certa vez afirmou Zeca Pagodinho. Apenas direcionamos a análise para um fato: na Espanha, os famosos *botellones* (algo próximo do "esquenta" brasileiro, em que jovens se reúnem em espaços públicos para beber, antes de uma noitada) com frequência terminam em explosões de violência. O consumo excessivo de álcool pode ser um facilitador, mas certamente não é a causa.

Samuel teria bebido? Seus agressores estavam alcoolizados? Teria sido diferente se houvesse uma espécie de Lei Seca na Espanha? A experiência nos Estados Unidos da década de 1920 provou o contrário: a proibição da produção, do consumo e da venda de bebidas alcoólicas pelo Estado só fez aumentar os índices de criminalidade e violência. Sobre a noite do assassinato de Samuel, o que efetivamente sabemos é que ele estava na porta de uma boate, conversando com amigas por uma ligação de vídeo, quando um grupo de homens (jovens, assim como ele) o abordou. Um deles, acompanhado da namorada, acreditou que estivesse sendo gravado com o celular. Segundo testemunhas, alguém teria gritado: "Para de gravar ou te mato, *maricón*", expressão de baixo calão em castelhano usada para diminuir moralmente homens homossexuais ou com a qual se busca ofender homens heterossexuais por comportamentos considerados "efeminados". O que veio na sequência foi um espancamento coletivo seguido de morte. Pelo menos sete pessoas chutaram repetidas vezes a cabeça e o tórax de Samuel. A violência física foi acompanhada de inúmeras ofensas homofóbicas.

A barbárie que tomou conta dos jovens não está muito distante do comportamento gregário violento observado em chimpanzés de grupos rivais ou em disputa de liderança. Ainda segundo testemunhas, eles se estimularam antes do ataque: um dos agressores (o "macho alfa"?) tomou a iniciativa e contagiou os demais, que agiram como uma verdadeira "matilha humana". A maioria dos assassinos não possuía histórico de violência ou antecedentes criminais. E o homicídio, ao que tudo indica, não foi planejado. A violência, como é sabido, não é um recurso exclusivo de párias, monstros ou marginais. Ela é comum, assustadoramente comum, entre humanos.

Mas se o crime não foi premeditado, tampouco se pode dizer que tenha sido absolutamente involuntário. Os agressores, é certo, não formavam um grupo *antigays* — e não saíram naquela noite com um plano claro de extermínio —, no entanto agiram segundo um imaginário social. Sua violência não foi instrumental (eles não queriam um objeto que a vítima possuía); foi, antes, movida por uma atitude hostil em relação ao *outro*, ao *diferente*. As ofensas homofóbicas, em primeiro lugar, buscavam desumanizar a vítima, instituindo o discurso da identidade e da diferença (ele não pertence ao nosso grupo), para, na sequência, autorizar a eliminação. Se não é humano ou, ao menos, não é um humano *como* eu (que sou sempre a baliza do correto), é mais fácil agredir. Dentro da lógica descrita, são "legitimamente" mortos aqueles que constituem uma "ameaça" ou espécie de "risco biológico" à existência do grupo. Voltaremos a esse ponto adiante. Por ora, pensemos nas muitas camadas do episódio.

Começamos dizendo que havia um inimigo invisível, um vírus, uma pandemia. Invisível, mas absolutamente real e mortal. Mas ocultamos que havia outro, também com potencial letal: o preconceito, nesse caso a homofobia. Que ameaça Samuel poderia representar para o bando? Para entender um pouco melhor a questão, vamos retornar por alguns instantes aos xingamentos proferidos antes do assassinato. Os vocativos — *maricón* (algo com o potencial ofensivo de "viado", em português) e *maricón de mierda* (cuja adjetivação apenas aprofunda a desumanização da ofensa) — não só interpelam afetivamente a vítima, como também lhe conferem um *lugar social*. Notem, a frase "Para de gravar ou te mato, viado" é ao mesmo tempo coercitiva (expressa na ordem "pare de filmar"; a autoridade é minha) e constitutiva ("viado" é a condição daquele que será agredido/morto caso não obedeça à ordem). A relação estabelecida por meio da palavra — e, depois, pelo espancamento coletivo — foi, desde a sua origem, do tipo subjugação-submissão-eliminação. Ela foi pautada na construção de um "nós normais" (os *não viados de merda*) que para existir depende de uma alteridade "não normal", capaz de reiterar a condição de marginalidade vivida pelo *outro*. A manutenção dessa hierarquia acontece pelo investimento contínuo e repetitivo dos agressores no status de anormalidade conferido a Samuel.

Toda ameaça funciona dentro de um complexo de relações que poderiam ser enquadradas naquilo que Michel Foucault chamou de a microfísica do poder: a ideia de que o poder não emana de um lugar específico e fixo na sociedade, mas se encontra em todas as nossas relações sociais, desde a amizade às relações de trabalho, à família etc. Por poder não devemos entender apenas as atitudes de repressão, coação e submissão, e sim as forças que nos unem uns aos outros e que põem cada um de nós, de forma mutável, em nossos "devidos lugares". Samuel podia ser um excelente estudante e um bom amigo, porém pouco pôde diante daquele grupo de assassinos. Os agressores podiam ser, ao mesmo tempo, idealmente e para fins de argumento, bons empregados, maus irmãos, alunos medianos em matemática. Os jovens senegaleses que pularam sobre o corpo de Samuel para tentar protegê-lo eram, diante da lei, ilegais, por sua nacionalidade e cor, mas agiram de maneira admirável e corajosa. Não temos um único papel na vida e, em todos eles, temos relações de poder uns com os outros. O poder é um jogo de forças. E, nesse caso, as ofensas podem ser consideradas um sintoma cultural e um importante revelador das relações de gênero e de poder no mundo ocidental.

Ao sermos nomeados (ilegais, *maricones*, cidadãos...) somos inseridos numa existência social específica, que nos permite, ao mesmo tempo, entendermo-nos como sujeitos e sermos colocados, irremediavelmente, sob a dependência daquele que realiza a nomeação. O escritor Moacyr Scliar, no conto "O nascimento de um cidadão", explora magistralmente essa ideia. Um homem é despedido. Sem rendimentos, perde sua família. Depois de procurar empregos, começa a beber e a viver nas ruas. Muito tempo se passa, e ele se esquece do próprio nome, do nome dos filhos e da antiga esposa, perde os documentos. Um dia, ao ter os cabelos cortados e a barba escanhoada e ganhar roupas novas num centro de atenção a moradores de rua, sente-se nas nuvens. Inebriado com a sensação de voltar a perceber seu entorno bem como a si mesmo, é atropelado. Caído no asfalto, sente-se leve, sem dor. Um policial se inclina sobre ele e diz:

Como é que está, cidadão? Dá para aguentar, cidadão?
Isso ele não sabia. Nem tinha importância.
Agora ele sabia quem era. Era um cidadão. Não tinha nome, mas tinha um título: cidadão.
Ser cidadão era, para ele, o começo de tudo. Ou o fim de tudo. Seus olhos se fecharam. Mas seu rosto se abriu num sorriso.
O último sorriso do desconhecido, o primeiro sorriso do cidadão.[1]

Foi o jargão do guarda que acendeu uma luz identitária no personagem. A linguagem usada pelo policial conferiu existência ao corpo do pobre homem atropelado. Agora, ao mesmo tempo que lhe conferia identidade, aquele mesmo "cidadão" poderia ameaçá-lo. Tivesse o oficial dito "Aonde pensa que vai, cidadão?", um certo frio na espinha poderia ter alcançado nosso imaginário companheiro. Judith Butler nos lembra, com razão, que existem palavras que nos amedrontam e nos ameaçam: nossa existência não advém de termos sido reconhecidos, mas de sermos reconhecíveis e, portanto, vulneráveis a atos de violência linguística que visam justamente desconstruir nossa condição de sujeitos, reconstruindo-a de acordo com a vontade de quem nos chama.[2] Samuel, naquela noite, morreu porque não era Samuel, um enfermeiro, um estudante, um jovem se divertindo. Morreu porque se tornou um *maricón de mierda* na boca de seus assassinos.

Samuel estava de fato filmando o grupo? Pouco importa! Provavelmente, não. Ele acatou a ordem dada? Reagiu a ela? Tampouco importa. O que se sabe é que o discurso do bando assumiu dali em diante a forma de uma negação da sua existência individual, pública e visível. Ele se tornou um nome, e esse nome tinha longa história de afastar um sujeito da ordem "normal" das coisas: *maricón*. Esse lugar (in)desejável, construído por meio do discurso e inscrito num corpo, foi reiteradas vezes objeto de uma performance. É importante dizer: a masculinidade hegemônica (tóxica ou "heteroaprisionada", como sugerem alguns especialistas) é performática: para ser reconhecida, deve ser viril, forte, dominante, violenta, impositiva e, muitas vezes, pública (revelada a uma audiência). Deve também se afastar de tudo o que esteja associado ao feminino, lido como sinônimo de fragilidade. Claro que a construção desse ideal de masculinidade não se viabiliza sem altas doses de cerceamento e vigilância. E nada mais frágil do que um homem heterossexual cisgênero contrariado!

Em todo caso, retornando aos elementos que configuram o assassinato de Samuel, é possível notar como o corpo, mais do que um conjunto de músculos, ossos e vísceras, é também construído pela linguagem. O corpo é histórico, cultural e, portanto, submetido a representações e relações de poder, assim como o gênero e a sexualidade nele inscritos. É dentro dessa lógica que a homofobia funciona como um dispositivo de reprodução da ordem social e de manutenção do corpo e da sexualidade socialmente aceitos.

Grosso modo, a homofobia se autoproclama "a guardiã das fronteiras tanto sexuais (hétero/homo) quanto de gênero (masculino/feminino)".[3] Nesse sentido, ela se arma de um arsenal de valores, normas e dispositivos que constroem a heterossexualidade como a única forma legítima e natural de expressão identitária e sexual. Tudo aquilo que possa, ainda que longinquamente, fugir dessa lógica binária heteronormativa passa, portanto, a ser classificado como desviante, perverso, doentio, anormal. O corpo desviante, lido como imoral e abjeto, passa a ser coagido, interditado e, por fim, eliminado. Assim foi com Samuel.

Também é importante reconhecer que a homofobia se funda numa espécie de temor em relação ao desaparecimento das fronteiras e hierarquias sexuais e de gênero. Todo homem homofóbico é misógino na medida em que atribui à mulher o lugar da submissão e da subalternidade. Frases como "Pare de ser mulherzinha" ou "Vire homem, moleque", absolutamente comuns na infância de muitos garotos, são representativas desse lugar. Elas expressam o medo da inferiorização do chamado sexo forte, a abdicação imperdoável do suposto direito natural ou divino à hegemonia masculina. Para as mulheres, a interdição vem com "Isso não é coisa de mulher (ou de mulher de respeito, que se preze, ou outra variação)". Como escreve Luiz Mott, antropólogo, historiador e um dos mais reconhecidos ativistas LGBT brasileiros, "o maior perigo representado pelo homoerotismo sempre foi o questionamento da naturalidade dos papéis de gênero atribuídos aos dois sexos".[4] Por isso, falar de sexualidade e de rejeição, de medo ou de aversão ao homoerotismo envolve muito mais do que a simples reflexão sobre desejos, prazeres e afetividades. É necessário discutir as relações de saber/poder que foram construídas ao longo da história.

Como é possível notar, a homofobia é um fenômeno complexo, embora seu mecanismo seja o mesmo de outros preconceitos: o estranhamento do *outro*. Vejam: estamos usando termos como "gênero", "sexo" e "papéis de gênero". Seriam sinônimos? De maneira nenhuma. E apenas para que estejamos juntos na leitura das próximas páginas, vamos deixar claro como esses termos são entendidos neste livro (e, com isso, deixar claro também que existem especialistas que pensam de modo distinto do nosso). O sexo biológico é, em nossa espécie, por definição, binário: podemos nascer "machos" ou "fêmeas" e misturamos nossos genes para gerar um indivíduo novo. Nem todos os organismos do planeta são assim: existem bactérias que se reproduzem dividindo um mesmo ser em dois, de forma assexuada. Não há macho e fêmea, portanto. Voltaremos a isso mais adiante.

O problema reside no momento em que a obstetra segura um bebê recém-saído do ventre materno ou no momento em que algum médico num exame de ultrassom proclama: "É um menino!" ou "É uma menina!". Nasce ali, junto do sexo biológico (que não é absoluto, como veremos em breve), o gênero. O que se espera de um menino em nossas sociedades? O que se espera de uma menina? Como aquele indivíduo reage a essas expectativas que lhe são imputadas, nomeadas, e reiteradas vezes cobradas ao longo da vida, como a sociedade e suas instituições, normas e leis colocam-no mais à margem ou no centro de certos problemas: isso é o que entendemos por papel (no sentido de que é mesmo uma performance, ainda que nem sempre consciente ou voluntária) de gênero. Em resumo e como exemplo: nasci "menino" (identificado pelo meu sexo biológico), fui "criado como menino" dentro das expectativas de gênero, mas me rebelei, aceitei, potencializei, fui induzido a ser assim ou assado... isso é meu papel de gênero. Se isso for novidade para o leitor e a leitora, não tem problema algum. Se for difícil de entender, sem problema também. O importante é buscar entender o que é um dado da realidade e processá-lo para concluir que não há nada de errado com o que estamos descrevendo. O preconceito é complexo, e a sexualidade humana ainda mais. O potencial estranhamento é o momento em que nos descobrimos preconceituosos. Descobrir o preconceito é o primeiro passo para que ele deixe de existir. Agora... alguns preconceituosos possuem limites na compreensão e outros agem de má-fé.

Vamos recapitular o que dissemos, buscando um resumo do que é crucial: existe um sexo biológico humano que é, dominantemente, masculino ou feminino. Isso vale para muitas espécies de seres vivos no planeta, mas não para todas. Entre outros seres vivos há maior variedade: alguns são hermafroditas (gametas masculinos e femininos) que podem, inclusive, fazer autofecundação; outros necessitam de outro hermafrodita para a reprodução; outros, ainda, são suficientes do ponto de vista individual. Há peixes que mudam de sexo durante a vida. A natureza é muito diversa.

O que é regra em muitas espécies, entre os humanos é uma exceção. Há seres humanos que nascem com genitália masculina e feminina. Também há casos de uma genitália menos/mais desenvolvida do que outra (um clitóris grande ou um pênis pequeno). Em muitos casos, observando-se o fato, a posição é utilizar de cirurgia e tratamento com hormônios para enfatizar um dos sexos biológicos. Muitos contestam essa necessidade e argumentam que não são "hermafroditas", mas intersexuais. Sobre isso, há o excelente filme argentino *XXY* (direção de Lucía Puenzo, 2007). Ter de definir um sexo biológico implica uma memória de mutilação. Há críticas fortes sobre tais procedimentos, especialmente porque, em alguns casos, a cirurgia é feita antes de uma idade de plena consciência ou de consentimento legal evidente. Pelo entendimento atual no Brasil (decisão do STF em 2018), a pessoa trans não necessita de hormônios ou de cirurgia.[5]

De volta ao começo: a maioria dos seres humanos nasce com um sexo biológico masculino ou feminino. O pensamento conservador estabelece que, possuindo um pênis, um indivíduo terá comportamento específico (maior agressividade) e gostos definidos (desejo de sexo com mulheres). O centro do pensamento conservador[6] é a plena concordância entre o que se pensa da biologia com identidade e desejo. Isso deriva de uma postura ideológica, não do estudo médico e psicológico das pessoas. Curiosamente, se existe uma "ideologia de gênero" (um pensamento causado por um posicionamento político contrário ao fato observável), esta seria a ideia de que o sexo biológico é *natu-*

ral e determinante do desejo e da identidade. Não é assim na natureza e jamais foi assim entre seres humanos. Só uma ideologia que negue o fato real, observável e amplamente estudado entre nós, pode afirmar que o sexo biológico é uma instância definidora absoluta de quem somos.

Posso ter nascido com a marca masculina genética XY, ter todas as características tradicionais do corpo de alguém do sexo masculino e... ter identidade feminina. Eu tenho pênis, mas me vejo como mulher e sinto que sou mulher. A questão não acaba por aqui. Pode ser que eu deseje apenas usar, por exemplo, roupas de mulher, maquiagem etc., algo que nossa cultura identifica como feminino. Pode ser que eu deseje ir além e realizar uma transição de gênero mais completa com intervenções cirúrgicas e hormonais que estabeleçam uma unidade entre o biológico e a identidade de gênero. As variantes são muitas, mas registramos aqui dois campos: o biológico e o de gênero. Eles podem ou não estar em sintonia.

Agora chegou a hora de darmos uma terceira camada a esta história. Vamos entrar no campo da orientação sexual. Aqui passeamos no mundo do desejo. Posso ser visto como um homem do ponto de vista biológico e, ainda assim, sentir desejo por outros homens. Não tenho nenhuma vontade de ser mulher, não me identifico com o corpo ou a aparência feminina, sinto-me homem com desejo por homens. Nesse caso, tenho fisiologia masculina, orientação homossexual e estou tranquilo com o fato de ser homem. Sou alguém cisgênero e continuo sendo cis, pois cis é uma consonância entre meu sexo biológico e minha identidade. Quando não existe essa consonância, quando meu corpo indica mulher e minha identidade de gênero diz homem, eu sou uma pessoa transgênero.

O campo vai ficando mais complexo. Dentro do grupo transgênero existem muitas variações. Uma mulher trans é alguém que se identifica com o feminino. Há também o homem trans. Porém, há o não binário, que não se identifica de forma exclusiva com um gênero, por vezes chamado de *genderqueer*. Há, ainda, homens que, por motivação profissional ou exclusivamente por satisfação pessoal, desejam utilizar roupas e adereços que nossa cultura identifica como femininos. Uma drag queen ou um drag king é uma performance, uma arte, não uma expressão trans.

Num mundo heteronormativo, o que se entende que é *naturalmente* biologia é uma sentença inapelável. Tudo o que não representar a harmonia idealizada entre corpo e desejo, hormônios e atitude, órgãos genitais e libido dirigida ao sexo oposto é considerado "doença" ou "pecado". No próximo capítulo, falaremos bastante sobre essa lógica de determinismo biológico, na qual o "natural" nos condicionaria e o "cultural" pouco ou nada teria a ver com nossa vida. Tal pensamento dominou as sociedades por muitos séculos. Foi reforçado por algumas religiões, compartilhado por médicos e cientistas, por juristas e professores no passado, e produziu grande sofrimento. "Inadequações sexuais" foram (e ainda são) causas de muita depressão e de suicídios. Falaremos disso em detalhe neste capítulo.

O debate é bastante recente e provoca confusão em muita gente. A OMS considerou a transexualidade como doença até... 2019. O organismo internacional determinou que os países-membros abandonassem a noção de que trans é doença a partir de... 1º de janeiro de 2022! Tudo é de ontem, na verdade. Observe: não se trata de uma inovação que alguns médicos querem forçar no mundo. É uma posição derivada da pesquisa científica e da observação de casos muito precoces de transexualidade e de dessintonias entre corpo, desejo e identidade. Só um esforço ideológico e falso pode inventar outro mundo. Somos variados, e as combinações entre biologia, identidade e desejo são quase infinitas.

O preconceito contra transgêneros parece ser ainda mais estruturado do que contra a homossexualidade cis. Veja: uma mulher com corpo feminino, vagina, ovários e seios, que deseja outra mulher é uma lésbica. Para muitos conservadores, isso deriva de uma patologia ou de má-formação que pode ser revertida pelo exorcismo, pela "cura gay" ou por métodos violentos como o "estupro corretivo". Porém, se uma mulher do ponto de vista biológico tem identidade masculina, o problema parece se agravar na cabeça heteronormativa. Não se trata de um "desejo desviado", mas de uma identidade ainda mais "problemática", que envolve desejo, identidade profunda e corpo. O corpo trans é um desafio enorme para a cabeça heteronormativa. A transfobia tem gerado, não à toa, muita violência.

Seríamos menos violentos e permitiríamos ao mundo maior felicidade se entendêssemos a complexidade do desejo humano. Nenhum argumento preconceituoso se sustenta sob o olhar da ciência. "Ah, mas se todos fossem homossexuais, a humanidade se extinguiria." Bem, somos 8 bilhões de seres humanos, e nosso problema principal não é a falta de pessoas. Essa fala apenas naturaliza um pensamento de matriz religiosa que manda que cresçamos e nos multipliquemos. "Ah, mas uma vida sem filhos não é uma vida válida para a realização pessoal." Você acaba de condenar ao inferno da infelicidade os casais estéreis, os padres e freiras com voto de castidade e uma imensa legião de pessoas que, pelas mais variadas razões, não têm filhos. Independentemente do sexo, do gênero e da sexualidade, de suas performances e papéis de gênero todos, ter filhos ou não é opção de foro íntimo ou assim deveria ser, envolvendo planejamento familiar ou pessoal. Posso ser uma mulher cis, ter gênero coincidindo com meu sexo e, apesar disso, não querer ser mãe. Posso ser gay e, com ou sem meu parceiro, desejar ser pai. Para isso, posso adotar crianças. Enfim, a fala acima não se sustenta.

"Ah, mas homem é homem…" É um argumento vago. Há homens heterossexuais que só desejam mulheres e acham excitante serem dominados por suas fêmeas e até penetrados em jogos eróticos. Há homens gays exclusivamente ativos. Há homossexuais lutadores com grande desenvolvimento muscular e heterossexuais frágeis fisicamente. Há homens que descobrem o prazer homossexual de forma contingente numa prisão ou a bordo de um navio e, retornando a outro ambiente, voltam ao desejo heterossexual. Há pessoas bissexuais. Há pessoas sem desejo sexual claro ou genital. Conhecemos casos variados de mulheres que foram casadas com homens e tiveram filhos e, depois, na idade madura se descobriram apaixonadas por outras mulheres. Há gays com pênis grandes e heterossexuais com pênis pequenos. O que seria, de fato, um homem? Uma resposta única é uma essência inventada, uma verdadeira "ideologia de gênero".

Somos variados e complexos. Existe beleza na variedade. Há normas jurídicas e éticas sobre sexo (por exemplo, evitar o assédio violento e não consentido a outras pessoas). Fora alguns limites legais e éticos, o sexo entre adultos é diverso, o desejo é infinito, as variantes são notáveis. Seríamos mais felizes se imaginássemos que temos, no mínimo, 8 bilhões de gêneros e que a permutação entre biologia, identidade e orientação é muito mais ampla do que supomos. Apenas para provocar um bom debate: somos todos "trans-gressores" de um ideal inexistente e inventado pelas culturas. Somos únicos. Somos humanos. Somos diversos. Compreender isso ajudaria a diminuir a violência, o preconceito e a evitar muitos assassinatos motivados pelo ódio. A realidade é múltipla. Qualquer outra visão é fantasia pura. Insistimos, enfim: uma verdadeira "ideologia de gênero".

Para encerrar esta parte que, na prática, nunca termina: a sigla LGBTQIA+ existe para abarcar gays, lésbicas, bissexuais, transgêneros, travestis, queers, intersexuais e assexuais. Mais recentemente adicionou-se a letra P, para os pansexuais, aqueles que têm desejo por outros seres humanos independentemente do gênero. O símbolo de + é uma indicação de que o conceito não está fechado. Algumas pessoas gostam de trocar as letras para falar que é complicado demais. Não é complicado, é apenas diverso. O mundo não vai mudar porque você tem dificuldades com a variedade humana. Tome como exemplo o ácido desoxirribonucleico. Ele continuará sendo o DNA, escreva você de maneira correta ou não. Nossa ignorância nunca determina o universo, só torna o mundo mais agressivo. Insistimos muito no começo do livro: o preconceito fala da sua dor e do seu limite, nunca do outro. Sabendo que todos nós somos assim, vamos ao que diz a biologia. Será que tudo se resume a um "gene gay"?

NATURAL OU *ANTI*NATURAL? OS DADOS CONCRETOS DA BIOLOGIA SOBRE UM POSSÍVEL "GENE GAY"

Uma rápida pesquisa na internet pode revelar a obsessão por parte dos estudiosos em mapear ou buscar as causas do desejo homoerótico em seres humanos. Quanto tempo e dinheiro já foram gastos na procura do "gene gay"? Biólogos, psicanalistas, psiquiatras, neurocientistas e toda sorte de profissionais da área médica e da saúde já especularam sobre as possíveis origens hormonais, genéticas, ambientais e/ou culturais da homo ou da transexualidade. Nunca houve consenso, tampouco foi localizado tal gene. Se, por um lado, esses estudos são incapazes de apresentar algum tipo de argumento científico--consensual sobre a questão, por outro escancaram uma evidência que nos interessa em especial: não houve e é possível que nunca haja o mesmo interesse ou empenho em buscar as causas da heterossexualidade. Isso porque tradicionalmente o que é considerado normal, natural, é presumido, evidente e não problemático. E esse é exatamente o ponto que nos interessa na análise.

Como indicamos há pouco, a homofobia e a transfobia se fundamentam na falsa premissa da normalidade ou naturalidade de *certo comportamento* heterossexual. Levando em conta exclusivamente a finalidade reprodutiva da ação, há quem afirme que a cópula/coito/relação sexual (o leitor pode escolher o termo que mais lhe agrada) entre indivíduos do mesmo sexo biológico não é observável na natureza ou fora das relações humanas. Pois bem, quais são os dados concretos da biologia sobre o assunto?

Bruce Bagemihl, biólogo e linguista canadense, identificou o comportamento homossexual (em maior ou menor grau) em mais de 450 espécies do reino animal.[7] Mas o que o especialista classificou como comportamento homossexual? O cortejo (o autor dá o exemplo da lira, uma ave australiana que se exibe para conquistar parceiros e, no processo, fêmeas e machos são atraídos); a afeição (demonstração de afeto antes ou depois do ato sexual, como os bonobos juntando os lábios e os leões roçando a juba); a formação de casais (mais de setenta espécies de aves e trinta mamíferos realizam união duradoura entre indivíduos do mesmo sexo); a criação de filhotes (um bom exemplo é o pássaro-cantor — *Wilsonia citrina* —, espécie da América Central que, durante o período reprodutivo, atrai outro macho para juntos cuidarem de ovos e crias abandonadas); e, por fim, o contato sexual (há muitos exemplos, como o das macacas-japonesas — *Macaca fuscata* —, que formam pares e montam umas nas outras). Ao analisar todos esses animais, o biólogo chama a atenção dos leitores para um dado empírico: não há um único comportamento sexual na natureza; pelo contrário, ele é bastante diverso e não necessariamente utilizado pelos animais para fins reprodutivos.

Com isso, Bagemihl refuta a alegação de que a homossexualidade é *anti*natural, inaugurando na biologia a ideia de que tal comportamento (com seus diferentes matizes) faz parte do cotidiano de várias espécies. Sua análise se debruça ainda sobre as relações sexuais enquadradas grosso modo como heterossexuais (envolvendo um indivíduo macho e outro fêmea) e não necessariamente feitas com finalidade reprodutiva. Há exemplos de babuínos que acasalam com uma fêmea prenhe, de machos que machucam fêmeas, de estupro e casos ocasionais de sexo entre animais vivos e mortos. Em diversas situações observadas, o prazer sexual parece representar uma motivação maior do que a reprodução da espécie. Embora seja bastante difícil falar em "erotismo animal" e identificar sensações de prazer entre os animais, sua pesquisa nos traz um importante argumento: o comportamento sexual não deve ser avaliado ou entendido (entre humanos ou animais) apenas por sua utilidade biológica. E para entender a homossexualidade entre humanos deve-se também conhecer o comportamento homossexual em outros primatas não humanos. Uma pesquisa muito reveladora procurou compreender melhor quais aspectos da homossexualidade são únicos e quais são compartilhados com nossos parentes mais próximos (e vivos). Primatas do Velho Mundo — como macacos, babuínos, *Mandrillus*, *Miopithecus* (*talapoin*) e muitas outras espécies — apresentam propensão de comportamento homossexual, com machos que montam em machos e fêmeas que montam em fêmeas, acompanhado de movimentos pélvicos, ereções penianas e, apesar de incomuns, intromissões e ejaculações. Dos treze gêneros de lêmures de Madagascar conhecidos, apenas um (os *Propithecus*) não apresentou comportamento homossexual entre os adultos. Com relação aos primatas do Novo Mundo, foram registrados comportamentos homossexuais de montaria tanto em cativeiro quanto em vida selvagem nas espécies macaco-de-cheiro-comum (*Saimiri sciureus*) e cebíneos (caiararas do gênero *Cebus*). Apesar de observado em menor grau, o comportamento de montaria homossexual foi documentado em 16% dos primatas do Novo Mundo estudados.[8]

Essa pesquisa sobre a homossexualidade na ordem dos primatas permitiu concluir que o comportamento representa uma característica conservada entre os *Cercopithecoidea* e os *Hominoidea* e que provavelmente já estava presente nos ancestrais comuns dessas duas superfamílias de primatas do Velho Mundo. Embora não se possa bater o martelo (na ciência, consensos podem ser derrubados ou complexificados por novas descobertas), também foi possível concluir que (1) esses comportamentos homossexuais nos primatas servem em parte para funções sociais; (2) a busca por prazer é uma função potencial de comportamento sexual entre membros do mesmo sexo, sobretudo entre os antropoides do Velho Mundo; e (3) seres humanos, juntamente com os outros antropoides do Velho Mundo, compartilham um potencial significativo de comportamento bissexual.

Assim, os estudos indicados apresentam em comum a conclusão de que o comportamento sexual pode e deve ser entendido para além de sua finalidade reprodutiva. Ele é fruto de características herdadas dentro de um longo e não linear processo evolutivo que compartilhamos com outras espécies. Ora, o que isso nos sugere (insistimos, não há consenso científico, apenas teorias muito bem fundamentadas) é que o comportamento homossexual, longe de ser *anti*natural, é parte constitutiva do que nos formou como espécie e do que nos trouxe até aqui.

Sobre a homossexualidade entre humanos, o maior estudo já realizado foi recentemente publicado pela revista *Science*. Coordenado por uma equipe internacional de pesquisadores, ele envolveu quase 500 mil pessoas e chegou à conclusão de que é impossível predizer por sua informação genética se um indivíduo será hétero ou homossexual. Isso porque os resultados da pesquisa sugerem, como afirma Benjamin Neale, pesquisador do Hospital Geral de Massachusetts e do Instituto Broad, um dos coordenadores do projeto, que não existe um único "gene gay", mas sim um conjunto amplo e complexo de interações entre muitos genes e o ambiente.[9] A equipe coordenada por Neale analisou o DNA dos voluntários, separando-os em dois grupos: aqueles que afirmavam ter apenas relações heterossexuais e aqueles que declararam, ao menos uma vez, ter tido relações com alguém do mesmo sexo. Como resultado obtiveram que todas as variantes genéticas testadas foram responsáveis por 8% a 25% das diferenças no comportamento homossexual das pessoas. Assim, a conclusão dos pesquisadores foi de que o comportamento sexual de mesmo sexo não é influenciado por um ou alguns genes, mas por muitos. E se o comportamento homossexual possui alta poligenicidade, o que isso nos sugere é que ele é parte natural da biologia humana, apresentando grande diversidade de manifestações.

Se do ponto de vista biológico a atração sexual entre pessoas do mesmo sexo pode ser lida como natural e exista desde a aurora da humanidade (ou até mesmo antes dela), o tratamento que recebeu variou bastante no tempo e no espaço. Hoje sabemos que o comportamento homoerótico era comum e mais tolerado na Grécia, na Pérsia, em Roma e na China, mas condenado entre os assírios, os hebreus e os egípcios. O advento do cristianismo foi um marco fundamental na leitura que se fez da questão. De expressão legítima da sexualidade, tolerada por muitos povos e culturas, até a sua rejeição absoluta, qual foi afinal o caminho percorrido pela homossexualidade no mundo antigo?

A QUESTÃO HISTÓRICO-RELIGIOSA: SERÁ QUE "SEMPRE FOI ASSIM"?

Imaginem, caro leitor e cara leitora, uma lista com as melhores coisas da vida. O que vocês incluiriam nela? Heródoto de Halicarnasso, historiador grego, nascido no século V a.C., não pensou duas vezes: copular com rapazes. O poeta jônico Escitino de Teos, que viveu um século depois, foi ainda mais categórico e específico na afirmação: "Dezesseis anos é a idade fatal em que um garoto possui todos os encantos".¹⁰ O relacionamento erótico entre homens (mais precisamente, entre um *erastes*, o amante, um aristocrata adulto, e um *eromenos*, o amado, um adolescente) era prática comum em diversas *póleis* gregas, sendo aceito socialmente como um tipo de iniciação para a (posterior) vida conjugal. O termo "pederastia" (do grego *paidós*, "menino", e *éros, érotos*, "amor, paixão, desejo ardente") foi utilizado na Antiguidade para descrever esse tipo de afeição espiritual e sensual de um homem por um garoto. Diferentemente do crime de pedofilia tipificado em lei de hoje, o sexo entre um adulto e um menor de idade era comportamento socialmente aceitável e desejável.

Aqui reside a primeira coisa a entendermos. O que nós chamamos de homoafetividade, homossexualidade, transexualidade e heterossexualidade sim-

Cálice de vinho com pentatletas, c. *510 a.C.-500 a.C. No bojo de um cálice, um autor anônimo de Atenas pintou um homem adulto se inclinando para beijar seu jovem amante. No exterior da peça, cenas de pentatlo comprovam que entre os helenos a homossexualidade não excluía a virilidade. Ao contrário, a pederastia era tida como etapa primordial da educação de cidadãos virtuosos.*

plesmente não existia no mundo antigo. Tampouco na Idade Média e no decurso histórico todo até muito recentemente. No passado, a atração de pessoas do mesmo sexo umas pelas outras, suas sexualidades, suas maneiras de amar, de se relacionarem, de se vestirem simplesmente eram lidas sob chaves interpretativas diferentes. A rigor, não havia homossexualidade ou transexualidade porque não havia quem assim as entendesse. No capítulo, optamos por usar os termos atuais para facilitar ao leitor e à leitora a compreensão do que será apresentado. Ainda assim, ao longo das próximas páginas veremos como cada época se relacionou com tais formas de ser e de viver e como as nomeou.

Outra ressalva pedagógica. Ainda hoje persiste um preconceito em certos nichos sociais que associa a homossexualidade e a pedofilia, a partir da chave da perversão. O conceito de "pervertido" tem longa história. Na raiz latina, quer dizer algo como "colocar ao lado", mas esteve ligado, ao menos desde o século XVII, à acepção de corrupção, depravação. Um indivíduo pervertido podia ser desde um apóstata até um desviante das normas e expectativas sexuais. Desde meados do século XIX, manuais de psiquiatria traziam listas do que se consideravam perversões. Os itens listados variavam do incesto à zoofilia, da pedofilia à coprofilia, da homossexualidade ao travestismo. Essas associações entre "degenerações de comportamento sexual" criaram a mística do homossexual e do transexual como um corpo doente, depravado.[11] Voltaremos a essa medicalização daqui algumas páginas, tenhamos paciência. Por ora, adiantamos parte desse argumento apenas para ressaltar que algo dessas noções centenárias continua vivo no senso comum.

Em 2013, por exemplo, durante uma das sessões da CPI do Tráfico de Pessoas, que investigava abusos sexuais de garotos no futebol, o deputado federal Severino Ninho questionou se um treinador, suspeito de estuprar e dopar adolescentes que alojava em seu apartamento, era homossexual, reproduzindo uma visão preconceituosa que perdura no meio futebolístico de que o abuso sexual de meninos tem a ver com a homossexualidade, e não com uma prática criminosa.[12] Em certos ambientes religiosos, a confusão entre efebofilia (atração por jovens que resulta em abusos), pedofilia (o mesmo, mas com foco em crianças) e a homossexualidade é muito comum.[13] Na Igreja católica, ao menos em setores mais progressistas, há esforço para desvincular um dado que, defendemos, é natural (a homossexualidade) de um crime (a pedofilia) em casos de abusos de crianças por religiosos.[14] A Igreja segue condenando a homossexualidade e até muito recentemente associava a pedofilia a pessoas gays,[15] por exemplo — como se não houvessem religiosos heterossexuais que abusassem de mulheres, incluindo menores de idade.[16] A associação errônea é tão presente no senso comum que, em alguns países que têm governos autoritários, ela virou lei, como na Hungria.[17]

Ressalvas feitas, voltemos à velha Grécia. Vamos entender que aquilo que hoje é crime ali era moralmente aceitável. Vale lembrar que o relacionamento amoroso e erótico entre homens era característica comum no antigo mundo grego, tanto na vida pública quanto na vida privada. Na mitologia, os deuses tinham namorados (Poseidon desejou Pélope, Apolo amou Jacinto), e alguns relacionamentos se tornaram famosos, como foi o caso de Aquiles e Pátroclo. Se era comum que dois homens se relacionassem, também a pederastia era entendida, nesse contexto mais amplo, como uma prática aceita e legítima, em muitos casos abertamente sexual, mas também — e sobretudo — educacional. Isso significa que ela poderia envolver desejo e prazer, mas estava, ao menos como ideal, assentada na afeição, generosidade e admiração mútuas. Em muitas ocasiões, os parceiros sexuais eram postos lado a lado em batalhas para que isso os inspirasse a ter comportamentos heroicos.

Em muitas cidades gregas a prática da pederastia era regulamentada. O legislador ateniense Sólon, por exemplo, proibiu as relações sexuais entre garotos livres e escravizados, por volta de 600 a.C. Grosso modo, a idade dos rapazes que poderiam ser honrosamente solicitados como *eromenos* variava entre os catorze e os dezoito anos — entre a idade convencional para o início da puberdade e o início do serviço militar. Os documentos antigos falam inclusive da intensa disputa pelos *eromenoi*, que inspiravam poemas e eram causa de brigas de rua em locais como Atenas, Esparta ou Creta.

Avançando um pouco mais no tempo, na Roma antiga também havia regras para as relações que hoje poderiam ser chamadas de homossexuais: o cidadão romano não deveria se afastar de suas obrigações com a sociedade, não deveria ter relações com pessoas de hierarquia inferior, deveria evitar ser passivo nas relações com seus subordinados, deveria casar-se e tornar-se o páter-famílias para perpetuar a linhagem e a economia da cidade. Em Roma a bissexualidade ativa era bem-vista. Assim, no mundo antigo, as relações homossexuais se alternavam com as heterossexuais, ambas fazendo parte da vida. O que definia, portanto, o ideal de virilidade era a dicotomia passivo/ativo.

Dentro dessa lógica, o homem deveria assumir papel ativo nas relações sexuais, fossem elas com outros homens ou com mulheres. Nesse sentido, era difícil para autores homens romanos conceber a relação sexual entre mulheres, pois acreditavam que estas necessitavam de simulacros de pênis para isso, ou então de clitóris descomunalmente grandes.

É altamente especulativo o que podemos dizer sobre a atração entre mulheres na Grécia antiga, pois quase não há fontes sobre isso. Há a menção de Platão, em seu *Banquete*, a mulheres que não se interessam por homens e preferem a companhia umas das outras. Em Esparta, o registro de mulheres asiáticas cantando hinos de louvor a seus deuses e, na sequência, elogiando-se umas às outras e a seus corpos é o máximo de que dispomos. Mesmo a multicitada poeta Safo de Lesbos (que é a etimologia de "lésbica") é um tanto nebulosa. Por certo, temos alguns fragmentos em que se declara amor a amigas, mas é só. Muito pouco para conseguirmos tirar algo mais sólido, alguma generalização de comportamento. Quanto a Roma, praticamente não há diferença. Sem dúvida, podemos apontar um grafite em Pompeia com duas mulheres juntas no leito, além de evidências sobre magias e maldições nas quais mulheres procuravam amantes do mesmo sexo ou as repeliam. Mas, no geral, o parco registro ainda era a regra.

Se a falta de documentação é grande para a homossexualidade feminina, ainda é maior para a lógica que denominamos de transgênero. Há menções de como os romanos, em certos festivais, trocavam as roupas e atributos associados a homens e mulheres. Mas isso parece indicar o que *não se devia fazer*. Como no Carnaval, em que liberamos o comportamento visto como "inaceitável" em outros contextos. Talvez o exemplo mais chamativo seja o do imperador Heliogábalo, a quem Cassio Dio descrevia como efeminado, pois usava maquiagens, perucas femininas, queria mudar a genitália e, ainda que fosse casado com mulheres, se apresentava como esposa de seu condutor de carruagem.

Foi apenas com a incorporação da tradição judaico-cristã ao mundo greco-romano que o sistema de dominação masculino heteronormativo se consolidou, inserindo na sociedade a dicotomia heterossexualidade versus homossexualidade. Isso significa que o grande responsável pela transformação da heterossexualidade no único comportamento considerado normal/natural foi a leitura que o mundo clássico fez dessa prática à luz do universo judaico-cristão. Por consequência, foi também o pensamento cristão emergente no Império romano o responsável por inaugurar no Ocidente uma época de homofobia, criando argumentos e justificativas que indicavam a moralidade das relações heterossexuais monogâmicas e a percepção da homossexualidade como prática nociva para o indivíduo e a sociedade.[18]

A Bíblia tem, especialmente no Antigo Testamento, uma leitura muito particular das relações homoafetivas. É preciso lembrar que os legisladores e escritores do Antigo Testamento defendiam um Deus único e uma prática de conduta ascética que se desenvolvia em relação ao contexto do Oriente Médio e da Mesopotâmia de milhares de anos atrás. Sabemos que havia uma multitude de deuses e deusas, e que os ritos de adoração a eles eram bastante distintos daqueles que parte dos antigos hebreus seguia e que compunham seu novo código moral. Uma parcela considerável das passagens que acreditamos condenarem práticas homoafetivas refere-se, na verdade, a uma prática mesopotâmica antiga de prostituição sagrada. Em templos mesopotâmicos, havia sacerdotisas e sacerdotes que praticavam sexo (anal, para evitar a concepção, até onde tudo indica) com outros homens e isso estava relacionado a alguns cultos específicos da deusa do amor e da guerra Ishtar, por exemplo. Os escritos veterotestamentários estão muito conectados ao universo mesopotâmico e condenavam duramente essas práticas e seus praticantes, chamando-os, em hebraico, pelos nomes de *qdshah* e *qadesh*, respectivamente traduzidos por "prostituta" e "sodomita", ignorando a vinculação sacerdotal dos termos originais. Se lermos com atenção passagens em Deuteronômio (23,18-19), em 1 Reis (14,23-24; 15,12 e 22,47) e em outros livros da Bíblia, entenderemos que se condena a prostituição sagrada, cultual. Os textos dizem que essas práticas desonram o Deus único ali mencionado. Não há condenação explícita à homossexualidade masculina, feminina ou travestismo nesses trechos. Pelo contrário, a insistência em proibir e punir tais atos de prostituição sagrada indica a permanência dessas práticas e o quão arraigadas elas eram na região.

Em outros trechos, contudo, vale entender a lógica dos textos da Torá. Buscava-se explicar um mundo, uma cosmogonia, uma moral. Todas essas coisas derivavam de uma criação feita por um Deus único, que projetara tudo a seu gosto e sua imagem. Logo, a ideia de identidade deve ser pura, e não são raros os textos bíblicos que consideram ofensa e "abominação" a Deus todo tipo de mistura ou híbrido. Veta-se que se plantem duas sementes numa mesma vinha, que dois tecidos sejam entrecruzados na mesma roupa, que determinados alimentos sejam misturados no mesmo prato. Considera-se anormal pássaros que andem sobre a terra ou flutuem na água, pois isso feriria sua natureza; não se pode misturar boi e asno e tantos outros animais. Nesse jogo identitário que busca uma "pureza" na singularidade, um homem deve ser um homem e vestir-se como um homem; uma mulher deve ser uma mulher e, logicamente, vestir-se como uma mulher. Daí Deuteronômio 22,5 deixar isto bem claro: "A mulher não deverá usar um artigo masculino, e nem o homem se vestirá com roupas de mulher, pois quem assim age é abominável a Iahweh teu Deus". É bem provável que o texto não se referisse a qualquer tipo de travestismo, mas sim ao travestismo ritual, comum a sacerdotes eunucos tanto na Palestina quanto na Fenícia e na Mesopotâmia. Aliás, o texto de Deuteronômio também veta a prática do eunuco, pois condena mutilações. De toda forma, é o receio da inversão, logo, da mistura de identidades fixas e predeterminadas, que seria a causa da abominação. Embora não se prescreva uma punição, entende-se que é firme o interdito.

É nessa mesma lógica que Levítico tem o trecho mais conhecido contra práticas homoafetivas (muito mais do que a condenação ao travestismo). É o capítulo 18, no qual Deus continua explicando a Moisés o que gostaria e, principalmente, o que não gostaria de ver entre seu povo escolhido. Até o versículo 20, são interdições que preconizam tabus sexuais familiares, em especial incestos. Daí vem uma proibição de ofertar crianças (talvez em sacrifício) a Moloque, deus canaanita (se proibia é porque a prática existia!), e, no trecho seguinte: "Não te deitarás com um homem como se deita com uma mulher. É uma abominação" (Levítico 18,22). Vejam como fica claro, caro leitor e estimada leitora, que o problema bíblico não é com a homossexualidade, mas sim com a mistura: um homem agindo como uma mulher (como no caso de homens e mulheres se travestindo). Nesse trecho específico, não há menção a uma mulher que se deita com outra mulher, ou clara condenação do homem que faz papel "de homem" na relação. Condena-se fugir da identidade fixa: do "homem sendo homem". O texto prossegue condenando bestialismo, o sexo com animais, pelo mesmo motivo.

Dois capítulos adiante, Deus endurece essas condenações e ameaça com a morte todos os que incorrerem em pecados como incesto e sacrifícios a Moloque, e condena a igual fim os que se deitarem nas condições antes prescritas. Em Levítico 20,13, lê-se: "O homem que se deita com outro homem como se fosse uma mulher, ambos cometeram uma abominação, deverão morrer, e o seu sangue cairá sobre eles". Ou seja, retoma-se a carga e uma novidade aparece, quase como se tivesse sido acrescentada a posteriori: tanto o homem "ativo" quanto o "passivo" devem morrer e ser lambuzados com o próprio sangue, pois fizeram algo impuro. Para quem é atento, basta se lembrar daqueles dois narradores sobre os quais falamos no capítulo anterior, quando comentamos o episódio da Criação, em Gênesis. Aqui, em Levítico, nos deparamos, mais uma vez, com a mesma coisa sendo dita duas vezes, quase da mesma forma — a primeira mais sintética e indo direto ao ponto, a segunda mais detalhada e longa.

Vale imediatamente destacar que esse código moral era bastante particular dos judeus antigos e não era a regra, como vimos quando falamos de gregos e romanos. Tampouco era o único a condenar práticas homoafetivas. O importante é entender que na Antiguidade cada cultura tinha uma complexa forma de lidar com a sexualidade. Podia-se pensar em práticas homoafetivas dentro de uma lógica religiosa, como conduta antinatural; ou como um amor entre iguais, logo, uma relação mais elevada do que uma relação heterossexual. Nos dias atuais, destacar um versículo aqui e outro acolá para condenar comportamentos humanos é puro casuísmo hipócrita. Seguir os preceitos bíblicos é algo visto como bom para judeus e cristãos. Mas quase nenhuma comunidade dessas fés pratica um texto escrito para a tribo de Levi no deserto há milhares de anos. Comer carne de porco, misturar carne e leite, cortar cabelo e aparar a barba, usar brincos e tatuagens, ter cachorros e gatos (juntos em casa), semear mais de duas culturas em seus jardins e hortas, não misturar tecidos nas suas roupas, comer frutos do mar... a lista é longa, e o mais fervoroso dos pastores e sacerdotes, a mais devota das famílias incorrerão fatalmente em alguma proibição. Destacar justamente as proibições de Levítico 18 e 20 e ignorar o resto é, antes de tudo, casuísmo, é usar a Bíblia para respaldar um preconceito.

No Novo Testamento, escasseiam essas condenações. Talvez Jesus estivesse sem tempo para elas. Mas Paulo (sempre ele!) constitui uma das raras exceções. Em carta aos Romanos (1,26-27), escreveu, num trecho em que tenta explicar à sua audiência por que Deus permitira tantas iniquidades, torpezas e pecados entre eles:

> Por isso Deus os entregou a paixões aviltantes: suas mulheres mudaram as relações naturais por relações contra a natureza; igualmente os homens, deixando a relação natural com a mulher, arderam em desejo uns para com os outros, praticando torpezas homens com homens e recebendo em si mesmos a paga da sua.

Ou seja, Paulo culpa os pecadores pelo que lhes acontece. O apóstolo retoma a carga que está em Levítico, aquela lógica de condenar alguém ou algo que poderia fugir a "sua natureza". Era, pois, errado um homem envolver-se com outro. No caso feminino, que sempre tem menor atenção na Bíblia, o conselho pode se referir a práticas homoafetivas ou até mesmo a sexo anal. Releiam e tirem suas conclusões.

Reparemos que a audiência de Paulo não era mais como a do Velho Testamento. Agora um novo culto judaico se abria como religião a gentios de cultura helenizada ou romanizada, para quem práticas como as acima relatadas passavam por outras lógicas culturais. A condenação judaica tinha que ser mais uma vez reafirmada, pois a nova audiência simplesmente a ignorava, tinha outros costumes que precisavam ser emendados.

Mas ainda que a Bíblia traga condenações explícitas (que devemos sempre ler com o contexto de sua produção em mente) é interessante notar como, por vezes, aparecem no Antigo Testamento casos que podem ser considerados exemplos de amor homossexual, como a amizade entre Davi e Jônatas ou a amizade forte entre Noemi e Rute. Esse amor, que para muitos era meramente espiritual (os cristãos o chamam de *ágape*), cada vez mais passou a ser entendido por exegetas como um amor inspirado em *eros*, ou seja, "o mesmo tipo de relação existente entre Aquiles e Pátroclo na *Ilíada*, de Gilgalmesh e Enquidu na *Epopeia de Gilgalmesh*, e de Alexandre Magno e Hefestion".[19] Esse mesmo amor seria evocado por Oscar Wilde no final do século XIX para se defender num processo que moveu contra o marquês de Queensberry, pai de seu amante, que o acusava de sodomia. Essa é uma história importante, voltaremos a ela em momento apropriado. Por ora, vamos compreender um pouco melhor a construção da figura do sodomita durante a Idade Média.

IDADE MÉDIA E MODERNIDADE: A SODOMIA E O SER QUE NÃO PODE SER

A consolidação da cristandade latina durante o Medievo direcionou o imaginário popular para temer o amor homossexual. A culpa pela queda do Império Romano, pela perda da Andaluzia para os mouros e pelo fim da Ordem dos Templários, por exemplo, foi atribuída aos "sodomitas". São Boaventura, bispo do século XIII e futuro Doutor da Igreja, queixava-se com frequência de que a encarnação de Jesus estava demorando porque a Terra se achava infestada deles. Sua fala ecoava um importante texto do século XI, *O livro de Gomorra* (*Liber Gomorrhianus*), escrito por são Pedro Damião e endereçado ao papa Leão IX.

Esse texto, datado de 1049, pode ser considerado a primeira obra inteiramente dedicada à incriminação do comportamento homoafetivo. Desde o século VI, livros penitenciais incluíam um ou outro cânone condenatório da chamada sodomia, mas apenas no século XI ela passou a ser abertamente denunciada como *vicium clericorum* (no português, "vício dos clérigos"). Esse "abominável e nefando pecado" era parte do que o frade menor chamou de *vita spurcissima* ou "o modo de vida imundo" adotado por alguns religiosos do período. A prática punha em xeque a seriedade da vida monástica e da moral cristã, que defendia o estado religioso (votos de pureza, castidade e obediência) como um estado mais elevado que o do próprio matrimônio. Sua cruzada contra a sodomia sugeria ainda medidas punitivas contra os padres relapsos, e passou a incorporar uma retórica que seria retomada séculos mais tarde: a relação entre práticas sexuais "não naturais" e doença. Para são Pedro Damião, sodomia, heresia, lepra e Diabo estavam intimamente associados.

Mas o que seria a sodomia? De onde vem a expressão? A história remete a Gênesis, capítulos 18 e 19, onde ficamos sabendo que Deus se irritou com as cidades de Gomorra e Sodoma, pois os ímpios ali eram muitos e seus malfeitos tremendos. O Senhor diz a Abraão que se encontrasse cinquenta justos pouparia a cidade toda por amor a eles. O patriarca contesta então seu Deus: se Ele encontrasse 45, ainda assim mataria a todos os habitantes? A barganha pela vida dos moradores de Sodoma (sodomitas!) prossegue entre os versos 26 e 33, quando Deus se retira. No capítulo seguinte, procede a destruição em si. Dois anjos chegam à casa de Ló, sobrinho de Abraão, onde são bem recebidos e pernoitam. No dia seguinte, todos os homens de Sodoma batem à porta, exigindo "conhecer" os visitantes noturnos. Essa concepção bíblica do verbo "conhecer" tem mesmo conotação sexual. De fato, a Bíblia é clara: foram *todos* os homens, logo, não havia nem sequer dez justos que pudessem salvar a cidade. A Bíblia se importa menos com as mulheres, lembra-se?

Desse trecho em diante, é impossível não se estarrecer com a relação de Ló e suas duas filhas virgens, cujos nomes não são sequer enunciados. Ele as oferece para que sejam estupradas pela multidão, caso fossem poupados os anjos no interior da casa. Que momento família mais curioso... Enraivecidos com Ló, a turba força a entrada pela porta e se joga sobre seu dono, ameaçando fazer pior com ele do que fariam com os anjos do Senhor. Poupando Ló do suplício, os visitantes celestiais cegam todos os invasores, que não conseguem mais achar a porta e se dispersam. Ló recebe a mensagem de que deveria salvar a todos os seus, indo para longe dali e não olhando para trás, pois a fúria divina fulminaria as cidades do pecado. Os futuros genros de Ló zombam do futuro sogro e decidem ficar. Morreriam com os demais. Fugindo para a cidade de Segor (que também seria destruída mas foi poupada a pedido de Ló por ser o que a etimologia de seu nome sugere: "pequena", "insignificante"), Ló, sua mulher e filhas se salvariam. No condicional, pois a esposa se vira para ver a chuva de enxofre e fogo que caía dos céus (Gênesis 19,24) e é imediatamente convertida numa estátua de sal (Gênesis 19,26). A história em si já é horrenda até aqui: Deus, endurecido e cansado de perdoar, prefere fulminar cidades inteiras, o que hoje seria considerado genocídio pelos tratados internacionais; depois, mais demonstração de impiedade humana e divina, um pai que oferece as filhas ao estupro como proposta para evitar o estupro de anjos visitadores. Os versículos finais são, todavia, particularmente chocantes. As filhas anônimas de Ló embebedam o pai e engravidam dele, para poderem assegurar sua linhagem. Segundo a Bíblia, desse incesto nasceram os moabitas e os amonitas. Ainda que tal ato seja cometido antes da proibição do incesto em Levítico, não deixa de ser chocante que *esta* tenha sido a família *escolhida* para ser *preservada* da destruição. Se esses eram os poupados, quais seriam os pecados dos mortos em Sodoma e Gomorra?

Se você respondeu homossexualidade, errou. Volte e releia a narrativa ou vá ao livro e a leia na versão que tem em casa ou online. A Bíblia simplesmente não menciona. Mas, em inúmeros trechos posteriores, a história é retomada e profetas aludem que ali, nas cidades do pecado, se praticavam abominações e coisas que enfureciam e entristeciam ao Senhor. Quais abominações? Jeremias (23,14) faz uma associação entre os pecadores de seu tempo e os sodomitas e gomorritas, afirmando que eram adúlteros e cometiam falsidades. Ou seja, seus pecados eram outros, não a "sodomia". Ezequiel (16) fala de abominações de forma genérica, mas quando desce aos miúdos, comparando as cidades destruídas ao Reino de Judá, fala em arrogância, em não cuidar dos que mais precisavam, apesar de terem comida e riquezas. Em outros trechos que mencionam "sodomitas", trata-se de erros de tradução para se referir aos prostitutos sacerdotais (lembra-se dos *qdshah* e *qadesh*?), que já analisamos no texto. Não foi a Bíblia em si, portanto, que, ao que parece, consolidou a expressão "sodomita" como o "pecado nefando", mas a tradição católica (e, posteriormente, a protestante).

Nesse ponto, cabe uma breve ressalva. Não há consenso entre os estudiosos sobre o assunto e parece haver uma bifurcação na estrada dessa interpretação, os dois caminhos tendo bons argumentos. Nos estudos que procuram mapear as origens e a evolução do ódio aos homossexuais na tradição judaico--cristã, a vereda mais tradicional foi inspirada nos textos bíblicos e nos escritos do historiador Tito Flávio Josefo, que viveu pouco depois de Jesus, e defende que a intolerância aos "sodomitas" e às relações não monogâmicas heterossexuais era explícita desde o início do cristianismo, só fazendo aumentar ao longo do tempo. Um segundo caminho baseia-se nos estudos do historiador John Boswell,[20] para quem a Europa oscilou, ao longo da Antiguidade Tardia e da Idade Média, na perseguição à sodomia. Apenas a partir do século XIII, tendências persecutórias tanto da homossexualidade quanto dos judeus e islâmicos se desenvolveram com maior intensidade na Europa. Neste livro, tendemos a concordar com esta segunda corrente, deixando claro que tolerar não significa aprovar ou endossar determinado comportamento. As instituições europeias medievais (cristãs e islâmicas) nunca compactuaram com a chamada sodomia, mas, sim, parecem ter relevado o tema ou insistido menos nele em certas épocas da Idade Média. No mundo muçulmano ibérico, havia o hábito de vestir garotas consideradas bonitas como se fossem meninos, cortando-lhes as madeixas. E essas meninas travestidas de meninos eram submetidas a sessões sexuais nas quais sua androginia era bastante apreciada. Também segundo fontes islâmicas (e talvez numa forma derrogatória), ficamos sabendo que o clero cristão tinha particular atração por práticas homoafetivas. Durante o conturbado pontificado de Urbano II, papa que convocou a Primeira Cruzada, sabemos que havia muitos bispos acusados de práticas sodomitas e que estes continuaram em seus ofícios, malgrado denúncias. O exemplo mais conhecido dessa leniência foi o caso apresentado contra um certo João, indicado a bispo, a quem o reformado Ivo de Chartres repetidas vezes, e em vão, acusou de sodomita perante o próprio papa, na esperança de que ele não ocupasse uma diocese. Notório foi o caso entre Ricardo Coração de Leão e o rei Felipe de França. Sabemos do affair porque o rei cruzado inglês se arrependeu e há registro de sua penitência, mas não sofreu consequências maiores.

Havia mesmo uma literatura de amizade que resvalava as relações sexuais e o desejo por pessoas do mesmo sexo entre os séculos XI e XII. Os autores desse gênero, tão inusitado para o imaginário de senso comum sobre o Medievo, eram pessoas bastante ortodoxas em questões de moral e doutrina, salvo o elogio pelo mesmo sexo. O texto mais conhecido nos dias de hoje que data dessa tradição é o poema *Ganimedes e Hebe*, do século XIII. A história tem temática grega e conta como Júpiter se enamora do jovem e lindo príncipe troiano Ganimedes, raptando-o para ser seu amante no Olimpo. A atitude enfurece a esposa de Júpiter, a poderosa e bonita deusa Juno. Juno, então, manda sua filha Hebe se haver com a situação. Na extensa discussão entre os participantes, há argumentos em favor do amor entre um homem e uma mulher e entre um homem e um menino. A fala final de Ganimedes, revelando que não havia pecado naquele relacionamento e que ele ali estava por gosto, prazer e escolha é contundente. O manuscrito foi preservado num mosteiro beneditino em Schäftlarn, na Baviera.[21]

Algo muda, lentamente, entre meados do século XII e meados do século XIV. Leis canônicas deixam de ver a sodomia como um pecado privado (logo, passível de perdão por um bispo), tornam mais difícil que alguém acusado de um único ato "antinatural" assumisse uma cadeira na alta hierarquia católica. Mesmo fora do clero, se pensarmos a violenta morte de Eduardo II Plantageneta (que morreu na cadeia, depressivo, ou foi assassinado), sobre quem pairava a insinuação de que tinha amantes homens (explorada em textos ficcionais nos séculos posteriores, sendo um dos mais conhecidos a peça de Marlowe), temos exemplos de menor tolerância com o comportamento.

Um exemplo claro disso pode ser encontrado nas bíblias pictóricas do século XIII, manuscritos ricamente adornados com iluminuras que se tornaram fontes do ataque ao homoerotismo. Na *Bible moralisée*, produzida por volta de 1225, existem várias ilustrações em miniatura com a temática, seguidas por outras miniaturas relacionadas à luxúria, à ganância, à heresia e outros pecados. Nela há mulheres se beijando e homens copulando, incentivados por demônios, logo abaixo da representação de Adão e Eva (o casal primordial) também pecando. Ainda no século XIII e se estendendo até o XIV, a arte medieval passou a investir cada vez mais na narrativa de sodomitas recolhidos ao inferno, como na pintura de parede dinamarquesa de Birkerød e nos manuscritos ilustrados da *Divina comédia* elaborados por Guido de Pisa — mesmo que a própria Bíblia nunca tenha mandado os sodomitas ao inferno.

É muito difícil encontrar vozes não masculinas, ligadas à Igreja ou a burocracias na Idade Média europeia. Por consequência, é raro encontrarmos algo sobre o que hoje chamamos de lesbianismo, transexualidade ou qualquer outra forma de viver a sexualidade e os papéis de gênero além daquele do homem cis-heteronormativo e a condenação à "sodomia". Os poucos indícios a que tivemos acesso estão em documentos como os penitenciais. Um penitencial era uma espécie de compêndio do que era considerado comportamento pecaminoso, desviante, transgressor, viciado. Ao encontrar o pecado que alguém cometia, o penitencial, como diz o nome, sugeria a penitência, o ato ou conjunto de atos que levariam à absolvição pelo mal cometido. No *Penitencial de Teodoro*, um conjunto como esse que descrevemos, que pode ser datado de 700 d.C. e que foi produzido em contexto inglês, deixa claro que uma mulher que "praticar vício com uma mulher" deveria receber três anos de penitência, em oposição a quatro anos para um homem que fizesse sexo com uma mulher casada ou aos dez anos que deveriam ser impostos a um homem que fizesse sexo com um homem. Ou seja, o documento reconhece a possibilidade do relacionamento entre duas mulheres, o condena, mas ele parece ser um "mal menor" que o adultério ou o sexo entre homens. Coisa semelhante também pode ser lida no *Penitencial de Beda* (*c.* 730): três anos para um homem casado que fornicasse com uma mulher casada, quatro anos para "sodomia", três anos para uma mulher que fornicasse com outra e sete anos para "freiras com uma freira por meio de um instrumento". Se analisarmos o conjunto, veremos que seguia viva a ideia de que o pecado era agir contra a natureza (em tempo: aquilo que se considerava natural). Por isso, se condena um homem casado e não a mulher pelo pecado do adultério, uma religiosa que penetrasse outra por meio de um instrumento (pena agravada pela sua posição social de madre). É bem possível que essa lógica fosse indício da percepção de que o locus da mulher no sexo fosse o passivo. Portanto, se uma mulher tentasse agir contra sua natureza deveria ser punida. Por fim, talvez seja essa a razão de quase não haver processos medievais contra mulheres por "desvios sexuais". São apenas doze os processos encontrados para todo o período.

Um julgamento, em especial, no fim do Medievo, na cidade imperial de Espira, é bastante ilustrativo da hipótese que levantamos no parágrafo anterior. Katherina Hetzeldorfer foi processada em 1477 por um crime sem nome. Isso é bastante curioso, levando-se em conta que a acusação sempre enunciava o crime que se tentava imputar ao réu. Hetzeldorfer foi acusada de usar um instrumento para o ato sexual com outra mulher, "e, por fim, se valeu desse pedaço de pau, segurando-o entre as pernas" da amante. Atenção: se ela estivesse "apenas deitada", sem penetração, com outra mulher, o crime dificilmente existiria tipificado em um processo. Sua insistência em subverter papéis de gênero, agindo como um "homem" ao penetrar sua parceira, constituiu o pecado. O processo esforça-se por compor a "natureza invertida" de Katherina, mostrada como "tendo seu jeito viril". O pecado foi tão grave e as provas tão cabais que o sexo com sua amante custou a vida de Hetzeldorfer.[22] Ser punida corrobora as estatísticas de que dispomos de que a perseguição ao homoerotismo ganhou novo impulso desde o século XIV, sobretudo após a peste bubônica dizimar boa parte da população europeia. Nesse contexto, a sodomia passou a ser vista como uma ameaça ao repovoamento de determinadas regiões. Muitos acabaram queimados em fogueiras acusados de sodomia. A morte pelo fogo era considerada uma forma de purificação da carne e da sociedade.

A perseguição à sodomia entendida como um problema do sexo masculino e seus "desvios" levou a uma relação peculiar com as mulheres que amavam outras mulheres ou com aquelas que "se passavam por homens". Do século V ao século IX, as hagiografias escritas em língua grega ao largo do Mediterrâneo trazem, quase invariavelmente, trajetórias de santos designados como mulheres ao nascer que, pelos mais diversos motivos, escolheram viver a maior parte de suas vidas como monges, em geral se apresentando como eunucos e se passando por estes dentro das comunidades monásticas masculinas. A popularidade desses santos só fez crescer nos séculos X e XI, uma vez que os treze compilados de santos em grego da Antiguidade Tardia que mencionam tais mulheres/eunucos/homens foram incessantemente copiados e traduzidos. São 34 vidas de santos de período posterior, espalhadas por toda a Europa, África e Oriente Médio, em idiomas que variam do copta ao siríaco, do etíope ao armênio, do árabe ao latim. Tais cópias parecem intercambiar pronomes para se referirem a tais santos, usando ora o masculino, ora o feminino. Eles(as) não se identificavam simplesmente como homens, mas sim como eunucos, que, ao que tudo indica, no mundo bizantino, seria um terceiro gênero.[23]

Um exemplo contundente desses santos é o de "Maria"/Marinos, canonizado tanto pela Igreja Católica Romana quanto pela Igreja Ortodoxa Oriental. De acordo com a tradição hagiográfica, Marinos foi designado como mulher ao nascer mas optou por entrar num mosteiro e viver como monge. O contexto é importante. Sua hagiografia revela que foi seu pai quem decidiu seguir a vida num mosteiro, e a menina Maria, não desejando abandoná-lo, resolve cortar os cabelos, vestir-se de homem e mudar o nome para Marinos, acompanhando-o na clausura. O pai o alertou de que seu plano de servir a Deus não daria certo, porque suas genitais o poriam em perigo, eventualmente. O monge não se preocupou, pois o voto de castidade o impediria de mostrar a genitália de qualquer forma. Ademais, Marinos foi admitido como eunuco. Seu rosto imberbe e sua voz delicada seriam a maior prova de que ele era de fato eunuco.

No mosteiro, Marinos foi aclamado por seu grande ascetismo. Comia apenas uma vez a cada dois dias, prática admirada porque o afastaria da gula, um pecado capital terrível, mas que, como efeito colateral, podia resultar em interrupção da menstruação e diminuição da aparência dos seios. Pouco tempo depois da morte de seu pai, Marinos acabou sendo realmente expulso do mosteiro, não porque descobriram que tinha uma vagina (isso só foi descoberto após sua morte), mas porque foi acusado de engravidar uma garota local. A filha de um estalajadeiro próximo havia feito sexo com um soldado. Ao conceber o filho, ela culpou "o jovem monge [...], o belo que se chama Marinos". O monge aceita as acusações: "Pequei como homem". Quando a criança nasceu, Marinos criou o menino como se fosse dele. Ou seja, preferiu manter sua identidade de homem a demonstrar o ridículo da acusação que sofria. Avancemos mais três anos, e vemos que ele foi autorizado a voltar ao mosteiro junto com seu filho. Ele morreria, na sequência, como homem, monge e pai.

Ao prepararem o corpo para as exéquias, seus companheiros descobrem que Marinos era uma mulher. Duas providências são tomadas. Suas vestes são trocadas e ele é enterrado como ela, e o estalajadeiro é avisado de que Maria/Marinos não podia ser o pai de seu neto. Ao saber disso, o homem chama sua filha e a descobre possuída por um demônio. Justamente essa cena final ilustra a versão da história contida no *Menológio de Basílio II*, do século XI, armazenado no Vaticano.[24]

Marinos pode nunca ter existido. Os santos e mártires dos primeiros séculos do cristianismo são, em larga escala, maquinações criadas para encarnar virtudes da fé e servirem de exemplo a uma audiência crescente de cristãos. Mas um caso inconcluso ocorrido na Inglaterra no fim do século XIV abre uma pequena janela que nos mostra um processo análogo e bastante real: o de uma pessoa que, aparentemente, foi designada como homem ao nascer mas viveu como uma mulher. Eleanor Rykener, uma costureira em Londres, foi presa sob a acusação de má conduta sexual. Ela foi presa em flagrante ato sexual enquanto se prostituía. A prostituição, embora pecado e crime, era, no geral, tolerada. A questão que se impunha era que, ao que tudo indicava, ela havia cometido sodomia. A dificuldade que a corte enfrentava era que Eleanor se apresentou, desde o início, como mulher. Nunca negou a prostituição. Torturada, ela acaba confessando (ou inventando para aplacar seus inquisidores) que nascera John. E foi além: conta como se tornara costureira e prostituta, que dormia tanto com homens quanto com mulheres, e que seus clientes regulares incluíam aristocratas, clérigos e clérigas. Como dissemos, não temos a conclusão do texto, logo, não sabemos o veredito. O que fica atestado é a possibilidade de uma transição de gênero na Idade Média e como as marcas da infâmia e do pecado estavam presentes na época.[25] Mas Rykener não era o único ser humano registrado a viver em tais condições.

Há um caso emblemático de como se lidava com essas pessoas de forma muito mais intolerante. Na Cidade do México, entre 1657 e 1658, um homem de quarenta anos de nome Juan Galindo de la Vega, que gostava de ser chamado de Cotita (sinônimo de Mariazinha, *Mariquita*) de la Encarnación, foi levado à Justiça. Era um "mulato", nome dado àqueles vistos como filhos de brancos e negros no período colonial. Gostava de se vestir de mulher, com lenço na cabeça e gibão branco adornado com fitas coloridas nas mangas, e trabalhava como lavadeira. Não foi isso, em si, que o levou ao cárcere, mas sim uma denúncia de que era sodomita. A denunciante, uma lavadeira mestiça (nome dado àqueles considerados filhos de brancos e indígenas) chamada Juana de Herrera disse que o surpreendera no ato de "cavalgar outro homem como se estivesse num cavalo", no caminho para San Lázaro. O oficial espanhol d. Juan Manuel de Sotomayor foi até o local e flagrou Cotita e outros quatro homens, "todos nus e juntos", segundo o registro. Na prisão, depoimentos, testemunhos e interrogatórios foram abrindo uma comunidade inteira, perto do centro da cidade, no bairro San Pablo, da qual participavam espanhóis, indígenas, mestiços, mulatos e negros. Cotita recebia em sua casa diversos jovens a quem chamava publicamente de "minha vida", "minha alma" ou "meu coração". Algumas dessas pessoas tiveram seus nomes preservados no longo processo: Joseph Durán, Gerónimo Calbo, Juan Correa, Benito

Cuebas e Simón de Chávez. Todos réus confessos. Narravam que faziam festas com músicas "lascivas" e dançavam chamando um ao outro pelo nome de prostitutas famosas da cidade, além de beberem chocolate. O escândalo foi tamanho que o próprio vice-rei comentou que não podia acreditar na quantidade de pessoas envolvidas: mais de cem homens foram presos e processados. Na hora de punir os implicados, quinze foram condenados à fogueira. Todos os condenados eram indígenas, mestiços, negros e mulatos. Os brancos foram perdoados ou tiveram penas comutadas em punições menores. A caminho da fogueira, um menor de idade foi perdoado e sua sentença foi convertida em duzentas chibatadas. Entre os mortos na fogueira de San Lázaro estava Cotita de la Encarnación.[26] Cotita nos fornece um exemplo grotesco e dantesco de como os pecados contra a natureza podiam ser duramente (e seletivamente) punidos. Nesse sentido, se Cotita pode ser lida como uma transexual ou uma homossexual não vem ao caso. Essas são percepções contemporâneas. Na época, como ficou claro, assim como na Idade Média, tratava-se de um "pecado", a sodomia. Ela pagou com a vida por isso.

Muitos processos registram a sodomia entre marinheiros que viajaram para o Novo Mundo. Os textos mostram desde casos em que a flagrância foi inegável, até outros em que havia uma leve suspeita porque as tentativas de cometer o *pecado nefando* reduziam-se a carícias e "toques". Em tais julgamentos, a disparidade de atitudes das autoridades contra esses comportamentos era notória. Alguns marinheiros recebiam punições corporais e pecuniárias, o banimento da navegação por curto período ou até a morte na fogueira. Isso dependia muito da chamada *calidad* e da *limpieza de sangre*, ou seja, se os implicados eram homens brancos de reputação social ou não, pois, com frequência, os envolvidos (vítimas ou acusados) eram *pardos* ou *mulatos*, o que não é estranho, dada a maneira como eram recrutados homens ao mar e o parco rendimento que tinham. Quase todos os casos incluíam pajens ou grumetes (jovens e "crianças" como vítimas/denunciadores) revelando a composição étnico-social dos marinheiros e também certa condescendência com as "vítimas", geralmente "perdoadas", embora a lei contra a sodomia, calcada nas *Siete Partidas*, exigisse a morte de todos os envolvidos.[27]

A legislação da época tipificava os crimes/pecados chamados "abomináveis" como uma parte dos "pecados da luxúria". Entre os abomináveis, havia duas espécies: os "pecados naturais", como a fornicação simples e a fornicação qualificada (adultério, sacrilégio carnal e incesto); e os "pecados contra a natureza", como a masturbação, a poluição e a bestialidade. Era nessa categoria que se enquadrava a *sodomia*. E mesmo ela não era vista como sinônimo de práticas homoafetivas, mas sim como uma gama de relações sexuais que poderiam ser "perfeitas" (relação anal entre membros do mesmo sexo) ou "imperfeitas" (relação anal, sexo oral etc., entre pessoas de sexos diferentes). É muito importante recuperar essa noção de que o sodomita podia *ou não* se relacionar com alguém do mesmo sexo. A questão era uma releitura moderna da teologia e da moral cristã, na qual se considerava a *sodomia* um pecado contra Deus, contra si mesmo e contra os outros. Atentava contra a fé e a moral, por ser um pecado de sensualidade e razão, que podia levar a um comportamento herético se praticado reiteradas vezes.

Entre indígenas, antes do contato (mas depois também), havia uma multiplicidade de interpretações possíveis para descrever lógicas homoafetivas, travestismo e outras. Na América do Norte, em especial, são conhecidos os *berdaches* ou "dois-espíritos", seres com dupla identidade (feminina e masculina), entendidos como um terceiro gênero per se. Essas pessoas eram respeitadas e se destacavam em suas sociedades. Por outro lado, entre povos mesoamericanos, como os Nahua e os Maia, havia certa intolerância. No contexto religioso, podemos encontrar exceções. No *Chilam Balam*, texto sagrado dos Maia, ou em cerimônias em homenagem ao milho entre os Nahua, eram possíveis e toleráveis práticas de sexo entre homens, por exemplo. Mas, fora desses contextos específicos, havia condenação.[28]

Sem dúvida, a chegada dos europeus tendeu a impor outra moralidade, de condenação a tais "comportamentos". Um caso claro disso foi o de Vasco Núñez de Balboa, capitão espanhol que "descobriu" o Pacífico, em 1513. Viajando pelo istmo panamenho, as forças de Balboa encontraram vários *berdaches* e, no primeiro ato registrado de punição espanhola à *sodomia* nas Américas, jogaram cerca de quarenta dessas pessoas para os cães. O relato do cronista Pedro Mártir de Anglería sobre o episódio conclui que os *índios* "cuspiram nos que suspeitavam ser culpados desse vício. Eles imploraram [a Balboa] para exterminá-los, [...] eles deram a entender que Deus era contrário a esse pecado horroroso". Talvez estejamos diante de uma dupla condenação moral (embora por dois sistemas distintos). Mas podemos pensar que os indígenas apenas queriam agradar seus novos aliados. Ou ainda que os espanhóis interpretaram mal o que diziam os indígenas (se é que não inventaram essa aprovação nativa ao inumano ato de atirar dezenas de pessoas aos cachorros, para agradar seu Deus).

Quando passamos do período de conquistas ao de colonização, em ambiente urbano, naquela mesma época que condenou Cotita e seus companheiros, vemos que o problema maior era a ideia da efeminação. Aos olhos de frei Pedro de León, em 1619, os "sodomitas" eram como borboletas se aproximando cada vez mais do fogo aberto: "Uma borboleta voa perto das chamas e queima apenas uma asa. A borboleta se agita ainda mais perto e queima outro pedacinho de sua asa até que por fim está totalmente queimada. [Sodomitas] que não se corrigiram, movidos pelo pecado, assim como as borboletas, acabarão no fogo e queimarão". Ou seja, a "sodomia" estava também associada à efeminação, e os "sodomitas" eram instados a reverter seus comportamentos rapidamente para evitar a condenação, o que na maioria dos casos levaria à mencionada queima. Nesse sentido, a noção de *honra*, sob uma perspectiva de gênero, era o que estava em jogo: para os homens advinha da assertividade, autoridade, coragem e dominação (pessoal e sexual) das mulheres. Por outro lado, a honra feminina era o resultado da vergonha por meio da discrição e do controle sexual. Homens que eram passivos, obedientes e dominados por mulheres ou por outros homens, com traços femininos ou comportamento efeminado, afetariam a ideia de honra masculina. O caso do "Dr. González", ocorrido no início do século XVII na região periférica de La Plata, é paradigmático, pois dá a entender que seu "companheiro", o jovem Diego Mexía, era visto como mulher por muitos dos testemunhos. Mexía sofreu *desonra* por ser efeminado, e González teve punição maior por ser um homem de mais honra, mais *calidad* (termo de época) que seu parceiro.[29]

O auge dessa prática persecutória esteve ligado à Contrarreforma. O Concílio de Trento estabeleceu critérios para o sacramento do matrimônio. Como consequência, são produzidos os primeiros manuais de confessor que vão ensinar os casais a ter relações sexuais. Estas devem ter o único e exclusivo fim da procriação. Fora dessa lógica, o sexo, como um todo, foi condenado. Então era importante que o sexo fosse rápido, sem trocas eróticas ou carícias, com posições predeterminadas. Por um lado, articulava-se um projeto de conformação da mulher ao papel de mãe (desprovida totalmente de libido ou desejo), e, por outro, condenava-se todo tipo de erotismo não enquadrado na lógica reprodutiva.

Elia Naurizio e Johann Heinrich Störcklin, Concílio de Trento na igreja de Santa Maria Maggiore, c. 1828-48. Instituída pelo Concílio de Trento (1545-64), a Contrarreforma procurou conter o avanço do protestantismo na Europa e nas Américas. Reunida no norte da Itália, a alta cúpula da Igreja católica reformulou diversos pontos da doutrina e da catequese e reforçou a Inquisição, além de estabelecer diretrizes para a perseguição a heresias e comportamentos tidos como desviantes.

Pensemos um último exemplo desse período. Em 1602, um grumete, ranqueamento mais baixo num navio, embarcou para o Novo Mundo. Alonso Díaz passaria por boa parte do continente americano nos anos seguintes. Esteve em Cartagena das Índias, Panamá, México, Peru e Chile, onde ficou pelo maior período de sua vida neste lado do mundo. Durante seu tempo perambulando pelo continente, destacou-se em combate e amealhou recursos. Adquiriu escravizados de uso pessoal, nomeações mercantis e militares, tendo se notabilizado por sua perspicácia nos negócios e seu senso de bravura, chegando ao posto de alferes. Díaz era a encarnação do que um estudioso do tema nomeou "novo e perfeito *Vir* espanhol", ou seja, da virilidade associada ao macho, de ideais cavaleirescos e de valentia e bravura que a Espanha gostava de propagandear.[30] Teria matado mais de quinze homens, incluindo seu único irmão, tudo em defesa de sua "honra viril" ou em defesa da "honra de Espanha".

O galante Alonso Díaz, que estava sempre bem-vestido, parecia ecoar os atributos do *caballero perfecto* até mesmo no moralismo associado ao seu gosto por mulheres. Ao ser resgatado de uma malfadada expedição, um casal que o acolheu lhe ofereceu a filha em matrimônio. Era uma *mestiza*, filha de um espanhol muito rico e uma indígena. Díaz a recusou, pois, em suas palavras, aquela "pobrezinha era muito negra e muito feia, como alguns demônios". O alferes dizia que preferia mulheres com "rostos bonitos". Na prática, até onde sua própria autobiografia nos deixa ver, teve, em suas viagens pelas Índias, pelo menos quatro relacionamentos platônicos.

Sua reputação de jogador imprudente e sujeito briguento o alcançou em 1620, no Peru. Preso e acusado de assassinato, Díaz convocou seu confessor e revelou ao padre algo surpreendente. Diante do julgamento iminente, disse que deveria ser libertado, pois não era um homem, mas uma freira virgem. Seu nome real era Catalina de Erauso. Se fosse verdade, automaticamente, o processo sairia da jurisdição secular para a alçada eclesiástica. O bispo de Cuzco, Agustín de Carvajal, foi convocado a atuar no caso e pediu as diligências necessárias. Exames feitos, a história foi confirmada, salvo um pequeno detalhe: Díaz/Erauso não era freira, mas servira como noviça num convento basco. O bispo também confirmou o número de anos que Alonso serviu "ao seu Rei e os vários feitos valentes que realizou em numerosas ocasiões, bem como o número de distinções honrosas" que recebeu como insígnia. Sem saber como proceder dali em diante, o sacerdote ordenou que o alferes vestisse o hábito de freira e o mandou de volta à Espanha.

Em 1624, pouco depois de chegar à Espanha, onde sua história provocara curiosidade e se espalhara com grande velocidade, Catalina de Erauso, aos 33 anos, escreveu a Felipe IV, pedindo ao monarca uma audiência, uma vultosa pensão vitalícia por seus inúmeros serviços prestados nas Américas, e indagando como deveria se vestir. Ela deixava claro, no texto, que poderia se vestir como uma mulher se assim fosse o desejo de Sua Majestade, mas que não tinha nenhuma inclinação para mudar ou modificar seu atual hábito de vestir, que era o de um homem. Nessa petição ousada, podemos ler as justificativas de

Díaz/Erauso por sua "escolha" de se vestir e se portar como um homem. Ela/ele diz que jamais o fizera com "um propósito maligno" ou entregando-se à licenciosidade sexual, mas apenas para cumprir sua "inclinação natural para as armas", tudo "em defesa da fé católica e a serviço de Sua Majestade o Rei da Espanha". Esse seu texto apertava as teclas certas do instrumento da moral da época: fugia das questões sexuais que poderiam condenar Díaz/Erauso como sodomita, e reforçava seu catolicismo virtuoso e sua valentia com as armas. Ela/ele era a encarnação de virtudes femininas valorizadas, como a constrição religiosa e a virgindade, e, ao mesmo tempo, masculinas, como a galanteria, a vocação às armas, o ímpeto cavaleiresco. Um provérbio sevilhano do século XVI parece sintetizar a dupla encarnação de Díaz/Erauso: "Nem espada quebrada, nem mulher errante". Ela estava longe do homem desonrado (a espada quebrada) e da vergonha feminina (pois era uma religiosa comprovadamente virgem), ambos símbolos de desordem social e do "fechamento moral" como principal defesa para evitá-la.[31]

Junto da petição ao rei, d. Luis de Céspedes Xeria, capitão-general e governador do Paraguai, escreveu uma carta de referência dirigida ao Conselho de Sua Majestade, na qual atestava que Díaz "se vestia como um homem sem que ninguém descobrisse o contrário" havia "mais de dezoito anos ou desde que se juntou às fileiras de seus outros soldados". E que sempre se comportara como "um homem de muito valor". O capitão Francisco Pérez de Navarreta também escreveu e atestava: "Nós o consideramos um homem porque ele sempre demonstrou coragem". Surpreso, afirmava que apenas em 1623, em Lima, vira Díaz em "traje de mulher", e que se surpreendera bastante com aquela "coisa muito notória".

Em 19 de fevereiro de 1626, o Conselho Real das Índias de Madri recomendou que Felipe IV concedesse a Catalina de Erauso uma pensão anual de "quinhentos pesos à taxa de oito reais por peso". Os ministros também pediram ao rei que decidisse, no "melhor interesse da Coroa", se Catalina deveria ou não "mudar seu hábito de vestir". Pouco tempo depois, Alonso Díaz, vestido com "traje apropriado para um cavalheiro", compareceu diante do papa Urbano VIII, em Roma, para atestar seu caso. Beijou os pés do santo padre e relatou brevemente "a história de sua vida, suas aventuras, seu sexo e sua virgindade". Por mais "estranhas" que as aventuras relacionadas possam ter parecido a Urbano, o "papa afável" concedeu a Catalina de Erauso uma "licença que lhe permitiu continuar a vestir-se como homem para o resto da vida". O pontífice admoestou Alonso a permanecer "temente a Deus e à sua consciência" e a viver uma vida de "honestidade, sem vingança ou ferir alguém".

Parece incrível, mas, como queremos demonstrar, na Primeira Modernidade o pecado da sodomia tinha mais a ver com a "inversão contra a natureza" do que com a sexualidade ou os papéis de gênero em si. Desde que Díaz permanecesse casto, podia se vestir e se portar como um homem. Sabemos que, dali em diante, ele passou a usar um unguento que lhe "secava" os seios, manteve os cabelos curtos e com topete, como a moda impunha. Em relatos de terceiros, lemos que ele "parecia mais um eunuco do que uma mulher".

Depois do século XVII, a perseguição a sodomia e lógicas "antinaturais" diminuiu em intensidade. Em território francês, a última condenação à morte de um homossexual por sodomia ocorreu em 10 de outubro de 1783. Os registros nos mostram que as condenações cessaram em 1803 na Europa continental e em 1835 na Inglaterra.[32] A última execução se deu em território norte-americano no ano de 1873, no estado da Carolina do Sul. Entre avanços na legislação e persistências no preconceito, é digno de nota que, em 1807, o ducado de Varsóvia legalizou as relações sexuais entre pessoas do mesmo sexo. Os Países Baixos fariam o mesmo em 1811.[33]

A MORAL VITORIANA E O SURGIMENTO DA HOMOSSEXUALIDADE

A esta altura já deve ter ficado claro que a existência de relações homoafetivas e/ou homoeróticas, ou lógicas de travestismo, bem como múltiplas identidades de gênero são fatos incontestes ao longo da história. Também fica claro que as inúmeras maneiras de as sociedades lidarem com esses fatos variou enormemente. Aceita socialmente ou condenada como comportamento abjeto, a sexualidade, em sentido mais amplo, foi produzida histórica e culturalmente através de relações específicas de saber/poder.

Entendendo isso, quando surgiu a ideia de homossexualidade? Foi apenas no século XIX que a homossexualidade foi incorporada pelo discurso médico-legal e recebeu um nome científico: "homossexualismo", criando também a figura do homossexual. Não estamos afirmando que duas pessoas envolvidas numa relação afetiva e sexual não existissem antes do século XIX, o que não existia era a figura do homossexual. E isso faz toda a diferença! Lembrem-se: Samuel foi morto não porque era Samuel, ou *berdache*, um *sodomita*, um *eromenos* ou qualquer outro. Foi morto porque era um *maricón de mierda*. Não existissem o vocativo e toda a sua carga histórica e semântica, Samuel talvez ainda estivesse vivo.

Nesse sentido, se antes os sodomitas eram pecadores (todos nós somos diante da lógica cristã, o que os colocava ainda dentro da premissa da Criação e, portanto, como humanos), no século XIX eles começaram a ser vistos quase como uma espécie à parte. A mudança é bastante significativa: de comportamento pecaminoso e vergonhoso, ao qual todos poderiam sucumbir, as relações homoeróticas passaram a identificar um sujeito específico, uma nova *categoria social*, nomeada, particularizada, patologizada e, desse modo, tratada como doença. Assim, para além da esfera da condenação cristã, a homossexualidade passou a ser lida e repreendida como um desvio, uma quebra da normalidade, uma conduta que através do discurso psiquiátrico e criminal foi agrupada ao lado da prostituição, da loucura e do crime. Como uma ameaça à ordem legal e natural das sociedades, o homossexual estava sujeito, por conseguinte, não só ao inferno (ameaça distante do mundo material e imediato), mas também ao encarceramento na prisão ou no hospício (estes, sim, bastante reais). Essa ameaça fez do "armário" um dispositivo de regulação da vida bastante poderoso. Você certamente já ouviu a expressão "sair do armário" relacionada a pessoas que se assumiram como LGBTQIA+, correto? O ponto fundamental aqui é pensar por que elas precisaram se esconder ou se proteger dentro do armário. Mas, antes de aprofundar o argumento, gostaríamos de retomar um exemplo utilizado antes. Tenha paciência, o retorno é importante e vai nos ajudar a compreender um pouco melhor a mudança de paradigma.

Estamos no século V a.C. e Heródoto está prestes a escrever a sua lista de melhores coisas da vida. Todos nós já fizemos isso um dia. Mas vamos confabular e conjecturar um pouco sobre a ação do historiador grego: teria ele hesitado por alguns instantes ao registrar sua predileção por rapazes? Como "pai da história" e, portanto, alguém atento à questão da memória, teria ele se preocupado com o que seus contemporâneos ou as gerações futuras pensariam a respeito? Pelo jeito, não. A prática era normal e socialmente aceita naquela sociedade, naquele tempo. Imagine, agora, que Heródoto viveu no século XX. Antes de publicar sua lista, ele deveria ter se preocupado com uma futura entrevista de emprego? Ou com o que aquela tia diria no jantar de Natal? Fique tranquilo, são apenas questões retóricas, chistes anacrônicos! Heródoto não se preocupou com nenhuma dessas questões. Esses são dilemas nossos e dizem muito sobre o mundo que se inaugura a partir do século XIX, e que, de alguma maneira, segue vivo até hoje.

Em muitos sentidos, a lista de Heródoto, legada à posteridade, demonstra a não criminalização ou não estigmatização da relação sexual entre dois homens. Heródoto certamente não se sentiu constrangido ao escrever. Não é um problema para o historiador grego o registro de sua predileção ou disposição sexual. Ele não precisou esconder ou dissimular. Se precisasse, não escreveria; se escrevesse, não publicaria; se publicasse, haveria consequências. Como ninguém, Heródoto sabia o valor da escrita para "que os acontecimentos passados não [fossem] extintos entre os homens com o tempo".[34] Foi por isso que ele inventou a história e cá estamos todos nós a pensar sobre ela!

Avancemos ao século XIX. Cheguemos à sociedade vitoriana e suas hipocrisias. Vejamos o que era ser um homossexual num contexto de crescimento do Império inglês. Temos, para variar, poucos registros sobre a sexualidade da mulher como um todo. Isso porque acreditava-se que as mulheres não tinham ou não podiam experimentar desejos sexuais. O machismo e a misoginia da época, como deixamos claro no capítulo anterior, eram enormes. O mundo das letras (e tantos outros), portanto, era quase vedado a escritoras, ainda mais aquelas que pudessem escrever sobre erotismo ou, quase inimaginável, homoerotismo feminino. As mulheres que assim se expressavam, ou nunca foram publicadas, ou escreveram sob pseudônimos masculinos (gozando, ainda assim, de pouco prestígio), ou o fizeram embebendo seus textos em lógicas moralistas e metáforas profundamente religiosas. Esse foi o caso de Christina Rossetti, filha de artistas sicilianos que migraram para a Inglaterra no século XIX. Sua primeira antologia poética, *Goblin Market and Other Poems* [O mercado dos Goblins e outros poemas], foi publicada em 1862, quando a autora tinha 31 anos. Os poemas misturam temas religiosos e femininos. Muitos deles se tornaram contos natalinos comuns no Reino Unido, incluindo o que dá título ao livro. O poema sobre o "mercado de duendes" narra a história fantástica de duas irmãs, Laura e Lizzie, que compram frutos proibidos dos mercadores mitológicos do título. O paralelismo com o texto de Gênesis e a noção de pecado é evidente. Quem comia dos frutos, no poema, experimentava uma sensação imensa de prazer. Como uma droga, as pessoas que o provavam se viciavam e, quando o fruto acabava, morriam por abstinência. O frontispício do livro (feito pelo irmão da autora, o pintor Dante Gabriel Rossetti) e a leitura do poema nos levam a pensar a relação das irmãs não com uma lógica fraternal, mas homoerótica, na qual "comer do fruto do duende" levava a enorme prazer mas era, no fundo, um pecado que podia matar.

Se na década de 1860 Rossetti escreveu de forma cifrada e nuançada sobre o amor entre duas mulheres, duas décadas depois Agnes Mary Frances Robinson destacou-se não só por escrever abertamente sobre isso como por assinar suas obras sem pseudônimo. Ela teve um longo relacionamento com a também escritora Violet Paget, com quem viajou pela Europa e se correspondeu por anos. Quando Robinson se casou, em 1888, Paget se retirou em tristeza. Ambas continuaram a escrever uma para a outra. A lírica de Robinson e as cartas entre elas atestam o romance vivido. O fato de ter se casado com um homem francês tornava-a quase imune a possíveis fofocas. Ainda assim, foi amiga pessoal de gays assumidos, incluindo estudiosos do tema, o historiador John Addington Symonds e o médico Havelock Ellis. Na virada para o século XX, sob o pseudônimo de Michael Field, as namoradas de uma vida toda Edith Emma Cooper e Katherine Harris Bradley escreveram muitos poemas comentando trechos de Safo. Cooper era sobrinha de Bradley, dezesseis anos mais nova do que ela. Ao que tudo indica, o relacionamento teve início por volta de 1876, quando uma estava com trinta anos e a outra com catorze. Quando a mais jovem começou a estudar na Universidade de Bristol, dois anos depois, o casal foi morar junto e permaneceu assim até 1913, quando Cooper faleceu. A obra das duas é vasta, e os temas giram em torno dos papéis de gênero em tempos vitorianos, bem como sobre a sexualidade feminina. Tais exemplos mostram-nos como era possível viver sendo homossexual nessa época, mas evidenciam como isso estava relacionado à hipocrisia do período, aos seus círculos de amizade, relacionamentos e proteção, e, por fim, como conseguimos mapear mais as vidas de pessoas brancas de classe média para cima.

Para examinarmos o mundo masculino, concentremo-nos num único mas notório caso. Estamos em 1891, e Oscar Wilde acabou de publicar a versão ampliada do romance *O retrato de Dorian Gray*. O argumento inicial da obra gira ao redor de três personagens fundamentais: o pintor Basil Hallward, o aristocrata Henry Wotton e o atraente Dorian Gray. Os dois primeiros abrem a narrativa com uma conversa no ateliê do pintor: falam, particularmente, do belo retrato de Dorian recém-executado por Basil. Já nas primeiras páginas do livro é possível observar o deslumbramento que a imagem do jovem modelo produz nos dois. O encontro entre eles (provocado pela insistência de lorde Wotton) ocorre pouco tempo depois. É nesse momento que Dorian não só descobre a sua beleza (ele precisa contemplar o retrato para descobrir isso), como também é apresentado à visão de mundo bastante peculiar de Wotton. Sua filosofia autoindulgente, hedonista, convence o rapaz de que a beleza dele não será eterna. É preciso, portanto, aproveitá-la! O que vem na sequência é de amplo conhecimento: Dorian, num pedido desesperado, oferece sua alma ao retrato, que envelhece em seu lugar, tornando-se o depositário de todo o sofrimento, crueldade e excessos cometidos pelo personagem.

Oscar Wilde funde na trajetória de Dorian Gray dois mitos muito importantes: o de Narciso e o de Fausto. Utiliza-os como arquétipos para pensar a modernidade engendrada no final do século XIX. Dorian passa a ter o não contentamento como premissa, a sentir o desejo insaciável pelo não existente, por aquilo que não possui; sua obsessão crescente pelo entretenimento, pela satisfação sensual, seu ímpeto por experimentar e conhecer resultam numa negação incessante do presente e do real. Como diriam os Rolling Stones, "*I can't get no satisfaction*". Nas ações do personagem, a imagem, a aparência e a representação são mais relevantes, e a relação de Dorian com a atriz Sibyl Vane é bastante simbólica nesse sentido. Ele se apaixona não por ela, mas pela sua performance no palco. O que está em jogo, fundamentalmente, é o reforço do olhar como percepção sensorial da modernidade. A performance, aquilo que se vê, é mais importante do que tudo. Você é aquilo que você projeta de si e aquilo que os outros veem de você.

Ver sob muitos ângulos, ver e ser visto. A Londres de Dorian Gray é a da Belle Époque, a cidade que se constrói como uma grande cena de espetáculo, como espaço a ser desfrutado e consumido, e no qual o cotidiano se apresenta com certa aura de glamour. É consenso entre historiadores, críticos literários e leitores do mundo todo que *O retrato de Dorian Gray* lança um importante debate sobre imagem pública e posição social num momento em que a moral vitoriana está assentada, principalmente, num forte controle sobre o crime e a sexualidade, o que resulta num código de conduta pública bastante rigoroso. Não por acaso, o romance foi alvo de muitas polêmicas. Não foram poucos os leitores que o acusaram de indecência, perversão, libertinagem e de violar as leis que protegiam a moralidade pública. Incomodava, em especial, a relação entre Basil e Dorian. Incomodava, sobretudo, a figura extravagante e excêntrica de Oscar Wilde, então um homem já afamado.

Agora, vejam só que interessante! É também no século XIX que a expansão da indústria têxtil leva as populações urbanas, particularmente as mais abastadas, a terem mais de uma ou muitas vestimentas. Surgem, assim, o armário vertical (mais comum entre os estratos médios urbanos) e o closet (um luxo burguês). Não por acaso, a expressão "sair do armário" tem sua origem no inglês "*come out of the closet*". O aparecimento dessa nova mobília ou desse novo lugar doméstico ajuda a compreender um pouco melhor o que temos discutido até aqui: não apenas a homofobia, mas também as relações entre corpo, representação e espaço público. Tanto o armário quanto o closet nascem conectados a uma nova forma de sociabilidade que toma a cidade como palco e o corpo como parte de uma cena. Armário e closet são acionados no trânsito entre o privado e o público, eles preparam o sujeito para a performance pública, para o ingresso no "teatro anônimo das ruas das grandes cidades".[35] O armário "esconde", "revela" e, portanto, produz o sujeito e sua máscara social. Estar "dentro" ou "fora" do armário significa, nesse sentido, ocultar ou tornar visível a verdade sobre si. No caso da sexualidade, esconder-se ou revelar-se gay.

Voltemos a Oscar Wilde. Entre 1890 e 1891, o escritor de origem irlandesa, além de publicar o seu único romance, conheceu Alfred Bruce Douglas ou simplesmente Bosie. Apesar de Wilde ser casado com Constance Lloyd e ser pai de dois filhos, ele engatou um romance intempestivo com o jovem de vinte anos. A relação rapidamente se tornou pública e chegou ao conhecimento do marquês de Queensberry, John Douglas, pai de Bosie. O marquês moveu uma verdadeira campanha contra o relacionamento dos dois, ameaçando donos de bares que atendiam o casal e escrevendo bilhetes desaforados contra Wilde. Em 1895, como parte dessa cruzada, John Douglas tentou invadir o Albemarle Club, um clube frequentado por Wilde. Impedido de ingressar no local, deixou um cartão com os seguintes dizeres: "Para Oscar Wilde, o sodomita". Foi a gota d'água. O autor resolveu mover um processo por difamação contra o marquês de Queensberry.

No julgamento que se seguiu, Oscar Wilde negou sistematicamente sua relação amorosa e sexual com Alfred Douglas. É importante dizer que no final do século XIX se criou todo um aparato legal (repressivo) que criminalizou a homossexualidade. No Reino Unido, por exemplo, em 1885, o *Labouchere Amendment* condenou abertamente "atos indecentes entre homens". Esse mesmo mecanismo foi usado uma década depois contra o escritor. O que estava em jogo na ação movida por Oscar Wilde não era o direito de ser, mas o fato de ser ou não ser homossexual. Ele podia até ser, mas precisava provar o contrário. Agora, imaginem, leitores, se os advogados de acusação tivessem em mãos uma lista de melhores coisas da vida, à semelhança de Heródoto, na qual Wilde manifestasse explicitamente suas preferências sexuais. Percebem a mudança de paradigma? Os promotores, claro, não tinham a famigerada lista. Nem mesmo o polêmico Oscar Wilde ousou escrevê-la. Em compensação, os promotores utilizaram as cartas trocadas pelo casal, o fato de Wilde presentear homens mais pobres com objetos caros (lido como pagamento por favores sexuais) e até mesmo trechos do romance como provas dos seus "atos indecentes e imorais". Acuado, e sem poder refutar as acusações, o escritor respondeu com um belíssimo texto. Sua afeição por Bosie retomava uma antiga tradição grega mas que naquele momento não ousava dizer seu nome:

"O amor que não ousa dizer o nome" nesse século é a grande afeição de um homem mais velho por um homem mais jovem como aquela que houve entre Davi e Jônatas, é aquele amor que Platão tornou a base de sua filosofia, é o amor que você pode achar nos sonetos de Michelangelo e Shakespeare. É aquela afeição profunda, espiritual que é tão pura quanto perfeita. Ele dita e preenche grandes obras de arte como as de Shakespeare e Michelangelo, e aquelas minhas duas cartas, tal como são. Esse amor é mal-entendido nesse século, tão mal-entendido que pode ser descrito como o "amor que não ousa dizer o nome" e por causa disso estou onde estou agora. Ele é bonito, é bom, é a mais nobre forma de afeição. Não há nada que não seja natural nele. Ele é intelectual e repetidamente existe entre um homem mais velho e um homem mais novo, quando o mais velho tem o intelecto e o mais jovem tem toda a alegria, a esperança e o brilho da vida à sua frente. Que as coisas deveriam ser assim o mundo não entende. O mundo zomba desse amor e às vezes expõe alguém ao ridículo por causa dele.[36]

Não adiantou. Oscar Wilde foi condenado a dois anos de trabalhos forçados na prisão de Reading. Morreu pouco tempo depois, em 1900, aos 46 anos, no exílio em Paris. Esse episódio escandaloso da era vitoriana, como alerta

João Silvério Trevisan, teve repercussão internacional, e seu eco se fez ouvir por muitas décadas, aterrorizando várias gerações de homossexuais em todo o mundo. Mais do que isso, ele "criou um grave precedente de estereotipia: homossexuais passaram a ser universalmente vistos como efeminados, viciados e decadentes, além de corruptores da juventude".[37] Oscar Wilde era dezesseis anos mais velho que Alfred Douglas. Assim, o autor de *O retrato de Dorian Gray* se tornou uma vítima icônica do puritanismo britânico. No entanto, apesar de emblemática, a condenação foi incomum.

A perseguição implacável a Oscar Wilde contrastou com certa "vista grossa" existente a respeito da homossexualidade na Inglaterra de então. Na década de 1840, por exemplo, o número anual de condenações por "sodomia", "uranismo" (termo anterior a "homossexualidade" na legislação e na medicina) ou "pederastia" variou entre doze e dezoito, e muito raramente elas ocorriam contra artistas renomados e pessoas de status elevado, como era o caso do escritor. Na verdade, a chamada "era dourada" (*Gilded Age*) ou final do período vitoriano, em fins do século XIX e começo do XX, em certos contextos específicos, foi de relaxamento para pessoas não conformadas em identidades binárias de gênero. Um caso notório foi o da irmã do presidente norte-americano Grover Cleveland, Rose. Ela manteve uma extensa troca de cartas desde o inverno de 1889 com Evangeline Simpson Whipple. O casal se conheceu e se apaixonou quando estava de férias na Flórida. Elas escreveram uma para a outra até 1910, ocasião em que finalmente puderam se reencontrar e foram morar na Itália, onde passaram trinta anos juntas. Continuaram a escrever em ritmo frenético uma para a outra, às vezes mais de uma missiva por dia. Podemos imaginar que fora das elites brancas, sem tanta possibilidade de preservar memórias como a de Rose e Evangeline, sem terem sido arquivados ou pouco estudados, deve haver muitos outros casos como esse que eram, como dissemos, se não incentivados ou aprovados, tolerados.

Há outro elemento que chama a atenção: sua orientação sexual já era patente muito antes de todo o processo persecutório. Por que então seu caso se tornou exemplar? Por que de artista respeitado cuja homossexualidade era conhecida e tolerada, ele virou um pária ostracizado e duramente punido pelas leis vitorianas? Talvez a resposta esteja na diferença entre uma informação ser amplamente sabida e ter *publicidade*: a "publicização" de determinadas questões serve como gatilho para tirar da inércia os esforços e interesses punitivistas e policialescos. Colocar "panos quentes" era o padrão, o que criava um espaço ambíguo para figuras transgressoras, desde que — e isso faz toda a diferença — elas mantivessem suas atitudes censuráveis dentro da esfera privada. Isso era tolerável. O ponto de virada era quando tais casos rompiam essa esfera e tomavam o mundo público, gerando escândalo e levando à mobilização de forças repressoras para enquadrar os sujeitos transgressores e restabelecer a "ordem natural". Assim, o escândalo funcionou como um mecanismo para a imposição de normas sociais, atuando por meio da publicidade, o que evidencia a natureza dramatúrgica da esfera pública e da normatização no século XIX.[38] Posto de outra forma, o problema não estava, portanto, em ser. Mas em aparentar ser. Em tornar público, visível e manifesto o ser. Ousar dizer o nome. Sair do armário. Era esse o problema!

Se fôssemos para outra ponta do Império inglês seria diferente? Tudo indica que não. Na Austrália do século XIX, encontramos inúmeros exemplos de pessoas rotuladas de "mascaradas" (*masqueraders*), "farsantes/imitadoras" (*impersonators*), "homem-mulher" ou "aberração" (*freak*). A nomenclatura é comum a todo o universo de idioma anglo-saxão. Em 1879, por exemplo, no Kew Asylum, foi admitido um paciente de nome Edward de Lacy Evans. Tratava-se de um hospício, e Evans foi, portanto, diagnosticado como alguém com distúrbios mentais. O problema? Evans vestia-se como um homem, se portava como um homem, era casado com uma mulher, mas... era uma mulher. Hoje em dia, como vimos no texto, há camadas e camadas de insensibilidade, preconceito e incompreensão sobre tal "diagnóstico". Mas, no século retrasado, essa era a lei. Evans foi obrigado a se vestir como uma mulher e assinar que assim permaneceria. Ao aceitar os termos, meses após sua admissão, ganhou alta. Era a lógica da institucionalização: a "cura gay" por meio do encarceramento, de tratamento "mental" e de uma "ressocialização". Passados cinco anos, no Beechworth Asylum, foi internado "outro De Lacy Evans", como o caso ficou conhecido. Era Edward Moate, outro homem trans (para nossa sensibilidade atual, usando nossos termos) que a sociedade da época via como uma aberração que precisava ser curada. Diferentemente de Evans, Moate recusou tratamento, o qual incluía se vestir como mulher. Recusou inclusive fornecer seu nome de batismo. Morreu internado apenas três anos depois, ainda como Moate.[39]

Quando não eram internadas como doentes mentais, pessoas trans podiam ser presas sob acusação de vadiagem. Essa estratégia de criminalizar existências já marginalizadas socialmente era aplicada com frequência a pessoas que viviam como mulheres. Em 1863, Ellen Maguire foi acusada de vadiagem em Melbourne por "se passar por uma mulher". Presa pela polícia por prostituição, foi oficialmente acusada de vadiagem, pois não apresentava "meios visíveis de sustento". Em meados do século xx, ser pobre era ser criminoso (será que mudamos tanto assim?). Sob as acusações de libertinagem, Maguire foi condenada por sodomia e por "enganar" seus clientes homens. Morreu na prisão seis anos depois. A estratégia foi usada em corpos de brancos pobres, mas também nos de aborígenes, aos quais tantas outras leis segregacionistas e genocidas foram impostas. Em 1896, a Missão dos Aborígenes de Warengesda denunciou um jovem indígena (provavelmente da etnia Wiradjuri) chamado H. Paroo por "se disfarçar (*masquerading*) em trajes de homem". Ele se recusou a obedecer à ordem para sair da Missão e se entregar às autoridades por vadiagem. Sabemos que as autoridades escreveram uma carta ao Conselho de Proteção dos Aborígenes perguntando se Paroo poderia ser removido, "por não ser adequado para estar solto". Não sabemos da resposta e do desfecho, mas podemos perceber em ação os mesmos mecanismos anteriormente mencionados, os mesmos argumentos que criminalizavam a existência de pessoas que "fugiam da norma".

Esses exemplos mostram como o preconceito pode se institucionalizar, se legalizar, permear o vocabulário médico e tornar-se, como dizemos hoje em dia, estrutural. Fugir dele tinha a ver com duas coisas: o ser "passável" (que analisaremos mais à frente) e o "armário" (de que falamos quando mencionamos o exemplo de Wilde). Em 1893, um fazendeiro chamado Jack Jorgensen sofreu uma lesão séria no trabalho. Apesar da insistência de colegas, recusou-se a ir para o Bendigo Hospital. Ficou convalescendo em casa, em Elmore, sob os cuidados de amigos. Sua condição piorou rapidamente e ele assinou seu testamento como Johann Martin Jorgensen. O "segredo" seria guardado até depois de sua morte não fosse um jornal local tê-lo descoberto e exposto de forma sensacionalista como "outro De Lacy Evans".[40]

Houve outros casos mais ou menos famosos de perseguição a "desviantes" no universo inglês que ingressam no século xx. Um pouco conhecido é o de Paul Downing, um camponês negro de Kent, preso em Blackfriars Bridge, em Londres, em 1905. Ele nascera nos Estados Unidos e trabalhara a vida toda como marinheiro. Nessa condição, viajou extensivamente por seu país, pela França, Espanha e Bélgica, antes de se fixar na Inglaterra, casar-se e viver do trabalho agrícola. O crime? Foi pego entrando num ônibus e gritando que estava procurando pela esposa. Downing foi preso e acusado de "vadiagem e de ser um lunático". Na cadeia, por azar, o corpo dele foi despido e constatou-se que Downing nascera num corpo feminino e que sua certidão trazia o nome de Caroline Brogden. Foi, então, transferido para o hospício da cidade de Londres, a Stone House, perto de Dartford. As péssimas condições a que foi submetido o levaram à morte um ano depois.[41]

Se o caso de Downing é pouco conhecido pelo preconceito contra pessoas negras, pelo fato de ele ser um homem trans, outro caso é famosíssimo e foi até tema de filme (*O jogo da imitação*, direção: Morten Tyldum, 2014). O matemático Alan Turing nasceu em Londres, pouco mais de uma década depois da morte de Oscar Wilde e apenas seis anos depois da morte de Downing. A Inglaterra ainda vivia sob as promessas das reformas eduardianas. Eduardo VII era o contrário de sua mãe, Vitória, em diversos assuntos: gostava de aparições públicas, ditava uma moda cosmopolita e de inspiração na Europa continental, e promoveu reformas arquitetônicas, estéticas, literárias e sociais. Ainda assim, não se tratou de uma revolução liberal de costumes, como veremos.

Turing foi aluno destacado pela inteligência e pelas qualidades atléticas: corredor fundista com índice olímpico e um gênio na matemática. Durante a Segunda Guerra Mundial, numa mansão na cidade de Bletchley, ele integrou um grupo contratado pelo serviço de inteligência britânico para desvendar o código militar alemão gerado pela Enigma, máquina de criptografia considerada indecifrável. Turing ajudou a criar máquinas (anteriores aos computadores) que quebraram o código do inimigo e foram capazes de dizer o local exato onde as tropas nazistas estariam no Dia D, por exemplo. Na década seguinte, continuou a estudar a lógica algorítmica e a inteligência artificial, literalmente criando lógicas que tornaram possível toda a computação atual.

Na vida privada, era tido como excêntrico. Casou-se com Joan Clarke, uma colega de área. Com o tempo, contou-lhe que era gay. O casamento desfez-se. Passou a viver um relacionamento com um jovem chamado Arnold Murray. Até ali, tolerável, pois não público, entendem? O problema começou quando sua casa foi arrombada por um amigo de seu amante e Turing denunciou o caso à polícia. As forças policiais foram além do encomendado e resolveram investigar o próprio matemático, que de vítima acabou virando réu. Preso por "indecência", teve a opção de comutar sua pena caso se submetesse a um "tratamento" com injeções de estrogênio sintético. Uma castração química com hormônio feminino. O "remédio" lhe devolveu alguma liberdade, mas o deixava impotente e fez com que seios crescessem em seu peito.

Em 7 de junho de 1954, com pouco mais de quarenta anos, Turing morreu por ingestão de cianeto. Paira a dúvida se foi suicídio ou acidente. Mas sua história mostra a lógica do "homossexualismo", a ideia de que ser homossexual é, antes de tudo, uma doença, a qual pode, por essa razão, ser tratada, remediada, curada. Em tempo: vale dizer que, em 1967, o Reino Unido deixou de considerar a homossexualidade um crime. Em 2009, o primeiro-ministro Gordon Brown pediu desculpas publicamente em nome do governo britânico não só a Turing como a "outros milhares de homens gays que foram condenados por leis homofóbicas e foram tratados terrivelmente". Oficialmente, sua condenação foi revertida, pasmem, quatro anos depois. Por fim, em 2017, a "Lei Turing" cancelou a condenação de todos os que foram perseguidos antes do fim da legislação homofóbica. Cerca de 15 mil dos 65 mil condenados naquele tempo ainda estão vivos.[42]

"SAINDO DO ARMÁRIO": A REBELIÃO DE STONEWALL E CONGÊNERES

Em 1990, Eve Kosofsky Sedgwick — teórica estadunidense considerada, ao lado de Judith Butler, uma das fundadoras dos estudos queer — publicou a obra *Epistemology of the Closet* [Epistemologia do armário]. A antologia de ensaios girava ao redor da crítica que a autora dirigia aos processos de categorização sexual baseados na construção de binarismos identitários. Sua visão geral — e que fundamenta boa parte dos estudos e da teoria queer — alertava para o fato de que não existem comportamentos ou papéis sexuais essenciais ou estáveis. O que há é uma diversidade de discursos, práticas, saberes e, portanto, relações de poder que procuram regular os desejos, as afetividades e os corpos dos indivíduos, definindo lugares, identidades e papéis sociais. Assim, o gênero e a sexualidade expressos por meio de fronteiras ou divisões binárias — homens versus mulheres, heterossexuais versus homossexuais — garantiam a hegemonia de um grupo dominante e de uma sexualidade normativa. Até aqui, nenhuma novidade. A polêmica, contudo, se situava na incorporação acrítica da homossexualidade ou do "ser" homossexual como um selo identitário positivo — e sem fissuras — na luta por direitos e reconhecimento. *Come out of the closet* — ou seja, assumir publicamente a "verdade" sobre a sexualidade — se tornou nas últimas décadas do século XX uma espécie de imperativo do movimento gay. E nisso, segundo a autora, residia parte do problema: é possível, mesmo entre os sujeitos mais assumidamente gays, se livrar totalmente do armário? E no caso de transexuais? Bom, antes de responder a essa pergunta, precisamos entender um pouco melhor a segunda metade do século XX e a emergência de movimentos que passaram a defender a "saída do armário" e o "orgulho gay" e "orgulho trans" como estratégias de luta política e do direito à existência.

Antes de se tornarem motivo de orgulho, como vimos, pessoas não heterossexuais cisgênero, se quisessem ter vidas mais ou menos "normais", deviam viver escondidas, em silêncio. Essas pessoas tinham muito a temer quando eram presas, delatadas ou internadas. Mas havia ainda outro martírio a que podiam ser submetidas. Vejamos o triste caso do coronel Victor Barker. Ele nasceu Lillias Irma Valerie Barker na ilha Jersey no fim do século XIX. Foi casada duas vezes com pilotos australianos entre o fim da Primeira Guerra e o início dos anos 1920. Em 1923, quando ainda se vestia como mulher, conheceu Elfrida Emma Haward e contou-lhe que era, nas suas palavras, "um homem que foi ferido na guerra; que eu era realmente um homem agindo como mulher por motivos familiares. Dei uma desculpa sobre esse ser o desejo de minha mãe e ela acreditou".[43] Na sequência, começou a se vestir como homem e criou a história de que fora herói de guerra (na verdade, foi da força aérea feminina britânica) e boxeador. Casou-se com Haward, na igreja de São Pedro, em Brighton, naquele mesmo ano. Entrou para o movimento fascista britânico em 1926 e, acreditando que isso podia lhe servir de disfarce, ensinou boxe aos recrutas mais jovens. Preso por desacato ao tribunal em 1929 (após o não pagamento de dívidas), a genitália de Barker foi descoberta na prisão de Brixton. Sua condenação foi comutada num julgamento no qual o sentenciaram porque "profanara a casa de Deus"[44] e porque cometera perjúrio pela declaração falsa que fizera quando contraiu matrimônio.

Ao sair da cadeia feminina Holloway, estava divorciado e não conseguia emprego, salvo alguns bicos aqui e acolá, além de cometer pequenas fraudes e crimes. No fim dos anos 1930, foi empregado num circo de bizarrices, em Blackpool, no qual tinha um número intitulado "Estranha lua de mel", que consistia na apresentação de Barker e uma "esposa" deitados em duas camas, e no convite ao público para decidir se ele era homem ou mulher. Barker, como vimos, também passou pela cadeia, como vários outros personagens de casos citados no item anterior. A diferença é que terminou num "show de horrores" (ao lado de outras pessoas com corpos não normativos ou com deficiências; voltaremos ao tema no último capítulo). Nesse papel, seres humanos eram ridicularizados e vistos como objetos de entretenimento público.[45]

A origem de mudanças no entendimento sobre a sexualidade humana é difícil de precisar. Na década de 1930, o termo "mudança de sexo" passou a ser usado na imprensa com mais frequência. Embora as notícias tivessem um ar de sensacionalismo e de "bizarrices", começava-se a dar visibilidade (e não a criminalizar) à existência de pessoas que buscavam ajuda médica para trocarem o "sexo com o qual tinham nascido". Os textos eram, normalmente, sobre transições de mulher para homem ou de pessoas com intersexualidade. Mas o exemplo mais conhecido do período é o da transgênero dinamarquesa Lili Elbe, que foi designada como homem e recebeu o nome de Einar Magnus Andreas Wegener, em 1882. No Instituto de Pesquisa Sexual do médico alemão Magnus Hirschfeld, fundado em 1919, as cirurgias de transição de gênero se concretizaram, e isso gerou pequenas mudanças nas concepções públicas de gênero. Essas primeiras operações eram bastante rústicas perto das técnicas mais recentes. No caso de Lili Elbe, por exemplo, ela acabou morrendo em 1931 após um transplante uterino fracassado. Sua história foi ficcionalizada no filme *A garota dinamarquesa*, de 2015, dirigido por Tom Hooper.

Nessa época, o Charing Cross, hospital na Inglaterra, se notabilizou na cirurgia de pessoas nascidas com formas de intersexualidade ou em situações nas quais o sexo havia sido atribuído erroneamente no nascimento. Em tais casos, os pacientes do Charing Cross (mas também de outros hospitais ingleses) em geral podiam escolher o gênero que desejavam reter. A cirurgia plástica e o tratamento hormonal, no entanto, foram limitados até a década de 1950. É por isso que a transição de Mary Louise Edith Weston, uma pessoa designada como mulher ao nascer mas que tinha intersexualidade, para Mark Weston se tornou notória. Weston era uma campeã inglesa de atletismo, e esteve entre as melhores do mundo, disputando os Jogos Femininos Mundiais de 1926. Dez anos depois, submeteu-se a duas operações, realizadas por Lennox Broster no Charing Cross, e pôde casar-se com Alberta Matilda Bray, com quem teria três

Lili Elbe em 1926. Nascida como Einar Wegener, a pintora dinamarquesa foi uma das primeiras transexuais a se submeter a uma cirurgia de mudança de sexo. Nos anos 1920, com os avanços da medicina e da psicanálise, a transexualidade passou a ser estudada como um fenômeno psíquico e biológico.

filhos. Dizer que transições começavam a ser possíveis está longe de dizer que o preconceito minguava ou que a situação era fácil. Basta nos lembrarmos do caso de Turing, de Elbe, ou contarmos que a irmã de Mark Weston também transicionou para homem mas a depressão o levou ao suicídio nos anos 1940.

Nos Estados Unidos, na década de 1950, uma forma de organização que pode ser relacionada ao Movimento do Orgulho Gay começou a surgir. Ela remonta às diversas organizações, como a Mattachine Society, que atuava em busca de reformas jurídicas e buscava promover a aceitação de homens gays brancos, ou a Daughters of Bilitis (DOB), fundada em 1955 por mulheres lésbicas. Ambos os movimentos se caracterizavam por funcionarem como clubes privados, organizando lobbies por reformas políticas que descriminalizassem as relações homoafetivas e/ou homoeróticas. Em 1952, o caso de Christine Jorgensen, um ex-veterano de guerra norte-americano que, após diversas cirurgias e tratamentos hormonais no seu país e na Dinamarca, se tornou amplamente conhecido. Seu rosto, seus cabelos loiros e seus gestos que esbanjavam piscadelas para as câmeras inundaram os jornais e acabaram ficando associados à transexualidade da época. O próprio termo "transexual" foi cunhado na esteira da notoriedade de Jorgensen, nos anos 1960 (embora só se popularizasse três décadas depois).

Esses exemplos se ligavam a um contexto amplo de mobilizações e pautas políticas em discussão na esfera pública: elas iam desde a luta da população negra pelos direitos civis até as passeatas e campanhas organizadas contra a Guerra do Vietnã. Assim, nos anos 1950-60, ideias revolucionárias e posturas contestatórias passaram a circular com mais força nos Estados Unidos. Foi

Christine Jorgensen em 1954. Ela foi a primeira transexual a se tornar amplamente conhecida nos Estados Unidos. O ex-recruta do Exército americano, veterano da Segunda Guerra Mundial, tornou-se uma atriz e cantora de sucesso. Sua autobiografia, lançada em 1967, vendeu quase 500 mil exemplares.

exatamente no final desse período que aconteceu o grande ponto de virada dos movimentos de liberação gay.

A Revolta ou Rebelião de Stonewall (Stonewall Riots, em inglês) teve início em 28 de junho de 1969, no bar Stonewall Inn, em Greenwich Village, Nova York (ver figura 10 do caderno de imagens). Como em outros espaços frequentados majoritariamente pela população LGBTQIA+ no período, o bar era alvo de diversas batidas policiais, e eventualmente algumas pessoas eram detidas, em particular lésbicas com visual mais masculino e drag queens, acima de tudo as que não eram brancas. Porém, naquela madrugada, enquanto os policiais levavam trabalhadores do bar e expulsavam frequentadores que estavam do lado de dentro, um grupo de travestis reagiu, começando o marcante confronto que alcançou proporções inimagináveis e durou dias. Essa sucessão de eventos acabou se tornando o marco inicial oficial pelo reconhecimento da cidadania de gays, lésbicas e travestis. A percepção de que a comunidade não precisava tolerar os assédios, subornos e ameaças impulsionou um movimento de politização em torno de políticas públicas nos Estados Unidos e virou referência no mundo, nas décadas seguintes. Motivada pelo levante, foi formada a Gay Liberation Front, entre diversas outras associações e iniciativas em torno da construção de uma visão positiva da homossexualidade e, sobretudo, da luta por cidadania. Um ano depois dos eventos, manifestantes se reuniram para celebrar a memória de Stonewall nas ruas. Era a origem das passeatas do orgulho gay. Nascia, portanto, uma nova identidade política.

A memória dos eventos ganhou vulto e, consequentemente, tornou-se alvo de disputas. Um dos principais debates e críticas em relação ao episódio é a sua cooptação por grupos de homens gays brancos, que acabaram nublando não só a participação de uma multiplicidade de atores no levante, como também, ao estabelecer Stonewall como marco para os movimentos LGBTQIA+, invisibilizou pessoas que chegaram às pautas homossexuais por outros meios, como as lutas feministas e o Movimento pelos Direitos Civis. Entre os protagonistas da rebelião, por exemplo, estava Marsha P. Johnson, uma travesti negra. Ela não começou o tumulto no bar, mas assumiu a liderança nos protestos que se seguiram. A participação de travestis foi quase obliterada pela memória de Stonewall.[46]

Johnson teve uma vida duríssima como travesti em Nova York, cofundando (com Sylvia Rivera) algumas das primeiras comunidades que auxiliavam aquelas que, como ela, se prostituíam ou precisavam de ajuda. Marsha foi presa mais de

Marsha P. Johnson em 1977. Ativista e drag queen, foi uma das líderes da Rebelião de Stonewall. Com Sylvia Rivera, fundou as primeiras comunidades de auxílio a transexuais em Nova York. No fim da vida, cuidava de doentes portadores do vírus da aids.

cem vezes ao longo da sua existência, além de ter sido baleada e internada. Morreu em 1992. No fim da vida, cuidava de doentes portadores do vírus da aids.

Aliás, façamos uma pequena digressão: a luta contra o preconceito reúne muitas dessas histórias notáveis. O avanço da epidemia de HIV, na década de 1980, aumentou o estigma sobre gays e travestis, em particular. No Brasil, surgiram ONGs como o Gapa-SP (Grupo de Apoio à Prevenção da Aids), em 1985. No mesmo campo, destacou-se a militante transexual Brenda Lee (1948-96). De origem pernambucana, Brenda comprou uma residência no Bixiga, em São Paulo, e passou a acolher pessoas expulsas de casa em razão do HIV ou que não tinham tratamento. A Casa de Apoio Brenda Lee ocupava um espaço fundamental para pessoas que se viam alvo de violências variadas e supria uma ausência do Estado, um descaso preconceituoso da sociedade civil. Se é fácil perceber o racismo estrutural em nosso país, fica óbvio notar que temos uma

Nos anos 1980, a militante transexual Brenda Lee comprou um sobrado para abrigar pessoas portadoras de HIV. A Casa de Apoio Brenda Lee, também conhecida como Palácio das Princesas, constituiu uma ilha de respeito e acolhimento em meio ao oceano tenebroso da homofobia e da transfobia, agravadas pelo preconceito que envolve a aids.

homofobia e uma transfobia igualmente estruturantes. No dia 28 de maio de 1996, Brenda Lee foi assassinada por ter descoberto uma fraude em um cheque. Em 2008, foi instituído o prêmio Brenda Lee, concedido a pessoas que se destacaram na luta pela dignidade humana e no combate à doença. A trajetória de pessoas como ela é quase invisível para o grande público.

De volta aos Estados Unidos, em 1959, no Cooper Do-nuts, um café popular entre a comunidade LGBTQIA+, pessoas trans, drag queens e outros lutaram contra a polícia de Los Angeles, que tinha o costume de prender mulheres trans aleatoriamente, sob acusação de vadiagem e perturbação da ordem pública. Apelidado de motim, o incidente consistiu na resistência das pessoas perseguidas, que jogaram rosquinhas e outros itens na polícia num esforço para impedir o assédio. Algo similar ocorreu em 1966, em San Francisco, na

Compton's Cafeteria. Na mesma época, surgiu a *Transvestia*, uma revista que serviu à comunidade transgênero por décadas. Nenhum desses fatos foi durante muito tempo celebrado na memória sobre Stonewall ou nas paradas do orgulho gay nos Estados Unidos e em outros países. No Brasil, Brenda Lee tem sido homenageada nas paradas LGBTQIA+ nos últimos anos, além de ter virado tema de peça de teatro.

Apesar das polêmicas em torno do legado de Stonewall, é possível afirmar que a partir dele e de uma série de outros acontecimentos (como os que mencionamos acima) a "saída do armário" e a manifestação pública do "orgu-

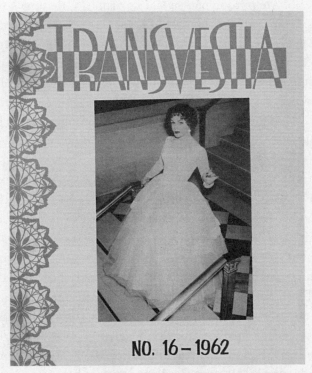

A revista Transvestia *foi publicada bimensalmente entre 1960 e 1980. Era editada por Virginia Prince, ativista transgênero, jornalista e farmacêutica, em San Francisco, nos Estados Unidos. "Dedicada às necessidades do indivíduo sexualmente normal que descobriu a existência de um 'outro lado' e quer se expressar", dizia o lema editorial adotado em 1963.*

lho gay" e do "orgulho trans" passaram a ser consideradas palavras de ordem na luta pelo reconhecimento do direito à existência. Stonewall é até hoje associado ao orgulho gay. Assim, a lógica da autorrevelação, do "segredo aberto", do assumir-se gay marcou a movimentação política em torno das pautas LGBTQIA+ nas décadas finais do século XX e começo do XXI. Hoje, contudo, em países como o Brasil, onde a Parada do Orgulho LGBTQIA+ está entre as maiores do planeta, também temos que conviver com os maiores índices de violência e assassinato de gays, lésbicas e travestis. Paradoxalmente, quanto maior visibilidade e direitos conquistados (de existir sem ser considerado criminoso ou doente, de casar-se, de ter família etc.), mais hercúlea a tarefa de sair do armário. Até porque não se "sai do armário" de uma só vez. Sempre que uma pessoa abertamente assumida, respaldada que seja pela sua comunidade e família, precisa ir a um novo médico, pedir um empréstimo num banco, circular em determinados lugares da cidade, conhecer novas pessoas, inequivocamente paira a incerteza da recepção e a opção de "voltar ao armário" ou de não escancarar a saída retorna à mente, por receio, medo ou precaução: não sabemos a reação do nosso interlocutor ou quais suas reações diante da minha existência.[47] Diferentemente do racismo, cujo estigma — a cor da pele — é *sempre* visível, as opressões étnico-religiosas ou sexuais permitem certa liberdade de ação ao indivíduo, algo que podemos chamar de "passabilidade". Expliquemos melhor: embora não se possa garantir qual o grau de ignorância alheia frente a uma identidade gay, numa sociedade urbana e heterogênea ela é passível de ocultamento, dissimulação — ou, se preferirem, ser mantida "no armário" —, fazendo com que o sujeito "desviante" seja percebido como "normal". Daí, a famosa estupefação: "Nossa! Você é gay? Nem parece!". Vejam: nosso argumento (que acompanha o de especialistas no tema) é que esse tipo de passabilidade ou armário é perene na vida de pessoas LGBTQIA+, mas também o foi no caso de judeus e outras minorias perseguidas historicamente. E aqui, caros leitores, precisamos tomar muito cuidado. Não se trata de uma hierarquização do horror e da barbárie — este ou aquele preconceito é mais ou menos perverso —, indicamos apenas os diferentes mecanismos que atuam sobre esses diferentes tipos de opressão.

Assumir-se tornou-se, após a Rebelião de Stonewall, como dissemos, um ato político na busca por visibilidade, solidariedade e reconhecimento individual e coletivo. Mas não fez sumir o preconceito. Vamos conjecturar mais uma vez. Retornemos a Heródoto, Oscar Wilde e Samuel. Ou a Marsha Johnson, Lili Elbe e Jorgensen. Ou então a Katherine Harris Bradley, Del Martin e Rosalie Bamberger (estas duas últimas, fundadoras do Daughters of Bilitis). Eles e elas são todos jovens e vivem agora na virada do século XX para o XXI. Ainda não criaram sua grande obra-prima, seja ela um livro de história, um romance, uma agremiação, uma medalha militar ou um diploma universitário. Estão, como boa parte dos adolescentes, às voltas com os dramas peculiares da idade: corpo, afetos, amizades, sexualidade. Percebem que seus desejos não se enquadram dentro daquilo que é considerado normal, natural, aceitável. Apesar do receio, acreditam que é chegado o momento da revelação. Esperam que o amor de seus pais, parentes e amigos seja maior que o medo e a aversão. Seriam suas experiências tão diversas do que foram décadas atrás? Em que sentido suas experiências individuais e singulares poderiam aproximá-los da de outros grupos que têm "armários"?

A Bíblia traz um bom exemplo para buscar respostas: Ester.[48] No Velho Testamento, ela foi uma judia deportada que se casa com um rei antissemita, Assuero, e que, por questão de sobrevivência, oculta do marido sua identidade. Ao não revelar seu pertencimento étnico-religioso ao rei, ela se sente culpada por esconder uma verdade que lhe era muito cara. Havia motivos para isso: o ódio de Assuero contra os judeus, estimulado, em boa parte, por seu conselheiro Amã. Este último oferece ao rei um plano de extermínio. O genocídio está prestes a ocorrer e é chegada a hora da revelação. Ester precisa escolher: continua a ocultar sua identidade, salva-se e condena todo o seu povo à morte; ou faz uma aposta: revela a "verdade" sobre si e espera que o amor do rei por ela seja maior que a sua aversão aos judeus. É um momento de grande tensão na narrativa, mas o final é conhecido: o amor de Assuero por Ester, somado à eloquência da personagem ao revelar-se judia, derruba todos os planos de extermínio. A autorrevelação de Ester é redentora: a verdade redime seu povo e ela mesma.

Mas há algo no exemplo de Ester que foge ao problema da homofobia. Assuero não diz frases como "Eu bem que suspeitava", "Você sempre deu pinta", ou "Fale baixo que alguém pode escutar". A identidade de Ester não foi vista como "uma fase, que vai passar" ou que "se achar o deus certo ou se fizer o tratamento correto, cura". Nada na revelação de Ester torna sua identidade discutível. Talvez Assuero tenha, por um instante, desejado que ela desdissesse aquilo que acabara de revelar, mas isso não evoluiu para algo como "Ester, minha querida, se você quiser ou se esforçar, você certamente pode deixar de ser judia". Com frequência, na contramão, jovens LGBTQIA+ são confrontados com esses questionamentos: "Será que você é mesmo gay? Será que não foi apenas uma experiência ruim com o sexo oposto? Já pensou em procurar um psicólogo?". Assim, mesmo que os jovens Heródoto, Oscar Wilde e Samuel tivessem reunido coragem para "sair do armário", sobre eles e sua sexualidade possivelmente teria se lançado um amplo conjunto de suspeições. E não raras vezes essas suspeitas são amparadas numa espera ou projeção insidiosa sobre o futuro: vai passar!

Outro ponto dissonante entre Ester e sua revelação e a "saída do armário" de LGBTQIA+ é que, no caso bíblico, há surpresa porque a personagem tem controle sobre a sua identidade e escolhe se deve ou não se revelar. Ela tem uma imensa "passabilidade". Nem todos os gays, lésbicas, trans, queers e outros têm um armário tão sólido. Para muitos, o armário é translúcido ou transparente e, quando reunida a coragem e a pessoa "sai do armário", ela escuta coisas como "Eu já imaginava" ou "Desde pequeno(a) você dava pinta". Embora questionados e interditados em seus desejos, podem ter vivido a angústia cotidiana de não saberem se os outros sabiam. Seriam vigiados e se autovigiariam em seus gestos e ações mais triviais, como cruzar as pernas ou sua predileção por praticar este ou aquele esporte, brincar com este ou aquele brinquedo.

Ester teme que sua revelação possa destruí-la ou prejudicar seu povo, mas não lhe ocorre que ela possa prejudicar Assuero. Com jovens LGBTQIA+, o drama se expande e se aprofunda. Eles têm que lidar não apenas com os famigerados almoços de família e com os olhares e falas de reprovação que atacam suas escolhas individuais, singulares, mas também com o tipo de educação, formação ou valores passados por seus pais. A "saída do armário" de um filho é em geral a "entrada no armário" de seus pais. Os jovens têm que enfrentar vários sofrimentos: o seu e o dos seus familiares. Há sempre o pavor de perder amigos, família, emprego etc. É como se a homossexualidade, a transexualidade e outras formas de sexualidade e gênero fossem "transmissíveis". Se pode ser pernicioso ser pai e mãe, amigo ou colega de um LGBTQIA+, imagine ser um(a) amante? Assuero não sofreu contestação alguma a partir da revelação da identidade de Ester. Em outras palavras, ele não é automaticamente tomado como judeu pelo fato de ter uma relação afetiva com uma judia. Mas se você andar, conversar, abraçar, amar um LGBTQIA+, você teria sua identidade mantida intacta? Ao andarem com eles no pátio da escola, seus amigos seriam tomados automaticamente como "maricones", "sapatões" ou similar? Com medo desse potencial, escolheriam se afastar? A "saída do armário", como vemos, é, com frequência, motivo de abandono afetivo.

Por fim e não menos importante: o antissemitismo configura um tipo de racismo histórico e é tratado neste livro. Mas nem sempre houve perseguição a judeus, embora ela tenha sido dura e demasiado violenta por, literalmente, mais de um milênio.[49] Ainda assim, perseguidos, havia na comunidade judia, ao menos, orgulho do seu pertencimento. Um jovem ou uma jovem dessa comunidade cresceu com um conjunto amplo de referências sobre si. Havia rituais a seguir, exemplos, vestimentas, comemorações, cultos, acolhimento. O mesmo não ocorre com jovens LGBTQIA+. Faça um rápido esforço de memória: qual ou quais foram as referências que você teve na infância sobre pessoas LGBTQIA+? Se, assim como os autores deste texto, você viveu sua infância e adolescência entre os anos 1960 e 1990, boa parte dessa memória estará fundida à estereotipia, à carnavalização ou ao silêncio. Neste último caso, não haverá memória, porque o mundo é heterossexual. O desenho animado, o gibi, os cantores da moda, os galãs de novela e todas as suas referências culturais serão heterossexuais (na verdade, construídas discursivamente como heterossexuais). À falta de referências, acrescente-se um problema ainda mais grave: esse adolescente LGBTQIA+ crescerá no seio de uma família heterossexual, com forte apelo à homofobia. Assumir-se será, portanto, colocar-se à margem ou em franca oposição àqueles que lhe deram a vida e formam a sua comunidade afetiva mais imediata. E isso será feito de um jeito violento, perdendo suas referências de vida para ser ejetado num universo hostil e sem referenciais claros.

O movimento sobre direitos e consciência gay é antigo, como vimos. Stonewall já é um fato que se encaminha para sessenta anos. Mas dentro do preconceito existem hierarquias... A palavra "gay" está em Shakespeare e nos movimentos contemporâneos. Quando ficou clara a luta, surgiu a sigla GLS. A letra G, de Gay, iniciava o acrônimo. Por pressão das mulheres, acabou virando LGBT, para dar mais ênfase à lesbianidade.

O termo "lésbica" deriva da poeta Safo, da ilha de Lesbos. Na Grécia antiga, ela dedicou muitos poemas a suas amantes. Com o tempo e a progressão do preconceito, alguns poemas foram heterossexualizados, ou seja, o eu lírico mudou para que parecesse dedicado a homens. Vejam a questão: em Atenas, Platão, Sócrates e Aristóteles tinham amantes homens ou eram francamente exclusivos do amor entre o mesmo sexo. Em Atenas, como vimos, existia uma relativa tolerância com a prática. Mas uma mulher era considerada inferior, e uma poeta como Safo, apesar da beleza intensa dos seus versos, seria menos estudada e debatida do que autores homens. Misoginia, claro, com reflexo na lesbianidade. A lesbofobia existe, inclusive, no seio do movimento gay. Na Parada do Orgulho Gay, em São Paulo, as lésbicas e bissexuais introduziram um desfile prévio, no dia anterior, alegando que desejavam também um espaço específico de visibilidade.

Por incrível que pareça, no seio do preconceito há lugares mais confortáveis do que outros. Com violência e sarcasmo, claro, a sociedade tradicional conviveu com gays artistas famosos como Michelangelo, Leonardo da Vinci, Schubert, García Lorca, Andy Warhol, Freddie Mercury, Oscar Wilde ou Mário de Andrade. Houve ocultamento mais declarado com vida de lésbicas ou bissexuais como Frida Kahlo, Greta Garbo ou Virginia Woolf. Isso sem falar em nomes que foram quase apagados, como o da líder sufragista Jane Addams, da escritora Audre Lorde, de Rosely Roth ou Ruth Ellis. É natural que a comunidade lésbica tenha conseguido um dia especial, distinto do dia do orgulho gay.

Existe um dia nacional da visibilidade lésbica (29 de agosto), data do I Senale (Seminário Nacional de Lésbicas, em 1996). A já citada Rosely Roth fez do famoso Ferro's Bar em São Paulo um foco de resistência (19 de agosto de 1983), algo que foi chamado de Stonewall brasileiro. Assim, temos um dia geral do orgulho LGBTQIA+ (28 de junho) que também celebra o amor lésbico, temos um dia do orgulho lésbico (19 de agosto) e um dia da visibilidade lésbica (29 de agosto). Também temos um dia da visibilidade bissexual (23 de setembro) e um da visibilidade trans (29 de janeiro). A abundância de datas mostra como existe uma luta contra uma sociedade heteronormativa e uma luta também dentro do movimento LGBTQIA+ geral.

As complexidades seguem quase ao infinito. Existe preconceito contra homossexuais, mas ele é reforçado se a pessoa for negra e pobre. A lésbica negra pobre é o ser humano que se torna um epítome de todos os preconceitos do mundo. O inferno da exclusão possui valas mais profundas... Cada uma dessas possibilidades complicadoras deriva, como temos argumentado, de uma extensa trajetória de enquadramento, normatização e medicalização da sexualidade, que — longe de ser natural — foi e ainda é produto das relações de saber/poder construídas. Entre as pessoas citadas neste capítulo e todos nós há o fio irreversível da história a costurar um conjunto amplo de experiências que indicam como a metáfora do "armário" (inexistente na Antiguidade greco-romana, na Idade Média, na sodomia moderna etc.) passou a ser um dispositivo de regulação bastante poderoso da vida de inúmeros sujeitos no presente. Se, por um lado, a experiência de Stonewall potencializou a luta por reconhecimento, dando visibilidade ao movimento e instituindo na esfera pública a lógica do orgulho e da identidade; por outro, atiçou as correntes de ódio e discriminação que fazem da LGBTfobia, particularmente no Brasil, um dos grandes mobilizadores de violência física e simbólica contra população LGBTQIA+.

Durante o governo de Paulo Maluf (1979-82), indicado pela ditadura, a Polícia Civil deflagrou uma violenta onda de combate às travestis de São Paulo. No auge da repressão, até quinhentas pessoas eram detidas diariamente e levadas para a delegacia para "averiguações".

DIREITOS LGBTQIA+: MAIS UMA VEZ, GÊNERO

O Brasil é o país que mais mata a população LGBTQIA+ no mundo. Em 2021, num ano de pandemia, com certo recolhimento às casas, foram registradas 316 mortes violentas segundo o relatório elaborado pela Acontece Arte e Política LGBTI+ em parceria com a Associação Nacional de Travestis e Transexuais (Antra) e a Associação Brasileira de Lésbicas, Gays, Bissexuais, Travestis, Transexuais e Intersexos (ABGLT). Aproximadamente 46% das vítimas eram homens gays, a maior parte com idade entre vinte e 29 anos. No ano em que Samuel foi assassinado na Espanha, o Brasil matou cerca de 145 jovens como ele. Em média, um Samuel foi morto nas cidades brasileiras a cada dois ou três dias. O número de assassinatos de travestis é quase igual ao de homens gays, mas há subnotificação em ambos os casos, tornando os dados oficiais um número mínimo do horror. A vulnerabilidade pode ser maior quando falamos de sujeitos considerados "desviantes" (travestis e transexuais, por exemplo). A violência contra pessoas LGBTQIA+ se soma também à questão de classe e de raça. Ser negro e gay potencializa a minha chance de ser morto. Se eu for uma mulher trans pobre e negra, aumenta ainda mais.

Apesar dos altos índices de violência e de discriminação, não há no país lei específica que regulamente a questão. Em 2019, o Supremo Tribunal Federal decidiu que a lei federal 7716/89, que estabelece o crime de racismo, deveria ser utilizada como baliza para julgar crimes contra pessoas LGBTQIA+. Notem: não estamos falando de crimes comuns, e sim de crimes em que a identidade LGBTQIA+ se torna o gatilho disparador da ação violenta. A decisão foi cercada de polêmicas e pela movimentação de diversos grupos conservadores — especialmente evangélicos neopentecostais — que se autoproclamavam "defensores da família brasileira". Mas se engana quem acredita que esse tipo de preconceito é algo reservado a conservadores ou à direita. A homofobia se situa à esquerda e à direita no espectro político, e sua capacidade ambidestra espalha-se por muitos movimentos dos séculos XX e XXI. Foi grande a perseguição aos homossexuais na Cuba castrista e na União Soviética. É imensa a perseguição em governos autoritários de direita. Infelizmente, assim como muitos outros preconceitos, a LGBTfobia é generalizada e tende a aumentar em pensamentos monolíticos e autoritários.

No Brasil, os direitos civis alcançados ao longo das décadas de 2000 e 2010 (como o reconhecimento da união civil de parceiros do mesmo gênero, em

2011) e a publicidade conferida às pautas LGBTQIA+ mobilizaram um amplo conjunto de forças repressoras para enquadrar os chamados sujeitos "transgressores" e restabelecer a "ordem natural" das coisas. Foi por volta dessa época que um deputado federal caricato e de menor importância chegou a afirmar em entrevista que preferia um filho morto a um herdeiro homossexual.

Em 2022, diante dos debates sobre a formulação de uma linguagem não binária, expressa na utilização do termo "todes" em lugar dos pronomes "todos" e "todas", começou a circular em grupos de mensagem instantânea e nas redes sociais um cartaz de autoria desconhecida. Nele, uma mão branca segura uma mão negra que tenta atacar (com unhas diabólicas e uma manga com as cores do arco-íris) a família "perfeita", nuclear, "tradicional", com pai, mãe e dois filhos, um menino e uma menina. Vale lembrar que têm precedente as propagandas de "mãos do mal" atacando "famílias perfeitas" (na verdade, idealizadas): essa tópica foi usada pelo nazismo. Naquele momento, a mão era a de um judeu atacando a família, como ilustra a figura da p. 148. Quem detinha o ataque era outra mão forte, em geral de um soldado nazista. A imagem trabalha com um arquétipo: existe uma família clássica, feliz e perfeita, alvo de um ataque externo. Ela cria, portanto, o duplo mito: havia uma idade de ouro (antes do discurso identitário ou de gênero) e o mal é sempre externo.

É importante destacar que essa lógica discursiva se adapta a qualquer contexto e sociedade. Em diversos contextos africanos emergiu uma imagem estereotipada do continente como homofóbico em contraste com um Ocidente retratado — a depender do interlocutor — como tolerante ou depravado. No caso de Camarões, especificamente, a violência homofóbica emergiu de uma percepção entre as camadas populares que ligava a homossexualidade a membros das elites políticas do país. A imagem da homossexualidade em tal contexto foi conectada à ideia de que essa elite submetia jovens a rituais sexuais humilhantes, ligados à feitiçaria, o que foi fortalecido por reportagens retratando o homoerotismo como uma ameaça à sociedade camaronesa. Dava-se a entender que esses sujeitos tiravam proveito de sua posição de poder para abusar de uma juventude desesperada para conseguir algum trabalho.[50] O inferno, como diria Sartre, são os *outros*, sejam eles estrangeiros ou membros da elite econômica e política. Vale a ressalva: os países africanos que mais perseguem LGBTQIA+ são ex-colônias, e a cultura persecutória veio com a mão imperialista da Europa.[51]

Percebam que, como indicamos anteriormente, o mal é sempre externo, exógeno. Ele cria o mito da idade de ouro: no passado (minha infância, ou na

Este cartaz alemão, datado dos anos 1940, exprime o ódio anticomunista e antissemita das tropas nazistas que invadiram a Polônia no início da Segunda Guerra Mundial. Lê-se em polonês: "Morte à praga assassina dos judeus bolcheviques!". Entre 1939 e 1945, os nazistas e seus asseclas assassinaram cerca de 6 milhões de judeus na Europa.

ditadura militar, ou antes da presença colonial ocidental) todos eram felizes, não existiam problemas. O apelo funciona: se não houvesse o discurso invasivo (raça, gênero, identidade, ocidentalização etc.) todos ficariam bem. O discurso é também paranoico: os inimigos estão sempre a conspirar e a bolar estratégias para destruir os valores tradicionais. Esse perigo exige, pois, a presença de uma autoridade contentora.

No caso da imagem que estamos analisando, o discurso cria a família perfeita, harmônica (meninos vestem azul, meninas vestem rosa!), mas, mais do que isso, estabelece a necessidade da força da mão! O objeto implícito não é a família, e sim o punho forte que pode deter o ataque. O discurso favorece, portanto, as pessoas ou os grupos que possam encarnar a mão branca. Há muitos problemas: além do racismo evidente, a imagem não considera a possibilidade de existência de uma família fora dos padrões normativos tradicionais. Os filhos, o pai ou a mãe não podem ser gays, bissexuais ou qualquer outra coisa, embora a lei brasileira reconheça isso! Há obviamente mais a ser dito. Essa imagem, para um historiador, tem um eco nefasto de totalitarismo como virtude. E esconde uma hipocrisia imensa: a violência de gênero (contra mulheres e LGBTQIA+) é, na imensa maioria dos casos, doméstica: quem bate, violenta e mata é a própria família.

Atualmente, sobretudo em países da América Latina, o exemplo mais evidente de como essas ideias se organizam em torno da paranoia e do autoritarismo é a falsa discussão a respeito da chamada "ideologia de gênero". O argumento central parte da confusão intencional entre sexo biológico e papel de gênero para afirmar que há apenas duas hipóteses no exercício da sexualidade, e que qualquer outra (bem como qualquer discussão que amplie essa visão, pautada no conceito de gênero) seria "ideológica", feita para confundir, manipular, corromper, destruindo os "valores tradicionais". Esse conceito-espantalho não é exclusividade do Brasil. O conceito faz uso de preconceitos arraigados no senso comum e joga com um discurso conspiratório para insuflar o medo (espécie de histeria social) e mobilizar a opinião pública para barrar ações concretas que reconheçam direitos civis à população LGBTQIA+. No Brasil, esse discurso foi utilizado por movimentos como o Escola sem Partido, fundado em 2004 pelo advogado Miguel Nagib e que ganhou notoriedade a partir de 2015. Uma das principais características do movimento é a total recusa do reconhecimento do direito à existência de grupos ou sujeitos que fujam do padrão cis-heteronormativo, conectando à retórica da defesa "dos valores da família tradicional" estratégias como a denúncia e o cerceamento de práticas pedagógicas. Em síntese, estimulando a censura e a delação de professores por parte de alunos, um dos principais objetivos de seus idealizadores era interditar o debate sobre gênero na escola. Combinando o uso de redes sociais e uma retórica do alarde, o movimento se mostrou bastante poderoso e influente no país.

E a interdição do debate sobre gênero ultrapassa em muito os muros da escola, impõe-se na esfera pública e mobiliza a opinião de muitas pessoas contra, por exemplo, exposições artísticas que tenham como temática a visibilidade LGBTQIA+. No dia 10 de setembro de 2017, a exposição Queermuseu — Cartografias da Diferença na Arte Brasileira, promovida pelo Santander Cultural de Porto Alegre, foi cancelada sob protestos e alegação nas redes sociais de que promovia a pedofilia, a zoofilia e a blasfêmia contra símbolos religiosos. As 270 obras, de 85 diferentes artistas, entre os quais havia nomes como o de Adriana Varejão, Candido Portinari, Fernando Baril, Hudinilson Jr., Lygia Clark, Leonilson e Yuri Firmeza, abordavam gênero e diversidade sexual. A exposição estava em negociação para ser realizada no Museu de Arte do Rio de Janeiro, contudo em nota divulgada pelo Conselho Municipal do Museu (Conmar), após o prefeito da cidade, Marcelo Crivella (PRB-RJ), se manifestar contrariamente, a negociação foi cancelada. A Alerj, Assembleia Legislativa do Rio de Janeiro, também foi contra a exposição na cidade.[52] Finalmente, em 2018, com financiamento coletivo, a exposição foi aberta no Parque Lage. Sucesso absoluto, com filas na entrada. Entre os muitos protestos na porta, havia quem associasse o conteúdo da exposição a... pedofilia! Lembram-se do que discutimos no início deste capítulo?[53]

Os exemplos utilizados (o cartaz da mão do "mal", o Escola sem Partido ou a exposição censurada) não representam um ponto fora da curva: estão em consonância com ações organizadas por diferentes grupos há anos, tendo a internet como escudo e canal poderoso de veiculação da LGBTfobia. Por trás dos ataques, uma espécie de ressentimento contra as conquistas de movimentos sociais em busca de direitos, como os movimentos LGBTQIA+, sobretudo nas últimas décadas. É bastante alarmante que a retórica desses grupos se funde num conservadorismo difuso, capaz de conseguir adesão de diversos públicos, fazendo avançar pautas retrógradas ou autoritárias na política nacional. Exemplo disso é que boa parte das discussões em torno da chamada "ideologia de gênero" busca relativizar ou desqualificar valores ligados à defesa dos direitos humanos e da democracia. Assim, nas primeiras décadas do século XXI, as teses que enquadram sexualidades não normativas como patológicas parecem reavivar-se. O que contribuiu para essa conjuntura pode ser resumido, de um lado, pela profunda homofobia herdada do moralismo do século XX e, por outro, das práticas de perseguição que mantiveram historicamente a população LGBTQIA+ "no armário".

3. "Vocês, estrangeiros, não entendem nada": A xenofobia

EU DIANTE DO OUTRO: O JOGO DE ESPELHOS DA IDENTIDADE

Vamos prestar atenção no que há em comum nas histórias que narraremos a seguir. A primeira delas se passou no início dos anos 1990, na antiga Iugoslávia. Em 1993, o país se fragmentava numa terrível guerra civil. Na madrugada de mais uma jornada que alternava combates sangrentos e horas de inércia sonolenta, um escritor e político canadense, Michael Ignatieff, encontrava-se num posto de comando de uma milícia sérvia local. O pomposo título do lugar mascara o improviso das guerras: o tal posto era, na verdade, uma sede de fazenda abandonada. A não mais do que 250 metros daquele outrora bucólico e pacato lugar estava a linha de frente croata. Naquela cidade pequena, agora, havia dois países, a Bósnia e a Croácia. Divididos em milícias, trocavam tiros entre si, mas, lembremos, tinham crescido juntos, frequentado as mesmas escolas, parques e praças, lanchonetes e cinemas. É muito provável que alguns, separados por poucos metros e por um nacionalismo exacerbado, tivessem jogado futebol juntos, disputado a atenção de uma garota na escola ou trabalhado numa mesma oficina. A prova disso é que, toda noite, eles se comunicavam por rádio. Você leu corretamente. Numa frequência que eles próprios denominaram de "faixa do cidadão", reconhecendo as vozes uns dos outros, os dois lados do conflito trocavam insultos, chamando pelo nome os seus antigos vizinhos. Logo após se ofenderem pelo rádio, empunhavam metralhadoras e bazucas, esforçando-se para matar o outro lado.

Ignatieff, conversando com soldados sérvios de meia-idade, cansados, perguntou-lhes por que vizinhos, gente conhecida, começaram a atirar uns nos outros e a se matar. Para ele, estrangeiro, um sérvio, um bósnio ou um croata eram semelhantes demais para justificar tamanhas atrocidades uns contra os outros. Àquela altura do campeonato, pelo menos 50 mil pessoas já tinham perdido a vida naquele conflito aparentemente sem sentido. Muito sangue ainda iria jorrar até o fim da guerra. Para nós, brasileiros, um canadense deve ser incrivelmente parecido a um norte-americano ou a algum outro povo de fala inglesa. Para um croata, um brasileiro e um argentino devem ser praticamente farinha do mesmo saco. "O que faz vocês pensarem que são diferentes?", perguntou o perplexo escritor. Como se fosse óbvio, um dos soldados sacou um maço de cigarros do bolso e disse, quase didático: "Vê isto? São cigarros sérvios. Do outro lado, eles fumam cigarros croatas". Era isso! O segredo da diferença eram os cigarros! Ao ouvir aquilo, outro soldado arrematou: "Vocês, estrangeiros, não entendem nada", dando de ombros para o forasteiro que pouco entendia, enquanto, com o mesmo cansaço de antes misturado a tédio, voltou a limpar sua metralhadora Zastovo.

Passou-se algum tempo. Certamente, a pergunta ficou ecoando na cabeça do soldado. Talvez a explicação que antes lhe parecia óbvia, depois de ricochetear no cérebro inúmeras vezes, não fosse mais tão sólida assim. Jogando a arma de lado num banco, e com a clareza daqueles que detêm a verdade, interpelou Ignatieff com o seguinte esclarecimento: "Olha, a coisa é assim. Aqueles croatas pensam que são melhores que nós. Eles pensam que são europeus finos e tudo o mais. Vou lhe dizer uma coisa. Somos todos lixo dos Bálcãs".[1]

A primeira lógica do que o soldado acabara de falar dividia os dois lados por meio de marcas de cigarros. Os que fumam a marca Y devem morrer porque não fumam a marca X, a única marca que distingue as pessoas de valor, os homens de bem. Vejam: a marca de cigarros criara um grupo de pessoas "iguais" entre si, dispostas a matar as "diferentes" delas. No segundo momento, o exercício mental do soldado se expandiu e ele criou uma analogia ainda mais curiosa. O ressentimento era a base do conflito: *eles* pensam que são melhores do que *nós*. Isso ofende. Talvez o ressentido se sentisse realmente inferior, ou, ao avesso disso, tivesse a clareza de que sua natureza superior não deveria ser ofendida por gente nitidamente inferior. Aí seria um caso de insegurança. Em si, já seria interessante (não fosse profundamente mórbido). Mas ele foi além e voltou a unificar os antigos vizinhos: "Somos todos lixo europeu", os "Bálcãs". Na lixeira, na insignificância, eram iguais, com efeito. Como o "outro lado" não entendia isso, era preciso eliminá-lo. Morreriam porque (1) fumavam os cigarros errados; (2) sentiam-se superiores, mesmo não sendo ou justamente por serem; e (3) eram todos lixo, mas o outro lado parecia não saber disso ou deliberadamente ignorar o fato.

Avancemos 26 anos. Estamos na tarde de um sábado de 2019, na Noruega. Um jovem de 21 anos mata sua irmã de dezessete anos, em casa. Ela era adotada. Havia nascido na China e, desde os dois anos de idade, vivia com a madrasta e com Philip Manshaus, o atirador. Não satisfeito com o assassinato da irmã e declaradamente motivado pela defesa de uma suposta "raça branca", Manshaus, armado com escopeta e pistola, segue sua senda em direção à pequena mesquita local de Bærum, uma cidadezinha a vinte quilômetros da capital, Oslo. Ao forçar a entrada no modesto templo, o jovem encontra homens e anciãos confraternizando depois de um serviço religioso. Seu sonho era matar todos os ali presentes, mas foi surpreendido por um ex-militar paquistanês, recém-aposentado e morador recente da área. Rapidamente desarmado, Manshaus foi preso. No julgamento, sorriu e fez a saudação com o braço direito levantado e a mão estendida, típica do nazismo e de grupos de extremistas e terroristas de ultradireita. Na internet, em plataformas de mensagens não moderadas, havia postado, repetidas vezes, mensagens de ódio a imigrantes, em especial a islâmicos, além de mensagens glorificando responsáveis por atentados bem-sucedidos em outros países. Dois homens, sobretudo, chamaram a atenção do fratricida: Patrick Crusius, que, também em 2019, realizou um massacre em El Paso, Texas, no qual tirou a vida de 23 pessoas, para "livrar seu país de uma invasão hispânica"; e Brenton Tarrant, que, por sua vez, inspirara o próprio Crusius a, armado até os dentes e transmitindo tudo o que fazia em tempo real, entrar numa mesquita na Nova Zelândia e covardemente matar 51 pessoas em março de 2019. O australiano tinha 28 anos e se tornou um "Santo" para Manshaus. Literalmente: ele acreditava ter sido "escolhido" por "Santo Tarrant" para "evitar que aquilo continuasse", para "incendiar uma guerra racial".

Aparentemente, os dois episódios mencionados são bem diferentes. No primeiro, as pessoas se dividiam e se matavam por cigarros ou por ressentimento sobre serem ou não serem lixo humano. No segundo caso, um atentado frustrado foi motivado por ódio racial, por horror ao imigrante e ao que ele pode significar. O ódio nasceu em casa ou se materializou nela, pois antes de tentar matar pessoas que rezavam em seu templo, o atirador fez sua primeira e única vítima: a irmã adotiva chinesa, logo, "estrangeira". O que teriam em comum os dois episódios?

Os protagonistas de ambos estavam dispostos a matar ou morrer por uma lógica que apresentamos neste livro: a criação de discursos tão fortalecidos sobre o *eu* e o *outro* que provocam a ação e a reação tanto na esfera individual quanto na coletiva, sendo, sem nenhuma dúvida, potencialmente perigosos. O perigo está nos efeitos que esses discursos geram: segregação, ódio e violência. Nossa mente primitiva, nossa quase instintiva maneira de buscar o conforto de grupos, forja laços de identidade e alteridade.

O primeiro conceito é mais familiar a todos nós. "Idem" quer dizer "o mesmo". Identidade, portanto, é aquilo que faz com que eu me reconheça. Esse reconhecimento se dá sempre, sem exceção, por comparação. Quantas vezes não nos olhamos no espelho (e, com isso, comparamos essa ocasião a outras em que estivemos diante da mesma superfície) e pensamos: não me reconheço nessa imagem! Ao dizermos isso em nossa mente, estamos sucumbindo ao jogo da identidade. Eu tenho uma autoimagem formada por anos de comparação entre o que vejo e o que espero encontrar no espelho. Essa imagem de mim mesmo é, por sua vez, formada por idealizações de corpos e rostos que aprendi a desejar ao longo do tempo e que projeto misturando minha própria imagem com representações de outras pessoas com quem eu gostaria de parecer.

Chamemos esse procedimento de formação identitária de jogo especular. Demos um exemplo pessimista. Você pode se amar no jogo especular: como estou bem hoje! Ótimo. Mudou a resposta, mas não o mecanismo. Você continua se comparando a algo ou alguém (que pode ser você mesmo) para chegar à conclusão de que está com boa aparência. Tudo isso é feito de maneira mais ou menos consciente.

O jogo especular forma a identidade, que pode ser pessoal, como vimos, mas pode ser de grupo. Eu me comparo a você e, em milésimos de segundo, crio uma identidade por afinidade. Se me reconheço em você (ou, ao menos, imagino me reconhecer), criamos um laço, uma identidade de grupo. Os exemplos são muitos e todos fáceis de compreender por serem universais. Vamos a um jogo de futebol. Nós vestimos a camisa do time A, que é vermelha e preta. Eles, *os outros*, vestem camisas do time B, que são brancas e pretas. Ao bater o olho em camisas com cores distintas, sabemos a qual grupo pertencemos e em qual arquibancada devemos nos sentar. Eu me reconheci no espelho do outro. O exemplo é poderoso. Imaginemos que fomos ao jogo acompanhados por um amigo de infância. Ele é uma ótima pessoa, mas... usa camisa alvinegra e é fanático pelo time B. Ele vai conosco no carro. Até a porta do estádio, fazemos parte de um mesmo e bem-sucedido grupo de amigos, com afinidades antigas que nos aproximam. Mas, descendo do carro, ele se torna parte de outro grupo, rival. Deve ser abandonado e subir as escadas com outros proscritos, ralé como ele. Nós preferiremos nos irmanar, ao menos por algumas horas, com totais desconhecidos. Vamos conversar, entoar hinos, desfiar rosários de lugares-comuns sobre futebol com estranhos que, agora, são de nosso grupo, pois, no jogo especular, eles estão com a camiseta certa, cantando as músicas certas, do lado certo do estádio. Certo porque me identifico, claro. Quando sair um gol ou o juiz da partida marcar um pênalti a favor do time B, explodiremos em uníssono, nos abraçaremos, milhares de desconhecidos mas que, por algumas horas, tornam-se "o mesmo": criamos identidade.

Mas eu não gosto de futebol ou não frequento estádios, pensou o leitor ou a leitora. Devo estar eximido do jogo especular da identidade de grupo. Impossível! Sua família lhe fornece identidade, o uniforme da escola ou o da empresa o faz. Seu grupo de amigos, suas preferências à mesa, seus hábitos e o que considera de bom gosto. Tudo entra nesse potente e instintivo jogo de comparação diante do espelho que cria as identidades. Ao enunciar que nós, leitores atentos de boas obras literárias, somos pessoas de extrema inteligência, talvez tenhamos fisgado você, leitor ou leitora, para incluí-lo num grupo juntamente com dois autores que você nem sequer conhece na vida real. O jogo da identidade é poderoso e inescapável. Aproxima e afasta ao mesmo tempo. Ou, dito de outro modo, aproxima justamente porque afasta!

UM PARÊNTESE: QUEM DECIDE ALGO QUANDO DECIDIMOS ALGO?

O jogo especular não é ruim em si. Pelo contrário. A identidade pessoal permite que o *eu* viva no mundo que criamos. Nossa consciência talvez seja a essência do *eu*, da nossa identidade. Mas onde ela está? Em qual parte de nosso corpo? Como definir consciência? Temos certeza de que somos donos de nossas ações. E não estamos sozinhos nisso: toda a nossa sociedade é assentada nessa ideia de que somos seres conscientes de nossas ações, indivíduos que votam, se manifestam, pensam e agem por conta própria, escolhendo seus destinos. Pesquisas recentes, contudo, mostram que não temos apenas um *eu* dentro de nós, tomando as decisões unilateralmente e comandando com clareza nossa vida e nossos caminhos. Tampouco existe uma noção providencial de livre-arbítrio: eu posso decidir, ou os *eus* na minha cabeça podem decidir por mim antes mesmo que eu peça que o façam. Como assim?, você deve estar se perguntando. Vejamos.

Vamos ilustrar com um filme infantil. *Divertida mente* (2015) é uma animação da Disney/Pixar que conta a história de uma pré-adolescente que tem que mudar de cidade, abandonando memórias, amigos, hábitos. Em seu novo domicílio, ela não se encontra, não se sente feliz. Projeta no passado seu momento de bonança e no presente, em terra alheia, seus fracassos e crises existenciais. Lá pelas tantas, culpa os pais e resolve ir embora, fugir de casa (alerta de spoiler!), apenas para se arrepender, voltar para o abraço da família e aprender que existem fases e situações da vida em que as emoções se misturam: o abraço redentor dos pais era feliz, mas a mágoa da solidão era triste. Agridoce. Narrado dessa maneira, vemos um triunfo do ego. A menina não decide se mudar, os pais tomam tal decisão. Ela, conscientemente, tenta se ajustar. Não conseguindo, toma as rédeas da vida, bola um plano e o executa: cartão de crédito materno em mãos, ruma para a rodoviária. Fugiria. Mas o desenho animado é mais inteligente e atualizado que isso. Ele conta essa história do ponto de vista dos múltiplos *eus* na cabeça da protagonista. Há um eu-da-alegria, um eu-da-tristeza, outro eu-do-medo, o eu-da-raiva e um eu-da-aversão. Todos interagem numa mesa de controle, alternando e mesclando decisões no ego da menina. Usam memórias basais, fragmentadas e parciais. São trechos curtos e recorrentemente revisitados pela protagonista quando quer usar o jogo especular de sua identidade. Essas memórias acabam criando "reinos" em forma de ilhas na mente da garota: a da amizade, a da família, a do esporte etc. Tudo o que a menina gosta muito vira um parque temático em que memórias, emoções e projeções se combinam poderosamente. Nesse reino de ilhas de afeição e identidades, comandado por emoções conflitantes, memórias são produzidas, descartadas, revisitadas, perdidas e encontradas. Somos convidados, por vezes, a entrar na cabeça da mãe e do pai da menina, bem como na de outros personagens. Todos são como ela. Ninguém é um ser único, mas sim essa confusão incrível à qual queremos dar coerência quando criamos um *eu*.

O desenho é uma simplificação bem-feita da extrema complexidade de nossa mente. Somos piores do que o desenho mostra, mais complexos. Por isso, a cada dia criamos um *novo eu* para nós mesmos. Quem costuma dizer que nunca mudou de opinião na vida, mente. A mutabilidade é condição humana. Você pode achar que não muda, mas isso é apenas uma ilusão de controle de seu ego. Um ajustezinho na mesa de controle e você compreenderia o quanto mudou e o quanto mudará ao longo do tempo.

Com o livre-arbítrio é a mesma coisa. Cremos que comandamos nossas decisões, mas esse amálgama de sensações, emoções, memórias e vivências cria um horizonte à nossa frente no qual as decisões têm que se dar. Como cada um de nós carrega uma bagagem de experiências distinta da do outro, nossos horizontes não são os mesmos. O que parece lógico para você pode não ser sequer razoável para a pessoa ao seu lado. Portanto, tomamos decisões a partir dos dados que temos em mãos, e eles são sempre parciais, ainda que tenhamos uma ilusão de controle sobre eles. Algoritmos bem calibrados em redes sociais já são capazes de nos dar dribles desconcertantes, estilhaçando o mito do *Homo sapiens* todo-poderoso e sábio. Percebem nossas preferências e nos sugerem coisas que, calculadamente, vão nos agradar. E nós adoramos! Colamos na tela dos smartphones, obedecendo a comandos dados por equações o dia todo. Obedecemos a decisões matemáticas em aplicativos e redes sociais achando que dominamos a situação. Não é nosso objetivo aqui, mas seria tentador enumerar várias experiências que comprovam a chamada "ilusão do livre-arbítrio", e como nosso senso de tomada de decisões é facilmente manipulável online e offline. Apenas para ilustrar, dois exemplos de uma infinidade possível.

Um homem normal, de hábitos aceitos pela sociedade, é pego abusando de um menor de idade. Preso e julgado, diz que, do dia para a noite, passou a desejar sexualmente crianças. Pedofilia é crime, ele foi condenado. Num exame realizado no presídio, após sentir-se mal, o homem recebe um diagnóstico preocupante: um tumor cerebral. Cirurgia é feita. Sem o câncer, o prisioneiro relata não sentir mais atração por crianças. Solto, torna-se, mais uma vez, membro exemplar de sua comunidade, trabalhador, honesto. Anos depois, molesta outra criança. Estarrecido, pede um exame: novo tumor, no mesmo lugar do anterior. Moral da história (verídica): ele nunca decidiu nada sobre seus crimes ou sobre seu desejo sexual. O tumor ou a ausência deste decidiram por ele. Pode parecer pouco, porém nossos sistemas de justiça e nossa ideia de sociedade são baseados na noção de tomada de decisão alicerçada no livre-arbítrio. Sem poder imputar os crimes a uma pessoa, mas sim a um tumor, quem deveria ser preso?

Nosso cérebro tem pelo menos dois hemisférios que, num indivíduo saudável, operam de forma conectada mas igualmente de forma independente em muitas tarefas. Um lado de seu cérebro assimila as experiências que você vive. Ele é chamado pelos especialistas de o eu-da-experiência. O outro toma decisões pegando uma média das experiências computadas no vizinho. Esse outro é o eu-da-consciência ou eu-da-decisão. Viu quantas variáveis existem naquele que "não pode ser dividido", o "indivíduo"? Cerca de meio segundo antes de você achar que tomou uma decisão, seu cérebro já operou essa ponte entre o eu-da-experiência e o eu-da-decisão, entre suas vivências, seu horizonte sempre finito de possibilidades de ação, suas memórias parciais, e, cambaleando em emoções dissonantes, comunicou a você o que fazer e o que não fazer. Em termos mais simples, nossas decisões começam no subconsciente e, apenas meio segundo depois de ter decidido, seu consciente é informado. Quando você acha que tomou uma decisão, ela já havia sido tomada antes e você já estava executando uma "ordem" que nem sequer sabia ter recebido. Mas seu eu-da-decisão, aquele que você está mais acostumado a identificar como você, fica feliz em achar que está no comando. Em laboratório, com sensores plugados em nossas ondas cerebrais, cientistas podem pedir a você que aperte um botão com a mão esquerda ou com a direita. Repetidas vezes. Você pode trocar a decisão na última hora, tentando ludibriar os outros e a si próprio. Ainda assim, os cientistas podem prever (isso mesmo! prever!) com muito acerto qual mão você usaria. De sete a dez segundos (!) antes de o consciente registrar a decisão, o impulso de movimento já tinha se formado e podia ser detectado pelos sensores do laboratório.

Último exemplo, apenas para mostrar que, mesmo sendo ilusão, é ótimo acreditar em livre-arbítrio. Em outro experimento, um grupo de voluntários leu, por toda uma tarde, textos que negavam o livre-arbítrio como essência humana, que advogavam o quão predeterminadas são nossas decisões (ou seja, que somos escravos da vontade de um cérebro complexo e multifacetado, que há uma "legião" dentro de cada "indivíduo"). Na mesma sala, sem saber disso, outro grupo leu, por igual período, textos clássicos da filosofia valorizando a liberdade individual e nosso livre-arbítrio, e mostrando como assim nos diferenciamos dos animais. Ou seja, somos seres morais porque podemos sê-lo. No final das leituras diametralmente opostas, foram submetidos a uma prova. Não importava a nota: os cientistas, sem contar ao grupo, queriam saber se os voluntários iriam ou não colar. A cola se dava ao se apertar um botão no painel de respostas que sempre forneceria a resposta correta à pergunta. Os "alunos" foram todos avisados da possibilidade do "botão da resposta certa", mas também foram instruídos a não usar o recurso, e sim a resolver as questões por conta própria. O grupo que leu textos sobre determinismo, influenciado por isso, de maneira aparentemente inconsciente, colou mais. Por antítese, as pessoas no grupo do livre-arbítrio, também influenciadas pela leitura que haviam feito mas igualmente se achando donas de suas decisões, colaram menos. Resultado desse experimento e de outros similares: crer no livre-arbítrio e estimular essa crença promovem honestidade, gratidão e cooperação em índices muito maiores do que o contrário. Além do mais, ajuda a reduzir estresse e agressividade.[2]

Em resumo, somos indivíduos multifacetados, controlados até certo ponto por ações sobre as quais não temos plena clareza, e decidimos o que vamos fazer baseados em complexos mecanismos biológicos e culturais. A ilusão do livre-arbítrio ou a ideia de consciência são uma espécie de narrativa que nos faz bem, pois dá propósito a coisas que, no fundo, não estão totalmente sob nosso controle. Mais do que em livre-arbítrio, somos especialistas em "livre-justificativa" daquilo que fazemos, por que o fazemos e como o fazemos. E isso deveria bastar.

DE VOLTA AOS CIGARROS E AO ÓDIO FRATRICIDA

E o que esse raciocínio tem a ver com o soldado que separava inimigos de amigos baseado em marcas de cigarros, ou com o raivoso norueguês que se sentiu mais próximo de assassinos em massa de outros continentes do que de sua irmã adotiva ou de concidadãos? Tudo! Em primeiro lugar, mostra como nossa mente primitiva, acostumada a criar padrões de *nós* e de *os outros*, que tem uma espécie de DNA de preconceito, é, portanto, complexa, manipulável, ilusória em muito do que faz. O soldado tinha convicções para matar. Questionado sobre elas, procurou rearranjar sua narrativa, sem nunca pôr em questão o ódio aos estrangeiros que o motivava (ainda que o estrangeiro fosse, até ontem, seu próprio colega de trabalho). O malogrado terrorista acreditava piamente que vivia numa "guerra de raças", num "choque de civilizações", e que era um "escolhido" por um "santo" para a nobre tarefa de "limpar sua terra". Ambos criaram narrativas, histórias capazes de dar nexo a suas imaginações, baseadas nesse mecanismo que estamos mostrando a você: o jogo de espelhos. Tais narrativas criaram condições para que justificassem matar um "estrangeiro", ato mais extremo da aversão ao diferente de mim.

Mas o que torna, de fato, alguém diferente de mim? Fumassem os mesmos cigarros ou concordassem que eram lixo, sérvios e croatas parariam a guerra mais cedo? Se jihadistas e neonazistas islamofóbicos fossem ao mesmo jogo de futebol com camisas do time A, se abraçariam como irmãos?

A resposta para isso é mais complexa. Nossas tomadas de decisão de curto prazo são manipuláveis, sabemos. As de médio e longo também podem ser, entretanto o processo é mais labiríntico. O escândalo da Cambridge Analytica envolvendo a coleta e a venda de informações de usuários da empresa Facebook, que veio a público em 2018, mostrou-nos que, mesmo para votar, somos facilmente manipuláveis. Os dados dos usuários — com a identificação de perfil social, de poder aquisitivo, de opções políticas, religiosas, entre outras — passaram a ser uma mercadoria para especialistas do marketing político. O resultado foi bastante claro: numa ação conjugada por determinados grupos, valendo-se de algoritmos treinados em nos manipular, tornara-se simples manipular a imagem dos candidatos e os nossos votos e, com isso, ajudar a erguer ou derrubar bons projetos de governo por quatro anos ou mais. Nossas decisões, como a de matar ou não um vizinho, ou, em grau decrescente de radicalidade, agredi-lo, hostilizá-lo, xingá-lo, pensar mal sobre ele, ignorá-lo, aceitá-lo ou viver com ele de forma plena, são impulsivas por um lado, mas também são baseadas em lentos cozidos culturais e históricos que nos foram ensinados e que são constantemente reconfigurados.

Somos ensinados, culturalmente, em grupo, a odiar e segregar. E isso requer longo prazo, além da participação de outras pessoas nos grupos de que

1. *Vênus de Willendorf*, c. 25 mil anos a.C. A escultura em pedra calcária, de 11 cm de altura, foi encontrada em 1908 durante uma escavação em Willendorf, na Áustria. Atributos sexuais opulentos serviram para a construção de uma ideia de matriarcado pacífico contra símbolos masculinos de violência.

2. Giambologna, *O rapto das sabinas*, 1583. Na origem de tudo, um estupro coletivo: a fundação lendária de Roma, no século VIII a.C., presumiu o rapto e a submissão das mulheres do povo sabino. Liderado por Rômulo, o rei fundador da cidade, o exército latino sequestrou as sabinas para transformá--las em esposas aptas a procriar e, assim, perpetuar a nascente grandeza romana.

3. Berthold Furtmeyr, "Árvore da vida ladeada por Maria e Eva", do *Missal de Salzburgo*, *c.* 1485. A prostituta e a santa: Maria, modelo de mulher virtuosa e símbolo da Igreja, fornece o corpo de Cristo na forma da hóstia a pessoas pias que estão a caminho da Salvação; no outro lado, entre um atordoado Adão, a serpente demoníaca e a árvore do Paraíso, Eva oferece o pomo do pecado àqueles que caminham para a danação.

4. Nathaniel Currier, *O progresso da bebedeira*, 1846. A lógica do movimento da Temperança está expressa na figura da senhora abandonada que, mesmo depois de perder a casa num incêndio, mantém seu compromisso de cuidadora. Seu marido, contudo, depois do primeiro copo, passa por todos os tipos de vícios, maus comportamentos e crimes.

5. A Women's Social and Political Union, fundada na Inglaterra em 1903, foi a principal organização feminista do Reino Unido até o final da Primeira Guerra Mundial. Conhecidas como sufragistas, suas militantes realizaram numerosos protestos pela instituição do voto feminino. Dez anos depois, o Parlamento britânico autorizou as mulheres a votar e se candidatar a cargos públicos.

6. Claude-Marie Dubufe, *Apolo e Ciparisso*, 1821. O relacionamento amoroso e erótico entre homens era habitual no antigo mundo grego, tanto na esfera pública quanto na vida privada. O amor intelectual, grau mais elevado da escala erótica, era reservado às relações entre pessoas de mesmo sexo. Nesta pintura neoclássica francesa, Apolo, deus ligado ao Sol, à música e às artes, ampara Ciparisso, seu jovem amante, que matou acidentalmente durante uma caçada.

13. Pedro Berruguete, *Auto de fe presidido por Santo Domingo de Guzmán*, 1491-9. Sentado no trono sob o dossel dourado, são Domingos abençoa um auto de fé, cerimônia pública em que os condenados pela Inquisição — sobretudo os acusados de judaísmo, heresia e sodomia — eram torturados e executados depois de desfilar pelas ruas da cidade.

14. Em 1892, um americano de 37 anos com pais chineses, residente em Mountain View, Califórnia, venceu um caso histórico na Suprema Corte. Depois de uma viagem à China, no contexto das leis anti-imigração, Wong Kim Ark se tornara um apátrida. Ele recorreu à Justiça e ganhou. Aqui vemos seu certificado de residência, expedido após o julgamento. Depois de Wong, todos os descendentes de chineses nascidos em solo americano passaram a ser cidadãos plenos.

15 e 16. Sentimentos ufanistas e chauvinistas, próximos da xenofobia, são os maiores construtores dos muros contemporâneos. Acima, trecho do muro que separa Estados Unidos e México, divisa internacional mais movimentada do mundo. Abaixo, na fronteira entre Israel e Palestina, o artista israelense Kis-Lev contempla um mural recém-pintado.

17 e 18. Cristóbal Lozano, *Mestizo con india producen cholo* e *Español con india serrana o civilizada producen mestizo, c.* 1770. Estas duas pinturas pertencem a uma série de vinte quadros encomendada pelo vice-rei do Peru para divulgar na Europa a variedade das misturas raciais existentes na colônia. *Cholo*, termo fortemente depreciativo, seria equivalente a "caboclo", e s*errana* significa "selvagem".

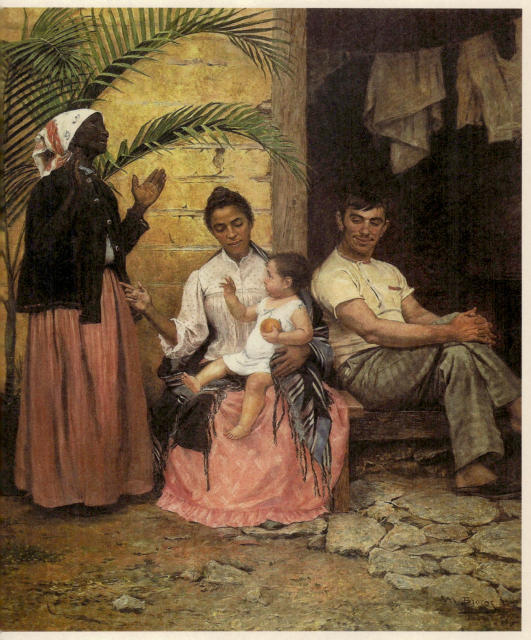

19. Modesto Brocos, *A redenção de Cam*, 1895. Esta tela, premiada na Exposição Geral de Belas-Artes de 1895, epitomiza a escala de cores do "racismo científico" que preconizava o "embranquecimento" da população brasileira como solução dos problemas nacionais.

20 e 21. Em 23 de julho de 1993, um grupo de quinze garimpeiros invadiu uma aldeia Haximu do povo yanomami, para se vingar da morte de um colega. Incendiaram malocas e mataram a tiros e golpes de facão doze indígenas. O julgamento dos acusados, em 1996, foi um marco na jurisprudência do crime de genocídio no Brasil, com cinco condenados. Abaixo, vemos um protesto liderado por Davi Kopenawa (com facão) em Roraima no mês seguinte ao massacre.

22. Apresentada como "Vênus Hotentote" nos *freak shows* de Londres, Sarah Baartman (1789-1815) foi uma das primeiras vítimas do sistema de horrores das exposições de pessoas. Sarah possuía esteatopigia, um acúmulo de gordura nas nádegas e coxas. Levada à Europa em 1810, morreu em Paris cinco anos depois, na condição de escravizada.

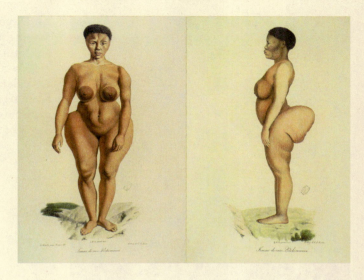

23. Edgar Degas, *Jovens espartanos, c.* 1860. Nesta pintura inacabada, Degas retrata dois grupos de adolescentes no primeiro plano. Ao fundo, suas mães confabulam com Licurgo, um dos *founding fathers* de Esparta. A misoginia na Grécia clássica relegava as mulheres a papéis subalternos, excluídos da cidadania plena. No entanto, a despeito da fama da cidade-Estado do Peloponeso, as mulheres espartanas possuíam mais liberdades civis que as da democrática Atenas.

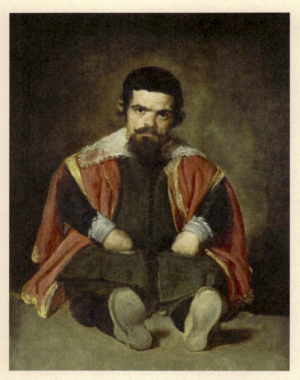

24. Diego Velázquez, *O bobo Sebastián de Morra*, c. 1645. Na corte madrilenha, os bobos eram chamados de *sabandijas*, ou "vermes", o que denota sua posição subalterna, semelhante à dos animais de estimação. Até o século XVIII, muitos portadores de nanismo eram obrigados a trabalhar como palhaços nas cortes europeias.

25. Paquistaneses idosos dançam durante uma festa tradicional, em 2011. Etarismo e gerontofobia são duas faces do preconceito que estigmatiza o corpo idoso e o envelhecimento. Projeções demográficas indicam que até 20% dos paquistaneses terão mais de 65 anos em 2100. No Brasil, espera-se que a proporção alcance 33%. Esse fenômeno mundial impõe uma série de desafios sociais e econômicos, e a erradicação do preconceito etário figura entre os mais difíceis.

faço parte. Ao disparar uma bala no seu vizinho, o sérvio do cigarro estava atrelado a uma cadeia de eventos que precedeu aquele apertar de gatilho: alguém decidiu entrar na guerra antes dele, o motivou a fazer igual. Ele frequentou escolas, leu textos, acessou mídias, conversou com pessoas que lhe deram uma bagagem de experiências capaz de colocar a decisão de guerra contra croatas num horizonte de possibilidades tangível. Alimentou memórias ressentidas sobre croatas, apagando bons momentos e ressaltando os maus. Uma vez na guerra, criou hábitos baseado em instinto de sobrevivência e pulsões primitivas. Esse imenso conjunto de processos históricos (aqui apenas simplificado) interagiu com sua decisão de curto prazo de justificar a guerra por cigarros, por ressentimento, pelo suposto sentimento de superioridade do outro lado.

O mesmo vale para o jovem maníaco norueguês. Como saberemos de suas relações familiares com pai, mãe, madrasta, irmã? Talvez um complexo de inferioridade em relação à adoção da irmã e seu lugar na casa tenha lentamente alimentado um ressentimento para com "os de fora". Daí, um conjunto de memórias aprendidas em escola, internet, TV, com família, amigos etc. construiu uma ideia de que há pessoas escolhidas, santos e bandidos no mundo. Que o nazismo foi positivo, que há raças inferiores e superiores etc. O impulso de copiar "heróis" como o americano e o australiano pesou. Nunca saberemos, mas o fundamental é entender que há componentes biológicos, em grande medida inalteráveis, que calam fundo em nossos DNAs, bem como outros que são culturais, históricos, logo, modificáveis na construção da aversão profunda ao outro, ao imigrante, ao estrangeiro, ao diferente de mim: a xenofobia. E todos esses componentes, algo que está em nossa caixinha de coisas que aprendemos e aqueles fatores que fazem parte de nossa biologia como animais que somos, se misturam e se influenciam muito.

SOMOS MAUS POR NATUREZA? COMO CONSTITUÍMOS "O OUTRO"

O debate é extenso, mas essencial para compreender as dimensões individuais e coletivas, os limites e as possibilidades de nossa vida em sociedade. O jogo especular da identidade funciona apenas tendo a *alteridade* como subproduto. Se eu crio a noção (são sempre criadas) de que meu grupo tem essas e essas características, automaticamente o outro grupo não as tem ou as tem de maneira distorcida. Nesse jogo comparativo, o outro pode ser o avesso do que sou, pode ser similar a mim, pode ter hábitos paralelos aos meus, mas jamais será igual a mim. Se o outro for igual a mim ou muito similar, ele não é o outro; ele é *eu* ou faz parte do meu grupo, do *nós*. A radicalidade desse jogo de polaridade é um fator poderoso de união, mas também poderoso na construção de barreiras entre nós, humanos. Se não houvesse nada de biológico nisso, seria só um comportamento histórico, logo, típico de uma era e restrito a ela, como o foi o culto a Amon-Rá, marca da XVIII dinastia do Egito antigo. Ao pensarmos na duração histórica, o culto a Amon-Rá, um deus da cidade de Tebas, culto que se expandiu para toda a nação do Nilo, com suas inúmeras variantes locais e temporais, teve uma existência maior que a de todo o cristianismo. Amon-Rá foi um poderoso deus por mais de 2 mil anos! E, imagine, não há mais templos e oferendas ao outrora poderoso deus. Existe uma efemeridade inerente à própria vida humana, e a suas marcas culturais, que nos permite balizar as reflexões sobre o passado, o presente e o futuro. Tudo o que é humano é fadado a ser superado, deixar de existir, quando as condições mudarem. Isso quer dizer que o culto a Amon-Rá, servos e croatas e bósnios, ódio a imigrantes islâmicos... tudo o que é humano é histórico, logo, não é eterno e, por certo, não existia milhares de anos atrás e não existirá daqui a alguns milênios (ao menos não do jeito que é concebido hoje). Por outro lado, sabendo dessa efemeridade e imersos nos incontáveis casos de xenofobia que assistimos em nosso dia a dia, mundo afora, poderíamos indagar se a própria xenofobia (ou outras formas de radicalidade identitária) sempre existiu: em todos os momentos da história, em todos os cantos da Terra, independentemente da cultura do povo que ali habita ou habitou.

Esperem um pouco, você pode estar se perguntando: os autores estão dizendo que somos maus por natureza (sempre fomos xenófobos e sempre seremos, não adianta lutar contra isso) e que, ao mesmo tempo, a xenofobia é uma condição histórica (logo reversível, mutável, cambiante)? Antes de responder, voltemos duas casas no tabuleiro, pois o terreno é minado.

Estamos dizendo que o mecanismo do preconceito, base da xenofobia, está em nosso hardware, em nossa mente primitiva, logo, data da pré-história e nos acompanhou até hoje. Mas já registramos o alerta de que isso não é o aval para o preconceito e todas as inúmeras ações de ódio e violência que emanam dele.

Antes, estamos dizendo ainda que o mesmo mecanismo atávico que aparentemente sustenta o preconceito e, portanto, a xenofobia, serve como potencial alerta contra perigos: ao pensarmos estritamente na evolução animal anterior à própria questão cultural, social ou política (histórica), compreendemos que ao detectar um intruso, perigo e ameaças, usamos mecanismos de análise daquilo que pode nos gerar perigo, e que têm o poder de salvar nossa pele como espécie. Esse mecanismo de reconhecer no desconhecido (seja uma serpente peçonhenta, seja um cogumelo estranho, um território nunca visitado ou um ser humano jamais visto ou que me causa ojeriza) também funciona muito bem em boa parte dos demais seres vivos! Animais fogem de possíveis predadores instintivamente, evitam certos alimentos pelo mesmo motivo. Mas nada disso anula o fato de que esses mecanismos do preconceito podem, igualmente, ser muito prejudiciais, causar enormes e desnecessários sofrimentos e injustiças. Se é algo natural estranharmos "o outro" (ainda que ele seja uma criação complexa de um jogo de espelhos no interior da minha mente), o que fazemos com esse estranhamento é agravado, potencializado, atiçado por questões socioculturais, históricas.

Logo, é fundamental estarmos cientes de que o mecanismo do preconceito é inevitável. Mas se há uma marca dos seres humanos, é que somos bichos com imensa dificuldade de aceitar essa condição. Também é natural que não voemos: criamos aviões. Nossa condição natural é a nudez e usamos roupas... que nós mesmos inventamos! Ou seja, o que fazemos com aquilo de que a natureza nos proveu é, em grande medida, controlável ao nos pensarmos como seres mais do que biológicos, mas culturais, sociais e políticos. Esse é o ponto. Não é porque está em nosso DNA que algo é um fato consumado, imutável e inalterável. Para isso desenvolvemos cultura, por isso somos seres históricos. Porque podemos melhorar, mudar.

GUERRAS PRÉ-HISTÓRICAS

Toda essa argumentação seria rasteira e especulativa se não houvesse provas de xenofobia desde a aurora dos tempos humanos. E aqui reside um problema argumentativo. Pouco existe como evidência de nossa história primitiva. Não temos como cravar com cem por cento de certeza que nossos níveis de violência contra vizinhos e outros desconhecidos se mantiveram razoavelmente inalterados desde o surgimento da espécie humana até o advento das primeiras civilizações. Apenas para que fique claro, a pré-história consiste na maior parte de nossa história. Temos prováveis 200 mil anos como *Homo sapiens*, dos quais cerca de 190 mil foram vividos de modo não urbano, não sedentário. As formas de escrita são ainda mais recentes. Por muitas dezenas de milhares de anos, fomos uma espécie minoritária no planeta, vivendo de maneira nômade em pequenos grupos, caçando, colhendo raízes, buscando carniça para, no fim do dia, termos calorias suficientes para sobrevivermos e passarmos nossos genes adiante. Essa foi a tônica de nossa existência.

Vivemos em civilizações, sob forma estatal, há poucos milhares de anos, talvez algo como 5 mil anos. A balança pesa para a pré-história, mas o rol de evidências deixado por esse imenso período de nossa existência como espécie é ínfimo. Para termos segurança de que algum comportamento é inequivocamente atávico precisaríamos de provas abundantes, ou, na ausência de massa de evidências, de algum exemplo fragorosamente impactante. Não há. Provar, portanto, que sempre fomos violentos com pessoas de fora de nossos grupos é arriscado e divide a comunidade científica há tempos. Vamos analisar alguns aspectos da violência e do ser humano.

Em primeiro lugar, vale destacar que a capacidade de ser violento com seres da mesma espécie nem sequer é uma exclusividade nossa. Há correntes na biologia que sustentam que a violência intraespécie — quando membros de uma mesma espécie matam uns aos outros — foi moldada pela evolução, pois dá ao ser violento mais chance de perpetuar seu DNA ou de obter mais recursos. Nossos parentes mais próximos, como bonobos e chimpanzés, têm registros de violência e assassinatos entre grupos distintos. Mesmo em relação a macacos menos próximos dos humanos, como os rhesus, estudos sugerem que são capazes de distinguir entre *nós* e os *outros* e, além disso, de associar coisas más (plantas venenosas, aranhas e cobras) aos "forasteiros", ou seja, aqueles que não pertencem ao seu grupo ou que foram recentemente integrados.[3]

Mas, como dissemos, o atual estágio das pesquisas é tão inconclusivo quanto fascinante. Os casos observados em trogloditas podem ser matizados pela pressão ambiental que jogamos sobre eles. Com o habitat bastante alterado pela pressão antrópica e tendo que competir por recursos, é possível que tenham desenvolvido atitudes violentas contra grupos rivais, coisa que não existia antes. Então, como responder: seríamos apenas um caso evolutivo entre primatas violentos uns com os outros? Somos violentos e xenofóbicos de berço (entendamos um berço evolucionário, neste caso)?

Em 2012, houve um achado macabro e surpreendente que pode conter uma pista. Vinte e sete esqueletos fossilizados estavam espalhados a trinta quilômetros do lago Turkana, no Quênia, num lugarejo chamado Nataruk. Essas pessoas viveram e morreram naquela região há pelo menos 10 mil anos. Eram caçadores e coletores. O tétrico é que todas foram vítimas de um massacre pré-histórico: 21 adultos, sendo oito homens, oito mulheres e cinco restos mortais sem identificação sexual. Restos parciais de seis crianças foram encontrados razoavelmente próximos dos de quatro das mulheres do grupo e de outros dois dos esqueletos cujo sexo não pôde ser determinado. Cinco dessas crianças tinham menos de seis anos quando foram assassinadas. Primeira pergunta: como sabemos que foram mortas? Simples, claro e evidente; horrível, chocante e desolador: dez dos esqueletos tinham sinais claros de traumatismos craniano e facial severos; mãos, joelhos e costelas fraturados; lesões causadas por flechadas no pescoço; pontas de obsidiana alojadas na cabeça e no tórax. Alguns dos mortos estavam com as mãos atadas quando foram atacados, incluindo uma mulher em estágio final de gravidez. Seus corpos, violentamente agredidos, foram deixados nos lugares onde caíram: uma antiga laguna rasa, que secou de lá para cá, preservando os restos mortais nos sedimentos.

Segunda questão: como sabemos que foram vítimas de xenofobia, talvez um equivalente pré-histórico de uma guerra nos Bálcãs por cigarros, ressentimento e nacionalismo mal resolvido? Ou talvez tenha sido um ataque de vizinhos outrora conhecidos, que, por uma alquimia estranha, sentiram-se invocados a uma campanha de extermínio num local de culto, uma antecessora de uma mesquita, naquela antiga laguna?

O caso pende para xenofobia ou uma guerra por recursos. As evidências são igualmente convincentes nesse sentido. Obsidianas, por exemplo, material usado para algumas das pontas de flecha encontradas nos esqueletos, não são comuns naquela região do Quênia. Os atacantes vieram de longe ou se prepararam adquirindo mercadorias para o assalto. Premeditação. Muitas armas utilizadas, como clavas e macetes, facas de curto alcance e pontas de obsidiana, não eram levadas em caçadas. São instrumentos de corte, de preparo de carnes e couro. Seriam inúteis em caçadas. Logo, seu uso sugere que foram deliberadamente carregadas para massacrar aquele grupo rival.

O Massacre de Nataruk, ocorrido logo no final da última era do gelo, talvez tenha sido o resultado de uma tentativa de controlar recursos (território, comida, mulheres e crianças, escravizados).[4] Esse episódio seria a prova que procurávamos de nosso comportamento atávico de preconceito contra forasteiros? Se esse for o caso, também serviria de prova de que somos igualmente capazes de altruísmo e de enorme capacidade cooperativa. Aquelas pessoas, atacantes e atacados, cooperaram para roubar e matar ou para protegerem uns aos outros (como as mulheres protegendo as crianças, mesmo em face da morte). Inequivocamente, aquele longínquo acontecimento emoldura o que podemos ser. Tanto no lado sombra, quando um bando bem organizado tirou a vida de dezenas de pessoas sem o menor remorso aparente; quanto no seu lado luz: mesmo na morte, protegemos nossos entes amados e queridos. Somos humanos. Cooperamos para o bem e para o mal.

Seria esse um exemplo isolado? Uma exceção à regra de uma pré-história idilicamente sem xenofobia, ou ao menos sem conhecê-la em sua forma mais radical: a busca pela eliminação do outro? Há mais cemitérios notórios para visitarmos. Um tem 13 mil anos e está situado no Sudão, perto do rio Nilo. Na região de Jebel Sahaba, 61 esqueletos foram enterrados juntos. Pelo menos 24 deles têm marcas claras de que morreram de forma violenta, com o uso de machadinhas, facas, lanças ou flechas. Estudos parecem indicar que a área passava por uma crise climática, o que sugere disputas por recursos.

Nas Américas, de ocupação posterior, também há exemplos. Esqueletos pré-históricos encontrados em San Pedro de Atacama, no Chile (um oásis na região mais árida do mundo), que datam de 500 d.C., mostram uma prevalência alta de atingidos por pontas de projéteis (35,2%), fraturas de crânio (26,6%) e morte precoce, entre dezoito e trinta anos (75%). Dado relevante: majoritariamente homens morreram assim. Apesar de não haver referência a conflitos bélicos, os homens atacamenhos estiveram expostos a grande violência em suas vidas. Analisando as feridas, concluiu-se que se tratavam de marcas causadas por pedras atiradas com fundas, ou por projéteis disparados de cima para baixo e de trás para a frente, típicos de emboscadas em penhascos ou vales.[5] Na Califórnia de mais de mil anos atrás, um lugar em que se falavam mais de cem idiomas e no qual a luta por recursos era cotidiana, as evidências de assassinatos por flechadas, estocadas e por espancamento eram consideravelmente mais altas: 7% em média dos esqueletos de milhares de indivíduos analisados revelavam sinais claros de violência causada por outro humano. Entre as mulheres, o índice era de 5%. Entre os homens, incríveis 11% dos indivíduos apresentavam tais marcas. Níveis de agressão superiores aos registrados na Segunda Guerra Mundial.[6]

Se nos aferrarmos a esses exemplos, ficaremos com a impressão de que a pré-história podia ser muito diferente dos dias atuais em muitos quesitos, mas que, em violência advinda de agressões intragrupais e intergrupais ou de guerras,[7] era muito similar aos nossos dias (ou pior!). Um grupo de pesquisadores da Estación Experimental de Zonas Áridas, na Espanha, liderado por José María Gómez, recolheu quantidades massivas de dados de violência intraespécie. São dados de registros fósseis e de casos "contemporâneos" de mais de seiscentas populações humanas e de mil espécies de mamíferos que mataram membros de sua própria espécie ao longo dos últimos 50 mil anos. A ideia era verificar na árvore evolutiva onde e quando esse comportamento teria se originado. Entre humanos, foram levados em consideração episódios de agressão que conduziram à morte, infanticídio, canibalismo, guerra e execuções. Matamos nossos semelhantes de muitas formas. De todas as mortes de humanos na história, concluiu-se, aproximadamente 2% se deveram a um assassinato cometido por outro humano (independentemente da circunstância). As estimativas para nossos antepassados hominídeos são mais ou menos as mesmas, sugerindo que o padrão de violência foi herdado. Mas esse estudo também sugere que a matança de semelhantes variou ao longo do tempo entre as populações mapeadas, permitindo concluir que, se nosso gene assassino foi herdado por mecanismo evolucionário, ele pôde ser moldado por circunstâncias histórico-culturais e ambientais, como a escassez ou não de recursos. Também parece ter ficado claro que, em linhas gerais, nunca fomos tão violentos assim uns com os outros, como pode parecer em certas interpretações. Vamos conhecer uma delas.

NATUREZA VERSUS CULTURA: SOMOS BONS OU MAUS?

Steven Pinker, um linguista e psicólogo de Harvard, estudou a violência humana por anos e escreveu uma das teses mais impactantes dos últimos tempos. Em 2011, publicou seu livro *Os anjos bons da nossa natureza*, cujo subtítulo é um resumo rasteiro de seu pensamento: *Por que a violência diminuiu*. Quem acompanhou o pensamento de Pinker na década anterior ao lançamento do livro não se surpreendeu com a tese, mas o resto do mundo chocou-se. Tudo o que vemos e lemos é sobre o aumento da violência: racismo, xenofobia, misoginia, guerras, terrorismo etc. Ele sugere que deixemos de ler as manchetes para formarmos nossa opinião sobre violência e que nos baseemos em estatísticas.

Analisando uma quantidade brutal de dados sobre assassinatos, guerras, atentados e outras formas de darmos cabo à vida de nossos semelhantes, Pinker categoricamente negou que haja uma natureza violenta em nós. No lugar disso, propôs que não é por um único motivo (a natureza violenta, por exemplo) que nós, humanos, usamos a agressão, muito menos que ela existe como um impulso crescente ao longo da história. Para o autor, a violência é uma espécie de válvula de escape para vários sistemas psicológicos disparados por gatilhos ambientais e alimentados por uma lógica interna, que envolve base neurológica e distribuição social. Dentro desse contexto, seriam cinco os sistemas de violência que criamos:

1. a predatória ou prática (numa lógica dos fins justificando os meios: você tem o que eu preciso, eu tomo e elimino você durante o processo);
2. o domínio (pautado na ideia de desejo por autoridade, prestígio e poder);
3. vingança;
4. sadismo;
5. ideologia (um "sistema de crença compartilhado, geralmente envolvendo uma visão de utopia, que justifica a violência ilimitada em busca do bem ilimitado").

Se temos esses demônios internos, Pinker argumenta que igualmente temos "nossos bons anjos" interiores: a empatia; o autocontrole; o sentido moral (capaz de santificar normas e tabus de forma a melhorar as interações entre as pessoas numa determinada cultura; mas também capaz de aumentar a violência se a cultura em questão for autoritária); e a razão.

Historicamente, o livro postula que os índices de violência decresceram muito. Do Iluminismo em diante, em especial no Ocidente, as estatísticas mostram um globo cada vez mais pacífico. Os índices do século XX seriam os menores da história (proporcionalmente, claro), apesar das guerras mundiais e de todos os genocídios vistos. Conclusão: Estado, racionalidade, criação de consensos globais, regulamentação da guerra, entre outros fatores, fizeram com que o mundo progredisse extraordinariamente para a era (presumivelmente) menos violenta de nossos 200 mil anos na Terra.

Leitores atentos de Pinker, como Yuval Noah Harari, chegam a afirmar que nós superamos, como espécie, a guerra (bem como a peste e a fome), uma das formas de morte mais temidas durante toda a história. Para o que nos interessa neste item, Pinker e Harari parecem apontar para o argumento de que não seria um gene ou um hardware herdado de violência o que nos tornaria mais ou menos violentos, mas sim que as culturas nos moldaram para mais ou menos violência. Culturas mais frágeis, com valores morais mais frouxos, pressionados por meio ambiente e competição, teriam levado nossos primitivos ancestrais a matarem uns aos outros, por vezes em escala industrial, como no Massacre de Nataruk. Para chegar a tal entendimento, Pinker estimou a mortalidade em razão da guerra pela fração de indivíduos feridos em vários sítios arqueológicos e registros etnográficos. Concluiu que a guerra era comum na pré-história, mas que, com o surgimento de Estados, houve uma redução significativa da violência.

Esses argumentos, no entanto, foram contestados. O estado de guerra de todos contra todos que se desenha na tese acima foi duramente (e, em nosso entender, corretamente) criticado por especialistas, mostrando uso seletivo de estatísticas, conclusões apressadas e, sobretudo, uma leitura enviesada (para não dizer incorreta) das evidências pré-históricas.[8] Na verdade, escolhendo estudos e omitindo outros, podemos afirmar justamente o oposto de Pinker: quanto mais as sociedades foram se tornando sedentárias, mais violentas passaram a ser; em especial, no quesito guerra e agressão (vindas de fora ou dirigidas aos de fora). Evidências como o estudo em esqueletos encontrados no Japão indicando que, no chamado período Jomon, entre 14 mil a.C. e 300 a.C., a violência entre seres humanos foi ao que parece esparsa e rara, corroborariam tal argumento.[9]

Não estamos afirmando que somos mais ou menos violentos hoje do que fomos no passado, embora dados das Nações Unidas de 2023 mostrem que estamos nos maiores níveis de conflitos violentos desde a Segunda Guerra.[10] Essa seria uma falsa questão para o que queremos discutir realmente. Estamos chamando a atenção é para uma divisão entre aqueles que pensam que somos maus por natureza (logo, a cultura pode nos "corrigir") e aqueles que pensam que somos bons por natureza (e que a "cultura" pode nos piorar). Essa clivagem que apresentamos não é aleatória. Há claramente entre os arqueólogos e estudiosos do passado primitivo de nossa espécie uma dupla interpretação das evidências encontradas. Uma narrativa liga nossa violência à ecologia ou também a nosso genótipo. Assim, para tal corrente, violência, agressividade contra o semelhante e assassinatos seriam marca registrada dos humanos desde o surgimento da espécie. Nessa lógica, o aparecimento de sociedades estatais teria restringido, por lógicas culturais de monopólio da violência, essa tendência natural. Quanto mais o Estado se desenvolve, mais caem os índices de violência entre nós, sustentam.

Já os estudos que vão na direção oposta advogam que, num passado distante, com baixo adensamento populacional, em pequenos grupamentos, nós éramos muito mais pacíficos, apresentando baixíssimos índices de conflito intergrupos. Por conseguinte, com a complexificação das sociedades, em períodos posteriores da pré-história e início do período histórico, especialmente por conta da guerra entre sociedades mais "igualitárias e primitivas" e "mais competitivas e complexas", a violência aumentou.

Ao leitor mais experiente ou atento, o pedigree parece óbvio. E é uma origem nobre. De um lado, o utilitarismo de Thomas Hobbes e sua lógica da "guerra de todos contra todos", na baixeza da natureza humana que precisaria do Estado como um constritor da violência, canalizador das forças produtivas. Do outro, está o contratualismo de Rousseau com lógica quase oposta, a de que somos bons por natureza e que é a sociedade quem nos corrompe: a propriedade privada e a monogamia nos levaram à competição por recursos, e isso levou ao pior de nós. De nobres selvagens nos tornamos seres sociais artificiais, e a violência se deu por aceitarmos algo diferente de nossa natureza.

Esse debate já foi chamado de *nature-nurture* (expressão em inglês que quer dizer algo como "natureza-'nutrição/criação'"), significando que de um lado estão os que acreditam numa *natureza* violenta (portanto instintiva) e do outro os que acreditam que ela foi *nutrida* ao longo de nossa história (logo, um comportamento que se aprende).[11] Um estudioso, ironicamente, já classificou os dois grupos de "falcões" e "pombas", ou seja, os pássaros da guerra e os da paz.[12] Até mesmo entre os "pombas", parece haver um consenso de que a violência entre grupos distintos (guerra) pode ter sido pequena na pré-história, mas a violência interna, ou seja, assassinatos dentro do grupo, nem tanto. Talvez, especulam, a morte de um indivíduo de um grupo levasse a lógicas de vingança em que outras pessoas iriam perecer. Mas nosso problema aqui é como nos dirigimos aos nossos vizinhos e não aos de dentro da família.

Para nós, algumas conclusões parciais podem ser tiradas de todos esses debates que parecem longe de um fim. Em primeiro lugar, somos capazes de formar grupos, dependemos deles e isso é positivo. A capacidade de cooperar em larga escala na solução de problemas novos é um dos principais atributos de nossa espécie. Segundo: ao formarmos grupos, geramos forasteiros, aqueles de fora do grupo. Terceiro: há evidências de que esse comportamento é antigo (talvez seja instintivo) em nossa espécie. Quarto (e mais especulativo): a violência contra outros grupos concentra-se e, aparentemente, aumenta e se sofistica a contar de 10 mil anos atrás (ou menos tempo do que isso).[13] Quinto: tenhamos ou não um gene inalterável do preconceito contra o forasteiro, ele parece aflorar com mais vigor em épocas de crise. Em situações de escassez de recursos, preconceitos se tornam argumentos e matamos o considerado estrangeiro por um cigarro errado, pela religião e pelos costumes que tem, para pegar sua comida, seus pertences ou para salvaguardar os nossos. Sexto: o gênero masculino é mais propenso à violência, num misto de testosterona desenfreada e, principalmente, uma cultura de masculinidade que estimula ações assim.[14]

XENOFOBIA: COMPORTAMENTO ATÁVICO?

A antropologia e a história complementam o que a biologia e a estatística parecem afirmar. Há algo atávico em nós que nos projeta ao grupo e que tende a isolar os de fora do grupo. A psicologia aponta para a profunda insegurança pessoal: tenho medo do outro porque ele pode roubar minha identidade, modificá-la, diluí-la. Essa violação que o outro pode trazer faz com que eu me sinta inseguro e, fruto disso, me feche, agrida, me esconda, rejeite, condene. Afinal, gosto de quem eu sou, do meu grupo. Mesmo que não goste tanto assim, pelo menos sei como funciona. Ruim, boa ou ótima, minha realidade tende a ser a única que conheço e isso é o suficiente, pois traz alguma segurança.

Quando viajamos nas férias, podemos estranhar "o outro" das terras visitadas. Podemos reclamar de sua comida, de seus cheiros, de suas roupas. Mesmo quando adoramos os costumes alheios, o exotismo vence. Gosto porque posso visitar *aquilo* e voltar para o que eu sou. O melhor da viagem é a volta!

Não é à toa que os gregos têm entre seus maiores clássicos uma narrativa de retorno de um herói. E ao pensarmos nas aventuras do retorno de Ulisses a Ítaca, é interessante compreender como esse poema se configura uma referência para a cultura ocidental. Ao retornar, o herói estava transformado pela viagem. Nos dias atuais, o viajante experimenta uma vivência controlada do *outro* e de suas terras. Dificilmente, quem viaja hoje se abre ao exterior. Conhecemos muita gente que viaja apenas para reforçar o estilo de vida que já levava. Viaja para reclamar do mundo fora de seus domínios. Esse é seu prazer.

Logo, podemos deixar tácito que o problema não é viajar! A ameaça se dá quando o estrangeiro, construído como incontrolável, chega ao meu território! Vale destacar — e voltaremos a esse ponto mais adiante — que o "estrangeiro ameaçador" dificilmente é aquele que vem de nações que se vendem como civilizadas. Vivemos ainda resquícios de um mundo imperialista e eurocêntrico: o estrangeiro ameaçador por certo não é francês ou inglês! O que me incomoda é o *outro* visto como oposto a mim e meus valores, inferior ou capaz de desestabilizar meu cotidiano. No caso de autores brasileiros que somos, não raro somos nós esse *outro*: brasileiros — bem como outros latinos — com frequência compõem os rankings dos "selvagens exóticos" capazes de chacoalhar a pretensa estabilidade dos mundos que "invadem". Ainda dentro da chave de "latinos", quantas vezes não ouvimos sobre brasileiros que têm ojeriza à ideia de que americanos os tomem por argentinos, sobre mexicanos que não gostam de serem vistos como salvadorenhos. Temos certeza de que muitos outros exemplos similares ocorrem a você, leitora ou leitor.

Mas vamos supor que você seja um europeu, um norte-americano ou que more num país mais acostumado a receber imigrantes e refugiados do que a imigrar e se refugiar. Veja o noticiário de seu país ou região e, muito frequentemente, lá estará o estranho que veio morar entre nós! Nossa imaginação já o coloca em lugares ameaçadores: ele vem para tomar nosso emprego, falar outra língua, comer coisas que não considero comida (ou, alívio mínimo, prepará-la do jeito "incorreto"), rezar para outros deuses! O que será de mim e do meu sacrossanto mundo? É isso: minha insegurança de que meu mundo possa sumir ou estremecer faz com que eu me feche, com receio, ao de fora. O medo da Queda, da expulsão, da perda.

Nem sempre, em consequência, um ser humano reconhece outro ser humano como igual ou semelhante. Ao analisarmos historicamente esse mecanismo de construção do outro, podemos refletir sobre como ele é comum. Houve vários momentos históricos em que nossos antepassados (mas isto pode ser dito também de muitos contemporâneos) viram seus semelhantes como diferentes, menos humanos, sem traço algum de humanidade. Entre povos nômades e seminômades, foram incontáveis os registros de um nome, uma palavra, para designar aqueles que são considerados "homens", "humanos", "pessoas como nós". São variações de "homens", "bons" ou "excelentes", os "completos". Por antítese, há aqueles de fora, "menos homens", "os maus ou ruins", "símios da terra", "anões deformados" ou "ovos de piolho".[15] Os Krahô, indígenas do estado de Tocantins, designam a si mesmos como *mehii*, "os da mesma carne", ao passo que os estrangeiros, os de fora, são chamados de *krepeu*, "aquele que não tem a mesma carne".[16] Os Tupinambá chamavam-se assim, ou seja, como "todos os Tupi". Seus rivais eram chamados Tupiniquim, "Tupi vizinho, ao lado". Os japoneses chamaram os europeus, no século XVI, de *Namban-jin*: bárbaros (que vêm do Sul). Séculos antes, os chineses chamaram os japoneses de *Wa*, "submissos, menores, anões". Entre os Asteca, denominação dada a um conjunto de povos da Mesoamérica que falavam náuatle, os povos seminômades que viviam ao norte do seu território eram chamados de *chichimecas*: um termo pejorativo que brincava com a sonoridade da língua do outro! Para os Asteca, esses povos nômades pareciam chiar, produzindo um "chichichi" que lhes soava incompreensível. O jogo relacional do *eu* e do *outro* e a produção de preconceitos e toda a violência deles decorrente parecem historicamente presentes em nossa memória partilhada como humanidade. O critério, estamos vendo, variou da carne ao lugar ou condição em que os outros eram vistos. Mas o corpo do estrangeiro e seus costumes diferentes sempre incomodaram. Ver unidade no gênero humano é, portanto, uma novidade na história. E apesar dos esforços de muitas ações políticas, como da própria Organização das Nações Unidas, parece ainda, infelizmente, não ter colado.

A palavra "xenofobia" vem do grego. Quer dizer, literalmente, "aversão, rejeição, receio (fobia/*phóbos*) ao estrangeiro, ao que vem de fora (*xénos*)". O cidadão era, para os gregos, justamente o habitante da cidade; aquele que a ela não pertencia, o estrangeiro, não tinha os mesmos direitos. Isso também se aplicava aos romanos, que lidaram com as questões dos direitos e da cidadania de formas distintas de acordo com seus períodos históricos mas que denominavam os povos externos, em especial os vindos do Norte da Europa, de bárbaros. Em casos extremos de manifestação de xenofobia, o estrangeiro se torna semelhante a um mero animal, e se transforma em objeto de ações que costumamos realizar com os animais (embora, hoje, em determinadas sociedades e camadas sociais, os animais sejam mais bem tratados do que os humanos vistos como estrangeiros), ele vira alvo dos mesmos maus-tratos, das mesmas sevícias e abusos, inclusive sexuais. O corpo estranho torna-se não apenas *matável*, mas violável, brutalizável, usável, coisa, objeto — inclusive de desejo.

O OUTRO INTERNO: O JUDEU, O MOURO E O INDÍGENA NA PRIMEIRA MODERNIDADE

Nas páginas anteriores, olhamos esse passado para iluminar experiências históricas pautadas por relações xenofóbicas com o outro, o estrangeiro. Mas e quando o outro é interno, quando já mora ao meu lado? Quando já ultrapassou as barreiras imaginadas da nação ou de extensos territórios?

Pensemos na relação que a Europa teve com sua população de origem judaica ao longo da Idade Média. Durante o século XIII, consolidaram-se lógicas de exclusão e estigmatização dos judeus pelo continente. Se, até então, estes eram tolerados e vistos como uma religião antiga, equivocada mas aceitável, esse pensamento mudara nos anos 1200. Igrejas góticas tinham, com frequência, estatuária de duas mulheres próximas. Uma era velha, cabisbaixa e estava vendada. Outra era nova, radiante, luminosa. A primeira era a sinagoga. A segunda, a Igreja. Uma melhor do que a outra, sem dúvida, mas capaz de conviver com sua vizinha ultrapassada. Há quem especule que isso se devia à ignorância da ortodoxia católica sobre os textos judaicos, entendidos apenas como o Velho Testamento. Quando se descobre que existia toda uma tradição rabínica que não reconhecia nem Jesus como Messias nem o papa como centro da instituição religiosa, o comportamento de tolerância começou a se modificar. Junta-se a esse fato uma boataria contra os judeus, como a insinuação de que raptavam crianças e as sacrificavam pelo seu sangue, usado em libações demoníacas, profanações da hóstia consagrada etc. Essa mudança de sensibilidades levou à expulsão dos judeus de vários países da Europa, à perseguição de comunidades inteiras, à estigmatização, à construção de guetos e outras medidas de exceção.[17]

Quando chegamos ao fim do século XV, mesmo em territórios onde a convivência entre cristãos e judeus tinha séculos de existência, a hostilização do judeu como um *outro interno* atingiu um auge. Em 1492, um decreto real expulsou todos os judeus da Espanha unificada pelos reis católicos. Os que desejassem permanecer deveriam se converter ao catolicismo. Em 1496, as Ordenações Manuelinas construíram um extenso corpo jurídico para pautar a relação com os judeus, os mouros, os cristãos-novos e os portugueses. Portugal, uma monarquia absolutista católica, também declarava naquele momento que os judeus e os mouros deveriam ser expulsos do seu território. A complexidade no campo do direito, todavia, se dava igualmente pela determinação de um número limitado de mouros e judeus que poderiam passar pelos portos e limites territoriais sem a autorização régia. Numa ação dúbia, mouros e judeus deveriam ser expulsos, mas não todos de uma vez! Esse quadro frenético das leis tinha alguns objetivos bastante claros: mapear onde estavam os judeus e mouros — o que era particularmente caro aos tribunais do Santo Ofício (ver figura 13 do caderno de imagens) —, mas igualmente pressionar os indivíduos dessas comunidades a se converterem. Se necessário, e parece que o foi, crianças seriam tomadas à força e levadas à conversão. Alguns judeus tinham posições estratégicas em redes comerciais com o Oriente; simplesmente bani-los ou obrigá-los à conversão não parecia uma tática tão desejável ao Estado português. Diante dos desafios diplomáticos, manteve-se em Portugal o uso da categoria de judeu, em referência aos judeus livres com permissão para transitar pelo território luso ou nele residir, sem a necessidade da conversão. Notem, entre o permitido e o não permitido, o tolerado e o não tolerado, há uma imensa possibilidade de atuação.

Nos casos ibéricos, como vemos, a regra não se decidia apenas pela expulsão, prisão e morte daqueles que portavam identidades culturais diferentes da aceita pela nova legislação; também havia um desejo tácito de alterar o outro, de vencê-lo em sua alteridade e, assim, subjugá-lo e conformá-lo às lógicas normativas imperantes. Quando o outro é intrínseco a uma comunidade, a eliminação de sua identidade "alternativa" parece ser um recurso historicamente acessado. Falamos desse mesmo mecanismo em outros momentos, por exemplo, ao refletir sobre temas enfrentados pela comunidade LGBTQIA+. Mas imagine que, apesar de todas as especificidades históricas, a busca pela "conversão" forçada parece unir numa longa duração os tribunais do Santo Ofício ibéricos aos religiosos atuais que defendem a "cura" gay.

Também foram *outros internos* os muçulmanos. A grande maioria dos mouriscos que viviam em Portugal eram recém-chegados de diferentes territórios do entorno do Mediterrâneo, interior da África, Oriente Próximo e Ásia, sobretudo em decorrência da expansão lusitana no século XVI e das relações comerciais travadas entre os impérios. A categoria designativa "mouro" era aplicada à população muçulmana independentemente de seus diferentes contextos sociais e jurídicos. De modo geral, em Portugal, "mouros" eram tanto as minorias islâmicas residentes em território luso quanto, especialmente, muçulmanos chegados do exterior. Parte dessas pessoas estavam sob a condição de escravizadas e, no caso dos alforriados, viviam principalmente como trabalhadores urbanos em funções humildes.[18]

Mas exceções tornavam as relações culturais e diplomáticas bastante curiosas. Acompanhemos o caso de Mawlay Muhammad ech-Cheikh (1566--1621), por exemplo, que nasceu numa nobre e enriquecida família do Marrocos. Ele contara com o apoio do rei português d. Sebastião para ascender ao trono marroquino e nele se manter. Em determinado momento, por conta das disputas militares na África, Mawlay e seus familiares chegaram a se refugiar em Portugal (e foram recebidos pelo rei). O jogo político exigia uma certa aceitação da figura do nobre muçulmano numa corte católica e europeia, em troca de favorecimento e fortalecimento luso em territórios africanos. Por fim, tornou-se mais vantajoso para o próprio Muhammad ech-Cheikh se converter ao cristianismo, virando "d. Felipe de África, príncipe de Fez e Marrocos"! Poderíamos elaborar uma série de perguntas sobre esse caso: teria o muçulmano cedido às pressões e seduções das vantagens e facilidades da conversão? Teria sido ele pressionado? Teria optado livremente e por exame de consciência pela conversão? Não temos respostas exatas para a questão. Mas não há dúvidas, a conversão foi posta em prática. O outro bom é o outro que não se impõe, que se sujeita.

A busca pela eliminação das identidades estranhas às normas estabelecidas, do século XV ao XVIII, foi efetiva no além-mar em diferentes partes do Atlântico, no coração e nas franjas do Império português e do espanhol. Se judeus e mouros eram obrigados a se esquivar das duras legislações que pautavam seus espaços, onde sua existência poderia ser ou não plena, nas Américas uma multiplicidade de grupos étnicos era obrigada a se converter a uma nova religião, criando, dentro de legislações do próprio Império, espaços de negociação, existência e reinvenção, sem que isso necessariamente findasse com a possibilidade violenta do extermínio e do genocídio praticado pelos europeus.

O período das expansões marítimas europeias pelo mundo foi marcado por um conjunto de ações (e relações) a que chamamos de Conquista. A Conquista pode nos fornecer pontos interessantes de reflexão para pensarmos as relações xenofóbicas, do *eu* com o *outro*, porém dentro de um território supostamente já possuído, ou seja, é o caso de Portugal com os mouros e judeus, mas também de Portugal ou mesmo da Espanha com as identidades presentes em seu novo Império. Entende-se a Conquista como o período de combate e guerra por meio dos quais se tentava subjugar povos, transformando-os em trabalhadores e/ou tributários. Nessa lógica, os subjugados estariam sob a autoridade dos conquistadores e, por meio deles, se sujeitariam à Coroa. Mas como fazer para que o conquistado (bem como os aliados indígenas que participaram do processo da Conquista) entendesse códigos culturais tão díspares de suas tradições? No caso dos indígenas, como balizar a cultura desses grupos étnicos se, até aquele momento, parecia não haver código de diálogo cultural comum entre eles e os europeus?

As conquistas do México e do Peru forneceram combustível para alimentar sonhos europeus de que mais era possível. Mas, junto com as glórias cantadas das conquistas espanholas, também caminhava a infâmia. Ao longo de todo o século XVI, muito se debateu sobre a violência que caracterizou as expedições de conquista realizadas pelos espanhóis. Era o início do que se convencionou chamar de *Leyenda Negra*, a qual procurou mostrar as conquistas e os modelos de colonização ibéricos como mais violentos e brutais do que os ingleses ou franceses, por exemplo. Um dos homens que, de maneira indireta, ajudou a difundir a ideia de que a Conquista ibérica foi desnecessariamente violenta e desumana no outro lado do Mar Oceano (mas não na Europa ou na Ásia, nas guerras consideradas justas contra os muçulmanos) foi o dominicano Bartolomé de las Casas. Nas páginas iniciais de sua conhecidíssima obra *Brevíssima relação da destruição das Índias* (terminada em 1542), a panfletária denúncia das violências cometidas pelos espanhóis contra indígenas vistos como totalmente indefesos, encontramos uma reconfiguração do termo "Conquista" já como resultado das expedições ao México e Peru. No texto, Las Casas fez uma inversão de valores que pareceria muito perturbadora para um leitor católico do período: o que os cristãos faziam aqui no Novo Mundo seria pior do que aquilo que os turcos faziam no Velho. O bispo de Chiapas se recusou a usar o termo "Conquista", pois significaria denominar uma ação demoníaca, pagã e violenta como algo positivo, consentindo com um jogo infernal. Uma década depois, Las Casas se envolveria no célebre debate de Valladolid, no qual o frade defendeu, diante de uma junta de estudiosos, a injustiça da conquista, a luz natural dos indígenas e a catequese não violenta. Do outro lado, se encontrava Juan Ginés de Sepúlveda, teólogo defensor da inferioridade indígena e da guerra justa. A junta, perante os argumentos expostos pelos debatedores, foi incapaz de chegar a uma resolução, reconhecendo os méritos das duas posições. A Espanha mostrava que tinha dores de consciência, mas que não sabia como "incorporar" os indígenas a seus domínios. Porém, se foi impossível julgar a Conquista como intrinsecamente justa ou injusta na teoria, a legislação sofreu sensíveis mudanças a começar do que se expôs no debate e dos efeitos da difusão da *Leyenda Negra*. Em termos concretos, houve um freio às novas conquistas a partir da segunda metade do século XVI, e o próprio vocábulo "Conquista" perdeu espaço nos documentos espanhóis, dando lugar ao termo "Pacificação". Num decreto de 1573, Felipe II nominalmente proibia que se fizesse "guerra" ou "conquista". A pacificação — aquilo que o documento ordenava que fosse feito dali em diante — se dava de modo totalmente diferente das expedições de conquista: ao lugar a ser pacificado seriam enviados religiosos que, acompanhados de poucos soldados para protegê-los (e não para atacar os indígenas ou se aliar a estes), deveriam converter e civilizar os indígenas, preparando, assim, o terreno para a chegada de colonos, nem que isso tomasse anos. Por princípio, os diferentes grupos indígenas não deveriam mais ser eliminados ou castigados pelas suas diferenças. Mas estavam longe de ter sua existência garantida de forma plena: o outro deveria ser transformado num espectro que deveria lembrar o *eu*!

É claro que transformamos esses exemplos em grandes processos para a compreensão dos mecanismos que envolvem as relações entre o *eu* e o *outro* dentro de um território regido politicamente por uma unidade cultural tida como oficial. Naquele contexto, seria um anacronismo pensarmos em premissas do debate intercultural e de defesa da diversidade existirem, como os presentes, por exemplo, em nossa Constituição de 1988. A diversidade como direito foi uma conquista (em sentido contemporâneo do termo) com longa trajetória e ancorada em importantes movimentos sociais.

Ecos dessas políticas de séculos de exclusão do outro por "limpeza de sangue" (a que voltaremos), por expulsão ou por forçar o outro a tornar-se um igual foram reinventados nos Estados-nação no século XIX. Na América, por exemplo, foi recorrente a construção de uma memória sobre o passado marcada pelo choque irreconciliável de civilizações — de um lado, os *criollos* civilizados, com séculos de construção e organização comunitária, de outro, os indígenas bárbaros, isolados, indolentes, incapazes de se adequarem a qualquer ordenamento social, propensos à degeneração e ao alcoolismo, entre outros vícios. Essa percepção dos indígenas como bárbaros rudimentares também contribuiu para um imaginário em que as únicas relações dos indígenas com a população branca se davam através das violências sofridas. Assim, as ações militares europeias teriam tido como saldo o extermínio — endossando o argumento de que os indígenas pertenceriam ao passado, visto que estariam todos mortos, o que levou sucessivos governos a ignorarem completamente a situação das populações indígenas. Da conquista do Oeste e seu *wilderness* à conquista dos sertões no Brasil ou dos pampas argentinos, temos incontáveis exemplos de como as políticas de concessão de terras e iniciativas de integração das populações desses territórios indígenas foram violentas e de como os novos Estados buscavam estabelecer na identidade nacional um lugar claro para os indígenas. Como diversas outras experiências, esse processo estava ligado à ideia eurocêntrica de civilização. Para incluir, a proposta era transformar o *outro* em algo parecido com o *eu*! O que sem dúvida alguma era um longo e violento processo, mas marcado também por negociações.

Um dos grandes cuidados que devemos ter ao analisar a história é o de não naturalizar as relações entre o *eu* e o *outro* como sendo instintivamente violentas e estruturalmente balizadas pela conversão ou pelo extermínio. A resposta xenofóbica pode parecer intuitivamente humana, mas as balizas éticas, a capacidade de reflexão e a busca por caminhos podem e devem realinhar as respostas. Caso contrário, as tragédias que compartilhamos como seres humanos voltam a se repetir.

A XENOFOBIA NO SÉCULO XIX: IMIGRAÇÃO DE CHINESES PARA OS ESTADOS UNIDOS

O século XIX foi de enorme turbulência política. Guerras, fome e desarranjos econômicos chacoalharam a Europa. Para um leitor atual, talvez possa parecer que a Europa sempre teve padrões de bem-estar social entre os melhores do mundo. Mas não é bem assim. Aliás, não é nada assim! Boa parte da maneira como um europeu vive hoje deriva do mundo pós-Segunda Guerra. No século retrasado, vastos bolsões de pobreza e concentração de renda eram a marca do continente. Isso, claro, paralelamente a uma inaudita expansão do capitalismo industrial e monopolista. Imensos conglomerados econômicos nas mãos de poucas famílias, associadas ao Estado e se valendo de gigantescas colônias na África e na Ásia, geraram fortunas e crescimento econômico do PIB desses países. Dizer "paralelamente" talvez seja pouco: justamente essa concentração de renda brutal e a espoliação dos campos criaram uma massa de pobreza no Velho Mundo. Na década de 1840, por exemplo, uma fome colossal causada pela crise da batata na Irlanda esvaziou o país. Mais de 1 milhão de imigrantes irlandeses foram para os Estados Unidos. As Revoluções de 1848 levaram povos de origem alemã aos montes para o Novo Mundo. Cerca de 20 milhões de europeus vieram para Brasil, Estados Unidos, Canadá, Argentina e Caribe. O Velho Mundo parecia não se importar (a princípio) com o fato de que seus pobres emigrassem, e os países do Novo Mundo tampouco se incomodavam em acolher essas pessoas. Estados Unidos e Brasil, por exemplo, foram atrás desses imigrantes, usando propagandas e financiamento para trazer hordas de mão de obra barata. Até um século antes, não havia vigilância extensiva nas fronteiras americanas. Não eram necessários passaportes e vistos para entrar no país. Tudo parecia facilitar o trânsito.

Deste lado do Atlântico, um misto de crescimento econômico e racismo estrutural passou a ver na imigração europeia resultante desses bolsões de pobreza uma solução para dois problemas. Países como Brasil (que, depois dos Estados Unidos, era a maior economia do continente em fins do século XIX) e Argentina tinham uma economia de tamanho médio em termos mundiais, mas dispunham de uma imensidão de terras "vazias" e de uma estrutura agrária. Vazias entre aspas, pois os indígenas que as ocupavam eram invisíveis aos olhos do Estado, que em geral considerava as populações nativas entraves ao crescimento de seus países. Os Estados Unidos eram uma potência em rápida e franca industrialização, com enormes quantidades de terras igualmente "vazias" e carência de mão de obra barata. Em comum, tais países praticavam profundo racismo contra suas populações de pele não branca. Fossem nativas, negras, pardas, essas pessoas eram indesejadas pelas elites brancas governantes. O tema será propriamente explorado no capítulo sobre racismo, mas já podemos perceber que a divisão é meramente didática e argumentativa: os problemas do racismo e da xenofobia andaram de mãos dadas desde o século XIX, pelo menos. O ponto que nos é caro aqui: para "embranquecer" suas populações, houve incentivo à migração de europeus pobres, em especial na Costa Leste.

As mudanças advindas da industrialização e da urbanização transformavam os Estados Unidos. Em 1880, 20% dos americanos moravam em cidades. Na virada para o século XX, 38%. Em 1920, 68% da população era urbana. Inacreditável crescimento que ilustra a massiva industrialização do país, mas também sua agressiva política de imigração. Por volta de 1890, os Estados Unidos haviam recebido 10 milhões de imigrantes, metade deles da Itália, Rússia, Áustria-Hungria e outros lugares da Europa Central e do Leste.[19] De 1840 até o início da Primeira Guerra, foram 40 milhões. Apenas entre 1901 e 1914, cerca de 13 milhões de europeus seguiram para lá. Hoje em dia, 40% dos americanos descendem de pessoas que chegaram durante esse processo. Mais de 100 milhões de pessoas!

Os Estados Unidos, como todos os países do continente americano, são fruto de migrações forçadas ou "voluntárias", salvo em relação às populações originárias. No caso norte-americano, os fundadores da nação tinham ciência disso. Foi o próprio George Washington quem sancionou o primeiro ato de naturalização, ainda em 1790: todos os brancos com origens diversas da americana podiam imediatamente se tornar cidadãos. O país já começava com uma mácula, com *outros internos*. Cada nova onda migratória foi encarada com ressentimento por quem se sentia "da terra" havia mais tempo: o descendente de anglo-saxão, branco, normalmente cristão protestante. Mesmo se fosse branco e vindo da Irlanda, você era malvisto, pois católico. A religião *papista* era inferior. Se italiano, você podia ser considerado branco, mas, uma vez mais, católico. Sua língua latina tampouco ajudava. A crise econômica transformou esses imigrantes em alvo. Uma tônica, em que precisamos prestar atenção, sempre faz parte da fórmula da xenofobia. Desemprego, escassas oportunidades, salários baixos? A culpa não reside em estruturas capitalistas, em poucos direitos assegurados pelo Estado, a um colchão social que amorteça a queda. A culpa é do estrangeiro, do corpo alienígena que veio tomar "nosso emprego", "nosso salário", "nosso futuro". Esses imigrantes sofreram com o preconceito, claro. Se eram judeus, o estigma os acompanhou desde o barco. Até mesmo o consumo de cerveja foi durante muito tempo associado a europeus e visto como algo "menos americano" do que o consumo de *moonshine* e uísque. Mas por mais que aqueles chegados da Europa tenham cortado um dobrado, foram de outras origens os povos aos quais os norte-americanos tiveram mais facilidade em deixar claro seu preconceito.

Em especial na Costa Oeste, o fluxo de mão de obra barata contou com outro celeiro: a China. Nesse período, o outrora poderoso Império padecia nas mãos de potências europeias que queriam colonizá-lo. Marcou-se a volta ou a reestruturação de uma expressão consagrada dentro da xenofobia: o "perigo amarelo". Essa metáfora racista pode ter raiz nas invasões mongóis da Idade Média, mas cresceu no contexto do imperialismo dos séculos XIX e XX. Para a conquista de espaços de influência e de controle no Extremo Oriente, europeus desenvolveram teorias sobre a inferioridade racial de chineses, coreanos, vietnamitas, japoneses e outros. As teorias racistas reforçavam a superioridade do Ocidente no chamado *break up* da China, acelerado pelas Guerras do Ópio, a partir de 1839.

Um outro aspecto da consolidação do "perigo amarelo" está ligado à imigração de pessoas do Oriente para a América. Tanto no Canadá como nos Estados Unidos, parte da mão de obra para a construção das grandes ferrovias era formada por asiáticos. Ao mesmo tempo que necessitavam do trabalho, os governos dos dois países fizeram leis de restrição usando, declaradamente, argumentos sobre o "*yellow peril*". Nos Estados Unidos, leis como o Page Act sobre mulheres chinesas (1875) ou a proibição da entrada de imigrantes chineses por dez anos (1882) mostram a vitória do preconceito entre os legisladores de Washington. Voltaremos a elas mais adiante. Houve legislação similar no Canadá: a imprensa publicava desenhos e artigos alertando que os orientais, sobretudo chineses, eram numerosos, imunes a tradições como a liberdade constitucional e repletos de doenças. Abrir as fronteiras para massas asiáticas era destruir a identidade nacional.

Revoltas, guerras (como a do Ópio), instabilidade política e econômica também geravam massas de pessoas na linha da miséria.[20] Regiões como

Guangzhou, zonas de intenso intercâmbio comercial, foram polos de imigração para vários locais, da Austrália às Américas, do Peru à Jamaica, do Canadá aos Estados Unidos.[21] Apenas entre 1850 e 1870, cerca de 200 mil chineses imigraram para os Estados Unidos: não passavam de algumas dezenas antes disso. Uma maioria de homens jovens sem formação acabou trabalhando em minas e na construção de ferrovias. Um dos maiores marcos da modernidade norte-americana no século XIX, a Ferrovia Transcontinental, que diminuiu o tempo de viagem entre as duas pontas do país de quatro meses para quatro dias, usou 90% de trabalho chinês na construção de seu lado leste. Foram 10 mil a 12 mil homens mal pagos, que, sob sol e chuva, por salários irrisórios e acomodações paupérrimas, assentaram esse caminho de ferro do progresso. A necessidade dos trabalhadores foi tamanha que acordos internacionais, como o celebrado pelo diplomata Anson Burlingame, em 1868, buscavam estreitar relações com a China e garantir direitos civis aos imigrantes recém-chegados. O potencial caso de amor durou até a crise dos anos 1870. Menos dinheiro, menos trabalho, e os chineses tornaram-se o bode expiatório num país de imigrantes. Não ajudou o fato de os trabalhadores chineses aprenderem o idioma e começarem a se organizar e exigir melhores pagamentos e condições de trabalho: as companhias que os empregavam alimentaram o preconceito… "gente ingrata", quase descartável!

Do ponto de vista migratório, a xenofobia era tamanha que em 1882 se baniu a imigração chinesa por dez anos (ver figura 12 do caderno de imagens). Essa exceção foi estendida, mantida e vigorou por inacreditáveis 61 anos. Em 1917, o país baniu a imigração de quaisquer asiáticos, exceto os vindos das Filipinas (então um protetorado americano) e do Japão. O banimento de chineses também se ligava a um movimento maior de reestruturação da imigração como um todo.

A questão migratória era mais ampla e refletia uma mudança que ocorria igualmente no Velho Mundo: na década de 1890, a crise mudara e, junto dela, a cara do imigrante que acostava em Nova York. De uma maioria de alemães, irlandeses e britânicos, os Estados Unidos passaram a receber russos, italianos, espanhóis e japoneses em larga escala. A mudança do perfil dos migrantes e a quantidade acolhida no país despertou ainda mais ressentimento. Em Boston, por exemplo, uma liga foi formada em 1894: a Liga pela Restrição da Imigração, que consistiu numa das principais organizações lobistas pela diminuição do número de imigrantes, independentemente da origem, pressionando a legislação federal nesse sentido. Já havia eco de lógicas eugenistas, uma ideologia racista (à qual voltaremos no capítulo seguinte) que visava impedir o "decaimento" da "raça americana". Acreditava-se que a mistura com "raças inferiores" afetaria negativamente o pool genético do país. A ciência da época apoiava tais crenças racistas, e o vocabulário de raças e da craniologia estava bastante disseminado. A força da Liga era tamanha que, em 1897, conseguiu fazer o Congresso americano aprovar uma lei anti-imigração, mas o presidente Grover Cleveland a vetou.

Se, por um lado, os Poderes dos Estados Unidos não tinham consenso contra a imigração, o oposto se dava em relação aos chineses, em particular. Como vimos, eles estavam banidos. E os mais de 100 mil chineses e seus descendentes que já moravam no país, especialmente na Costa Oeste, em ambiente urbano, sofreriam a consequência de serem *outros internos*. O preconceito era brutal e persecutório ao extremo. O prefeito de San Francisco, James D. Phelan, fez questão de deixar claro seu pensamento sobre isso, e ele é muito ilustrativo do que estamos querendo demonstrar: "Não podemos aguentar o fluxo de imigrantes que temos" — disse Phelan no fim do século XIX —, "nem de europeus, mas por certo não de asiáticos, pois os primeiros são potencialmente assimiláveis. Os segundos não são assimiláveis de forma alguma. Nós podemos fazer um bom cidadão de uma criança vinda da França, Itália, em algumas gerações, mas não o conseguimos das raças negra (*black*), morena (*brown*[22]) e amarela". A consequência prática foi o estabelecimento de cotas baixas para imigrantes de países e "raças" indesejadas (ato banido apenas em 1965!).

Por um lado, os chineses que viviam em comunidades de autoassistência e em bairros com maioria de seu país eram vistos como inassimiláveis, negavam a americanidade. Esses bairros eram (e são!) chamados de *chinatowns*. Mesmo sendo uma tendência natural que imigrantes ficassem juntos ou próximos devido a questões culturais partilhadas como idioma, alimentação, vestimentas, cultos religiosos, entre outros, os imigrantes chineses nos Estados Unidos sofreram com as políticas de segregação abertamente xenófobas e, nesse caso, construídas pela sinofobia, ou seja, por um sentimento de oposição a tudo o que estivesse relacionado à China. O nome variou com o tempo: "Little China" foi usado para se referir ao assentamento nos *Annals of San Francisco* em 1854; em outros lugares, "The Chinese Quarter"; mas o termo "Chinatown" já era consensual no século XX.

Após o término da construção da Central Pacific Railroad, juntamente com a recessão econômica dos anos 1870, esses trabalhadores chineses vão enfrentar uma forte oposição, sobretudo na Califórnia. Em 1879, a segunda Constituição da Califórnia proibiu a contratação de imigrantes chineses por parte de empresas ou governo estadual, municipal ou distrital, restando a eles poucas opções de trabalho, como empregados domésticos ou em lavanderias. Como forma de sustento, os residentes chineses começaram a vender produtos importados da China. Houve segregação na educação, principalmente em San Francisco — nos anos 1870, leis californianas proibiam provisões escolares para chineses e, após apelos dos imigrantes e uma revisão de códigos, foram criadas escolas separadas para chineses e seus descendentes. Existiram ainda leis antimiscigenação em vários estados norte-americanos, bem como leis que negavam o direito à propriedade de terra na Califórnia (1912 e 1913). Violência racial direta também foi uma das razões para que os assentamentos chineses passassem de locais de migração sazonal para algo mais permanente — durante os anos 1880, 34 comunidades chinesas na Califórnia foram atacadas, nove foram assediadas ou expulsas em Washington e três no Oregon, e quatro cidades em Nevada sofreram com invasões e vandalismo.[23]

Como podemos ver, era um labirinto sem saída. Forçados pela violência e por leis de exclusão, os chineses eram vistos como inassimiláveis. Os que buscavam a cidadania, se "assimilar", eram rejeitados. Imigrantes chineses, pagadores de impostos e com residência fixa, e em especial seus filhos nascidos em solo americano (a quem a 14ª emenda da Constituição Federal garantia cidadania), brigaram nos tribunais, e dois casos se tornaram emblemáticos desse funesto período. O primeiro, de 1886, era a síntese da luta contra a segregação sistemática, a xenofobia e a cidadania de segunda categoria. Algumas famílias "chinesas" de San Francisco haviam se especializado na lavagem de roupas. Dominavam ruas inteiras da cidade fornecendo o serviço por preços baixos. Acusados de funcionarem de forma ilegal, muitos procuraram legalizar a papelada de seus negócios e tiveram a licença de funcionamento negada. Yick Wo buscou a Justiça para conseguir sua licença, alegando discriminação. O caso chegou à Suprema Corte e ele ganhou. Por extensão, San Francisco deveria liberar licenças para lavanderias chinesas poderem funcionar de maneira legalizada sem impor barreiras raciais.

Doze anos depois, Wong Kim Ark, americano com pais chineses, ganhou um caso na Suprema Corte. Seu pleito? Ele tinha visitado a China em 1890 (com passaporte americano!), para conhecer a pátria de origem de seus pais. Ao voltar, a lei mudara e seu retorno foi negado. Saiu dos Estados Unidos como cidadão. Voltou como chinês. Wong Kim Ark tornou-se um apátrida: a China não o considerava chinês; seu país de nascimento, os Estados Unidos, tampouco. Ele buscou a Justiça e ganhou (ver figura 14 do caderno de imagens). A decisão criava jurisprudência: todas as crianças descendentes de chineses nascidas em solo americano teriam direito à cidadania plena nos termos da 14ª emenda.

Essas foram duas exceções felizes num mar de infelicidades e perseguição ao *outro*. Quando os Estados Unidos baniram os chineses, a Constituição tinha pouco mais de cem anos. Ali, naquele ato excludente, nasceram os imigrantes "legais" e os "ilegais". Acusar um imigrante/refugiado de ser "ilegal" é, na verdade, uma forma de eufemismo para o chamar de indesejado, temido, desprezado, inassimilável. Puro preconceito. Isso sempre teve a ver com a imaginação que se tem de si e do outro. O *outro* como impuro, raça abjeta, inferior, de costumes estranhos, hábitos esquisitos. Seu corpo, suas ideias e tradições contaminariam os corpos, ideias e tradições de meus descendentes. Se eu me imagino puro, imutável, cândido, tudo o que não corresponde a esse imaginário polui, deteriora, apodrece meu sonho de mim mesmo e dos meus. Na virada para o século XX, a eugenia se tornou popular e, com ela, o espraiamento do imaginário do imigrante ilegal e do legal. Isso passou a aparecer nos jornais.

No Brasil do final da década de 1870, aconteceu coisa bem semelhante. O grande debate por aqui era o fim (gradual e pactuado) da escravidão, a substituição da mão de obra dos negros pela de imigrantes, ligado à política de branqueamento (que abordaremos no próximo capítulo). João Lins Vieira Cansanção de Sinimbu, primeiro-ministro brasileiro (1878-80), tentando encontrar uma solução, propõe que os senadores considerassem "importar chins" (chineses). Sinimbu argumentava que os europeus queriam ser proprietários de terra, ao passo que os chineses seriam "abundantes" e "laboriosos" e exigiriam "menores salários". Mas, no racismo científico da época, os asiáticos eram, no geral, vistos como uma "raça" ou "civilização inferior", e sua "mistura" com os brasileiros (leia-se os brancos do Brasil) poderia levar a uma "degeneração" de nossa raça.

O senador Escragnolle Taunay (SC), deixando isso claro e engrossando o coro dos colegas descontentes no Senado, manifestou-se: "Acostumado à convivência branda e amistosa dos antigos escravos brasileiros, fazendeiro nenhum será capaz de suportar o contato dos chins. Seus vícios se exacerbam com o uso detestável e enervante do ópio. Só o cheiro que os chins exalam bastará para afugentar o fazendeiro mais recalcitrante".[24]

Após muita discussão, o Senado decidiu pela liberação de 120 contos de reis para que a missão diplomática fosse à China — uma pequena fortuna para o erário da época. Em 1880, um navio brasileiro zarpou rumo à China pela primeira vez na história. Ao final de meses de negociação entre representantes do Império e o vice-rei chinês, um acordo foi assinado entre as partes, garantindo o livre trânsito de cidadãos entre os dois impérios. Parecia o início de uma boa relação diplomática, mas, na prática, depois da saída de Sinimbu do poder, ninguém levou aquela política adiante. Chineses não vieram, brasileiros não foram. De um lado, o vice-rei chinês temia as intenções veladas do Império brasileiro e, embora os termos do acordo fossem de tratado comercial e de amizade diplomática, parecia intuir que uma semiescravidão os esperaria do outro lado do mundo. No caso brasileiro, d. Pedro II — entusiasta de primeira hora do projeto —, em 1882, fora dissuadido de apoiá-lo e se recusou a financiar os custos da vinda de chineses.

O preconceito contra os chineses era tamanho que, um ano após a proclamação da República, em 1890, outorgou-se o decreto n. 528, que dificultava (a ponto de quase inviabilizar) a entrada de imigrantes da Ásia e da África. Negros e amarelos, termos de época, não eram bem-vindos no país, que iniciava sua caminhada republicana. O decreto não durou muito: foi substituído pela lei n. 97 de 1892, que permitia a entrada de imigrantes chineses e japoneses.

Mas a imigração japonesa (1908 em diante) também trouxe debates. A expansão do Império do Japão sobre a China no período entreguerras aumentou o alerta. Houve leis sobre cotas de imigrantes ainda na década de 1920 e ao longo dos anos 1930. Concessões de terras na Amazônia foram limitadas. O imigrante japonês foi considerado uma vanguarda do Império do Sol Nascente. Eram, como a imprensa repetia, "inassimiláveis", devotados com fanatismo a sua própria cultura e ao seu Imperador. Com a proclamação da guerra ao Eixo nos anos 1940, a ideia foi reforçada. Fecharam-se escolas de ensino de japonês, e hospitais de origem nipônica foram renomeados.

A ideia de perigo amarelo conseguiu uma grande renovação no fim do século XX e no começo do XXI, porém a ascensão econômica da China trouxe o fantasma de volta. Para piorar, a pandemia de coronavírus teve origem naquele país, e foi chamada de "peste chinesa" em vários lugares, incluindo aqui.

O CASO DOS MEXICANOS E DOS JAPONESES
NOS ESTADOS UNIDOS

Foi somente em 1965, quando o sistema de cotas de imigração caiu nos Estados Unidos (ele voltaria, com roupas novas, e existe até agora), permitindo a entrada de asiáticos, sobretudo aqueles com formação especializada, que um "novo inimigo" surgiu: o "mexicano", o hispânico como gostam de chamar os americanos de hoje em dia. Vale lembrar que, em 1965, metade do território norte-americano tinha, apenas, pouco mais de um século de anexação, e viera de uma "compra" feita de metade do território mexicano, após uma controversa guerra entre os dois países, vencida pelos vizinhos de cima. Nunca os "norte-americanos" (o México também faz parte da América do Norte) viram seus vizinhos "latinos" com o melhor dos bons olhos. O oitavo secretário de Estado dos Estados Unidos (e futuro presidente) John Quincy Adams, ainda na infância, afirmava que os "latino-americanos" eram "vagabundos, sujos, grosseiros e, em suma, eu posso compará-los a nada mais do que um bando de porcos". Seu pai, o segundo presidente do país, John Adams, já havia afirmado que "o povo da América Latina é o mais ignorante, o mais fanático e o mais supersticioso de todos os católicos romanos na cristandade". Portanto, o Departamento de Estado nunca foi frequentado por criaturas que enxergassem os territórios ao sul do Rio Bravo com algo diferente de certo desprezo ou condescendência, quando se tinha sorte.[25] Quando conhecemos esse histórico, um leitor incauto poderia supor que sempre os "hispânicos" foram malquistos internamente, em especial os mexicanos. Muito pelo contrário, houve várias vezes programas de *incentivos* para que esses vizinhos de pele mais morena, fala castelhana e religião católica cruzassem a fronteira e passassem a viver e trabalhar nos Estados Unidos. Sim, você leu direito: incentivos!

Até 1917, a fronteira entre Ciudad Juárez e El Paso era fluida, sem controle rígido. Mexicanos e norte-americanos cruzavam de um lado para outro indistintamente. Mas aquele ano foi muito especial. Os Estados Unidos estavam às vésperas de entrar na Primeira Guerra, e o pavor de ataques alemães espraiou-se.

Especialmente o receio de que atacassem pelo mar e... pela fronteira mexicana! David Dorado Romo[26] estudou como jornais espalharam o pavor de um ataque iminente pela fronteira sul. Isso parecia crível aos estadunidenses, pois o México passava por mais um ano agudo em sua longeva Revolução. A Revolução Mexicana começara como uma questão eleitoral que levou à deposição do ditador Porfírio Díaz em 1911, porém se tornou um cadinho de projetos políticos conflitantes que mergulharam o México num banho de sangue. O ano 1917 foi de busca de consenso no sangrento conflito, o ano da promulgação de uma das constituições mais avançadas do século XX quando se trata de direitos sociais, mas, ainda assim, os mexicanos não conseguiam depor suas armas naquela carnificina. E um dos lugares em que foragidos e procurados se refugiavam era o Sul dos Estados Unidos. O imaginário da eugenia, que barrava tudo o que pudesse fazer mal "à raça" norte-americana (ou seja, aos brancos norte-americanos de origem anglo-saxã), passou a ver no mexicano um estereótipo de sujeira e inferioridade. O cinema, que se popularizava, criara o gênero do faroeste, com caubóis aventureiros — encarnando o "espírito americano" de "liberdade", o mito da fronteira — que enfrentavam mexicanos sujos, desdentados, desgrenhados, corrompidos física e moralmente. Não era incomum que a palavra *greaser*, um termo derrogatório cuja etimologia parece estar ligada a "gordura", "banha", fosse associado aos mexicanos (e por mexicanos, leiam: latino-americanos em geral). O prefeito de El Paso na época, Thomas Calloway Lea Jr., um veterano da guerra de 1898, democrata e advogado do próprio ex-presidente mexicano Victoriano Huerta, transformou a "higiene e limpeza social" em sua plataforma de governo. Uma busca insana por pureza racial e física que via em peles consideradas mais escuras, e em outros atributos físicos imaginados, sinais de impureza, inferioridade, imoralidade, criminalidade: "maus elementos" seriam exterminados de El Paso, ele dizia.

Vamos a um exemplo de como medo e imaginários de pureza racial e social operaram nesse caso para criar preconceito e violência. Lea Jr. temia que o tifo atacasse a cidade. Sabia-se que El Paso sofria uma infestação de piolhos. Ele, então, resolveu inspecionar cada casa de bairros "mexicanos". Toda pessoa encontrada com lêndeas ou piolhos era obrigada a tomar banhos numa solução de vinagre e querosene, e tinha as roupas queimadas e a cabeça raspada. Casas foram derrubadas no processo. Se em bairros "infectos", habitados por "gente infecta", o tão temido piolho podia ser encontrado, imagine em cadeias, onde essa população "abjeta" era concentrada? Repare que as cadeias eram (e continuam sendo) inchadas por "raças inferiores" não porque estas fossem mais propensas ao crime, mas sim porque eram mais propensas à detenção. O racismo vem antes! E, na cadeia de El Paso, prisioneiros de origem mexicana foram forçados a entrar em banheiras de querosene para "se desinfectarem". Em quase trinta ocasiões, alguém acendeu fósforos e essas pessoas foram calcinadas no que ficou conhecido nos jornais de então como o "holocausto carcerário de El Paso". O mesmo prefeito escreveu ao governo federal pedindo que autorizasse a quarentena na cidade para evitar que as "centenas de mexicanos sujos, piolhentos e sem posses" que todos os dias chegariam a El Paso espalhassem a doença. O governo respondeu não reconhecendo "a ameaça" de uma epidemia de tifo, mas autorizando uma medida "sanitária": a instalação de câmaras de desinfecção e controle na fronteira. Nesse lugar, todos os considerados "cidadãos de segunda categoria" seriam despidos à força, teriam suas roupas fumigadas numa "câmara de gás" e, em caso de apresentarem o menor sinal de piolhos (ou o que se achasse similar), teriam seus pelos e cabelos raspados, devendo se banhar numa mistura de vinagre e querosene. Tudo entrou em vigor muito prontamente.

Dentro dos primeiros centros de migração do México para os Estados Unidos, os "mexicanos" deveriam responder um questionário e testes de "aptidão". Se fossem aprovados, recebiam uma permissão, um passe de oito dias na cidade vizinha. Quisessem mais tempo ou reentrassem depois do período concedido, e tudo recomeçava. A historiadora Yolanda Chávez Leyva relata os rumores de que as mulheres eram fotografadas nuas e suas fotos exibidas em bares da região. A humilhação do processo levou à revolta liderada por Carmelita Torres, uma menina de dezessete anos, que cruzava diariamente a fronteira, num trólebus, para ir trabalhar. Ela convenceu todo o seu vagão a recusar a inspeção. Eram duzentos manifestantes no início. Ao longo de três dias de protestos, chegaram a totalizar 2 mil pessoas que fecharam a fronteira dos dois países, deitando-se nos trilhos do trólebus, atacando carros que tentavam atravessar e repelindo os guardas a garrafadas, pedradas e insultos. O episódio ficou conhecido como a Revolta do Banho. Seus líderes acabaram presos, alguns fuzilados publicamente. A jovem Torres "sumiu" numa prisão. No restante do ano, mais de 100 mil mexicanos passaram pelo arbitrário processo de "higiene". No mesmo 1917, começou-se a exigir, em todos os pontos de entrada, passaporte dos imigrantes e que eles se submetessem a um teste para comprovar que eram alfabetizados, ficando sujeitos a pagar uma taxa de oito dólares (que podia não ser cobrada). As novas instruções ordenavam que os considerados "imbecis, idiotas, de constituição mental frágil, com defeitos físicos, doentes ou portadores de doenças potencialmente contagiosas" fossem deixados de fora.[27]

O pavor das doenças se justificou. Em 1918, uma peste terrível e mortal cruzou a fronteira. Mais uma vez a preocupação com higiene parecia correta: a epidemia era fruto, entre outras coisas, de más condições sanitárias. Tratava-se do vírus influenza, numa peste que ceifaria a vida de milhões de pessoas no mundo: a gripe "espanhola" de 1918, gestada em fazendas no Kansas e levada por soldados americanos para o mundo todo por conta da Guerra Mundial. A moléstia ganharia o nome de gripe espanhola, mas fora fabricada nos Estados Unidos! Ironias à parte, isso apenas ilustra como o racismo, o medo e o sentimento de superioridade geraram tratamentos desumanos e aversão ao estrangeiro — mas não puderam evitar doenças.

Em 1929, os americanos passaram a utilizar Zyklon B, um gás ácido extremamente venenoso, para fumigar roupas na fronteira com o México. Em 1937, um cientista alemão, Gerhard Peters, publicou um artigo científico recomendando o uso do mesmo gás em câmaras de desinfecção em seu país, sob a alegação de que a experiência em El Paso fora imensamente bem-sucedida. O mesmo Peters sugeria que esse método fosse utilizado para livrar de pestes os campos de concentração nazistas. Sabemos o que ocorreu na sequência.

Em 1942, os governos do México e dos Estados Unidos assinaram o programa Bracero, que enviava mexicanos para trabalharem na construção e manutenção de ferrovias e fazendas norte-americanas. Nessa época, o medo da "peste" mexicana levou as autoridades americanas a não mais jogarem veneno nas roupas, mas sim nos próprios corpos dos mexicanos. Aliás, essa era uma prática muito em voga nos anos 1940: borrifar DDT, um potente e hoje proibido pesticida, utilizado para conter pragas em plantações. Sua toxicidade era letal, mas isso não impediu que fosse usado até mesmo em praias com banhistas país afora. De maneira desumanizada, os mexicanos participantes do programa eram revistados, despidos, tinham cada orifício do corpo inspecionado e, por fim, eram borrifados com o veneno. Incluindo o rosto. Foi no fim desse programa, em 1964, que as autoridades desautorizaram fumigações e reconheceram o imenso perigo potencial do DDT para a saúde humana. No ano se-

Em 1942, cerca de 4 milhões de trabalhadores mexicanos cruzaram a fronteira para trabalhar nos Estados Unidos no programa Bracero. A iniciativa terminou em 1964, e seus trabalhadores passaram a ser considerados imigrantes ilegais. Um século antes, os Estados Unidos haviam tomado mais da metade do território mexicano. Aqui vemos braceros colhendo linho numa fazenda no Oregon, em 1946.

guinte, os migrantes, mesmo os que viviam de forma legal, foram "ilegalizados", tornados indesejados. Haviam entrado por convite do Bracero; viraram párias numa canetada.

Nosso argumento é de que não se trata de cidadania apenas, mas de preconceito contra aqueles que serão sempre vistos como estrangeiros mesmo que sejam cidadãos. No caso dos "hispânicos", a associação entre doenças e migração segue viva e forte.[28] Trump, durante a pandemia, promulgou diretrizes que expulsam de forma expressa postulantes à cidadania americana com a desculpa de que poderiam transmitir coronavírus. O governo Biden (ao menos até enquanto escrevemos estas linhas) manteve a mesma postura. Estrangeiros = perigosos: uma tendência dentro do nosso irmão do Norte.

Vamos a outro exemplo. Em 1942, como um dos resultados do bombardeamento de Pearl Harbor, Roosevelt assinou um decreto que acabou levando ao confinamento de 120 mil pessoas em campos de concentração em solo americano. Cerca de 40 mil delas eram imigrantes japoneses que moravam legalmente no país, alguns havia décadas. Os demais eram americanos nascidos em solo americano, que viviam como americanos, se entendiam como americanos, falavam inglês, frequentavam escolas, mantinham negócios, pagavam impostos, tudo de acordo com a lei estadunidense. Mas, do dia para a noite, tornaram-se *Japs*, uma corruptela extremamente carregada de preconceito para *Japanese*. Passaram a ser vistos — oficialmente — como potenciais ameaças militares a seu próprio país. Recolhidos a "acampamentos militares" com nomes róseos como Harmonia (esse específico, em Seattle), foram proibidos de se mudarem de lá, tiveram suas contas bancárias e bens congelados, transformando-se em prisioneiros. Foram viver em antigos estábulos, pistas de corrida, fazendas e outras instalações nunca planejadas para a vida humana, adaptadas em barracões e tendas coletivas, nas quais inúmeras famílias tinham que se agrupar. As condições sanitárias, aquelas que impingiram horror na fronteira com o México, eram péssimas. Se a ideia da fronteira e seus venenos e violências era poupar cidadãos americanos de problemas sanitários, como explicar que esses mesmos cidadãos eram agora submetidos a condições como as que estamos descrevendo? Simples: nunca foram vistos como cidadãos, embora seus documentos dissessem o oposto. Eram estrangeiros em terras americanas, logo, vistos com imensa xenofobia: *outros internos*. Esse preconceito os trancafiou e os deixou do outro lado de cercas de arame farpado vigiadas dia e noite por soldados conterrâneos, que os viam como escória. Eram responsáveis por tocar a vida nos campos, com asseio, a produção de alimentos, e manter as crianças em escolas quase sem equipamentos ou nas quais não havia condições de elas serem instruídas.

Instituições antirracismo protestaram, ajudaram indivíduos a saírem desses campos, conseguindo que seus direitos à educação universitária, por exemplo, fossem respeitados. Motins e revoltas ocorreram. Mas, como regra, os campos foram preservados até 1944, quando a Suprema Corte considerou inconstitucional manter encarcerados cidadãos americanos sem acusação formal precisa. Os últimos campos foram fechados apenas com o fim da Segunda Guerra, em 1945. Os prisioneiros restantes ganharam 25 dólares (aproximadamente 420 dólares em valores atuais) e uma passagem para sua cidade de origem. Muitos já não tinham sequer casa e trabalho. Uma coisa era a lei voltar a estar a seu lado, outra,

Depois do ataque japonês à base havaiana de Pearl Harbor, todos os imigrantes japoneses e seus descendentes que viviam na Costa Oeste passaram a ser considerados suspeitos de traição e foram confinados em campos de concentração no interior do país. Depois da guerra, foram libertados sem indenização, conquistada apenas em 1988.

muito diferente, era mudar um preconceito enraizado. Há a lei e há a prática. Esta última quase independe da primeira. Muitos ex-encarcerados de origem nipônica não conseguiram novos trabalhos, nunca reconstruíram suas vidas. A luta de seus descendentes por justiça levou a um pedido formal de desculpas pelo "racismo, histeria e liderança falha" da parte do governo americano, em 1988. Também foi paga uma indenização de 20 mil dólares, hoje cerca de 51 mil dólares, para cada sobrevivente. Mas foi o suficiente?

A XENOFOBIA E O NORDESTINO

É fácil analisar o preconceito xenofóbico quando consideramos um imigrante argelino na França ou um paquistanês recém-chegado ao Reino Unido. O outro é visto como um ataque aos valores locais e à identidade. Naqueles lugares, o sentimento negativo cumpre a definição do Alto-Comissariado das Nações Unidas para os Refugiados (Acnur): "Atitudes, preconceitos e comportamentos que rejeitam, excluem e frequentemente difamam pessoas, com base na percepção de que elas são estranhas ou estrangeiras à comunidade, sociedade ou identidade nacional". Fica um pouco mais estranho quando pensamos em xenofobia contra cidadãos de um mesmo Estado nacional. Ela existe de maneira forte no Brasil.

No período colonial da América portuguesa, grande parte da riqueza e da população esteve concentrada no litoral da região a que hoje denominamos Nordeste. No século XVIII, o ouro e os diamantes provocaram uma descida do eixo econômico para o Sudeste e para o interior. A capital da colônia seguiu o processo e o Rio de Janeiro substituiu Salvador, em 1763. Em 1808, com a chegada da corte portuguesa, o poder político se concentraria ainda mais no Sudeste.

A Revolução Pernambucana de 1817 já mostra a insatisfação de muitas pessoas da região com o poder deslocado para o Rio de Janeiro. Os impostos de d. João VI, os cargos concentrados nas mãos de portugueses, a crise econômica ligada à recente seca e outros fatores fizeram com que lideranças de Pernambuco, Paraíba e Rio Grande do Norte começassem o movimento. A repressão foi muito violenta.

As grandes secas de 1877 e 1915 reforçaram uma determinada imagem. Estávamos na era da fotografia e a cena de crianças famélicas chegava aos jornais. Pintores como Candido Portinari e escritores como Graciliano Ramos e Rachel de Queiroz emprestariam seu gênio criativo à estetização do retirante e da fome. O mesmo ocorreu com o "cangaço" e o messianismo, temas importantes até para o cinema nacional. O Nordeste era, na consciência do país, a terra árida de pobres, bandidos, religiosos enlouquecidos e coronéis de almanaque. Fatos concretos como a seca passaram a ser ampliados para todo o Nordeste e criaram uma identidade.

Dentre outros autores, Durval Muniz de Albuquerque Jr. explicou como a imagem da miséria e a demanda por recursos para a região se transformaram em mecanismo de beneficiamento das elites nordestinas.[29] Uma estrutura de crise que parece eterna e impossível de ser superada e que demanda recursos infinitos. Parte da ideia ainda prospera no Sul do país, em especial.

Houve muitas ondas de migração interna de nordestinos. Uma delas foi para a economia da borracha, na Amazônia. Outra, notável, acentuou-se pelo crescimento industrial e urbano de grandes cidades como São Paulo. A nascente indústria automobilística da região do ABC paulista foi um chamariz poderoso para quem desejava melhoria de vida. Para muita gente do Sudeste, a convivência com o nordestino se limitou a funcionários domésticos e trabalhadores braçais. Ignora-se o nordestino intelectualizado, rico, elitizado, em nome do empobrecido que vem "roubar/implorar" emprego.

O sentimento duplo aparece, em 1959, no poema "O operário em construção". Ele não se dirige ao trabalhador nordestino, em particular. Mas Vinicius de Moraes identifica o trabalhador da construção civil como desejado no padrão mão de obra barata e rejeitado ao usufruir do universo que ele colaborou para construir.

Surge um outro interno destituído da cultura formal de matriz europeia. O nordestino se torna um estrangeiro permanente, como se fosse invasor do seu próprio país, falando uma língua estrangeira, incapaz, na visão de algumas pessoas, de se tornar um cidadão plenamente integrado. Acentuam-se propostas separatistas no Sul/Sudeste do Brasil. Mais do que formar um país novo, o preconceito dos separatismos quer excluir outro país. Alguns adeptos desse movimento douram o tradicional racismo com a fina pátina da "identidade regional".

Um dos pontos importantes na construção do preconceito é a generalização. Antes chamado genericamente de "Norte", o Nordeste vira uma única área na consciência preconceituosa. Apesar da sua imensa variedade geográfica, linguística e humana, cristalizamos um bloco no imaginário. O cantor cearense Belchior, na música "Conheço o meu lugar", diz de forma contundente: "Nordeste é uma ficção, Nordeste nunca houve". Antes que uma ficção, o Nordeste é uma generalização.

Como ela funciona? Vamos a um caso concreto envolvendo o então jogador Edmundo, em 1997. O atacante se sentiu injustiçado pela arbitragem e soltou a frase: "A gente vem na Paraíba, um paraíba apita..., só pode prejudicar a gente". Na realidade, o jogo acontecia no Rio Grande do Norte e o árbitro era do Ceará. Mais tarde na mesma noite, Edmundo (que tinha o apelido de Animal) retratou-se dizendo que, no Rio de Janeiro, todo mundo chama "quem é do Norte" de "paraíba", assim reforçando o desconhecimento e o preconceito.[30]

"Paraíba" existe como termo generalizante no Rio de Janeiro. Em São Paulo, domina a palavra "baiano". Nos dois lugares, esses termos são associados à indolência e à limitação intelectual. Os sotaques do Nordeste (muitos) são reunidos num falar genérico alvo de muita zombaria. Reclamando da generalização, o músico Aloisio Gomes escreve "Tudo é baiano":

Pode ser cearense, ou mesmo pernambucano
Mas chegando em São Paulo tem que ser baiano
Tem que ser baiano
Tem que ser baiano
Olha, chegando em São Paulo,
Tem que ser baiano
Se o caboclo sai do Norte
Em São Paulo foi morar
Tem que ser baiano,
Paulista vai te chamar,
Eu tô ficando doido,
Já estou quase maluco
Não é brincadeira
Eu nasci em Pernambuco
Sou pernambucano,
Quem eu sou eu não me engano
Mas chegando em São Paulo
Tem que ser baiano

A polarização política que domina o Brasil no século XXI aumentou o estereótipo do nordestino em muitas áreas do Sul e do Sudeste. Em 28 de fevereiro de 2023, o vereador Sandro Fantinel, de Caxias do Sul, fez um discurso comentando um caso escandaloso de trabalhadores em situação análoga à escravidão nas empresas vinícolas da região. Os empregados eram, quase todos, de origem nordestina. O político recomendou aos empresários gaúchos que "não contratem mais aquela gente lá de cima", referindo-se a pessoas vindas do Nordeste. O edil sugeriu ainda que fosse dada preferência aos provenientes da Argentina, que, segundo ele, seriam "limpos, trabalhadores e corretos". Se os argentinos eram "limpos, trabalhadores e corretos", podemos imaginar, por lógica discursiva, que seriam superiores aos nordestinos, que aqui são insinuados, em antítese, como "sujos, preguiçosos e desonestos". É possível, portanto, pensar que a leitura do "nordestino" ou do "nortista" passa por lógicas de racialização: é uma forma de racismo que se coaduna com facilidade à xenofobia.[31]

Existe uma longa tradição de classificar como preguiçosos todos os seres humanos que não aceitem, com alegria e muito empenho, as condições aviltantes de trabalho e de dominação. Isso ocorreu contra indígenas e africanos escravizados por séculos. Aqui a xenofobia sorri para o racismo. O nordestino se torna, dentro da sociedade brasileira, um outro sobre o qual podem ser descarregadas todas as nossas mazelas. Como todos os discursos/práticas preconceituosos, aponta-se um suposto elemento ruim para construir um modelo bom: trabalhador fiel, ordenado e produtivo, branco do Sul. Discursos de classe ficam sobrepostos a práticas racistas, e a xenofobia interna ignora realidades variadas e ricas dos nove estados do chamado Nordeste. O preconceito contra o nordestino é uma invenção cultural antiga, uma prática perniciosa, uma falta de conhecimento e, igualmente, um crime.

GENOCÍDIOS E HOLOCAUSTOS: A XENOFOBIA EM ESCALA INDUSTRIAL MODERNA

O leitor atento já entendeu que podemos tratar mal de inúmeras maneiras quem não "se parece" conosco, e fazer isso de forma legal, com motivação religiosa, sanitária e até mesmo alegando razões humanitárias. Mas o fim do século XIX e o século XX elevaram o sarrafo. Entrávamos na era dos genocídios. Eles existiram ao longo de toda a história. Dificilmente a história da colonização do continente americano (ou de qualquer outro) poderia ser estudada ignorando-se que, em certas ilhas do Caribe, antes densamente povoadas, não residia nenhum indígena no século XVIII. No lugar de uma "terra virgem", como os documentos de época chamavam a América, os colonos do século XVII encontraram uma "terra viúva", com a população nativa em franco declínio por conta dos primeiros contatos com pessoas do Velho Mundo.[32] Mas o enorme genocídio das populações nativas nesses séculos adveio sobretudo do contato com doenças, logo, não foi algo inteiramente deliberado e consciente.

De modo geral, genocídios podem ser qualificados como uma série de ações praticadas por um Estado nacional ou outra instância com ordem institucional contra determinados grupos culturais ou étnicos. São ações sistemáticas com o objetivo de eliminar o outro, praticadas contra os "indesejáveis". São assassinatos, perseguições, torturas, exclusões culturais e políticas para apagar o outro e seus semelhantes. Os genocídios tornam absurdamente visível e concretizam violências extremas fruto do ódio contra o diferente.

    O termo "genocídio" tem sua historicidade. Remonta à Antiguidade clássica, fazendo alusão ao conceito de *genos*, expressão grega para designar pessoas de ascendência comum, origem da palavra "gente" ou "genética", em português. A outra parte do vocábulo, o sufixo *-cide*, vem do latim, e faz referência ao ato de matar: pense em "homicida", "parricida", "inseticida" etc. Apesar da base na Antiguidade, a expressão "genocídio" é do século XX e foi proposta por Raphael Lemkin, um advogado de ascendência judaica que nasceu no pequeno vilarejo de Bezwodne, então parte do Império Russo. Iniciando seus estudos em linguística, o pesquisador passou a examinar crimes contra povos, e seu primeiro caso foi o Massacre de Simele (1933), perpetrado pelo Reino do Iraque contra os assírios. Com o fim das políticas imperiais britânicas na região, grupos de tradição sunita assumiram o poder, e a situação política no território iraquiano tornou-se insustentável para minorias étnicas e religiosas. Os assírios, que estavam centrados no norte do Iraque e faziam frente ao governo central, em vilarejos compostos majoritariamente de pequenos camponeses, eram majoritariamente cristãos e foram assediados e assassinados a mando do Estado.[33] O que caracterizava essa ação? E como ela foi sendo construída ao longo do tempo? Essas eram questões colocadas por Lemkin em seu estudo.

    Depois de analisar o Massacre de Simele, Lemkin debruçou-se sobre a tragédia imposta aos armênios. Ela se iniciou na Primeira Guerra Mundial (1914-8), quando o regime otomano perseguiu esse grupo étnico minoritário dentro do Império. Além do alistamento obrigatório para os homens armênios na Grande Guerra, eram impostos trabalhos forçados em campos de concentração, havia deportação de pessoas para o deserto sírio, matanças sistemáticas e generalizadas, e privação de qualquer forma de participação política ou expressão cultural. O resultado foi avassalador: cerca de 1,5 milhão de mortos. O genocídio armênio, nunca reconhecido pelas autoridades turcas, é tido por alguns autores como o primeiro genocídio da história contemporânea e o segundo maior em número de mortos e desaparecidos de todos os tempos.

    Os mecanismos de extermínio elaborados pelo Estado e as relações com os grupos minoritários xiitas, armênios e judeus (da ascensão nazista ao fim da

O genocídio armênio (1915-7) é um dos episódios mais horripilantes da história moderna, estabelecendo o padrão dos genocídios posteriores. Durante a Primeira Guerra Mundial, o exército otomano e bandos paramilitares exterminaram cerca de 1,2 milhão de pessoas. Nesta foto de 1919, freiras e oficiais do governo exibem o resultado macabro do genocídio no mosteiro de são Sarkis, na Armênia. O cartaz em inglês ironiza as "bases da civilização".

Segunda Guerra), praticados em diferentes territórios e com pouco espaço temporal entre eles, foram comparados pelo professor Lemkin. A reflexão foi materializada na própria definição de genocídio em livro de 1944, sobre a atuação do Eixo na Europa em guerra. Na ONU, Lemkin ampliou o alcance da definição ao ajudar a aprovar a Convenção para a Prevenção e a Repressão do Crime de Genocídio, que permite a punição internacional desse crime contra a humanidade. A aprovação da Convenção foi uma resposta internacional ao Tribunal de Nuremberg, que poupou da forca dez dos 22 nazistas que estavam sendo acusados de crimes de guerra, justamente porque não havia legislação ou normatização do que seria um genocídio. A nova diferenciação entre crimes de guerra e crimes contra a humanidade acabaria por configurar mais um instrumento jurídico que, embora não viesse a impedir a ocorrência de um novo genocídio, traria a possibilidade de sanções internacionais contra a prática, ao defini-la, tipificá-la.

Lembremos que estávamos a uma década e meia da ascensão dos nazistas ao poder na Alemanha, em 1933. Como regime totalitário, eles eliminaram qualquer possibilidade de livre expressão de dissonâncias políticas ou culturais. Como estratégia de fortalecimento do Partido Nazista e de seu líder, Adolf Hitler, criaram "inimigos" do povo alemão. Judeus, povos eslavos (como poloneses e russos) e ciganos eram classificados como biologicamente inferiores. Ao mesmo tempo, comunistas, socialistas, testemunhas de Jeová, homossexuais, entre outros, passaram a compor um grupo de perseguidos por desvios de comportamento. É bastante claro que a perseguição se dava ao outro que transgredia um imaginário do verdadeiro alemão, fosse por questões de nascimento ou de "conduta moral". Os campos de concentração, em operação no início do governo, eram a princípio dedicados à prisão e à chamada "reeducação" dos oponentes ideológicos do regime. Mas, a partir de 1941, nesses campos foram recolhidos cerca de 6 milhões de judeus e indivíduos de outras identidades étnicas ou políticas para o extermínio sistemático. Entre os judeus, o genocídio recebeu a denominação de Shoah, "calamidade".

A experiência histórica do Holocausto tornou-se um paradigma para a humanidade: ele aponta para o que somos capazes de fazer como seres humanos e para o que não podemos permitir que aconteça novamente. A xenofobia, o etnocentrismo e mesmo os comportamentos de identificação de grupos são capazes de gerar violência em diferentes escalas. Esse novo paradigma civilizacional foi fundamental para o estabelecimento dos limites sobre a dignidade humana: violência, tortura, prisões ilegais, ausência do direito ao julgamento justo, entre outros, perfazem a base do que reconhecemos como limites civilizacionais e, portanto, éticos e morais; são pilar central do que entendemos como direitos humanos.[34] Apesar da aprovação da Convenção para a Prevenção e a Repressão do Crime de Genocídio e da ampliação dos países signatários da Declaração Universal dos Direitos Humanos, grandes genocídios ocorreram na segunda metade do século XX. Entre 1975 e 1979, cerca de 2 milhões de pessoas foram executadas pelo Estado do Camboja por suas posições políticas ou crenças religiosas. Em 1994, mais de 800 mil pessoas da etnia Tutsi e de opositores do governo foram massacrados em Ruanda. Em 1995, cerca de 200 mil bósnios muçulmanos foram mortos pela Sérvia, entre outras razões,

Chegada e triagem de prisioneiros judeus da Hungria na estação ferroviária de Auschwitz-Birkenau, um complexo de campos de trabalho e extermínio localizado no sul da Polônia. Mais de 1 milhão de judeus de toda a Europa pereceram em Auschwitz. Acredita-se que esta foto tenha sido tirada por um oficial da SS em maio de 1944.

por suas crenças religiosas. Malgrado os dispositivos legais, as fronteiras entre um simples "desconfiar de alguém" e a intolerância, violência e extermínios sistemáticos foram várias vezes cruzadas em tempos e espaços diferentes de nossa trajetória como seres humanos. Se Pinker tem razão, e esses são nossos melhores anjos, oxalá nunca possamos ver nosso pior. Matar em escala industrial se tornou uma tônica do século XX, infelizmente.

E NÓS? A "ERA DOS MUROS"

No Evangelho de Lucas, capítulo 10, versículos 25-37, lemos uma parábola bastante eloquente. Um perito na lei judaica aborda Jesus e pergunta como poderia obter a vida eterna. O Nazareno responde dizendo que ele já sabia a resposta, a qual, de fato, lhe é confirmada pelo homem que o interpelava: "Amarás o Senhor teu Deus, de todo o teu coração, de toda a tua alma, com toda a tua força e de todo o teu entendimento; e a teu próximo como a ti mesmo", ecoando frases que estão no Deuteronômio e no Levítico, respectivamente. O doutor na lei não se dá por vencido e interpela Jesus uma vez mais: quem é o meu próximo? A resposta de Jesus e o fim da conversa merecem ser transcritos na íntegra:

> "Um homem descia de Jerusalém a Jericó, e caiu no meio de assaltantes que, após havê-lo despojado e espancado, foram-se, deixando-o semimorto. 31 Casualmente, descia por esse caminho um sacerdote; viu-o e passou adiante. 32 Igualmente um levita, atravessando esse lugar, viu-o e prosseguiu. 33 Certo samaritano em viagem, porém, chegou junto dele, viu-o e moveu-se de compaixão. 34 Aproximou-se, cuidou de suas chagas, derramando óleo e vinho, depois colocou-o em seu próprio animal, conduziu-o à hospedaria e dispensou-lhe cuidados. 35 No dia seguinte, tirou dois denários e deu-os ao hospedeiro, dizendo: 'Cuida dele, e o que gastares a mais, em meu regresso te pagarei'. 36 Qual dos três, em tua opinião, foi o próximo do homem que caiu nas mãos dos assaltantes?" 37 Ele respondeu: "Aquele que usou de misericórdia para com ele". Jesus então lhe disse: "Vai, e também tu, faze o mesmo".

Os autores deste livro não são religiosos, mas estudiosos de temas sagrados. Independentemente disso, são humanistas que gostam muito do espírito da parábola acima. Para que ela ganhe relevo ainda maior, peguemos o preconceito que Jesus enuncia. Samaria era uma província (na verdade, ainda existe) que abrigava um povo semita que não se via como judeu, tampouco seguia a religião como eles. Por isso, eram sinônimo de impureza na Bíblia. Quando Jesus diz que um samaritano ajudou um desconhecido e que aqueles de quem se esperava essa ajuda recusaram-na, ele está dizendo algo como Natanael em João, que citamos na introdução: "O que de bom pode vir logo de Samaria?". E, onde menos se esperava, lá estava a bondade, o olhar de compaixão e empatia para com seu (nem tão) próximo (assim). Após tantos milênios de refutação ao estrangeiro, ao assaltado caído na estrada, quem sabe não estaríamos próximos de superar nossa xenofobia, a passar a ver todo habitante de Samaria não com desprezo, mas como "bons samaritanos". Ledo engano se acharmos que estamos próximos disso.

Perguntarmo-nos sobre nós é uma primeira provocação para refletirmos sobre nossos grupos de pertencimento e aqueles a quem excluímos. Vocês, leitor e leitora, a quem consideram como *nós* e, como consequência, como o *outro*? No Brasil, um país composto majoritariamente de descendentes de imigrantes e raptados (vindos, em sua ampla maioria, buscando condições melhores de vida ou trazidos à força, quando pensamos as situações de escravidão), é enorme a chance de você ser descendente de uma família que está por aqui há, no máximo, 150 anos. E aqueles que chegaram no domingo, reclamam dos que chegam na segunda-feira. Os que aportaram na terça dizem que os de quarta não têm os mesmos direitos que eles, que estavam aqui primeiro. Se analisarmos as situações narradas neste capítulo a partir das chaves da xenofobia e do etnocentrismo, os números globais são alarmantes e nos mostram algo aterrador. De acordo com o Alto-Comissariado das Nações Unidas para os Refugiados (Acnur), uma a cada 95 pessoas no mundo é obrigada a fugir de sua casa por conflitos militares, guerras civis, perseguições religiosas ou políticas. Estima-se que há mais de 103 milhões de pessoas no planeta Terra forçosamente fora de suas casas; destas, 32,5 milhões estão oficialmente na condição de refugiados, dos quais a metade são crianças e jovens com menos de dezoito anos. Muitas dessas pessoas estão sem acesso a direitos básicos, como comida, saúde, emprego, direito de ir e vir, entre tantos outros.[35]

Como cada país recebe (ou não) essas pessoas em deslocamento, que não possuem a opção do retorno a suas casas, é determinante para alimentar sentimentos expressos a partir do ódio ao estrangeiro ou ao diferente. De uma forma bastante geral, podemos nos arriscar a afirmar que a chegada dos imigrantes — refugiados ou não — é marcada pela violência. Para além da violência de estar "fora de lugar", como descreveu o crítico literário Edward Said sobre sua condição de palestino fora da Palestina, grupos mais conservadores tendem a perceber na imigração um sacrifício para o "nascido no lugar" e para o "patriota". Não à toa, o jornalista Tim Marshall descreve nossa era como sendo a era dos muros! Ele afirma que construímos milhares de quilômetros de muros no século XXI. E que "pelo menos 65 países, mais de um terço dos Estados-nações do planeta, construíram barreiras ao longo de seus limites; metade das que foram erigidas desde a Segunda Guerra Mundial surgiram entre 2000 e agora".[36]

As construções de muros — espalhadas pelos países — indicam o crescimento dos sentimentos nacionalistas ufanistas e chauvinistas, todos vizinhos próximos da xenofobia, em detrimento da abertura à convivência, à diversidade, ao multiculturalismo ou (ao menos) a um viver e deixar viver: sentimentos que, sem dúvida alguma, marcaram os anos do pós-Guerra Fria. Os muros materializam o medo e a aversão ao outro e ao diferente. Simbolizam a eleição de um *eu* com direitos e um *outro* sem direitos.

Mas se isso acontece na esfera internacional, o que poderíamos dizer da escala nacional e local? Os migrantes internos deslocam-se de seus territórios em busca de melhores condições de vida e trabalho. Com vivências diferenciadas, marcas linguísticas que distinguem todas as regiões do Brasil, enfrentam o preconceito e horas de trabalho majoritariamente superiores às do não migrante. Um dado bastante interessante levantado pelo Instituto de Pesquisa Econômica Aplicada (Ipea), publicado em 2010, afirma que, entre 2003 e 2008, 3,3 milhões de pessoas deixaram seus estados de origem. Um número que, de certa forma, indica as próprias desigualdades de acesso a direitos básicos (escola, trabalho, alimentação, entre outros), que enfrentamos internamente.

Poderíamos citar muitos outros exemplos, vividos em diferentes escalas, gerados pelo medo ou ódio ao outro em nossa contemporaneidade: das religiões afro-brasileiras às línguas indígenas, ao grupo econômico de pertencimento, misturado às questões territoriais, que tornam vívido o absolutamente irracional ódio contra o outro. A reflexão sobre esse ódio é balizadora para a construção de um novo mundo, calcado na ideia de solidariedade. Não na de massacres.

4. "A humanidade precisa de uma poda": De antes das lógicas da eugenia ao racismo de hoje

O RACISMO NOSSO DE CADA DIA

Em agosto de 2019, um jovem feirante negro, pobre, morador de Petrópolis, foi preso sob acusação de roubo. A ação policial ocorreu na praça da Inconfidência, centro da antiga cidade que, na segunda metade do século XIX, era, ao menos em parte do verão, a sede da Corte Imperial. Era o tempo do Império, o mesmo que estudamos na escola e que nasceu umbilicalmente ligado ao tráfico negreiro e à escravidão. O homem abordado e ilegalmente preso não sabia, mas três semanas antes houvera um assalto nas imediações. A vítima, em depoimento à polícia, disse não ter visto direito o assaltante. Sabia apenas que era um homem negro e que tinha uma cicatriz no rosto. Os policiais não explicaram nada a Anderson. Só disseram que havia um mandado contra ele, o que foi reforçado na delegacia. O documento, no entanto, nunca lhe foi apresentado.

Pouco tempo depois de chegar ao DP, Anderson foi colocado numa sala ao lado de dois homens brancos. Ele também não sabia, mas isso era parte de um procedimento de reconhecimento, o que é previsto na lei para crimes de roubo. Essa mesma lei, presente no Código de Processo Penal, em seu artigo 226, impõe como premissa a descrição prévia do suspeito — o que foi feito, basta lembrar da indicação da cicatriz — e que "a pessoa, cujo reconhecimento se pretender, será colocada, se possível, ao lado de outras que com ela tiverem qualquer semelhança". Anderson foi colocado ao lado de dois homens brancos! Ele não tinha a cicatriz no rosto, mesmo assim foi reconhecido como autor do crime. Foi denunciado pelo Ministério Público com base nesse reconhecimento e o juiz aceitou a denúncia. Segundo Marcílio Brito, defensor público do estado do Rio de Janeiro que acompanhou o caso, Anderson só foi levado à autoridade judicial seis meses após o primeiro dia de encarceramento, quando é obrigatória a audiência de custódia. Anderson não teve direito à defesa. Ele fora literalmente apanhado na rua, indiciado como autor do crime e trancafiado numa cela. E é importante que se diga: sem um (real) mandado de prisão, sem saber por que estava ali, sem ter acesso a um telefonema ou a um advogado, num evidente processo de indução de reconhecimento. História absurda e que não termina aqui. Antes de prosseguirmos, porém, é necessário acrescentar algumas informações.

No dia em que foi preso, Anderson estava à procura de emprego. Ele vivia da pequena barraca de feira e de alguns bicos que fazia na região. Era um trabalhador informal e naquele momento se dirigia a uma entrevista. Em 2019, ele não era a única pessoa negra no Brasil trabalhando na informalidade. Dados do IBGE, da Pesquisa Nacional por Amostra de Domicílios Contínua (PNAD), indicam que, dos mais de 39 milhões de trabalhadores informais brasileiros existentes naquela época, 47,4% eram pessoas pretas ou pardas (terminologia adotada pelo IBGE) contra 34,5% de pessoas brancas. Essa mesma pesquisa aponta que, entre os 10% de brasileiros com menores rendimentos, 77% eram pretos ou pardos, contra 21,9% de brancos. Se invertermos a conta, analisando os 10% mais ricos do país, 70,6% eram brancos e apenas 27,2% pretos ou pardos. Anderson era e ainda é parte de um abismo econômico e social que separa brancos e negros em nosso país. E isso é só a parcela mais visível do problema, a ponta do iceberg. Há muito mais a dizer, e voltaremos aos números e percentagens adiante. Por ora, também é importante saber que em 2019, ano da prisão de Anderson, 66,7% da população carcerária brasileira era formada por homens e mulheres negros e pardos: dois em cada três detentos. Como você já deve saber, a miséria e a prisão brasileiras têm cor, e a cor é negra! Nas palavras de um jovem negro militante: "No Brasil, a cor do medo é negra!".[1]

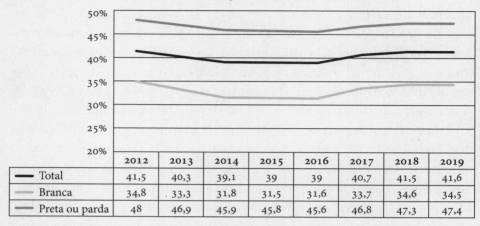

PROPORÇÃO DE PESSOAS EM OCUPAÇÕES INFORMAIS, POR COR OU RAÇA (BRASIL, 2012-9)

	2012	2013	2014	2015	2016	2017	2018	2019
Total	41,5	40,3	39,1	39	39	40,7	41,5	41,6
Branca	34,8	33,3	31,8	31,5	31,6	33,7	34,6	34,5
Preta ou parda	48	46,9	45,9	45,8	45,6	46,8	47,3	47,4

FONTE: IBGE, Pesquisa Nacional por Amostra de Domicílios Contínua (PNAD), 2012-9.

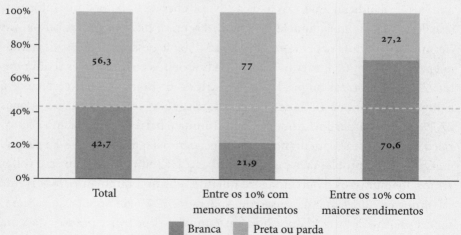

DISTRIBUIÇÃO PERCENTUAL DA POPULAÇÃO, POR COR OU RAÇA, SEGUNDO AS CLASSES DE PERCENTUAL DE PESSOAS EM ORDEM CRESCENTE DE RENDIMENTO DOMICILIAR PER CAPITA (BRASIL, 2019)

FONTE: IBGE, Pesquisa Nacional por Amostra de Domicílios Contínua (PNAD), 2019.
Notas: 1) Dados consolidados de primeiras entrevistas; 2) Exclusive pessoas de cor amarela ou indígenas.

Anderson foi preso no dia 23 de agosto de 2019 e libertado apenas em 23 de novembro de 2020. Um total de quinze meses — cerca de 450 dias — no cárcere. Anderson foi sequestrado pelo Estado em plena democracia. Quando finalmente o soltaram, a decisão veio acompanhada do seguinte parecer: insuficiência de provas. Anderson era inocente — e é fundamental que se diga isso —, mas foi libertado por insuficiência de provas. O que pode parecer um tanto óbvio: como alguém conseguiria provar aquilo que não existiu? O defensor público Marcílio Brito, em entrevista ao *Projeto Querino*, um podcast sobre história do Brasil,[2] afirmou que houve erro triplo gravíssimo do Estado como investigador (Polícia Civil), acusador (Ministério Público) e julgador (Judiciário). Posto de forma direta: o crime do Anderson foi nascer negro e pobre no Brasil. Um caso exemplar daquilo que, veremos, se chama racismo estrutural.

Embora seja de uso corrente e tenha se difundido para um público mais amplo após o lançamento do livro *Racismo estrutural* (2019), do advogado, filósofo e professor Silvio Luiz de Almeida, é importante que nos debrucemos detidamente sobre o conceito. No senso comum, o racismo é entendido como uma ação individualizada e intencional, materializada em ofensas, agressões físicas ou atos de exclusão que tomam por base critérios étnico-raciais ou fenotípicos como, por exemplo, o tipo de cabelo, a cor da pele ou o formato de determinadas partes do corpo. Dentro dessa lógica explicativa, que toma o racismo por patologia ou excepcionalidade, é relativamente fácil identificar e individualizar agressores e vítimas. O racismo seria fruto de ignorância (literalmente um "pré-conceito") ou uma falta, da maldade de uma pessoa ou de um pequeno grupo. Mas, como acabamos de ver no caso de Anderson, as coisas são mais complexas do que podem parecer à primeira vista.

O racismo está presente por toda parte no Brasil. Apesar de números cada vez mais alarmantes, que indicam o peso da desigualdade racial em nosso país, quantas vezes você já ouviu que não somos um país racista? Que por sermos um "povo misturado", nós, brasileiros, lidamos melhor com a questão racial. Esse é o famoso mito da "democracia racial". Ele é fruto de, entre outras árvores, estudos acadêmicos como os de Gilberto Freyre, nos anos 1930, e de uma cultura (à qual voltaremos no final do capítulo) do "branqueamento". Freyre acreditava piamente que, em nosso país, vivíamos o mais perto possível de uma convivência harmônica entre brancos e negros. Quando posto em perspectiva com outros textos sobre raça das décadas de 1920 e 1930, como os do nazismo,

Freyre era até simpático. Mas, ironias à parte, sua lógica mostrava um preconceito de origem: para os brancos, de elite, era uma maravilha conviver com pretos pobres e em condição de lhes servir. Era realmente harmônico... para quem escrevia.

Com o intuito de demonstrar como o mito da democracia racial é pernicioso, em sala de aula ou em palestras repetimos um exercício, sempre com a mesma resposta: perguntamos à plateia quem dali se considera racista. Muito raramente alguém ergue a mão. O mais normal é *ninguém* erguer a mão. Logo em seguida, perguntamos: "Quem aqui conhece alguém que é racista?". Quase todas as mãos se levantam. A conta não fecha e revela muito sobre como vemos o racismo: trata-se de um problema do outro, que eu não tenho; uma estranheza de um tio, uma peculiaridade boba de um amigo, um comentário inadequado de um conhecido estúpido; jamais uma questão maior, da qual também posso fazer parte. A USP, em pesquisa nacional implementada em 1988, apurou que 96% dos brasileiros diziam não ser racistas, mas 99% dos mesmos entrevistados alegavam conhecer pessoas racistas, a grande maioria em seu círculo íntimo de convívio.[3]

Pois bem, façamos outro exercício rápido de reflexão. Vamos externar a pergunta que muito possivelmente deve ter ficado em sua cabeça ao ler sobre o caso Anderson: se ele fosse branco, teria sido abordado na rua e preso ilegalmente? Não dá para cravar a resposta, mas há uma probabilidade. Estatisticamente falando, se tivesse nascido branco, as chances de Anderson ser abordado pela polícia seriam menores. Isso não é achismo nosso. Uma pesquisa realizada pelo Instituto de Defesa do Direito de Defesa (IDDD) em parceria com o data_labe, publicada em julho de 2022, apontou que oito em cada dez pessoas negras já foram abordadas pela polícia. Entre pessoas brancas, esse número cai para duas em cada dez. O nome da pesquisa é "Por que eu?". Além de terem 4,5 mais chances de serem abordadas pela polícia, pessoas negras são mais vítimas de comportamento abusivo em abordagens policiais. A resposta mais simples para a pergunta lançada na pesquisa — Por que eu? — pode e já foi historicamente demonstrada: ao longo de séculos, construímos uma nação alicerçada na suspeição da população negra. Anderson era suspeito porque era negro.

É claro que esse lugar conferido a homens, mulheres e crianças negros não existe sem o seu perfeito oposto: os privilégios econômicos, políticos, sociais e culturais desfrutados pela população branca do país. Quer um exemplo mais claro? Pense: quantos intelectuais, escritores, cientistas, juízes, médicos, políticos ou empresários negros você conhece? E brancos? Você possivelmente assiste televisão, filmes e séries nacionais. Quantos protagonistas negros você é capaz de identificar nessas produções? Isso está, aos poucos, mudando, fruto de políticas afirmativas e de muita pressão de movimentos antirracistas. Mas, ainda assim, numa situação hipotética, alguém que desconhecesse por completo a nossa realidade, depois de um ano assistindo à TV e navegando em mídias brasileiras, talvez pudesse afirmar que mulheres negras são mais aptas ao serviço doméstico; que o comportamento de homens negros oscila entre a criminalidade, a agressividade, a malandragem e a ingenuidade. Percebe? Estamos falando da naturalização de determinados papéis ou estereótipos sociais por uma perspectiva racial. Insistimos, se isso está, a passos de bebê, se alterando, não é porque não somos racistas, mas porque há pressões para que uma real equiparação de direitos (prevista na Constituição) seja alcançada.

Em suma: o racismo no Brasil não é pequeno, marginal, excepcional ou circunscrito a nichos. Ele está nas instituições, na cultura, que promove certos padrões estéticos, e nas práticas de poder de um determinado grupo. O racismo é parte estruturante de nossa ordem social. E a consequência mais terrível é que, "em uma sociedade em que o racismo está presente na vida cotidiana, as instituições que não tratarem de maneira ativa e como um problema a desigualdade racial irão facilmente reproduzir as práticas racistas já tidas como 'normais' em toda a sociedade".[4] Por isso dizemos que o racismo é estrutural: ele discrimina nos salários, no dia a dia, nos índices de violência e no acesso ao emprego, à escola, a financiamentos, à moradia, a bens e serviços. Para onde quer que olhemos, o racismo alicerça nossa sociedade. Essa forma de representar o *outro*, através da associação entre características físicas e comportamentos ou papéis sociais, somada à hierarquização e à essencialização das diferenças, está na base de todas as formas de racismo (como de todas as variantes de preconceito). Há muitos exemplos possíveis. Vejamos alguns. No extremo noroeste de Roraima moram os Sanöma, do povo yanomami. Uma crise humanitária os afligiu diretamente. Duas crianças, em particular, estavam apenas pele e osso. O avô das meninas com desnutrição profunda, Matheus Sanöma, era uma das lideranças da comunidade e entrou em desespero. Com o auxílio de um missionário, Mimika Sanumá, cujo nome de batismo, Ademir, foi alterado quando ele passou a viver na região e se casou por ali, organizou uma vaquinha.

Se esperasse mais uma semana, as crianças teriam morrido. Além de desnutridas, elas estavam com malária. Mimika já tivera que levar outras crianças com a mesma doença ao centro de saúde de Boa Vista. O dinheiro arrecadado, felizmente, foi o suficiente para alugar um avião que levou catorze membros da família à capital do estado. No Hospital da Criança Santo Antônio, as meninas se recuperaram.[5] Uma história com final feliz para uma tragédia anunciada e maior: por que o surto de malária? Por que o tratamento tão difícil? Qual a causa da desnutrição?

Em 2023, acompanhamos estarrecidos a crise humanitária e sanitária que se abateu sobre o território indígena yanomami no Brasil. Fotos de crianças e idosos subnutridos circularam por diversas redes sociais e veículos de comunicação. Além da fome generalizada, foi possível observar muitas imagens de superlotação nas unidades básicas de saúde em virtude de um surto de malária na região. Entre 2019 e 2022, estima-se que aproximadamente 70% do povo yanomami tenha contraído a doença e pelo menos 570 crianças tenham morrido de fome. Não tiveram a sorte das netas de Matheus. A situação levou muitos observadores a falarem em genocídio, como abordamos no capítulo sobre xenofobia: uma ação calculada, consciente, de extermínio engendrada num conluio entre governo, garimpo e pesca clandestinos, madeireiras e setores do agronegócio. A classificação desse episódio ainda é alvo de discussões, e há uma extensa série de requisitos legais para que haja tal enquadramento. Em todo caso, mais do que a discussão jurídica, presente no direito internacional e nas leis brasileiras, interessa-nos o que chamaremos aqui de "passo a passo do genocídio". Como veremos, o extermínio é apenas a parte final de um longo processo.

No início dos anos 1990, momento em que o mundo era tomado por notícias do genocídio Tutsi em Ruanda, país da África Centro-Oriental, Gregory H. Stanton, na época professor e pesquisador da Universidade George Mason (Virgínia, Estados Unidos), publicou um texto intitulado *Ten Stages of Genocide* [Os dez estágios do genocídio]. Nele, Stanton indicava um modelo ideal, uma ferramenta acadêmica capaz de identificar e, logo, prevenir, políticas genocidas. O modelo, é claro, sofreu críticas. Afinal de contas, todos os eventos históricos possuem circunstâncias específicas e não são presididos por uma fórmula universal. Apesar dos problemas, seu texto apresenta alguns pontos de reflexão interessantes. Segundo o autor, a morte sistemática é apenas o penúltimo estágio do processo. O último seria a negação do extermínio. Antes de tudo isso acontecer, uma longa cadeia narrativa voltada para classificação, desumanização e criminalização do outro e das diferenças é posta em prática. Observar, portanto, as formas de representação da diferença (que passam muitas vezes pelo emprego de classificações raciais) é um passo importante no combate ao genocídio, uma vez que são essas narrativas que preparam o terreno da *necropolítica*: termo que se difundiu a partir da obra do filósofo camaronês Achille Mbembe e designa a distribuição desigual de oportunidades de viver e morrer numa dada sociedade. Em outras palavras, o termo diz respeito a como, num tempo histórico específico, um governo ou uma sociedade se organiza para decretar que alguns corpos podem e devem ser protegidos, enquanto outros podem ou devem ser abandonados e, em último caso, eliminados.[6]

Um dos exemplos de genocídio mais conhecidos da história — e é quase impossível fugir dele — é bastante ilustrativo nesse sentido: como o leitor já deve ter intuído, estamos falando do extermínio de judeus durante a Segunda Guerra Mundial, o qual recebeu o nome de Holocausto ou Shoah. Pois bem, muito antes de a Solução Final (e o nome não é obra do acaso) começar a ser posta em prática, todo um processo de *classificação*, *simbolização*, *discriminação*, *desumanização*, *organização*, *polarização*, *preparação* e *perseguição* foi organizado pelo Estado nazista. O que queremos enfatizar com isso é que, bem antes de serem mortos em campos de trabalho forçado e de extermínio, judeus (além de negros, homossexuais, ciganos, pessoas com deficiência etc.) foram, como vimos no capítulo anterior, classificados como o *outro* da identidade nacional alemã. Como *párias* e na condição de *diferentes*, eles foram obrigados a usar símbolos específicos (como a estrela de davi, no caso dos judeus), além de serem proibidos de usar as cores nacionais, frequentar determinados lugares ou praticar certas profissões (discriminação). Representados constantemente nos cartazes e produções culturais nazistas como ratos, insetos ou ameaças contagiosas (desumanização), passaram a reter a qualidade de não inteiramente humanos, uma ameaça potencial à vida que deveria ser protegida: a suposta "raça" ariana. A política eugenista do Terceiro Reich não apenas direcionou o discurso e potencializou o antissemitismo preexistente na Europa; ela organizou milícias armadas, forças policiais, guetos, logística de transporte, campos de concentração, preparando terreno para uma política de extermínio em massa que, como sabemos, seria posta em prática pouco tempo depois. Percebem?

A morte não é o começo dessa história. A escalada da violência se inicia, como temos afirmado em todos os capítulos, pela classificação e hierarquização das diferenças, momento em que a imensa variabilidade humana é forçosamente resumida a dois pares de opostos: *eu/nós* versus *outro/eles*.

A crise humanitária que se instalou num dos maiores territórios indígenas do Brasil tem longo precedente e muitos paralelos com a lógica que acabamos de descrever. As coincidências históricas, nesse caso, chegam a ser assustadoras. Na mesma época em que Gregory H. Stanton escrevia *Ten Stages of Genocide*, ocorreu no Brasil, mais especificamente em Roraima, na fronteira com a Venezuela, o Massacre de Haximu, o primeiro e único crime a ser julgado pela Justiça brasileira como crime de genocídio. Haximu era o nome de uma comunidade yanomami constantemente assediada por garimpeiros. Toda a região possui subsolo com presença de ouro, e desde os anos 1980 atraiu levas de aventureiros e empresários em busca da exploração do minério. Os conflitos se tornaram constantes, assim como o choque epidemiológico — muito similar aos casos recentes com os Yanomami, embora com outros precedentes. Lembram-se dos inúmeros casos de malária registrados entre 2019 e 2022? Eles têm relação direta com a exploração ilegal de ouro na região, responsável por impactos não só sanitários e ambientais como também socioculturais e econômicos sobre as comunidades. Em 1993 a chacina organizada por garimpeiros vitimou crianças, mulheres e idosos e tinha como objetivo exterminar toda a aldeia, considerada uma espécie de entrave à atividade predatória. O plano só não se concretizou em sua totalidade porque boa parte dos indígenas estava numa festa na aldeia vizinha ou na mata realizando suas roças.

Três décadas depois, parte dos problemas volta a se repetir em escala e intensidade. Isso significa que a morte de indígenas provocada pela presença do garimpo ilegal na região ganhou novo fôlego durante a presidência de Jair Bolsonaro. A invasão em larga escala do território (estamos falando de aproximadamente 20 mil garimpeiros, organizados em cidades que possuíam internet, pistas de pouso clandestina e zonas de prostituição) destruiu a floresta e contaminou os rios com mercúrio, dificultando a manutenção e a abertura de roças, bem como a caça e a pesca, principais fontes de alimentação indígena. O resultado foi a insegurança alimentar generalizada na região. Claro que estamos resumindo a história e deixando de lado uma série de outros problemas graves que assolam o território em virtude dessa presença do garimpo ilegal, como a entrada de álcool nas comunidades indígenas e os inúmeros casos de trabalho escravo e de estupro de vulneráveis. Denúncias falam de pelo menos trinta meninas e adolescentes yanomami grávidas, vítimas de abusos cometidos por garimpeiros. Em alguns casos, há relatos de troca de sexo por comida. A lista de violências é longa e estarrecedora.

Mas a pergunta que deve ter passado pela sua cabeça quando esses casos começaram a receber atenção midiática foi muito provavelmente a seguinte: como é que ninguém viu isso antes? Viu, é claro! As denúncias foram feitas por comunidades indígenas, especialistas e ONGs, e estão registradas, mas não receberam atenção nacional antes de 2023. Só para dar uma ideia, quando este texto foi escrito, o Ministério Público investigava pelo menos 22 suspeitas de omissão do governo Bolsonaro na gestão da crise humanitária yanomami. Agora, por que um problema tão grave como esse e que se desenrola há décadas não foi discutido publicamente? Por que não ganhou os holofotes necessários para que a questão fosse mitigada antes da catástrofe? As respostas obviamente não são simples e passam pelas investigações conduzidas pela Polícia Federal e pelos órgãos competentes. Racismo estrutural é o elemento que conecta diretamente todos os casos citados anteriormente.

Essa política do "deixar morrer" (com o desmonte de órgãos de fiscalização e saúde indígena, além do incentivo à prática do garimpo) não se organizou sem que antes houvesse uma longa e insistente narrativa sobre quem são os indígenas, o *outro* do "mundo civilizado". Aprofundaremos o assunto adiante. Ele exige nossa atenção. Mas nunca é excessivo lembrar: enquadrados historicamente como bárbaros, selvagens, ingênuos, preguiçosos ou desonestos, os indígenas foram constantemente lidos (dentro de uma perspectiva racial) como o inverso do mundo civilizado. O problema disso tudo é que, relegado ao papel de oposto, o outro me interessa apenas como espelho invertido, já que sua existência materializa dentro dessa lógica a minha civilidade e racionalidade. O outro lido dessa forma começa a me interessar cada vez menos em suas especificidades socioculturais. Sua existência marginal e pouco significativa é relegada ao abandono narrativo e ao esquecimento: ele passa a ocupar poucas páginas nos livros, assume menos protagonismo, desaparece da narrativa. Discursivamente, o outro está morto! Isso significa que, antes da morte física, processa-se a morte narrativa (voltaremos a isso). Ela é obviamente acompanhada de um processo de marginalização social e política. Não à toa, a história de Anderson e a das 570 crianças yanomami mortas com um quadro severo de desnutrição se entrelaçam e provam que o racismo — a partir da essencialização e hierarquização das diferenças — é a estrutura que alicerça o Brasil como o conhecemos.

Você deve ter avaliado os gráficos sobre informalidade e distribuição de renda no Brasil. São assustadores, não é? Observemos mais alguns dados e estatísticas. Apenas um quarto dos 513 deputados federais no Brasil eleitos em 2018 eram pretos, pardos ou indígenas. Nas eleições de 2022, quase metade dos candidatos se declarava preta ou parda e, apesar do aumento de quase 9%, foram eleitos 27 negros(as) e 107 pardos(as).[7] E cinco indígenas. Nem de longe isso é uma representação política de nossa imensa diversidade. Se o leitor e leitora quiserem cruzar os dados com o número de mulheres e LGBTQIA+ eleitos, adivinhem o resultado?

Na magistratura, apenas 15,6% do total de juízes é formado por pessoas negras e apenas treze, no país todo, se declaram indígenas.[8] Em nosso STF, nunca tivemos um indígena; tivemos, historicamente, dois negros. Já dos 2570 trabalhadores resgatados da escravidão entre 2016 e 2018, 82% eram negros. Em 2022, uma idosa foi retirada de uma situação de trabalho doméstico sem remuneração depois de 72 anos. Trata-se do caso mais duradouro de trabalho análogo à escravidão já registrado no país. Ela foi escravizada por três gerações de uma mesma família! Por três gerações! Adivinhem a cor da pele daquela mulher.

Em 2018, a cada quatro pessoas mortas violentamente no país, três eram negras. Se você procurar por outros dados, verá que os índices de feminicídio também são maiores quando falamos de mulheres negras. E esses, caros leitores, são apenas alguns exemplos. Estatísticas como essas desnudam a lógica de que o racismo é estrutural e não excepcional ou patológico. Ele é, portanto, a base de todas as nossas relações em seu padrão de normalidade. Mais do que uma ação individualizada, no Brasil o racismo pode ser entendido como um processo que confere sentido à nossa estrutura política, econômica, social e cultural. Tal constatação se torna visível em todos os âmbitos da vida social, desde a eleição de determinados padrões estéticos (quantas meninas negras não preferem alisar o cabelo?), até a criação de um sistema tributário que faz com que mulheres negras paguem proporcionalmente mais impostos do que qualquer outra pessoa.

A base dessa estrutura racista, como você já deve ter intuído, é a noção ou conceito de *raça*. O que significa dizer que não há racismo sem uma formulação precisa a respeito da noção de "raças" humanas, com suas classificações e hierarquias. Agora, será que podemos falar da existência de "raças" humanas?

O QUE É E O QUE NÃO É RAÇA: CIÊNCIA E TEORIAS RACIAIS NO SÉCULO XIX

A variabilidade e a diversidade humana são um fato empírico incontestável. As narrativas — sejam elas literárias ou científicas — utilizadas para explicar ou até mesmo justificar as nossas diferenças, contudo, não o são. Elas são históricas e, portanto, datáveis. O que significa dizer que elas mudam, transformam-se, adaptam-se a determinadas circunstâncias e, com o tempo, recebem novas camadas e leituras. Para compreendermos o surgimento e a difusão dessa noção tão amplamente propagada no imaginário ocidental — o da existência de raças humanas —, vamos começar por um caminho menos óbvio: o da literatura. Pode uma história, através de suas escolhas narrativas, conferir legitimidade a uma ação discriminatória? Sim! E para ilustrar nosso ponto de vista, analisaremos rapidamente um romance específico: *Coração das trevas*, de Joseph Conrad.

A obra foi escrita no final do século XIX e publicada originalmente como livro no ano de 1902. Em pouco tempo, tornou-se um dos textos mais importantes da literatura inglesa, quiçá ocidental. A narrativa é centrada no relato do personagem Charles Marlow, mais especificamente, na sua experiência em terras africanas como capitão de um barco a vapor. Dentro da obra, o fio narrativo que conduz os leitores são as experiências de Marlow (um europeu) em sua "aventura" no coração da selva africana, associado às trevas, escuridão. A viagem, construída como um relato de descoberta, é narrada para uma audiência também europeia e procura descrever as impressões mais imediatas do personagem sobre o continente. Como alertou o intelectual palestino Edward Said em seu livro *Cultura e imperialismo*, trata-se da descoberta que o homem "civilizado" (iluminado) faz do mundo "selvagem" (escuro). Por isso, o que prevalece nas descrições do mundo africano em *Coração das trevas* é um sentimento de estranhamento, deslumbre e temor. A solidão parece ser também elemento central da história, já que não se vislumbra a possibilidade de um mundo civilizado. A descrição de uma terra inóspita, não tocada pela mão do homem (entendido como homem civilizado), obedece a uma lógica narrativa que não reconhece no nativo africano a possibilidade de agência histórica.

Conrad não inventou tal lugar retórico, o do selvagem versus o do civilizado. Na verdade, ele escreveu baseado em séculos de tinta derramada em papel sobre esse tema. Pelo menos desde os descobrimentos, chaves de oposição entre um *nós* e os *outros*, cuja origem se perde na Antiguidade, foram encaixadas em fechaduras feitas sob medida. Os próprios europeus usaram seu padrão de vestimenta, religião, tecnologia, costumes e economia para medir os *outros*, tanto na Ásia quanto na África e na América. Ao fazerem isso, criaram o estereótipo da nudez do selvagem, da roupa estranha do bárbaro e da correta vestimenta do civilizado. A nudez vinha acompanhada da noção de que o selvagem era incapaz de modificar a natureza para sua sobrevivência e, com isso, surge a ideia da terra selvagem, ou terra virgem ou intocada. No decorrer dos séculos, esse sujeito selvagem vai se cristalizando e passa a ser "encontrado" (na realidade, passa a ser projetado) na Oceania também. Curioso que todos os europeus tenham tido a sorte de nascer na Europa, todos eles ricos como imperadores, talentosos como Bach, religiosos como um monge dedicado, com a erudição de Hannah Arendt! Deve ser o céu da Europa ou as suas águas. Ironia deixada de lado, podemos ver claramente como é curioso que quem criou o modelo usou a si mesmo como baliza do "correto".

É interessante observar que as descrições da natureza africana em Conrad tendem também a concentrar sua narração numa terra pujante, com grande potencial exploratório, como o fizeram os conquistadores e colonizadores da Primeira Modernidade, entre o fim do século XV e o fim do XVIII, começo do XIX. Além disso, personagens afetados pela natureza são aspectos centrais em seu texto: é o caso do sr. Kurtz, um comerciante de marfim, resgatado por Marlow, que se transformara numa espécie de semideus entre os africanos. Esses lugares-comuns sobre o continente (natureza indomável, paisagens exóticas, povos primitivos), reproduzidos e recriados no texto do escritor britânico, foram muito frequentados no século XIX. Estiveram presentes na poesia de Rudyard Kipling, criador de Mogli, o Menino Lobo, na prosa de Gustave Flaubert falando do Egito, ou nos personagens de Edgar Rice Burroughs, como Tarzan, apenas para citar alguns nomes. Nessas diferentes narrativas, uma ideia comum parece sempre se repetir: a lógica do homem branco europeu autorizado a falar *pela* e *da* África para uma audiência europeia. De Crusoé naufragado numa ilhota no litoral americano que, sozinho, domina a natureza indômita e todos os nativos que por ali encontra; a Tarzan que, mesmo bebê, tendo a sorte de ser branco e inglês, se torna o Rei da Selva: o chavão literário copiou os desejos de dominação históricos e, mais do que isso, ajudou a construir esses mesmos desejos de superioridade do homem branco sobre todo o globo e seus demais habitantes.

Todas essas histórias e personagens foram inventados no final do século xix e início do xx, algumas décadas depois da publicação de *A origem das espécies* (1859), do naturalista britânico Charles Darwin. Uma das formas como Darwin e sua Teoria da Evolução foram lidos vinculava aspectos biológicos a culturais e sociais. No caso da nossa espécie, acreditava-se que ela era biologicamente única, porém havia diferenças civilizatórias (socioculturais) entre os humanos, que viviam desde o estágio mais primitivo (selvageria), passavam por estágios intermediários (bárbarie) e podiam atingir os mais altos (civilização). Claro que o estágio mais alto, a civilização, tinha como parâmetro... a própria Europa! Percebem a relação entre literatura e ciência?

Também nesse período, consolidou-se a crença de que nós, seres humanos, embora membros de uma mesma espécie, pertenceríamos a raças diferentes. Raça seria, portanto, algo abaixo da classificação biológica de espécie, mas explicaria por que alguns de nós têm pele mais ou menos escura, determinados tipos de cabelo, formatos de olhos, de nariz etc. A ideia básica da "raça" era que características físicas fixas, imutáveis ou pouco mutáveis, passariam de pais para filhos (ou seja, seriam hereditárias) e condicionariam nossa existência. Também essa ideia não parece ter nascido pronta no século xix, mas se assentado em séculos de colonização anteriores. Nas Américas, pessoas escravizadas na África ou seus descendentes nascidos em algum lugar do Atlântico, bem como indígenas e asiáticos, foram jogados num torvelinho legal criado por impérios europeus. Tais meandros jurídicos serviram para dizer quem podia ou não assumir certos cargos e funções naquelas sociedades ineditamente multiétnicas do período colonial. E um dos critérios encontrados por ibéricos (e reelaborados por franceses, holandeses, ingleses...) foi o de pensar características físicas, vistas como imutáveis e hereditárias, para assegurar tais políticas. Pensava-se em "sangue" naqueles tempos, não em genes ou raças. Mas a noção

Adriaen Collaert sobre Maerten de Vos, "Alegoria da África" e "Alegoria da América", de Os quatro continentes, c. 1580-1600. Desde o século XVI, alegorias dos quatro continentes se tornaram um lugar-comum em ilustrações e gravuras na Europa. No geral, as "quatro partes do mundo" eram representadas como mulheres. Enquanto a Europa trazia atributos de abundância, a África (acima) aparecia desnuda, num estado quase indistinto da natureza — à semelhança da América (abaixo), em cuja alegoria vemos uma amostra das sangrentas guerras de conquista. Americanos e africanos nativos foram justamente as maiores vítimas do colonialismo europeu até o século XIX.

básica estava dada: um indígena, caso se reproduzisse com outro indígena, teria um filho indígena; o mesmo valeria para negros e outras populações. Isso se daria porque as populações seriam puras e divididas em "tipos", "gentes" ou "nações", como então se convencionava chamar.

O curioso disso tudo é que essa noção está tão entranhada em nós que a achamos natural. Talvez um ou outro leitor mais incauto esteja pensando: e não é assim mesmo? A resposta é um retumbante *não*. Antes de essas categorias serem criadas, ou seja, antes do século xv, não existiam indígenas. Simples assim. As populações nativas do imenso continente americano nem sequer sabiam da existência umas das outras, se pensarmos naqueles que moravam na Patagônia e no Alasca. Até as que tinham contato entre si, como falamos no capítulo sobre xenofobia, podiam nem ver a si próprias como participantes do mesmo gênero humano. E essa lógica pode ser, guardadas as diferenças, usada para pensar a África, a Ásia e... a própria Europa![9]

A noção que culminou na ideia de raça precisou da noção judaico-cristã de que somos todos filhos de um mesmo Deus (logo, humanos) e de uma herança clássica, com um pé em Aristóteles, de que existem humanos mais humanos que outros: escravizados, por exemplo, seriam menos, na escala humana, do que seres livres. Juntando esses ingredientes aos mencionados no parágrafo anterior e banhando tudo na linguagem cientificista do século xix *et voilà*: temos a raça. Etimologicamente, o vocábulo "raça" derivou do italiano *razza*, um neologismo que tinha raiz no latim *ratio*, palavra com muitos significados. No evolução para "raça", *ratio* estava atrelado à noção de categoria, de uma espécie de algo ou alguma coisa, a própria *natureza* dessa coisa. Em miúdos: seríamos todos humanos, logo, da mesma espécie, capazes de cruzarmos nossos genes entre as mais diversas populações e etnias do planeta, mas seríamos de raças distintas. Teríamos uma essência comum, mas *naturezas* distintas, logo hierarquizáveis. Mais adiante voltaremos a discutir isso. Ficará ainda mais claro. Por ora, precisávamos apenas mostrar que raça *não é* um conceito natural e que nem sempre existiu entre nós. Pelo contrário, foi criada a partir de lógicas anteriores que tampouco eram naturais.

Essa premissa racial-biológica, de matriz ocidental, europeia, viajou o mundo desde a Primeira Modernidade através de literatos, mercadores, missionários, empresários, militares, geógrafos, engenheiros, médicos, cientistas, aventureiros e funcionários públicos ou de empresas privadas, claro, em sua maioria europeus. Os mapas, relatórios, livros e desenhos criados por eles falavam de povos e costumes distantes, até então pouco explorados pela Europa, a partir desse ponto de vista. Chamaremos tais relatos (que incluem a literatura, a cartografia, a ciência e os documentos médicos ou empresariais) de narrativas coloniais. Como explicaremos daqui a pouco, eles foram elaborados dentro de um contexto bastante específico: o imperialismo do século XIX.

Pois bem, para além do interesse e da curiosidade por terras e povos distantes, o que movia essas pessoas, particularmente empresários e comerciantes europeus, era o desejo de ampliar sua rede de comércio e indústria. Vale lembrar que o desenvolvimento gerado pela Segunda Revolução Industrial provocou uma nova configuração nas relações entre os diferentes continentes. O aumento da industrialização trouxe grandes e significativas mudanças não só na Europa como no resto do mundo. O crescimento da indústria e do comércio europeus exigia novas fontes de matéria-prima e criava a necessidade de novos mercados consumidores. Ao mesmo tempo, melhorias em áreas como a medicina e o saneamento básico aumentavam a expectativa de vida das pessoas. Com uma população que vivia mais, o aumento demográfico e o excedente populacional passaram a ser um problema cada vez mais difícil de resolver. Nesse sentido, nas últimas décadas do século XIX, na Europa, procuravam-se saídas para consolidar o crescimento econômico e suas consequências. Foi nesse momento que os continentes africano e asiático pareceram ter o potencial necessário para equacionar os problemas de uma sociedade europeia em franca expansão industrial.

Não por acaso, a geografia e a antropologia, junto com a já citada biologia, se consolidaram como saberes científicos no final do século XIX. Em muitos sentidos, as abordagens e os objetos de estudo propostos a princípio por essas disciplinas estavam diretamente conectados ao interesse cada vez maior da Europa por sociedades, culturas e territórios distantes. Os conhecimentos antropológico e geográfico, marcados em especial pelo impacto da publicação da obra de Darwin, encamparam uma visão de homem e das sociedades humanas fortemente influenciada pelos conceitos de "evolução" e "seleção natural". Essa maneira de ver o mundo social a partir das chamadas ciências naturais, com enorme herança da Primeira Modernidade, classificava povos considerados inferiores ou menos desenvolvidos como "primitivos" e considerava a sociedade europeia do período como modelo de "civilização" a ser seguido. Tal pensamento dualista afirmava, portanto, a existência concreta de "raças" superiores e inferiores, capazes de serem identificadas na sua produção intelectual, cultural, tecnológica e política.

Isso fica particularmente evidente nas teses defendidas por homens como Henry Thomas Buckle (1821-62), conde Gobineau (1816-82) ou Herbert Spencer (1820-1903). Também aparece nas reflexões de Friedrich Ratzel (1844--1904), que enfatizava o aspecto biológico da condição humana, defendendo a lógica explicativa de que os seres humanos não poderiam ser vistos fora das relações de causa e efeito que determinam as condições de vida no meio ambiente. Seu pensamento deu origem ao que se costuma chamar de determinismo geográfico, a concepção segundo a qual o meio ambiente define ou influencia fortemente a fisiologia e a psicologia humana. Que tipo de homem ou sociedade a selva africana poderia engendrar? As respostas pareciam claras não só na narrativa de *Coração das trevas*, mas também nas inúmeras ramificações da ciência europeia do século XIX.

Como é possível notar, a expansão imperialista encontrou no determinismo geográfico, no evolucionismo antropológico ou mesmo na literatura imperial fortes justificativas para a conquista territorial, ainda mais se levarmos em conta o imenso prestígio alcançado por essas inúmeras narrativas coloniais no século XIX. Se o principal objeto de disputa no imperialismo era a terra e seu direito de exploração ou gestão, foi a partir da narrativa — seja ela ficcional ou científica[10] — que essas questões foram pensadas, discutidas e até, por um tempo, decididas.

Foi dentro desse amplo contexto que a Europa conquistou e submeteu um vasto território ultramarino, atribuindo-se a "missão" de levar a "civilização" aos rincões mais afastados do planeta. Os franceses, por exemplo, falavam literalmente em *Mission civilisatrice*. Kipling, ao enaltecer em poema a vitória norte-americana sobre os espanhóis para a "libertação" das Filipinas em 1898, disse que ajudar selvagens era o "fardo do homem branco". Em Portugal, António de Cértima exaltou seus compatriotas que morriam mais de doenças tropicais e da "falta de higiene" africanas do que de balas alemãs de "Legionário sem nome, Herói Santo e Esquecido".[11] Ao louvar o heroísmo português no front angolano da Primeira Guerra, o texto mostrava o "heroico desprendimento" lusitano para assegurar seu quinhão colonial.

Esse amplo processo de expansão da cultura, da economia e da política europeia foi capitaneado por países como Inglaterra e França, e recebeu o nome de neocolonialismo ou imperialismo. Agora, como indicamos anteriormente, para que tudo isso acontecesse foi necessário um grande investimento teórico na construção da noção de raças humanas. Tal esforço, inicialmente pulverizado em algumas publicações do século XVIII, acabou por ganhar impulso na segunda metade do século XIX. Um marco possível para localizarmos sua estabilização foi 1758, quando o naturalista sueco Carl von Linné, ou Lineu, criador da taxonomia moderna e do termo *Homo sapiens*, definiu em seus estudos sobre a espécie humana a existência de quatro raças, todas elas associadas a determinadas características hierarquizantes:

1. Americano (*Homo sapiens americanus*): vermelho, mau temperamento, subjugável;
2. Europeu (*Homo sapiens europaeus*): branco, sério, forte;
3. Asiático (*Homo sapiens asiaticus*): amarelo, melancólico, ganancioso;
4. Africano (*Homo sapiens afer*): preto, impassível, preguiçoso.

Não era a primeira vez que o termo "raça", originalmente pensado na botânica e na zoologia para classificar plantas e animais, fora mobilizado para pensar a diversidade da natureza humana. Desde o século XVII, pelo menos, em português ou espanhol, a palavra era usada para descrever grupos populacionais diversos. Não havia na época, contudo, um uso preciso para ela. Em 1684, François Bernier, um viajante e médico francês, empregou o termo com o sentido moderno que lhe damos, ou seja, com o objetivo de classificar os grupos humanos de acordo com suas características físicas herdadas e diferenças de comportamento. Sua obra *Nouvelle Division de la Terre par les différentes espèces ou races d'hommes qui l'habitent* [Nova divisão da terra pelas diferentes espécies ou raças de homens que a habitam], por exemplo, foi utilizada para justificar a existência de hierarquias e diferentes relações entre as classes sociais na França do século XVII. O argumento funcionava da seguinte forma: para os nobres franceses, que se identificavam com os francos e se consideravam dotados de "sangue puro", a plebe, o povo francês, descendia dos gauleses, menos aptos a administrar e dirigir o Estado. Dentro dessa lógica — e considerando suas habilidades superiores e supostas aptidões naturais —, a nobreza francesa justificava sua tutela/dominação sobre o grosso da população. Notem: embora a noção de raças seja mobilizada aqui para justificar a sujeição de um grupo

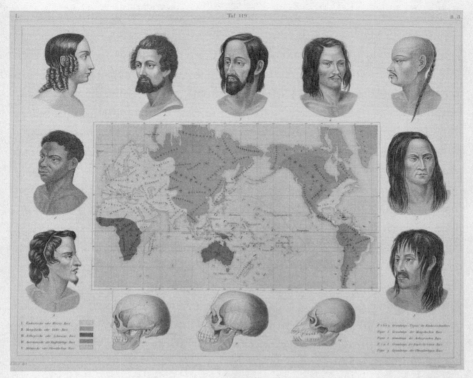

Johann Georg Heck sobre Johann Friedrich Blumenbach, "Mapa das cinco raças humanas", do Bilder-Atlas zum Conversations-Lexikon. Este mapa alemão do século XIX constitui uma espécie de atualização (ainda mais racista) das antigas alegorias dos continentes. A teoria de Blumenbach teve grande influência na formação do "racismo científico" que gerou, por exemplo, o Holocausto judeu e o genocídio indígena, além de, no Brasil, justificar a escravização de "etíopes".

pelo outro, as diferenças fenotípicas não estão no centro das explicações, como no caso de Lineu. Na França do século XVII, ser superior ainda não significa ser branco, já que nobres ou plebeus, francos ou gauleses, possuem características morfobiológicas semelhantes. Apenas no século XVIII, essas diferenças ganhariam um caráter que podemos chamar de estritamente racializado, no qual a quantidade de melanina desempenharia papel fundamental.

 A ideia da divisão e classificação por raças deu tão certo que, pouco tempo depois, em 1795, ainda dentro da lógica do sistema lineano de taxonomia das espécies, o naturalista alemão Johann F. Blumenbach propôs uma divisão da humanidade em cinco subgrupos raciais: Caucasiano, Mongol, Etíope, Americano e Malaio. Sua classificação teria grande influência sobre as teorias raciais do século XIX. Ela é a base do que podemos chamar de "racismo científico": um esforço razoavelmente sistemático — que se serve de enunciados aparentemente científicos — para supostamente comprovar as diferenças e hierarquias raciais por meio de evidências empíricas. Utilizando um vocabulário tomado de empréstimo de outras ciências (a antropologia ou a antropometria, por exemplo), o "racismo científico" procurou legitimar e justificar uma concepção geral das populações humanas pautada pela existência de raças fisicamente distintas e hierarquizáveis. Assim, critérios morfológicos (como o formato do crânio, do queixo, do nariz, dos lábios etc.) passaram a ser lidos como pistas ou evidências de determinados comportamentos sociais.[12] O crânio alongado, dito dolicocéfalo, pertenceria aos caucasianos, já o crânio arredondado, braquicéfalo, era característica física de populações negras. Por meio do estudo desses crânios, racistas europeus procuraram legitimar e justificar a superioridade da chamada "raça" branca (ou caucasiana) sobre as demais. E aqui narrativas literárias e científicas se encontram mais uma vez: elas foram amplamente utilizadas no século XIX para justificar políticas de dominação física e cultural da Europa sobre a África e a Ásia.

Essas narrativas ou pseudociências — é preciso dizer, contrárias à lógica científica do evolucionismo — partiam, como falamos, da premissa de que as raças funcionariam como um tipo ideal, fixo e imutável, o que, por sua vez, permitiria pensar questões ligadas à "pureza" ou à "degeneração" racial. A degeneração fora formulada originalmente na França do Iluminismo pelo conde de Buffon, para quem as espécies estavam todas conectadas e partiam de um ponto em comum. Pensando as Américas e comparando com o Velho Mundo, Buffon acreditava que as espécies deste lado do mundo haviam "degenerado", tornando-se mais fracas ou menores. O fator que causaria tal degeneração seria o clima tropical: "Ele foi influente a ponto de comparecer obrigatoriamente não só nos debates em história natural e antropologia dos séculos XVIII e XIX, mas também na psicologia e na biologia modernas. Foi adotado até meados do século XX por vários autores, e coube a Freud o mérito de solapá-lo".[13]

Por ora, é importante lembrar que o surgimento do racismo científico coincide, portanto, com tal período da história em que a Europa, em seu processo de afirmação e expansão capitalista, procurou se definir como superior ao resto do globo terrestre. A ciência e a literatura, dentro desse contexto, tornaram-se campos por excelência dessa reivindicação. Isso explica em parte por que a história natural (mais tarde, a biologia) passou a traçar também esse quadro bastante complexo das populações humanas, assumindo as divisões raciais como critérios válidos para determinar as suas realizações, fossem elas sociais, políticas ou culturais.

Assim, a noção de "raça" se firmou no imaginário como um conceito associado a características fenotípicas e biológicas (como cor da pele, formação facial e cranial) capazes de determinar comportamentos sociais (propensão ao crime, por exemplo) ou o grau de evolução de algumas sociedades. Criava-se com esse discurso um mecanismo de naturalização das diferenças sociais por meio de uma roupagem tecnicista e supostamente científica (em tese, objetiva, imparcial).

Nesse sentido, o século xix pode ser considerado um ponto de virada, na medida em que a palavra "raça" adquire conotação biológica, fortemente ligada às concepções sobre pré-história do mundo e origem das espécies, formalizando um olhar europeu já consolidado (e, poderíamos acrescentar, profundamente preconceituoso) sobre outros povos. Tais classificações, portanto, apenas reafirmavam uma percepção preexistente no imaginário da Europa e, assim, serviam a propósitos políticos como o da escravização e do neocolonialismo. A formulação dessas categorias raciais se deu menos a partir da busca de evidências, e mais através da formulação de perguntas investigativas pautadas na própria crença, a priori, na existência de raças.

Na Itália, Cesare Beccaria (1738-94) tinha tentado lançar o racionalismo iluminista sobre o direito penal, enfatizando o crime em vez do indivíduo e destacando o livre-arbítrio do ser humano e a possibilidade de prevenção pela lei. No século xix, imbuído das "novas ciências", outro Cesare, Lombroso (1835-1909), foi na exata direção oposta, destacando o caráter atávico, ou seja, ancestral, do criminoso. Voltaremos a ele no próximo capítulo, mas por enquanto é necessário conhecermos algumas coisas de seu pensamento tão influente... e tão preconceituoso. Buscando determinantes no indivíduo criminoso, estabeleceu uma antropologia criminal. Surgia o "delinquente nato", aquele que estaria quase condenado a agir como criminoso. A prisão perpétua ou a pena de morte, na perspectiva lombrosiana, seriam defesas válidas para a sociedade. O indivíduo criminoso era, na prática, irrecuperável, porque sua conformação cerebral era condicionante da atitude. Das ideias lombrosianas resulta, posteriormente, uma frenologia forense. Especialistas inspirados no italiano passam a detectar na forma da cabeça os traços inevitáveis de uma vida criminosa. Tais ideias dialogam com princípios de eugenia para preservar os indivíduos considerados aptos à vida social de outros que seriam incapazes de contribuir para um grupo ordenado de cidadãos.

Ainda que Lombroso não possa ser associado a excessos dos "frenólogos forenses" que invocaram suas ideias, o psiquiatra de Verona colaborou para tentar dar uma dimensão biológica à violência. Ideias lombrosianas ou ligadas a ele foram utilizadas para falar de pessoas ou de grupos inassimiláveis e, no limite, indesejáveis. A influência lombrosiana foi enorme no mundo. No Brasil, Raimundo Nina Rodrigues incorporou diversos temas do pensador italiano ao pesquisar e escrever.[14] Voltaremos a isso em breve. Guarde esta informação, por enquanto.

O tema é vasto e seus desdobramentos chegam até os dias de hoje. Mas uma pergunta ainda persiste: apesar de toda essa parafernália teórico-conceitual e de tanta tinta gasta para classificar, hierarquizar e discriminar a diversidade humana, será que realmente podemos falar em "raças" humanas? O que a moderna biologia tem a nos dizer sobre isso? Em 1972, um estudo coordenado por Richard Charles Lewontin, renomado geneticista estadunidense, estimou que apenas 6% de todas as variações genéticas possíveis em seres humanos estavam associadas a populações agrupadas em raças de modo tripartite (caucasoide, negroide, mongoloide), enquanto 85% de toda a variação humana podia ser encontrada dentro de uma mesma população. Seu estudo demonstrou o quanto a variação humana é não concordante com traços genéticos, variando muitas vezes em decorrência de distâncias geográficas, e que a variação genética intragrupal é muito maior que a variação entre as supostas "raças". Em outras palavras: já no início dos anos 1970 se comprovou por meio de metodologia científica que a noção de raça, pelo menos biologicamente falando, era inválida. Em tempos mais recentes, com o sequenciamento do genoma, sabemos que essa variação é ainda menor: 0,1%.[15] Nesse sentido, a realidade do que podemos chamar de "raças" humanas não reside em fundamentos biológicos, mas nos processos sociais e políticos que estabeleceram nas diferenças fenotípicas uma forma de justificar a dominação de brancos sobre populações não brancas.

Mas, é claro, dizer que não há raças no sentido científico não significa, nem de longe, dizer que não haja racismo. O racismo nosso de cada dia liga-se a noções culturais, sociais e estruturantes de nossas sociedades. Para o bem e para o mal. O lado sombra parece ter ficado claro na introdução do capítulo. O lado luz, por assim dizer, é que grupos perseguidos podem se apropriar de nomenclaturas criadas para eles com o intuito de os diminuir e lhes causar sofrimento e usá-las como força identitária: ou seja, pensando raça como noção sociológica. Com isso, queremos dizer que é possível afirmar a existência compartilhada de uma identidade negra ou indígena, que não é um mero dado genético, nem simplesmente ter um tom de pele determinado, mas é, antes de tudo, uma posição social — pautada em distinções sociofenotípicas — para estabelecer uma hierarquia que, essa sim, implica a manutenção de pessoas negras ou indígenas em condições mais precárias de vida através da discriminação racial e que levam, por fim, à desigualdade racial.

ANTES DA RAÇA, COMO NOS DISTINGUÍAMOS UNS DOS OUTROS?

Como acabamos de ver, a ideia fundamental de raça é a de que a espécie humana estaria subdividida em grupos de acordo com suas características físicas e diferenças de comportamento herdadas e imutáveis. Também vimos que, desde que o conceito surgiu, a partir do contexto de expansão europeia do século XV, o termo nunca foi estabilizado de modo preciso e seus significados foram alterados com o tempo. A acepção moderna, mais ligada a características fenotípicas, começou a emergir especialmente na virada do século XVII para o XVIII, ganhando enorme força e abrangência quando o discurso científico o reformulou durante os séculos XIX e XX. Foi nesse momento que se buscou identificar, classificar e hierarquizar as diferentes raças humanas. Assim, o sentido tomado pela evolução do conceito demonstra, na realidade, parte dos interesses políticos ligados à exploração colonialista europeia, servindo como uma forma de demarcar espaços de poder entre diferentes populações, sobretudo entre africanas, indígenas e europeias. A explosão do conceito e seu refinamento discursivo, atribuindo-lhe roupagem científica, também não foram mero acaso no século XIX: como indicado, ele surgiu como um novo mecanismo de dominação e estratificação num contexto marcado pela expansão imperialista e pela derrocada dos sistemas escravocratas.

Embora não seja neutro e esteja muito longe de ser científico, o pensamento racializado permanece bastante presente no imaginário das pessoas como um dado natural e a-histórico. Mas é importante entender a sua trajetória conceitual. Já demos algumas pistas a respeito, o que não dissemos ainda foi que, inicialmente, o termo "raça" foi empregado para designar grupos linguísticos, religiosos, políticos, nacionais e étnicos, muitas vezes sem nenhuma distinção física/fenotípica de seus vizinhos (como no caso das chamadas "raças" nacionais europeias — "o francês", "o espanhol", e assim por diante).

Tínhamos prometido que voltaríamos ao momento de gestação das noções de racismo. O ponto nevrálgico da criação do conceito de raça está ligado às Américas. Quando os europeus chegaram à América, a rigor não havia indígenas por aqui. Os milhões de habitantes do continente eram divididos em centenas de grupos linguísticos, milhares de agremiações políticas. Várias civilizações tinham deixado de existir, outras estavam florescendo. Inúmeros grupos viviam de caça e coleta em grupamentos seminômades. Outros inúmeros eram sedentários. A América podia ser dividida em zonas, horizontes de culturas que se influenciavam e trocavam entre si, como a Mesoamérica, povos do planalto árido mais ao norte, um macro Caribe, grupos de extração tupi-guarani etc. Algumas dessas zonas eram de alto adensamento populacional, como na região do México e parte da América Central, outras pouco povoadas, como as regiões mais frias nos polos do continente. Entre tais povos e nas zonas fronteiriças havia contato e conhecimento dos vizinhos e de seus costumes e produção. Mas quanto aos habitantes da Patagônia e do Alasca, um nem suspeitava da existência do outro. Esse preâmbulo é importante para asseverar que, nessa multiplicidade de povos nativos da América, não havia uma unidade sequer genética, filológica, linguística, cultural ou de qualquer outra natureza que justificasse chamá-los por um único nome que significasse um amálgama.

Colombo, crendo ter chegado às Índias, erro compreensível dado o conhecimento da geografia do mundo na época, chamou os habitantes do Caribe de "índios". O erro de Colombo perpetuou-se, e todos os nativos da América, por metonímia, acabaram indo parar sob a mesma alcunha. Em suma: houve uma criação dos indígenas por parte dos europeus que juntou, aprioristicamente, antes mesmo do contato, todos os povos por eles descobertos ou a descobrir sob a mesma alcunha. Essa violência da ideia de indígenas encontrou no vocabulário político e religioso dos espanhóis algumas variantes, como a alcunha de *naturales* "gentios", "bárbaros" ou "selvagens". Tal violência foi o ponto de partida de um longo e tenso relacionamento entre os povos de ambas as margens do Atlântico.

O reducionismo, fruto dos primeiros contatos, acabou por levar à concentração em áreas com "civilizações" e conquistas "espetaculares", que inflamaram o imaginário europeu desde o século XVI, como nas conquistas dos Inca e Asteca. Os estudos dessas "civilizações" encontraram, portanto, longa tradição (que remontava, a rigor, ao período de presença ibérica no continente). Os estudos de outras zonas indígenas, como os povos do Caribe, ou de regiões "não civilizadas" foram menos intensos e demoraram mais a ocorrer, pois tais povos acabaram sendo reduzidos, numa narrativa eurocêntrica, às chamadas "zonas periféricas". Antes dela, civilizações, etnias e povos vivendo em estado de "pureza". Pós-conquista, o fim do universo indígena e o nascimento e consolidação de um mundo espanhol nas Américas. Os indígenas (pensados como "índios") desapareceram da narrativa como agentes históricos para serem relatados como massacrados, vítimas, vencidos, trabalhadores, catequizados etc. Numa memória de senso comum, tornaram-se invisíveis. "Aculturação", "perda de identidade" e outros termos correlatos eram chave para se pensar o universo indígena pós-Conquista: [ironia contida] se o indígena existia como um ser puro, ele podia deixar de ser puro caso se misturasse com outro grupo, não é mesmo?

Mas as denominações espanholas para os nativos americanos (que não se entendiam em conjunto — isso foi uma invenção ibérica) também se estenderam a outros grupos. Se um "índio" se reproduzisse com um "espanhol", o filho seria chamado de *mestizo*. A lógica do nascimento do *mestizo* está inequivocamente ligada à expansão ibérica e ao fato de as Américas terem se tornado uma esquina do mundo. Foi justamente nesse contexto que a terminologia para as *gentes* e *nações* que houve por aqui buscou ligar uma tradição ibérica de categorizar misturas de ascendências distintas com novas realidades americanas. O historiador Eduardo França Paiva[16] cunhou a interessante ideia de "dinâmicas de mestiçagem" para analisar a diversidade dos processos históricos que envolveram toda sorte de condições e *calidades* (formas de designar um sujeito) nas sociedades ibéricas. Ele nos mostra como o léxico usado para qualificar e dizer quem era quem naquele tempo mostrava tipos de conexões possíveis entre as Américas e a península Ibérica. Por exemplo: a *calidad* de *mestizo* remonta ao século XII nas línguas derivadas do latim, mas só se tornou corriqueira, como argumentamos, a partir da segunda metade do século XVI. E isso esteve relacionado com sua introdução no ambiente colonial, seja nas áreas rurais ou urbanas, nas quais os filhos de indígenas, *mestizos* e negros formavam grande parcela dos trabalhadores domésticos e dos que operavam minas. Nesses contextos, a concubinagem e o amancebamento produziram, por vezes, figuras como a do Inca Garcilaso que, apesar de não branco, nasceu com privilégios: eram os filhos das elites. Das Américas, o léxico para lá levado e lá reapropriado voltava à península Ibérica.

Na virada do século XV para o XVI, a Ibéria abrigava uma população multicultural, multiétnica e multirreligiosa. Ali dividiam-se quanto à fé, com termos como *cristianos nuevos*, *converso* e *morisco*, que levavam a lógicas de *limpieza de sangre*. Também se distinguiam em termos etnogeográficos: *naturaleza* e *vecinidad*; ou com base na *nación*. Tal sistema complexo cruzaria o oceano e se reinventaria no termo *mestizo*. Os primeiros documentos coloniais descreviam as crianças nascidas de uniões entre indígenas e espanhóis como "filhos de *españoles/cristianos* nascidos de *indias*". No fim do primeiro quarto do século XVI, começaram a receber a nova classificação de *mestizo* (do verbo "mesclar"). Em outras palavras, o termo se reinventou com a mundialização ibérica, e já na metade do século XVI o conjunto básico de categorias (*español*, *mestizo*, *indio*, *mulato*, *negro*) operava por todo o mundo espanhol. Ainda assim, a vasta expansão geográfica do Império assegurava que circunstâncias locais pudessem alterar essa linguagem. O *mestizo* figurou também como um "não lugar" discursivo, "na classificação dos inclassificáveis". Nesse contexto complexo de classificar seres humanos, o conceito de *raza* estava ligado à "limpeza de sangue", em que a ausência de sangue judeu/muçulmano definia um cristão honorável (*buena/mala raza*). Essas hibridações não eram bem-vindas no mundo ibérico. Desde a Idade Média, a "limpeza de sangue" era uma tentativa de evitar o casamento entre europeus e muçulmanos para conter a mobilidade social de grupos de cristãos-novos e mouros.

Já em fins do século XVIII, *raza* tornou-se um conceito mais secularizado, utilizado para referir-se à linhagem a que um indivíduo pertencia; ou (em especial no século XIX) uma noção baseada em distinções genéticas e biológicas. Em tempos coloniais, portanto, os *mestizos* não eram vistos sob a chave da *raza*. Robert C. Schwaller, por exemplo, argumenta que, embora as experiências ibéricas tenham modelado a construção da distinção nas Américas (como argumentei na introdução), as categorias que definiriam os súditos americanos da Espanha passaram por um processo de "racialização". Novas categorias de distinção foram crescentemente mapeadas a partir de "diferenças físicas e somáticas". Dessa maneira, tais termos prefiguraram as formas de racismo científico que surgiriam no século XIX.[17]

As chamadas "pinturas de castas" foram um gênero de pintura imensamente popular na Nova Espanha e no Peru do século XVIII. Seu princípio básico era tentar ordenar as misturas entre seres humanos e os resultados destas. Atentemos para a noção de características físicas que passariam de pais para filhos, bem como para os julgamentos morais sobre elas. Em geral, na pintura em que se vê um espanhol e uma indígena, desde que a mãe fosse "civilizada", o bebê tendia a ser branco, e a união, feliz. Existiam variações, mas os pintores sempre davam a entender que, se fruto de matrimônio, havia *mestizos* bons (ver figuras 17 e 18 do caderno de imagens); se fossem fora do casamento, a família seria disruptiva. No caso da união de negros e brancos, quase invariavelmente vemos a mulher negra escravizada, em situação de trabalho doméstico, com um filho caracterizado como "mulato". Não raro, o casal estava brigando na cozinha. Fica claro que a união era extraconjugal, assim como fica claro o lugar social de cada personagem: brancos proprietários, negras escravizadas.

Ainda que a ideia de raça estivesse embrionária nesse período, o universo das elites ibéricas se apropriou do discurso de que a mestiçagem criaria problemas sociais (por exemplo, a ocupação de cargos públicos por não espanhóis, a existência de cristãos-novos entre as elites, entre outros). Para evitar a mestiçagem, os espanhóis e portugueses consolidaram um discurso da necessidade de garantir casamentos (e filhos!) apenas entre "os iguais". Na América espanhola, essa política de "limpeza de sangue", que foi implementada a partir do século XVII, afirmava a divisão da sociedade em castas: espanhóis, indígenas, negros e orientais. E, entre as elites, passou a se condenar os relacionamentos entre as castas (as misturas entre essas categorias imaginadas de seres humanos).

É bastante claro que a prática beneficiava apenas um grupo social, os espanhóis. Numa tentativa de ordenamento racial desse novo mundo, os espanhóis passaram a classificar os filhos de relacionamentos entre elas. O sistema de castas era uma violenta tentativa de controlar as relações na colônia e manter o novo mundo nas mãos das elites espanholas. Há estudiosos que afirmam que as pinturas de castas não mostram um retrato de uma realidade dividida e mestiça. Há outros que imaginam que as pinturas não existiriam (e fariam tanto sucesso) se a sociedade não contivesse algum tipo de preconceito à mestiçagem. O importante de se ter em mente, porém, é que tal divisão populacional baseada na proporção de mestiçagem é uma noção característica da época. Do ponto de vista científico, hoje em dia sabemos que não existe sangue limpo ou raça pura, pois todos nós somos misturas de muitos DNAs do passado.

Em resumo, no mundo de fins da Idade Média e da Primeira Modernidade, não era um problema racial como entendemos hoje o que dividia os seres humanos. O princípio norteador do ordenamento social no antigo regime era uma noção de desigualdade. Não poderia haver *ordem* sem a demarcação de *lugares hierárquicos*: se todos são filhos do mesmo Deus, todo o universo deve partilhar da mesma ordem. Quem fugia da norma, da ordem, era visto, portanto, como inferior. Desde os loucos, passando por mulheres, até chegar ao elemento dos selvagens e bárbaros, todos podiam, potencialmente, sair do ordenamento e comprometê-lo. Logo, deviam ser vigiados e submetidos à ordem. E tal ordem tinha a ver com o que se imaginava ser a *natureza* de um indivíduo e de seu grupo. Se a natureza de um "índio" era diferente da de um "negro" e as duas diferiam da de um "branco", a mistura podia piorar aquele que se punha no topo da pirâmide natural.

Se recuássemos ainda mais no tempo, veríamos que, em resumo (como, aliás, argumentamos em capítulos anteriores), nunca nos vimos como uma humanidade só. Mesmo em lógicas criacionistas como a da Bíblia, na qual um Deus todo-poderoso cria toda a humanidade como uma, não podemos afirmar que todos eram tratados da mesma forma. Esse mesmo Deus escolhe humanos para salvar ou, sendo mais benevolente na leitura, deixa que escolhamos a Salvação ou a Danação baseados na conduta ética e moral de nossa vida, mas, acima de tudo, se acreditamos nesse Deus ou não. Na própria Bíblia, vemos "outras humanidades" sobre as quais há pouca ou nenhuma explicação. Quando Caim mata Abel e é condenado ao exílio, lemos que o irmão assassino encontra uma esposa e tem com ela um filho. De quem descendia a mãe de Enoque, filho de Caim? Lembremos que a cena da Criação narra a vinda ao mundo de Adão, depois de Eva. Desse casal primordial nascem Caim e Abel. Então essa era toda a humanidade, certo? Pelo jeito, não. Pois havia a esposa de Caim, que, supomos, devia ter sua própria família. Nosso ponto, enfim, é que mesmo em textos criacionistas é possível identificar mais de uma humanidade ou a ideia de eleitos, pessoas melhores que outras.

Se isso se dá em narrativas religiosas, imaginem na história. Mesmo em períodos da Modernidade, sob a égide de valores que compartilhamos até hoje como republicanismo e constitucionalismo, a capacidade de pensar humanos melhores que outros ou superiores a outros estava lá. Na Constituição dos Estados Unidos, em seu texto inaugural, havia uma legitimação da escravidão. O texto garantia direitos políticos, baseado no contrato social de Locke, apenas aos "iguais" (homens livres e proprietários, muito similar ao modelo clássico). Em outras palavras, a concepção que norteava o texto constitucional não considerava indígenas e negros como humanos em sua total acepção. O princípio de igualdade/isonomia era visto como aplicável a brancos apenas. Outros grupos não eram tratados como integralmente pertencentes a essa concepção de humanidade. Os não brancos eram menos, estavam abaixo, não seriam incluídos. A consequência direta de tal enfoque era a possibilidade de que indígenas e negros poderiam ser considerados propriedade de alguém. E a escravidão foi defendida de modo aguerrido sob o discurso liberal do direito à propriedade (se esquivando da ideia de uma única humanidade, com a mesma *natureza*). Paralelamente a isso, os discursos de racialização, como vimos, se aprofundaram nos processos de emancipação das Américas, sobretudo diante de debates em torno da abolição. E, na virada para o século XIX, o processo de desumanização passava não apenas pela lógica da propriedade, como também pela afirmação explícita da inferioridade das populações africanas e indígenas.

Assim, poderíamos acrescentar, excluídos da comunidade humana, à margem do espaço de igualdade, esses sujeitos eram mantidos como alvo tanto da lógica escravocrata quanto da lógica de extermínio (seja pela morte, seja pelo apagamento via exclusão ou "assimilação", a exemplo das políticas empreendidas em contexto latino-americano). E em que pese o papel histórico das elites intelectuais em afirmar diferentes formas de distinção com vistas a variados projetos de poder, sobretudo quando tais projetos envolviam a necessidade de distinguir senhores de escravos, a formulação desse discurso discriminatório passou, do final do século XVIII até meados do XX, a residir predominantemente no colo das ciências, ainda que pautadas, a princípio, em noções bíblicas.

CLASSIFICAÇÕES E DISTORÇÕES: A "FALSA MEDIDA DO HOMEM"

Fizemos a digressão dos itens anteriores para deixar claro que, em diferentes sociedades, em distintos períodos, nós nos diferenciamos enquanto grupo uns dos outros. Fosse apenas a detecção da diferença e estaríamos bem. O ponto é que detectar a diferença quase sempre veio de mãos dadas com hierarquizar a diferença, desqualificando o diferente de mim. Também vimos que o racismo era uma maneira de hierarquizar a sociedade pela ciência. Ou seja, ele surgiu de formas anteriores de diferenciação entre os sujeitos, mas evoluiu para uma narrativa muito particular de naturalização, através de vocabulário científico, de tais diferenças. Mais do que um simples verniz aplicado a velhos preconceitos, o racismo é uma evolução deles, uma versão 2.0 de discriminação, pois é calcado em linguagem que qualquer um de nós deveria, ao menos em tese, valorizar: a ciência.

Durante a pandemia de covid-19, como poucas vezes, um discurso de negacionismo científico — por meio de movimentos com frequência difusos, outros tantos organizados, e, em alguns casos, sistematizados e incorporados por governos — chamou tanta atenção. A lógica anticientífica costuma se basear em lógicas pré-modernas de fundamentalismo religioso, mas, potencializada por redes sociais e aplicativos de mensagens, acabou nos inundando de notícias falsas, ignorância e interesses escusos. O que vamos descrever nos parágrafos abaixo é, sim, uma crítica à ciência, mas não é nunca um endosso ao negacionismo científico. Deixemos clara a distinção.

Negar a ciência por pressuposto, como se ela fosse um mal da sociedade, seria uma bobagem. Avanços científicos e tecnológicos são patentes e estão em nosso cotidiano. Por outro lado, embarcar num discurso de que a ciência é neutra e está fora da sociedade que a produz seria igualmente tolo e contraproducente. Na verdade, ignoraria o próprio pressuposto das ciências: a dúvida metódica. Devemos sempre duvidar, checar, refazer experimentos, tentar alternativas, buscar novos métodos e soluções, questionar nossas premissas e resultados. Um exemplo disso foi a notícia que atraiu nossa atenção em 2019, a de que cientistas chegaram à conclusão de que não existia um "gene gay", ou seja, que o comportamento daquilo que se convencionou denominar de homossexual não tem lastro genético determinante.[18] O tema é controverso e, pouco antes, cientistas tinham descoberto que, sim, havia relação entre certos genes e a homossexualidade.[19] Mas, como historiadores, não deixa de chamar a atenção que buscar estabelecer tal relação é, sim, um sinal dos tempos e de como essa questão é cara para nossa sociedade. Como já dissemos no capítulo 2, fosse na Grécia antiga (num exercício de digressão, por óbvio) e, caso fosse possível um instituto de pesquisa por lá, muito provavelmente não haveria sequer pesquisas sobre o tema. A homossexualidade não era entendida como a vemos agora e, ao que tudo indica, não era um problema a ser investigado. Logo, questionar o que fundamenta a ciência é sempre bem-vindo e necessário.

Nos anos 1980, um livro excelente se propôs a fazer isso relacionando premissas científicas, seus resultados e métodos, para apontar a criação do racismo e sua relação com outros preconceitos. Trata-se do clássico do biólogo Stephen Jay Gould, *A falsa medida do homem*. No estudo, o autor analisou um calhamaço de trabalhos basilares da psicologia, da biologia e da medicina para compreender como tais obras, ao hierarquizar sujeitos através de métodos que buscavam quantificar sua capacidade intelectual, constituíram um discurso que incidiu sobre diversos grupos historicamente vulneráveis, concorrendo para manter e aprofundar processos de sujeição. Simplificando: o livro procurou medir como o campo científico atuou laboriosamente para construir práticas que legitimaram e naturalizaram a inferiorização contra diversos sujeitos, desde pessoas com deficiências, passando por mulheres e, sobretudo, sujeitos não brancos.

Para entender o que Gould propôs, precisamos lembrar que o vocabulário do racismo se assentava em práticas mais antigas, como analisamos anteriormente. Comecemos com a obra do diplomata e filósofo francês Arthur de Gobineau, *Essai sur l'inégalité des races humaines* [Ensaio sobre a desigualdade das raças humanas], publicada em grossos volumes entre 1853 e 1855.[20] O título é, em si, uma conclusão e uma premissa: há raças entre seres humanos e elas não são equivalentes. Pelo contrário, somos desiguais racialmente. Um doce para o leitor que adivinhe qual seria a raça considerada superior e quais seriam as inferiores. O argumento central de Gobineau era o de que todas as civilizações estabelecidas pelas três principais raças — branca, preta e amarela — só teriam sido possíveis pela cooperação direta da raça branca, e que, sem ela, nenhuma civilização seria possível. Por outro lado, admitindo os arianos como a mais pura das raças brancas, a diluição de seu sangue através de cruzamentos com raças inferiores provocaria o declínio de sua própria civilização.

Apoiado na ideia de degeneração da raça a partir da mistura, Gobineau teorizou a divisão da França em três raças — nórdicos, alpinos e mediterrâneos — distintas não só física e intelectualmente como também pelo caráter, capacidade para liderança, "bom gosto" estético, entre outros traços. Para ele, a ocupação dos sujeitos deveria corresponder à raça, uma vez que cada uma delas teria aptidões para certas posições. Tal divisão estabelecia os altos e loiros (nórdicos) como intelectuais e líderes; os morenos e de tamanho intermediário (alpinos) como camponeses e trabalhadores; e, por fim, os mais baixos e escuros (mediterrâneos) como um grupo inferior, decorrente da degeneração da mistura de raças. A obra de Gobineau fez sucesso em especial nos territórios germânicos, e encontrou eco deste lado do mundo, com particular atenção no Brasil e no sul dos Estados Unidos.[21] Em ambos os lugares, as teorias de Gobineau foram empregadas para defender a unificação territorial sob o discurso da superioridade racial. Os estudos sobre o Holocausto costumam apontar, com razão, para como textos semelhantes aos de Gobineau estiveram no fundamento do que se convencionou chamar de doutrina do "arianismo", que, alimentada pelo crescente antissemitismo, forjou os alicerces para a elaboração, décadas depois, das teorias raciais nazistas. Desse modo, a raça, ao demarcar pessoas com base em diferenças majoritariamente fenotípicas e lhes elencar supostas características morais e aptidões físicas, constituiu uma ferramenta de poder a serviço de interesses políticos (potencialmente genocidas, deixemos claro).

Se lermos Gobineau com atenção, veremos que ele não se baseava em nenhuma evidência concreta. Ele apenas alinhavou de maneira contundente uma série de lugares-comuns e preconceitos seculares sobre as diferenças humanas, agora sob a roupagem nova da raça (e do sangue). Gobineau estava longe de escrever sozinho. Louis Agassiz, um suíço-americano, foi outro postulador muito prolífico do racismo como um vocabulário científico. Entre 1817 e 1820, a conhecidíssima expedição científica de Johann Baptist von Spix e Carl Friedrich Philipp von Martius ao território brasileiro, na época prestes a se tornar independente, recolheu inúmeras amostras de fósseis e de peixes vivos. Depois da morte de Von Spix, na Europa, Agassiz analisou os espécimes coletados pela expedição e criou nova forma de dividir as amostras em grupos de seres vivos que foi muito bem recebida. Seus notórios estudos sobre os fósseis brasileiros lhe renderiam uma cadeira na Universidade de Neuchâtel, prêmios e distinções nas décadas seguintes.

Já maduro e gozando de grande reconhecimento entre os pares, foi convidado pelo Lowell Institute para ministrar uma série de palestras, que se converteriam num convite formal para integrar os quadros da Universidade Harvard, nos Estados Unidos. O tema das falas já indicava para onde seguiam os argumentos de Agassiz: "O plano da Criação como mostrado no reino animal". O cientista era um criacionista, ou seja, acreditava que Deus criara os seres vivos e que isso podia ser demonstrado na leitura do chamado mundo natural. O sucesso de suas aulas e textos levou à criação, em Boston, do primeiro laboratório de estudos científicos financiado pelo Estado americano: o Museu de Zoologia Comparada, inaugurado em 1859. À frente da prestigiosa instituição, Agassiz, como diretor vitalício, trocou os peixes e fósseis pelo estudo dos seres humanos e outros animais em tempos antigos. Com seus velhos pressupostos e com os novos objetos de pesquisa (além de vultosos recursos), o diretor voltou ao Brasil para, com outros colegas, participar de uma expedição que passou pelo Rio de Janeiro, então capital do país, por Minas Gerais, diversos estados nordestinos, e penetrou a Amazônia, centro de seus estudos.

Em 1865 Agassiz veio para o Brasil, comandando a Expedição Thayer, que saiu de Nova York e também passou por Rio de Janeiro, Minas Gerais, Pernambuco, Paraíba, Maceió, Ceará, Bahia e chegou à Amazônia.[22] Aqui desenvolveu estudos sobre os mestiços brasileiros. Junto de sua esposa, Elizabeth, analisou peixes, fotografou "tipos" de seres humanos e fez anotações como "Permanência dos traços característicos nas diferentes raças humanas" sobre essas pessoas fotografadas. É muito importante salientar que, em textos anteriores, do seu tempo na Suíça ou em sua primeira passagem pelo Brasil, Agassiz já tinha pressupostos criacionistas, já acreditava que a humanidade era dividida em raças, mas não que essas diferenças fossem hierarquicamente estáveis.[23] Foi nos Estados Unidos, convivendo com um profundo racismo daquela sociedade, lendo e circulando entre pessoas com pressupostos violentamente diferentes, que ele passou a pleitear que, sim, Deus criara a humanidade. Mas não *uma* humanidade, e sim quatro! Era a teoria da poligenia.[24] E cada uma dessas diferentes humanidades deveria habitar uma região específica do planeta.

Certamente, Agassiz lera o maior representante da poligenia nos Estados Unidos, Samuel Morton, um médico da Filadélfia, que se especializara em colecionar e medir crânios humanos. Morton seguia a craniometria, uma ciência que crescia em importância no século XIX e advogava que as distâncias entre determinadas feições cranianas (como distância entre os olhos, da fenda nasal etc.), bem como o volume craniano (medido, em geral, por grãos de mostarda colocados no lugar do cérebro), seriam estáveis e variariam entre raças humanas e entre os gêneros. Mulheres, por definição, teriam o cérebro menor que o da média dos homens, de onde viria sua inferioridade intelectual. Entre os homens, as raças com pele mais branca, pasmem, seriam mais desenvolvidas. Morton chegou a amealhar mais de mil crânios em sua coleção particular e publicou seus resultados no best-seller *Crania Americana*, de 1839. Por exemplo, analisando crânios egípcios, ele concluiu que pertenciam a pessoas brancas (caucasoides, para usar a expressão correta). Seu racismo era tão forte que a pergunta sobre como um povo africano poderia ter construído tão magnífica civilização aceitaria uma única resposta: só se fosse branco![25] E Morton era também um notório poligenista.

Não estamos advogando que Agassiz leu *Crania Americana* e se converteu a um credo racista. Pelo contrário, escritos de 1850 ainda o mostram como um abolicionista, por exemplo. Mas, já em 1854, ele assinava a introdução do influente livro *Types of Mankind* [Tipos da humanidade], de Josiah Nott e George Gliddon, texto abertamente defensor da superioridade de algumas raças sobre outras. Stephen Jay Gould, em seu diligente esforço de desmontar essas teorias raciais, divulgou diversos trechos da correspondência de Agassiz que haviam sido suprimidos por sua esposa quando da publicação da biografia dele. Numa das passagens, escrevendo à sua mãe, o suíço já expressava, em meio a certa culpa cristã, que tinha a "impressão de que" os negros não seriam "feitos do mesmo sangue que nós". Durante a Guerra de Secessão, confessou a um amigo que eles tinham que "lutar já contra a influência da igualdade universal a fim de não impedir nosso progresso", deixando claro que, por progresso, se referia à segregação dos negros no mundo pós-abolição.

Era essa a mentalidade do casal Agassiz quando mandou fotografar "tipos" humanos em Manaus e alhures e, sobre eles, fizeram anotações e estudos: "Em nenhuma outra parte do mundo se poderia estudar tão completamente como no Amazonas a mistura de tipos, pois aí os mamelucos, os cafuzos, os mulatos, os caboclos, os negros e os brancos produziram, por suas alianças, uma confusão que à primeira vista parece impossível destrinchar", afirmou

Elizabeth. Como o *outro* se tornava agora um objeto de estudo de misturas raciais ou de pureza racial, Agassiz convencia homens e mulheres a despirem-se diante dele, em seu quarto de hotel, onde o fotógrafo registraria seus corpos. Quando reveladas e arranjadas na forma de álbuns, as fotos nos mostram o método do racismo: nenhum corpo branco foi desnudado, fotografado, observado e comentado. Para representar a "raça branca", como era comum em estudos assim, foram escolhidas três imagens de estátuas greco-romanas em poses clássicas. O livro *A Journey in Brazil* [Uma viagem pelo Brasil] "descreveu detalhadamente os seios de mulheres índias e negras e omitiu qualquer descrição dos seios de mulheres brancas, provavelmente para não chocar o público leitor da obra, classificável como literatura de viagem e não obra estritamente científica".[26] Sobre seus "objetos de estudo", Agassiz escreveu:

> O que à primeira vista logo me impressionou ao ver índios e negros reunidos foi a diferença marcada que há nas proporções relativas das diferentes partes do corpo. Como os macacos de braços compridos, os negros são em geral esguios; têm pernas compridas e tronco relativamente curto. Os índios, ao contrário, têm as pernas e braços curtos e o corpo longo; sua conformação geral é mais atarracada. Prosseguindo na minha comparação direi que o porte do negro lembra os Hilobatas esguios e irrequietos, ao passo que o índio tem algo do orango inativo, lento e pesado.

A justificativa para esse método que parece descrever animais de espécies diferentes e não humanos era que "o fato de diferirem por traços constantes e permanentes basta, por si, para justificar uma comparação entre as raças humanas e as espécies animais".

Paremos um pouco e recapitulemos parte do que já vimos para podermos entender o que está em jogo. Por certo, Agassiz ecoava séculos de preconceitos modernos e teorias colonialistas que tendiam a ver negros e indígenas como inferiores aos brancos (lembrem-se, por exemplo, das pinturas de castas). Também temos que recordar que o racismo é um tipo específico de preconceito (embora não seja o único a fazer isso) que se vale da linguagem científica para se constituir. Nessa chave, o racismo bebe da herança colonial que já pensava que os seres humanos tinham "tipos" distintos (cuja diferença, antes, estaria no sangue, por exemplo) e que certas pretensas características imutáveis e fixas em tais tipos passariam de pai para filho. Ao se valer desse vocabulário centenário, o racismo "apenas" o transmuta em algo mensurável, observável, reproduzível e transliterado para tabelas, números e medições, conferindo estatura de ciência a um preconceito antigo. Não foi à toa que deixamos o "apenas" entre aspas na frase anterior. É justamente no ato simples de cientificizar que mora o perigo. Pois, quando um argumento é transformado em argumento científico, como refutá-lo? O laboratório ganhava no século xix quase o mesmo status que as revelações divinas tiveram séculos antes: como se poderia duvidar da ciência e de seus métodos, ao menos entre os homens ditos esclarecidos? Ademais, devemos nos lembrar de que a lógica do raciocínio racista é partir da ideia de raças humanas como tipos físicos, mas também morais. Um sujeito de determinada raça seria biologicamente superior ou inferior a outro de raça distinta, mas também seus valores, posturas, capacidades e habilidades seriam fixos, imutáveis e hierarquizáveis. A conclusão óbvia, portanto, era a de que raças vistas como superiores biologicamente (e, claro, intelectual e moralmente) não deveriam se misturar àquelas entendidas como inferiores.

O casal Agassiz foi categórico na condenação das hibridações que viu no Brasil. Ao descrever as misturas humanas que catalogavam em nosso país, os estudiosos produziam um discurso que agradava em cheio à audiência racista do establishment americano, o qual financiou a expedição:

> o resultado de ininterruptas alianças entre mestiços é uma classe de pessoas em que o tipo puro desapareceu, e com ele todas as boas qualidades físicas e morais das raças primitivas, deixando em seu lugar bastardos tão repulsivos quanto os cães amastinados, que causam horror aos animais de sua própria espécie, entre os quais não se descobre um único que haja conservado a inteligência, a nobreza, a afetividade natural que fazem do cão de pura raça o companheiro e o animal predileto do homem civilizado.

Ou, ainda, ao se referirem à região de Manaus, Agassiz, não sem aparente espanto, deixava claro que as mestiçagens ali vistas eram "o singular fenômeno de uma raça superior recebendo o cunho de uma raça inferior, de uma classe civilizada adotando os hábitos e rebaixando-se ao nível dos selvagens". Claro que, por raça inferior, deveríamos ler indígenas e negros, e, por superior, a branca.

Para concluirmos esta parte, façamos um último mergulho naquilo que de mais sórdido foi produzido pela ciência do século XIX. Visitemos um primo de Darwin, o polímata Francis Galton, que, em 1883, encontrou um nome para a nova ciência que acreditava fundar: *eugenia*. Já falamos algumas vezes desse termo, o que mostra, como afirmamos desde o início, que os preconceitos estão sempre de mãos dadas, e que separá-los em capítulos era uma escolha didática. O termo vinha do grego: *eu* = "bom" e *gene* = "linhagem", "parentesco". Sua intenção era salvaguardar a "boa raça dos brancos" dos cruzamentos com "raças inferiores". Para ele era preciso desestimular o sexo entre pessoas vistas como "vira-latas" para incentivar o sexo entre humanos "com pedigree". Galton entendia que a tendência à miséria, ao vício e às doenças era algo tão hereditário quanto altura ou cor dos cabelos. Desse modo, se os filhos de ineptos herdariam isso de seus pais e já iriam morrer de qualquer forma, era melhor que não nascessem.[27]

No início do século XX, quando aconteceu o I Congresso Internacional de Eugenia em Londres, suas ideias eram a vanguarda da ciência. A Inglaterra, entretanto, não as pôs em prática, mas outras nações sim, como os Estados Unidos e a Alemanha. Em 1907, o estado de Indiana adotou a primeira lei de esterilização compulsória no mundo, e mais de 64 mil americanos "ineptos" foram castrados entre 1907 e a década de 1960. Essas pessoas eram alcoólatras, esquizofrênicos, criminosos, prostitutas e outros "párias sociais". Tal prática passou a ser chamada de eugenia negativa: um conjunto de ações para evitar a reprodução de genes indesejados. A eugenia negativa tornou-se prática corrente e foi incorporada na legislação de 32 estados americanos. Um relatório produzido no campeão de esterilizações, a Califórnia, serviria de inspiração para oficiais nazistas implantarem a mesma prática do outro lado do Atlântico.[28]

Em contrapartida, também havia a eugenia positiva, que incentivava a reprodução daqueles considerados aptos. Assim tornaram-se comuns as Fitter Family Fairs, onde pessoas com genes supostamente bons eram exibidas e poderiam ganhar medalhas e pódio. Charles Davenport, fundador do Eugenics Record Office (ERO), foi um dos símbolos da eugenia norte-americana. Seu centro de pesquisa encabeçou os esforços de "higienização genética". Aplicou a lógica de transmissão de características hereditárias descoberta por Mendel e fez descobertas impressionantes, válidas até hoje: identificou corretamente a doença

No começo do século XX, floresceram sociedades dedicadas à difusão da eugenia como estratégia de desenvolvimento social e econômico. Nos Estados Unidos, foram realizados muitos concursos para eleger os bebês "mais perfeitos", inclusive por instituições oficiais como o St. Louis Children's Hospital, no Missouri. Era a chamada "eugenia positiva".

de Huntington como um traço genético dominante, ao passo que o albinismo é um traço recessivo. Sua obsessão pelo imperialismo genético era tamanha que ele chegou a localizar o que supunha ser o gene "construtor de barcos"; pessoas que exerciam essa prática deixavam-na como herança a seus filhos: tudo era herdado. Tais noções de eugenia e higienização/limpeza racial eram tão eficazes que serviam para embasar diversos de nossos preconceitos todos combinados: o racismo, a demofobia, a xenofobia, entre outros. Em Nova York, no porto de Ellis Island, por exemplo, imigrantes recém-chegados da Itália, Grécia ou países do Leste Europeu passavam por testes de QI. O racismo desses primeiros eugênicos, que ganhava força de lei, não era contra não brancos, mas contra não nórdicos.

Neste ponto do capítulo, o leitor e a leitora já devem ter entendido que, não, não existem raças, em si. A raça, com conceito biológico, é na verdade uma leitura política, social e histórica da diversidade humana. Por outro lado, não nos enganemos, a divisão da humanidade em três raças fez tanto sucesso que, infelizmente, se naturalizou nos séculos XIX e XX, seguindo viva até nossos dias. Dizer que algo é uma invenção histórica, como estamos insistindo no livro todo, não é, jamais, dizer que algo não existe. Apenas que algo que existe nem sempre esteve lá, da mesma forma. Raças podem não ser algo cientificamente comprovável hoje, mas, por ser algo culturalmente enraizado, o racismo (que pressupõe a crença na divisão entre raças) é *extremamente* real e baliza comportamentos violentos e segregacionistas quase no mundo todo. Para mostrar como não é natural a divisão da humanidade em três, basta lembrar que vimos a sociedade colonial hispano-americana se dividir num sem-número de castas, Lineu propor quatro raças humanas e, agora, Agassiz falar em três raças. Morton e sua craniometria chegaram à conclusão de que seríamos cinco raças. O que nunca falhou nessas leituras foi que a ciência embasava argumentos racistas e todas elas "comprovaram" por métodos de observações, medição, comparação que as "raças não brancas" seriam versões degeneradas da branca ou algo assim. Em outras palavras, que o branco europeu era o topo da espécie, e todas as demais raças estavam abaixo dele. Algumas vezes, muito abaixo, justificando sua dominação, tutela ou marginalização social, econômica e política. Quando lemos tais estudos, que fundamentaram uma visão de mundo até os dias atuais, vemos o caráter falacioso, arbitrário ou incoerente das indagações, hipóteses, métodos e conclusões dessas obras.

Gould, no livro que já citamos, demonstra de maneira contundente como Morton, por exemplo, não só incorreu em cálculos incorretos sobre a volumetria dos crânios que analisou, mas também deliberadamente omitiu uma série de informações e resultados com o intuito de alcançar resultados previamente estabelecidos. Ou seja, mentiu e omitiu para provar uma tese que já tinha antes mesmo de testar. Agassiz, como vimos, mudou de opinião ao longo da vida, indo da unidade da espécie humana a um segregacionismo brutal, baseado em fotos posadas, com pessoas despidas propositadamente, em ambiente artificial, para comprovar aquilo que já pensava de antemão. Galton e seus seguidores escolheram quais pessoas deveriam morrer e quais deveriam viver apoiados em critérios de "excelência genética" que nunca foram comprovados em laboratório. Talvez um dos casos mais pujantes e sintéticos dessas tantas formas de criar um racismo científico seja o de Robert Bean, um médico que, em 1906, publicou um longo artigo comparando as medidas de várias partes dos cérebros de negros e brancos. Uma das áreas analisadas foi o corpo caloso — que conecta os hemisférios direito e esquerdo. O corpo caloso é dividido em quatro trechos, o rosto, o tronco, o joelho e o esplênio, e Bean havia percebido algo que, em sua opinião, seria fantástico: o joelho e o esplênio de negros seriam muito menores que os dos brancos. Era racista demais para ser verdade. Tanto que Franklin Mall, o orientador de Bean na Universidade Johns Hopkins, suspeitou. Ele, então, refez o estudo, dessa vez medindo 106 cérebros sem saber, de antemão, a etnia dos indivíduos a que pertenciam. Resultado? Seus gráficos saíram neutros. O desejo de comprovar teses preconcebidas era tão grande que pesquisadores manipulavam os próprios dados consciente ou inconscientemente.

CONSIDERAÇÕES HISTÓRICAS SOBRE O RACISMO BRASILEIRO NO SÉCULO XX E NA ATUALIDADE

Quando éramos crianças, líamos Monteiro Lobato e, encantados, descobrimos mundos em páginas de livros. Ambos brancos, os autores deste livro, ainda que separados por década e meia, descobriram Lobato por meio do *Sítio do Picapau Amarelo*. Junto de Narizinho, Emília, Pedrinho e companhia, viajamos para a Grécia e acompanhamos os doze trabalhos de Hércules, ficamos presos e aprendemos tupi com Hans Staden, vivemos no País da Matemática. Nunca, em nossa infância, entre os anos 1960 e 1980, percebemos o conteúdo eugênico e racista da obra do autor, nem nos alertaram para isso. Hoje, não há como deixar de vê-lo. Num romance de ficção, Lobato se superou. Publicado originalmente em 1926, *O presidente negro ou O choque das raças* era uma alegoria da separação entre raças e uma crítica da teoria do branqueamento (aquela que embasou o quadro *A redenção de Cam* (1895), de Modesto Brocos, a ser analisado adiante). O enredo se desvela em dois tempos: 1928 e 2228. Nele, o personagem Ayrton, após um acidente, conhece um professor, Benson, e sua filha, também cientista, Jane, bem como sua invenção: uma máquina capaz de ver o futuro. Por meio do porviroscópio, ficam sabendo de notícias do futuro, como a eleição de um presidente negro nos Estados Unidos. Não era um texto premonitório do pleito que elegeria Barack Obama. Era, ao contrário, um alerta. O presidente eleito, Jim Roy, só conquistara o poder porque, na tentativa de reeleger Kerlog, os brancos haviam se polarizado em dois partidos, o masculino (que apoiava a reeleição) e o feminista (uma dissidência que apostava em Evelyn Astor para a Casa Branca). A divisão permitiu a chegada da Associação Negra à frente na contagem dos votos.

Apenas nesse preâmbulo, Lobato, sem luvas de pelica, esbofeteava o feminismo de seu tempo, que lutava pelo voto feminino, e criava uma leitura do que poderia ser o futuro de uma sociedade "mestiça". Trocando em miúdos, assim como muita gente na época, o escritor entendia que houvera um equívoco inicial na formação tanto do Brasil quanto dos Estados Unidos: trazer negros para a América.[29] A abolição, por fim, gerara uma sociedade em que raças distintas eram obrigadas a conviver. Logo, o que fazer? Nos Estados Unidos, a segregação legal nos estados do Sul parecia o caminho a ser seguido. No Brasil, a segregação era econômica, social e política, mas não registrada diretamente na forma da lei. Não diretamente, mas lembremo-nos, por exemplo, de que a maioria esmagadora dos negros era pobre e analfabeta na Primeira República. Naqueles tempos, 71,2% dos brasileiros não sabiam ler ou escrever. E, pela Constituição vigente, não podiam votar.[30] Fez a matemática?

Lobato, como vimos, era um ávido defensor da eugenia. Mas o leitor ou a leitora pode estar, no íntimo de sua mente, achando que Lobato não devia ser tão eugenista ou racista assim, afinal pusera um presidente negro nos Estados Unidos no longínquo século XXIII! Voltemos ao enredo, avisando que a narrativa contém spoilers. Como forma de deixar claro que a "integração racial" ou "branqueamento" era um problema mais do que uma solução, o Brasil do futuro havia se rachado em dois. Um país, branco, unira-se à Argentina, ao Paraguai e ao Uruguai. O que sobrara, era habitado pelos "demais". Já nos Estados Unidos, após um processo artificial generalizado, os negros teriam ficado com a pigmentação da pele esbranquiçada (num tom "duvidoso", segundo Lobato, que a compara, no capítulo XI, com a da pele de mulheres "mulatas de hoje que borram a cara de creme e pó de arroz", com cor de "barata descascada"). O "branqueamento", portanto, não teria funcionado para resolver a questão racial, uma vez que os brancos, ciosos de sua própria cor, jamais aceitariam aquela imitação de "baixa qualidade". Em seguida, outra solução é buscada: uma invenção, usada massivamente, para alisar os cabelos dos negros, e que leva à abertura de inúmeras franquias. O romance revela, por fim, que, além de alisar os cabelos, o processo provocava a esterilização das pessoas: a totalidade da população negra. A eugenia negativa era aplicada no livro como uma espécie de solução final à chamada questão racial ou choque de raças.

Não há como não traçar, de imediato, dois paralelos. O primeiro com a Solução Final. Resta evidente como o genocídio de judeus e outros seres humanos considerados indesejáveis foi resultado de um vórtice maldito de preconceitos: do racismo à xenofobia, tudo temperado por teorias eugenistas. Lobato sonhava em exterminar negros por eugenia negativa; os americanos implementaram essa solução na vida real em mais da metade do país; os alemães a levaram às últimas consequências num dos maiores crimes cometidos no século xx. O segundo paralelo nos mostra como as ideias eugênicas seguem vivas, apenas com roupas novas. Um dos livros mais discutidos dos anos 1990 foi publicado em meados da década por Samuel Huntington, *O choque das civilizações*. Nele, o cientista político norte-americano postulava, com muito sucesso, que o mundo se dividia em oito grandes civilizações e que o choque entre elas definiria o futuro da humanidade. Para ele, a desgraça da pureza de um povo viria do encontro com culturas que poderiam danificar suas qualidades intrínsecas. Huntington morreu em 2008 sem nunca sonhar com as redes sociais e a produção de polarizações desastrosas engendradas *dentro* das nações.

Voltando ao Brasil imaginado por Lobato. Pode ser que ainda haja entre nós aqueles que, por memória afetiva, tentem defender o autor do indefensável. Vamos supor que parte do seu inconsciente esteja te dizendo: "Ele apenas escreveu isso, não devia ser o que pensava ou o que *realmente* desejava que ocorresse". Mas não. Eis que, numa carta ao amigo médico Renato Kehl, Lobato escreveu sobre seu livro: "Tu és o pai da eugenia no Brasil e a ti devia eu dedicar meu *Choque*, grito de guerra pró-eugenia. Vejo que errei não te pondo lá no frontispício, mas perdoai a este estropiado amigo. [...] Precisamos lançar, vulgarizar estas ideias. A humanidade precisa de uma coisa só: poda. É como a vinha".[31] Kehl, na década de 1920, foi quem liderou os esforços de limpeza genética, ao lado de outros nomes conhecidos da Sociedade Eugênica de São Paulo, como Arnaldo Vieira de Carvalho — fundador da Faculdade de Medicina da Universidade de São Paulo —, o próprio Lobato e Roquette-Pinto. Até hoje podemos escutar falas eugenistas em solo brasileiro, como aquela do general Hamilton Mourão, então candidato a vice-presidente da República, em outubro de 2018: "Meu neto é um cara bonito, viu? Branqueamento da raça".[32]

Lá atrás, mencionamos que essas teses eugênicas se opunham ferozmente à tese do "branqueamento". Mas não explicamos de que se tratava. No Brasil (até hoje), grosso modo, tais teorias raciais se consolidaram através de três mecanismos ideológicos que alicerçam boa parte da cultura racista do país: o mito das três raças fundadoras, o mito da democracia racial e o mito do branqueamento. Por trás de cada uma dessas narrativas, o que estava em jogo não era apenas uma forma de explicar o Brasil, mas de explicá-lo através da estigmatização e criminalização de sujeitos não brancos. Nosso suposto atraso civilizacional era creditado, no caso dos eugenistas, à miscigenação. Por outro lado, o branqueamento advogava o fim dos não brancos por meio justamente da mestiçagem. Não deixava de ser um tipo de eugenia, mas agora positiva: ao propor que brancos passassem seus genes adiante, seus postuladores imaginavam que os indesejados genes não brancos, os quais por pressuposição seriam recessivos, desapareceriam. Essa lógica não foi exclusiva ao Brasil, claro. Foi comum em vários países das Américas. Buenos Aires tinha cerca de 40% de negros no século XIX, e hoje enfrenta o mito "da homogeneidade racial": a capital (bem como boa parte da Argentina) se acredita branca de origem europeia. Os norte-americanos, como vimos, namoraram o conceito de purificar a raça. No México, diversas teorias de mestiçagens postulavam fazer sumir os indígenas em *mestizos* de pele branca.[33]

Em todos esses lugares havia especificidades, claro. No Brasil, um exemplo didático (e terrível!) é o famoso quadro de Modesto Brocos. Pintor espanhol radicado aqui, recebeu, pela tela, a medalha de ouro na Exposição Geral de Belas-Artes de 1895. Criada no contexto pós-abolição e de consolidação do regime republicano no Brasil, é uma ilustração da tese do embranquecimento da população como caminho para o "progresso". *A redenção de Cam* (ver figura 19 do caderno de imagens) faz uma referência ao relato bíblico, segundo o qual Noé teria amaldiçoado seu filho Cam após este ter exposto a nudez do pai — decorrente de uma bebedeira — para ridicularizá-lo diante dos irmãos, Sem e Jafé. Em represália, Noé condena o filho de Cam a ser "o último dos escravos", ou seja, a ser escravo dos filhos de seus irmãos, carregando em sua linhagem uma mancha. Por tradição, durante milênios, judeus e cristãos acreditaram que os descendentes de Sem, os semitas, teriam povoado a Ásia; os de Jafé, os jafetitas, teriam dado origem aos europeus. E os camitas teriam habitado a África. Não precisamos de muito para entender que a tal "mancha" ou "maldição de

Cam" foi usada largamente como justificativa para a escravidão de negros ao longo da Primeira Modernidade. Para Brocos, com a chegada de europeus brancos ao Brasil, ao exterminar os negros por eugenia positiva dos brancos, o próprio país se livraria do incômodo racial.

Como isso se daria? A obra é um retrato de família com quatro figuras: uma mulher mais velha, a avó negra de pele escura; uma mulher mais jovem, mãe negra de pele mais clara; um homem pouco mais ao fundo, o pai branco; e uma criança, também branca, no colo da mulher jovem. A avó, por óbvio uma ex-escravizada, agradece aos céus pelo milagre que testemunhava: ela, negra, tinha um neto branco! O milagre do "branqueamento" se dera em duas gerações. A maldição (sua própria pele, sua própria raça) deixava de existir. O menino é quase um messias, com uma fruta nas mãos como se fosse um orbe, a olhar para a velha senhora e para abençoá-la, purificá-la. A mãe, uma espécie de madona morena, uma Nossa Senhora que anuncia e reconhece o racismo, mostra à criança (o futuro) de onde ela veio (o passado). Há, na verdade, dois homens brancos na imagem. Um, o pai da criança, sorri orgulhoso: o filho se parecia com ele e não com a avó. O segundo está em ausência, na elipse do homem com quem a idosa senhora gerara a mãe da criança redentora. Esse homem-elipse só podia ser branco, dado o "branqueamento" entre mãe e filha.[34] Há no quadro, mas também em Lobato, lógicas sutis e perversas de racismo: os padrões de beleza eugenistas (pautados no fenótipo do branco europeu nórdico) sujeitaram corpos não brancos a procedimentos altamente dolorosos para se conformar (mas nunca por completo) dentro de um padrão branco de beleza. No livro, estavam na pele esbranquiçada (mas nunca branca o suficiente) e no alisamento dos cabelos. No óleo, nos cabelos escondidos da avó e no coque da mãe, que contrastam com a franja lisa do pai e as madeixas claras do bebê, estas últimas bem à mostra.

Na virada para o século xx, o entusiasmo da crítica com a pintura não só rendeu o prêmio já citado e elogios da mesma crítica, como também sua referência num artigo sobre branqueamento publicado pelo médico João Batista de Lacerda (1846-1915) no Congresso Universal das Raças (Londres, 1911), no qual o autor descreve *A redenção de Cam* como uma passagem de terceira geração de cruzamento de raças, em que o negro se torna branco. Para que você não imagine que Brocos e Lacerda, Lobato e Kehl eram vozes no deserto, o racismo à brasileira (como em inúmeros outros lugares do mundo) não tardou a virar lei. No Código Penal de 1890, por exemplo, práticas culturais e religiosas de origem africana eram criminalizadas, como a capoeira. Através da chamada Lei de Repressão à Ociosidade, se dispensava à "vadiagem" a imputação de contravenção. A criminalização da "vadiagem", por exemplo, no Código Penal de 1890, mantinha uma visão já elaborada no Império. O Código Criminal de 1830, por exemplo, já previa no seu artigo 295 a pena de oito a 24 dias de detenção (e advertências do juiz) para a "vadiagem". Deixar de exercitar profissão, não possuir domicílio fixo, praticar mendicância ou ocupar-se de trabalhos considerados ofensivos "da moral e dos bons costumes" eram, daquele momento em diante, passíveis de punição. A consequência mais imediata desse artigo foi a possibilidade de o poder público controlar o perímetro urbano a ser frequentado pela população mais pobre, o que, obviamente, incluía em grande parte a população egressa da escravidão. Era o início de uma política de controle e reorganização dos espaços públicos a partir do encarceramento, da intimidação e da suspeição generalizada contra negros, pardos, ex-escravizados e seus descendentes. Aqui reside um segundo ponto central para entender o racismo: se ele nasce da ciência, ele se efetiva nas leis e nos costumes. E, uma vez na legislação, abre-se a caixa de Pandora, pois o racismo encontra brechas na legalidade, e as forças do Estado podem continuar a praticá-lo. As autoridades poderiam qualificar quem seriam os indivíduos considerados "vadios". O artigo 399 do Código Penal de 1890 falava daqueles que não possuíam meios de subsistência ou domicílio fixo ou estivessem ofendendo a moral e os bons costumes. O tema voltaria no decreto-lei n. 145, de 1893, que autorizava, inclusive, a criação de colônias correcionais com uso do trabalho como elemento "formativo", tal qual a Fazenda Boa Vista, no Rio de Janeiro. Eliminada a escravidão como lei, a legislação republicana recriava mecanismos que poderiam obrigar a trabalho não remunerado os pobres e os negros. Se ainda restasse dúvida sobre qual grupo estava associado à ideia de "vadiagem", basta lembrar que o artigo 402 do Código de 1890 mantinha o discurso da prática de capoeira como criminosa e associada à "vadiagem". Os líderes de uma roda de capoeira recebiam pena em dobro.

Eram práticas de controle social que conviviam com a realidade de uma sociedade recém-saída da escravidão e que, especificamente no caso da capital, queria um deslocamento urbano dos cortiços do centro para dar lugar a uma nova cidade mais ao gosto da elite carioca. Um Rio de Janeiro com avenidas largas e prédios suntuosos como o novo Theatro Municipal tinha de afastar, como um sanitarismo social, os grupos indesejados. A lei consagrava os preconceitos e os ideais urbanos e sociais que grande parte da elite administrativa e econômica da República Velha cultivava. Construir o vadio era uma necessidade da elite brasileira.

Apesar de o período getulista (1930-45) ter atenuado a repressão aos grupos de capoeira, o Código Penal de 1940 manteve a figura da "vadiagem", associando (artigo 93) com outro tipo penal: a prostituição, podendo resultar em internação em instituições como colônias agrícolas. No ano seguinte, define-se a vadiagem como uma contravenção (artigo 59 do decreto-lei 3688, de 1941). A lei classifica como vadiagem "entregar-se alguém habitualmente à ociosidade, sendo válido para o trabalho, sem ter renda que lhe assegure meios bastantes de subsistência, ou prover à própria subsistência mediante ocupação ilícita". A pena podia variar entre quinze dias e três meses. Para eliminar o problema, o parágrafo único do artigo 59 previa que "a aquisição superveniente de renda, que assegure ao condenado meios bastantes de subsistência, extingue a pena".

Pobres e negros foram perseguidos sob o manto da chamada "vadiagem" ou da repressão à prática da capoeira. Da mesma forma, era muito comum que a polícia invadisse terreiros de candomblé no Império ou na República. O Estado tinha deixado de ter uma religião oficial com advento da República, mas, na prática, as religiões de matriz africana incomodavam as autoridades. Apesar de o Código Penal de 1940 considerar crime "escarnecer de alguém publicamente, por motivo de crença ou função religiosa; impedir ou perturbar cerimônia ou prática de culto religioso; vilipendiar publicamente ato ou objeto de culto religioso" (artigo 208), a prática da polícia contrariou os ditames legais de tolerância. Prova material da sobrevivência do preconceito no século XX é a existência de muitas peças de culto retiradas de terreiros de candomblé nas delegacias de polícia de Salvador. Coisas da República Velha ou do Estado Novo? Em 21 de janeiro de 2000, a ialorixá Mãe Gilda de Ogum, do terreiro Ilê Axé Abassá de Ogum, em Salvador, foi vítima de muitos ataques na imprensa por evangélicos fundamentalistas. A campanha intensa de difamação fragilizou a saúde da líder, que veio a falecer. Desde então, a data de 21 de janeiro é o Dia Nacional de Combate à Intolerância Religiosa. A luta contra o preconceito continua.

Não nos enganemos ao pensar que o racismo nacional se dirigiu aos negros tão somente. Claro que ele o fez de forma extensiva e intensiva, gerando o racismo estrutural que temos até os dias de hoje. Um aspecto do racismo brasileiro frequentemente invisibilizado é o direcionamento contra indígenas. Mais uma vez, o atual senador Hamilton Mourão é lembrado: ainda na campanha eleitoral de 2018, em palestra na Câmara de Indústria, Comércio e Serviços de Caxias do Sul, o então candidato a vice-presidente da República afirmou, imbuído do mito das três raças fundantes do povo brasileiro, que nossa sociedade teria como característica herdada dos povos indígenas a indolência (junto da malandragem dos africanos). Ao ser criticado, ele disse que era "índio". No Brasil, é muito comum "ser descendente de índio" mas não ter a mais vaga noção de quem são e como vivem os povos nativos.

As razões dessa faceta de nosso racismo são complexas. Passam por certa invisibilidade dos indígenas nos debates sobre escravidão desde o período colonial; pela memória histórica e escolar de que esses povos teriam sido exterminados, conquistados, extintos entre 1500 e o começo da República. Não nos entendam mal, por favor. Não estamos afirmando que o massacre, que um verdadeiro genocídio dos povos ameríndios não existiu (nem que não siga existindo). Muito antes pelo contrário. Mas, como disse Janice Theodoro, quando se anda por países latino-americanos não se encontram nos indígenas sobreviventes, mas, sim, viventes. Matá-los na memória histórica é cometer um segundo genocídio, desta feita uma matança epistemológica. As narrativas de extinção apagam com elas todos os processos de espoliação e violência sofridos por esses povos desde o início da conquista até a contemporaneidade. O Estado brasileiro transformou em lei e instituição essa maneira de pensar. A interiorização e a expansão dos latifúndios ocuparam terras de diversas populações originárias, resultando em degradação e expulsão de seus habitantes. A lógica colonial de conquista-catequese-civilização associada ao genocídio serviu de alicerce para as políticas indigenistas do período republicano, caracterizado, por exemplo, pela ideia de que os indígenas seriam um entrave ao desenvolvimento econômico do país. Embora houvesse um Serviço de Proteção aos Índios (SPI) desde 1910, tal órgão tinha em seu modus operandi essas mesmas lógicas e atuou, na verdade, como um veículo do Estado para *desindigenar* o indígena (por meio de práticas assimilacionistas, como a catequese, a educação que não preservava a cultura original, o deslocamento de territórios etc.) ou em conluio com grandes proprietários. Grileiros, latifundiários e outros, em vários estados do Centro-Oeste, Norte e Nordeste (mas também no Sudeste e no Sul), travaram contato com povos indígenas na criação de novas "fronteiras agrícolas". De forma quase sempre violenta e sem mediação do SPI, expulsaram muitos deles de suas terras e os mataram. O exemplo mais macabro talvez seja o do Massacre do Paralelo 11, ocorrido em 1963. Nesse monstruoso episódio, em meio a uma série de atos grotescos, houve a distribuição, por parte do SPI, em conluio com fazendeiros, de alimentos contaminados com arsênico a integrantes da etnia Cinta Larga, resultando na morte de cerca de 3500 indígenas.

Criado no fim de 1939, com Getúlio Vargas, o Conselho Nacional de Proteção aos Índios (CNPI), ficou sob a presidência do experiente militar Cândido Rondon. Ele e antropólogos destacados que trabalharam ali, como Curt Nimuendajú e os irmãos Orlando e Leonardo Villas-Bôas, opunham-se ao chamado "sertanismo" (a prática que acabamos de descrever de "integrar o índio à sociedade brasileira", acelerando o contato com etnias mais distantes dos centros urbanos). O CNPI também achava inevitável tal integração, mas condenava que isso se desse por estímulo do Estado. A ideia era preservar as culturas indígenas, seus costumes, tradições e idiomas ao máximo, logo, mantendo povos isolados nessa condição. Os únicos contatos possíveis se dariam com oficiais do órgão, de forma planejada. Tais condutas estavam antenadas com os avanços da antropologia da época, em nível mundial, e procuravam se integrar a práticas de outros países americanos. Mas o fato é que o SPI e o CNPI dispunham de pouquíssimos recursos e quadros. Tendo que improvisar com militares e sertanejos, os postos avançados desses órgãos ficaram nas mãos de pessoas sem formação ou meramente interessadas em ali estar para implementar a "ampliação das fronteiras agrárias", ou seja, a derrubada de mata original, abertura de novos campos e pastagens. Isso gerou casos de fome, doenças, escravização e mais mortes entre as populações nativas.

Nos anos JK e na década de 1960, houve a prática de deslocamento de populações indígenas inteiras de seus territórios originais, do Centro-Sul, para o território amazônico. A ideia era parte das estratégias da Guerra Fria. Para salvaguardar o "território" do possível avanço "vermelho", buscava-se "ocupar espaços vazios". A questão era que nem o território amazônico era um imenso vazio, nem os direitos das populações removidas foram respeitados, gerando mais problemas do que possíveis soluções. No início dos anos 1960, sob acusações de genocídio, corrupção e ineficiência, o SPI foi alvo de uma CPI que acabou por demitir funcionários. Já no período militar, o SPI e o CNPI foram extintos e substituídos pela Fundação Nacional do Índio (Funai). Isso se deveu, em parte, às inúmeras denúncias e suspeitas de corrupção no SPI, que motivaram o general Albuquerque Lima a encomendar um inquérito sobre tais irregularidades. Coordenada pelo procurador-geral Jader de Figueiredo Correia, a investigação percorreu 130 postos indígenas e produziu um extenso relatório, com 7 mil páginas e trinta tomos, o chamado Relatório Figueiredo. Dado como desaparecido por décadas, o material foi encontrado quase intacto em 2013 por pesquisadores autônomos dentro do contexto da Comissão Nacional da Verdade. O relatório documenta meticulosamente diversos relatos e fontes que comprovam uma miríade de sortilégios — assassinatos, prostituição (forçada) de mulheres indígenas, numerosas formas de tortura cotidianas, escravização e venda de crianças como escravas sexuais, desvio de recursos do patrimônio indígena. Há o registro do extermínio de etnias inteiras, inclusive através de caçadas com amplo uso de armamento pesado (metralhadoras e ataques aéreos com bombardeio de dinamite), envenenamento de alimentos doados e inoculação proposital de varíola em populações isoladas.

Não à toa, lideranças indígenas como Ailton Krenak insistem em apontar como a relação do Brasil com as populações indígenas que vivem aqui *sempre* foi tensa, e a lógica de assimilação/pacificação nunca deixou de ser permeada por violência.[35] Assim, mesmo a atuação da Funai, sob o governo militar, foi profundamente violenta com essas populações, passando por uma lógica militarista e militarizante, até com a instituição de uma Guarda Rural Indígena para controlar os territórios. Outro elemento importante é que uma das justificativas para as desterritorializações e para a ocupação das áreas por fazendeiros seria a ausência de indígenas (inclusive a partir de documentação feita pela Funai). Isso, parece, se liga à lógica de categorização de indígenas e/ou à ideia sempre presente de associar seus espaços aos *vazios*. Exemplo do último caso é a propaganda de construção da Transamazônica, que abertamente fala do território amazônico como um grande vazio demográfico, um espaço improdutivo, carente de progresso. Sugerimos uma pausa na leitura, queridos leitor e leitora. Procurem em plataformas de vídeos a propaganda, feita pela Agência Nacional, em 1970, para a Transamazônica.[36] Depois de assistirem, voltem a ler. Há tempo.

A peça contém certos elementos que merecem destaque (além do ufanismo nacionalista e dos jargões). As expressões "colonizar" e "civilizar" são usadas com igualdade semântica, com todas as consequências nefastas de qualquer projeto dito civilizatório. A região é apresentada como tendo uma "vocação econômica", a extração de minérios. A megaobra serviria para unir os brasileiros numa só causa em prol da "nação". Aquele imenso território que se insinua vazio estaria "dormindo", à espera de colonização, de civilização. Claro que, para civilizar e acabar com o atraso, é necessário acabar com tudo o que gera o atraso. Por consequência, a associação entre invisibilidade e atraso estaria colada aos indígenas. Essas lógicas e práticas da ditadura militar levaram, segundo dados da CNV, ao assassinato direto de 8350 indígenas. Mesmo assim, raramente esses mortos são contabilizados como vítimas do terrorismo de Estado daquela época, mostrando como a lógica da invisibilização continua em funcionamento e quão perniciosa ela é.

Na atualidade, o Estado brasileiro, que é responsável pelo encarceramento em massa de negros, que os mata em comunidades quase todos os dias, que endossa indiretamente a ideia de que "negro parado é suspeito e correndo é ladrão",[37] é o mesmo Estado que permite e corrobora os ataques sofridos por indígenas "tanto no campo quanto em embates jurídicos e legislativos liderados por seus inimigos, como os ruralistas, os missionários, as mineradoras", numa citação de Krenak e de outros autores.[38] O racismo estabelecido pelo Estado, e sustentado por várias instituições, faz com que indígenas como ele tenham que provar, no dia a dia, a sua própria existência. Isso se dá em atos corriqueiros, desde o registro de uma criança — quando o cartório se recusa a registrar a criança como indígena — até reuniões com a Funai — cujos agentes se referem a alguns indígenas como "autodenominados indígenas", criando subcategorias de subjetividade.

Esse relato também se conecta a diversos outros que destacam a não aceitação das culturas indígenas como vivas, fluidas e, portanto, mutáveis: espera-se que elas permaneçam cristalizadas (ou, nos termos do artigo, fossilizadas). Nessa lógica, indígenas que lançam mão de tecnologias modernas não seriam "índios de verdade". Ao mesmo tempo, as culturas e, sobretudo, as espiritualidades e cosmovisões indígenas são permanentemente desrespeitadas e atacadas, por exemplo, através da ação missionária em aldeias, com destaque para os neopentecostais, que demonizam as práticas sagradas indígenas. O Massacre dos Yanomami descoberto em 2023 é sintoma disso, mas se liga a um sem-fim de exemplos sórdidos: o extermínio de doze Yanomami, incluindo uma criança morta com facão, no Massacre de Haximu, em 1993; a morte de 253 indígenas Guarani-Kaiowá entre 2003 e 2010 em conflitos por demarcação de terras... E que culminaram na aprovação na Câmara do abjeto "marco temporal", que quer restringir a demarcação de terras indígenas àquelas já "tradicionalmente ocupadas" por esses povos em 5 de outubro de 1988, data da promulgação da Constituição Federal. Na prática, fazer tábula rasa dos processos de demarcação em curso, além de colocar em risco outras áreas demarcadas depois de 1988. Isso em nome da "modernização do processo de demarcação, permitindo mais investimentos na produção agropecuária e dando segurança jurídica à questão", segundo a Agência Senado.

Trocando em miúdos, lembrem-se: a noção de raça discutida não envolve nenhuma dimensão biológica, mas é, sim, uma construção sócio-histórica instrumentalizada na forma legal e nos costumes. E racismo mata.

5. O corpo ideal, o corpo eficiente

Se você chegou a este capítulo, já conseguiu perceber com clareza o fato de que o preconceito parece ser um mecanismo em nosso cérebro, uma reação ao desconhecido, um modo de buscar a proteção do grupo, de nos mantermos vivos. Por mais que nós, como espécie, tenhamos criado sociedades sofisticadas e gostemos de nos imaginar apartados da natureza, cada vez que nos pegamos sendo preconceituosos com algo, isso serve como um doloroso lembrete de quão primitivos podemos ser. Esse mecanismo, contudo, não justifica nossos preconceitos. Também já deve ter ficado claro que nenhuma forma de preconceito é inevitável ou natural. Todas são históricas, circunstanciais. Algo que provoca repulsa e ojeriza aqui, logo ao lado pode ser percebido como um elixir dos deuses, símbolo de distinção, orgulho.

E o fator que unifica todos os preconceitos é a própria existência do outro, materializada em seu corpo. Mas nosso corpo nos engana. Aquilo que experienciamos através de nossos sentidos é processado por células e reações químicas, mas também pela nossa bagagem cultural, por aquilo que consideramos certo ou errado. Em outras palavras, nós dependemos de nosso corpo para podermos viver o mundo ao nosso redor; mas, para dar sentido às sensações que vivemos, precisamos da história, da cultura que nos foi ensinada. Um exemplo tolo, porém capaz de explicar o enunciado: a bebida alcoólica, algo que nos acompanha e fascina faz milhares de anos. Aparentemente, na pré-história, no momento em que percebemos que fermentar cereais era algo mágico pois gerava pão, um alimento incrível, também percebemos que o mesmo processo gerava álcool. Depois disso, como escreveu Jorge Luis Borges, "o vinho espesso e rubro flui ao longo das gerações".[1] Na antiga Suméria, já se bebia cerveja. Na China, uma espécie de vinho à base de arroz, mel e fruta já embalava reuniões há 9 mil anos. Nas montanhas do Cáucaso, entre a Geórgia e o Irã, vinho de uva era bebido há cerca de 7400 anos. Em comum: o álcool entra pela boca, é digerido pelo corpo e altera nossos sentidos. Todo o resto adquiriu coloridos simbólicos no decorrer do tempo em diferentes espaços. Nas cordilheiras da América do Sul até o norte desse subcontinente, fazia-se a conhecida chicha, cerveja de milho, um componente essencial da alimentação local. Ali, a fermentação era um trabalho tradicionalmente feminino. Em outros lugares, era tarefa masculina. Em certas regiões, a bebida era sagrada e o entorpecimento um caminho para Deus ou para os deuses. Em outras ainda, ambos eram condenados pela religião. No Egito antigo, faziam parte do pagamento de trabalhadores; nos Estados Unidos da Lei Seca, a bebida era o que corrompia o trabalhador e foi proibida.

Ou seja, precisamos do nosso corpo para experimentar o mundo, ele é nosso único veículo para viver a frágil vida que temos. Mas a maneira como buscamos dar sentido ao que vivemos é sempre uma experiência cultural. Uma criança rejeitou determinada comida? Tente insistir no mesmo ingrediente, em todos os almoços, por duas semanas. No final, é provável que ela venha a comer aquilo, feliz. Pare de dar a mesma comida por um longo tempo, e o que vai acontecer? Mais uma vez, correrá o risco de rejeição.

O curioso é que nós, com nosso corpo, vemos o corpo dos outros o tempo todo, e aprendemos com nossos grupos a encaixar esses corpos todos (o meu e os alheios) em categorias predefinidas, imaginadas. Tais categorias são herdadas, não são imutáveis e têm camadas de sentido. Uma primeira camada seria fruto de uma atestação simples: aquela pessoa logo na minha frente tem a pele mais clara ou mais escura do que a minha; tem mais ou menos pelos no corpo ou na face; pesa mais ou menos do que eu; pinta o cabelo ou não; usa tal ou qual roupa e isso é algo familiar ou não para mim etc. Parássemos aí e teríamos pouco problema uns com os outros. Estamos apenas atestando que todos nós, seres humanos, somos muito similares em termos de estrutura, mas muito diferentes no nosso visual. Ninguém é igual a ninguém.

A questão é que aprendemos ou deduzimos, pelos comportamentos sociais aos quais somos expostos, o que fazer com essa primeira camada de categorias advindas da observação e da mera comparação entre o *eu* e o *outro*. Aprendemos a pincelar uma segunda demão sobre ela, um verniz cultural, eivado de meus preconceitos. Ser mais alto ou mais baixo pode significar ser mais ou menos capacitado a determinado trabalho, desejável como parceiro ou parceira. Ter o corpo tatuado pode ser símbolo de status, ou de que sou um marginal, criminoso, de que jogo futebol, de que toco em bandas de rock ou de que pertenço a determinado povo ou etnia.

Neste capítulo, faremos um voo panorâmico acima das enormes pradarias, montes e florestas que representam o universo vasto e potencialmente infinito no qual já projetamos imaginários sobre o corpo humano. De antemão, revelamos a conclusão: todos os preconceitos, os que estão neste livro e aqueles que aqui não estão, são fruto de como julgamos o corpo do outro a partir de um padrão imaginado para o meu próprio corpo. Padrão esse que foi passado para mim pelas gerações que me antecederam mas que eu e meu tempo podemos modificar. O corpo da mulher, os de LGBTQIA+, o do negro, o do branco ou o de qualquer outro existem em si, como um fato. Mas, como vimos, a maneira como foram significados ao longo da história foi muito distinta e, nos dias de hoje, provocam crimes e sofrimento. Logo, todos os capítulos anteriores também trazem histórias de como o corpo humano foi visto e entendido por outros corpos humanos. E após serem vistos, foram comparados, e tiveram sua humanidade rebaixada ou até mesmo negada. Neste último capítulo, veremos outras formas de excluir, segregar e punir o corpo do outro simplesmente porque... ele é diferente do meu ou daquele que eu considero o ideal. Comecemos pensando justamente o que seria um corpo ideal em nosso tempo. Vamos?

O MODELO DE CORPO

Como afirmamos aqui em outras passagens, é fácil notar que o corpo que serve de modelo aos demais tende a ser aquele que minha sociedade valoriza quando se olha no espelho. Se acho negros inferiores, tenho uma enorme chance de ser branco. Se acho homossexuais menos humanos do que eu, provavelmente sou heterossexual. Se acho o português daquela pessoa um ultraje à norma culta e, portanto, desumanizante, tendo a me ver como um padrão vernacular acima de qualquer suspeita. Temos sempre muita sorte, não é mesmo? Nascemos sempre no grupo certo, pensa o preconceituoso. Pense no nosso modelo de corpo. Para um brasileiro do início do século XXI, o corpo ideal é jovem, forte, esguio. Se feminino, com curvas, sem muita musculatura aparente, mas inequivocamente magro. Se masculino, vigoroso, torso e pernas musculosos. Como sabemos disso? Pesquise na internet, nas redes sociais, em seções de famosos nas publicações que você frequenta, em séries, reality shows e novelas que consome. Lá vão desfilar e ser elogiados corpos como os descritos acima. Algum incauto poderia perguntar: "Mas não seria natural louvarmos a beleza desses corpos? Não são bonitos simplesmente porque são belos?".

Os perigos de uma constatação como essa são a naturalização (inconcebível a historiadores) e a universalização. Ambos os perigos juntos produzem frases e percepções como a de que o modelo de corpo descrito acima como o idealizado em nossa sociedade é como é porque isso é universal: em todo o planeta e em todos os tempos, o corpo preferido sempre foi esse e sempre será. Tais frases têm toneladas de significados que temos que analisar com calma. O primeiro e mais importante é que o corpo descrito acima simplesmente não existe. Ele é ideal justamente por não existir. Esse é o sentido de uma idealização. Como assim, pergunta-se o leitor? Ao descrevermos um corpo que sintetiza uma série de qualidades valorizadas, não apontamos este ou aquele corpo em específico. Não dizemos: "Vejam o corpo daquele ator ou daquela atleta. Viram? Aqueles são os corpos ideais". Pelo contrário, criamos um híbrido, um ideal a partir da imaginação dos leitores. Cada um de vocês deu uma cor de pele, uma idade, olhos assim ou assado, imaginou as roupas (ou ausência delas), penteados etc. desse corpo. Criamos um tipo ideal: algo que sintetiza características de vários outros, sem existir em si. Um monstro de Frankenstein que só existe na cabeça de quem montou o corpo ideal por partes. Segundo, ao imaginarmos tal corpo que não existe e estabelecermos que ele é o modelo a ser seguido, criamos um monstro que, assim como no romance do século XIX, virá atrás do seu criador com a fatura do ressentimento. Como ele é, em tese, perfeito — e nós não somos e jamais seremos —, ele apenas serve para que eu nele me espelhe e perceba o quão distante do ideal estou. Na maior parte das vezes, estarei a quilômetros de distância. Ainda que o corpo imaginado tenha nome e CPF, a ideia funciona. Suponhamos que, na sua imaginação, o corpo ideal é o de Cauã Reymond ou o de Cris Vianna. Qual corpo de Reymond ou Vianna? Deles aos vinte anos? Aos quarenta? Aos sessenta? Fotografados sob luz ideal, depois de meses de preparação para um papel que exige pouca roupa? Ou num ângulo ruim, luz errada, depois de meses sem malhação e dieta rigorosa? Seja como for, esse corpo ideal é, antes de tudo, como o próprio nome diz, uma idealização. Pode levar a inúmeros problemas de autoimagem quem o projeta. Pode levar à criação de normas e padrões estéticos que geram muitos problemas ainda mais sérios, como a bulimia, a anorexia e a depressão.

Já na Grécia antiga, costumava-se associar aquilo que era considerado *belo* àquilo que era considerado *bom*. De alguma forma, naquele que convencionamos chamar de mundo ocidental, reelaboramos parte desse ideal. E isso é um perigo. Pensemos sobre a terceira camada de significados de um corpo ideal. Se o *bom* e o *belo*, no senso comum, caminham juntos, o oposto também é verdade: os vícios humanos são tidos como opostos ao que é *belo*. Logo, tudo o que é pecaminoso e mau deve ser feio, decadente. Dito de maneira direta: se o bonito costuma estar associado ao bom, e tudo aquilo que é bom deve ser belo; logo, tudo o que é considerado feio deve ser ruim, perigoso.[2] Não à toa criamos demônios horrorosos em diversas culturas. Quando e se pensamos assim, estamos nos aninhando na fábrica de preconceitos que nossa cabeça traz. Vejamos o porquê: se eu acho que todo corpo alto e magro é bonito, logo, bom, eficiente, dentro do padrão desejável; por oposição, o corpo baixo e gordo é, sem que eu me dê conta disso, feio, inábil e indesejável. Isso vale para qualquer outro modelo de corpo: se o padrão estabelecido é o do corpo jovem, o velho é ruim; se esse corpo é branco, o do negro é abjeto; se o corpo é masculino, problemas à vista para o feminino; se o corpo é cis, não queira estar na pele de um trans. O meu modelo de *belo* se torna a fronteira que segregará aquilo que eu considero *feio*.

O CORPO DO GORDO NUMA SOCIEDADE QUE SE ENXERGA MAGRA

O que será o feio nos dias de hoje? Mais do que isso: será que esse corpo considerado feio sofre algum tipo de discriminação? Comecemos pela primeira pergunta. Temos atualmente uma cultura fixada na ideia de morte. Ou, melhor dizendo, no pavor de morrer. Falar em morte é um tabu. Passamos a morrer em hospitais, longe de casa, sozinhos, embora cercados de cuidados médicos. Serviços funerários lavam o corpo, vestem-no e o colocam em ataúdes. Todas essas etapas costumavam ser caseiras, familiares antes. Morrer podia ser algo que durava meses, como bem nos mostrou o historiador Georges Duby, quando acompanhou a vida e os últimos dias do cavaleiro Guilherme Marechal, falecido aos (longevos, para padrões medievais) 73 anos, em 1219. Sir William Marshall morreu cercado de seus familiares e criados, rodeado de religiosos que lhe encomendavam a alma para o outro mundo. Estava lúcido e, do leito de morte, orquestrava afazeres para quando não mais ali estivesse. Proferiu suas últimas ordens, despediu-se de amigos, parentes e muitos que lhe vieram prestar homenagens nos três meses que durou sua agonia. Morreu uma "bela morte", promovera uma espécie de festival: o ritual da morte era "um prelúdio, passagem solene de uma condição para outra, superior, mudança de estado tão pública quanto as bodas, tão majestosa quanto a entrada dos reis em suas leais cidades".[3] Comparemos essa morte com as que já presenciamos, em nossa existência. Bem distinta, não? As nossas mortes são, no geral, furtivas, escondidas, distantes, apenas tristes e lamentadas.

Isso tem a ver com nossa fixação pela saúde e pela vida infinita. Queremos viver muito, indefinidamente, sempre saudáveis. Ao mesmo tempo, queremos espremer o suco da vida até a última gota o tempo todo. Em sociedades assim, tão contraditoriamente fixadas em fugir da morte e manter a saúde, tem-se, como decorrência, um inevitável fascínio pelas doenças. Para evitá-las, é preciso "estar sempre saudável". Como se isso fosse possível, como se isso existisse. Como se adoecer e morrer fosse "culpa" de alguém. Pegou coronavírus? Culpa sua. Câncer? Aconteceu porque devia fumar. Morreu do coração? Era um sedentário que comia mal. Adoecer/morrer virou uma forma de punição pelo não cumprimento das regras escritas para o corpo sempre saudável, ideal imaginado.

Nessa lógica estranha que criamos, comer virou um prazer e uma experiência. Toda refeição deve ser um acontecimento. Viajamos para conhecer restaurantes, pagamos fortunas por seus pratos, ranqueamos esses lugares, damos estrelas a quem comanda suas cozinhas. Na contramão, na cultura do estresse que construímos, na qual não ter tempo para nada (leia-se: ter tempo apenas para o trabalho ou para o que gira em função dele, como deslocar-se até o escritório) é uma premissa da vida moderna, temos que comer rápido, em self-services ou em restaurantes que sirvam rápido. Isso quando não engolimos algo trazido de casa ou entregue por um pobre coitado atrelado a um aplicativo de comida por delivery. Contraditório mais uma vez, não é mesmo? Nossa sociedade é cheia de contradições. E nunca "ter tempo para nada" faz com que cozinhemos cada vez menos, pois cozinhar dá trabalho. Ao menos em classes médias e nas elites, terceirizamos o preparo dos alimentos.[4] Temos milhões de adultos que nem sequer saberiam o que fazer numa cozinha se largados ali para preparar o jantar. Paradoxalmente, gastamos horas e mais horas semanais vendo shows sobre o preparo de alimentos por chefs de cozinha, por aspirantes a chef de cozinha, por amadores e suas receitas tradicionais, em restaurantes estrelados que planejamos conhecer nas férias... momento em que, idealmente, teremos algum tempo![5] Segundo paradoxo: para que eu não cozinhe, alguém tem que cozinhar para mim. A indústria alimentar deu saltos desde o século passado. O setor de alimentos emprega mais de 1,5 milhão de pessoas no Brasil[6] e deve faturar mais de 2,5 bilhões de reais no mundo.[7] Ao mesmo tempo, batemos recordes de fome no Brasil e no mundo.[8]

Todo esse preâmbulo ajuda-nos a entender por que cultuamos aquilo que faz sentido para nós: o imaginado "corpo eficiente". Esse corpo tem que ser saudável, resiliente (palavra da vez, não acham?), forte, invencível, incansável, imparável. Se ele adoecer, no mundo de uberização do trabalho, perco meus ganhos, não posso trabalhar. Tudo naufraga: as contas diárias a pagar, os sonhos das férias em que não farei nada. O imaginado corpo eficiente é magro, pois associamos magreza à "boa alimentação" (terceirizada, suplementada, entregue em casa ou consumida em restaurantes fitness). Logo, por antítese, o corpo gordo incomoda. Ele é, por imaginário, claro, ineficiente, doente, preguiçoso. Sua própria existência incomoda meu corpo eficiente. Se nossa relação com a comida passa pela nossa obsessão pela saúde; se esperamos viver para sempre como se a morte fosse evitável; a comida torna-se um meio para atingir meus objetivos. Comer demais é um pecado (que o "corpo saudável" deve se permitir apenas como prêmio, de vez em quando). E o "gordo" mostra uma relação desregrada com a comida — ele é um pecador. E pecadores devem ser punidos!

Diferentes épocas tiveram diferentes relações com a comida. Na Antiguidade europeia, por exemplo, não existia a noção judaico-cristã de culpa ou de pecado, portanto as pessoas lidavam com a comida de modo distinto. Em textos gregos e romanos, há descrições de banquetes que demonstravam o poder e a opulência de quem os oferecia, por exemplo. Podia não haver culpa, mas certamente havia a condenação do excesso. Um texto de Petrônio, autor romano do século I d.C., tem uma cena que ocupa boa parte do livro, no qual um liberto chamado Trimalquião oferece um banquete para uma série de pessoas.[9] Nesse banquete aparecem todos os tipos de pratos, e há vomitórios ao lado — para se comer, vomitar e poder comer mais. Entram prostitutas, jovens mancebos, flautistas, músicos e junto com o banquete dá-se uma orgia. Petrônio está mostrando um excesso e condenando-o como mau gosto, coisa de gente arrivista como o ex-escravizado que herdara a fortuna de seu antigo dono mas não seu bom gosto. Ou seja, era mais uma condenação do mau gosto, do excessivo, que da má alimentação em si ou de seus possíveis efeitos deletérios sobre a máquina do corpo eficiente.

Na cristandade ocidental, a noção de culpa começa a se formar por volta do século IV como um discurso capaz de organizar a sociedade. Cristãos ascetas praticavam um controle muito rigoroso sobre o próprio corpo, pois entendiam que o tormento do corpo seria o caminho para a alma chegar até Deus. Assim, tudo aquilo que desviava o corpo de seu ascetismo rígido, do sexo à comida e bebida, era entendido como um *vício*, um *pecado* a ser evitado. A gula — o pecado de comer e beber demais — se torna um pecado capital no século VI, mas, de todos os pecados capitais, esse é o mais complicado de ser tratado em termos bíblicos. Dentro do Antigo Testamento, em Eclesiastes (2,24), lemos que "eis que a felicidade do homem é comer e beber". Não raras vezes, inclusive em Lucas, ficamos sabendo que, no fim do mundo, haverá banquetes com muitos bois gordos e vinhos velhos. Os céus parecem nos estimular a fazermos festas comendo e bebendo. Ademais, a gula é daqueles pecados muito difíceis de serem separados da pura necessidade de sobrevivência da espécie. Por isso, era o pecado irmão da luxúria: temos que comer, senão morremos; e temos que fazer sexo, senão a espécie morre. Portanto, temos que fazer, mas não podemos gostar de fazê-lo, seja sexo ou comer. A gula, assim como a luxúria, enfraqueceria moralmente o ser humano.

Na cultura popular medieval europeia, esse tipo de raciocínio pode ser captado nas historietas que sobreviveram até nossos tempos. Percebe-se através delas que a gula seria porta de entrada para outros pecados — uma pessoa inebriada pelo excesso de comida ou bebida, abre espaço para a luxúria, ira e outros pecados. Outras histórias bíblicas, como a de Adão e Eva, por exemplo, começam a ser associadas à gula: se não tivessem *comido* o fruto proibido... Contudo, vale lembrar que a Idade Média também conviveu com a fome e a peste; logo, nesse período há igualmente resistência a essas lições morais sobre a gula, vide exemplos de histórias sobre a Cocanha (onde o alimento se joga em sua boca).

Os santos medievais eram representados sempre magros e possuíam hábitos particulares com a comida, segundo suas hagiografias. São Francisco de Assis, por exemplo, lavava o tempero da comida ou a temperava com cinzas, de modo a não sentir o gosto. Quando provou um pedaço de frango sem tirar o tempero, foi a uma cidade vizinha de onde estava, pediu para ser amarrado. Nessa condição humilhante, exigiu que seu corpo fosse exibido pelo local, enquanto alguém anunciava aos passantes que "este ladrão comeu ao invés de dar para os pobres". Santa Clara, no lugar de comer, dava comida aos pobres, de acordo com o mesmo hagiógrafo de são Francisco.[10] Santa Catarina, aos sete anos, fez voto de virgindade; aos dezesseis cortou seu cabelo para que se tornasse feia e não pudesse se casar (fazer sexo, lembram-se?). Aos dezoito adquiriu o hábito das irmãs da Penitência de São Domingos. Aos vinte anos só vivia de pão e água, e, com essa dieta santa, perdeu metade de seu peso. Como resultado, passou a não comer mais nada. Quando comia, vomitava. E dormia uma hora a cada dois dias. Anorexia, bulimia e outras coisas do gênero, pensariam os leitores modernos. Santidade, afirmariam os devotos medievais! Reparemos: a magreza que a levou à morte não era o culto de um corpo eficiente para o trabalho, mas a mortificação de um corpo e de seus desejos naturais, conduzindo a alma para Deus. O Deus cristão, na Idade Média ao menos, parecia gostar de sofrimento e humilhação do corpo de seus escolhidos. Até o século XIX, era comum encontrar, em feiras itinerantes, as "virgens jejuadoras" — que diziam ser capazes de ficar dias sem comer.

No início da Idade Moderna, essa relação da santidade com o corpo inicia uma mudança. Um tipo de comportamento como o de santa Catarina passa a se tornar suspeito. Sobreviver a tanto jejum podia ser coisa de Deus. Mas podia bem ser coisa do Demônio! Além de a sensibilidade religiosa se alterar um pouco (a mortificação do corpo é um duradouro pressuposto cristão) na Modernidade, entre os séculos XVII e XVIII começa a se consolidar o discurso da "boa mesa": uma celebração do bem comer. Não se tratava de comer muito, mas de comer bem. Nascia uma civilização dos costumes, com criação de códigos de etiqueta. Um discurso ligado às elites, que historiadores chamam de "gula honesta" — associação do bem comer ao bem viver. Michel de Montaigne, por volta de 1580, relata, encantado, em seus ensaios, tais mudanças. O ensaísta francês conversara com o cozinheiro de um cardeal italiano, Carlo Caraffa, e, deliciosa e ironicamente, em fins do século XVI, mostrava como essa "gula honesta" dava os primeiros passos, surpreendendo os mais doutos espíritos da época: o cozinheiro descrevia o que seria uma "ciência das goelas" em tom professoral, como se defendesse algum artigo em teologia; descreveu pratos, seus preparos e efeitos (aos olhos e paladar) como se falasse de como governar um império ("Sobre a vaidade das palavras").

Durante esses séculos da Primeira Modernidade, em que a Igreja já não condenava tanto a gula mas na qual surgia a "gula honesta" e a "ciência das goelas", civilizava-se o bem comer. Quem não sabia comer era, agora, um *glutão*, aquele que comia mal, sem boas maneiras, com as mãos etc. Era uma questão de refinamento, portanto de estamento social. Ricos e nobres deviam aprender a comer como uma arte. A relação com a comida para as pessoas mais pobres era outra: a de saciedade. Logo, como de qualquer jeito. O chamado "bom gosto" substituía a diversidade dos gostos entre aqueles com mais posses. No século XIX, esse longo processo de civilização das mesas e dos pratos culminou no total aburguesamento dos gostos: era a explosão do gourmet. O gourmet apreciaria a *gastronomia*, capitaneada, com ironia, por tipos como o descrito por Montaigne séculos antes. Numa época de altos índices de pobreza e fome, o gastrônomo era o cientista gástrico, especialista em agradar o estômago, um mestre na preparação dos alimentos — e a França se tornou a vitrine desse novo mundo. Em todo esse processo secular, não houve a condenação de alimentos gordos ou de corpos gordos. Na verdade, até a Segunda Guerra Mundial não havia condenação da gordura quase de forma alguma: havia ainda nos cânones artísticos corpos volumosos como sinônimo de beleza, e "comer bem" envolvia preparar pratos gordurosos. Aliás, o corpo gordo era associado à abundância. Comer bem implicava pagar caro e usufruir de algo com muito sabor (o que, normalmente, envolve gordura). Não à toa, no século XIX, os corpos abundantes e grandes eram considerados saudáveis e possuíam ares de riqueza: "Podia-se ainda atribuir sentimentos nobres, como a coragem e a valentia, às pessoas 'muito gordas' sem que suas características físicas interferissem desfavoravelmente nos julgamentos do caráter".[11]

Na segunda metade do século XX, no pós-guerra, é possível perceber uma mudança na sensibilidade em relação à comida, à gordura, ao glutão, quando, nos países desenvolvidos, deu-se uma epidemia de obesidade — que tem se intensificado desde então. Ser gordo deixava de ser sinônimo de abundância e passava a significar desleixo, descontrole. Há o nascimento da lipofobia, ou seja, o horror à gordura e a quem é gordo.

Na moda, os anos 1960 viram o aparecimento da modelo inglesa Lesley Hornby ou Twiggy (apelido que literalmente quer dizer "graveto"), a qual chocou as pessoas por sua magreza. Pouco tempo antes, surgira a boneca Barbie, com o mesmo padrão corporal magérrimo e branco. O choque inicial é trocado pela transformação daqueles corpos brancos e magros em "corpos femininos ideais", substituindo o padrão pinup dos anos 1950. Paralelamente, o discurso médico-psiquiátrico começa a associar as pessoas obesas a sofrimentos, algum tipo de abuso ou privação: por terem um vazio dentro de si, precisam tentar preenchê-lo, razão por que comem tanto. A tese do "preenchendo um buraco" era uma explicação monocausal: o sujeito gordo tem um vazio eterno dentro de si que precisa ser constantemente preenchido com comida. Pronto: simples de entender. Mas é, por isso mesmo, uma tese estranha. Não somos seres simples, logo, explicações simples para problemas complexos costumam ser equivocadas. Se não no todo, em parte. Essas explicações não mostram como alimentos ultraprocessados invadiram as prateleiras de supermercados, se tornando mais baratos do que alimentos in natura. Não falam da cultura do estresse que descrevemos anteriormente, na qual o trabalho "tira meu tempo" de comer aquilo que preparo. Não associa "comer bem" ao preço dos alimentos oferecidos, de sorte a perceber a curva que pode ser observada hoje em dia: os mais pobres estão mais obesos. Tudo se torna "culpa" do descontrolado e desregrado, agora traumatizado, gordo.

Em todo discurso que envolve culpa, tem-se a expiação ou relativização dela de alguma forma. Há, junto da culpabilização do corpo obeso, um discurso de indulgência, no qual o magro, que é o padrão, sabe controlar seu desejo. Ele é magro porque, de algum modo, teve força de vontade. Ser magro é um triunfo contra o mal. Por óbvio, como imagem do descontrole, o gordo desafia, seu sofrimento deve ser vigiado e seu emagrecimento comemorado. A indústria do entretenimento explorou isso com enorme sucesso em programas como *You Are What You Eat* e *The Biggest Loser*. Hoje, destruímos nosso corpo pela falta ou pelo excesso. O que nos revela o quão problemática é nossa relação com o corpo e sempre foi. Se, numa ideia de um cristianismo antigo ascético, o inimigo a ser maltratado poderia ser o próprio corpo, agora também se continua fazendo isso, mas não mais de uma forma religiosa. Ainda hoje, continuamos a nos relacionar de maneira no mínimo paradoxal com aquilo que ingerimos. Somos obcecados pela magreza, logo, temos rejeição quase maníaca pela obesidade.[12]

O resultado da lipofobia ou gordofobia é um "preconceito que leva à exclusão social e nega acessibilidade às pessoas gordas".[13] Esse preconceito muitas vezes vem disfarçado de uma preocupação com a saúde, o que dificulta seu entendimento e embate. É como se todo magro fosse, por definição, saudável e belo; e todo aquele que foge desse "corpo eficiente" fosse um indivíduo com problemas de saúde *apenas* por estar acima do peso. Não à toa, os gordos sofrem num mundo que não foi pensado nem para eles, nem com eles como habitantes. Discursos de poder, de saúde e beleza criam comportamentos diários que reforçam o estigma em relação às pessoas gordas, corroborando os estereótipos que estabelecem situações degradantes, constrangedoras, marginalizando essas pessoas e as excluindo socialmente.[14] O grupo considerado normal constrói hierarquias, propriedades e características do grupo estigmatizado:[15] "ao invés de incluir o sujeito e entender que não existem apenas duas categorias de encaixe — normal e anormal, o corpo social acaba entendendo aquela pessoa, aquele corpo, como ruim, inferiorizado, digno de humilhações e exclusões".[16] Paradoxalmente, o número de pessoas com sobrepeso ou obesas, segundo dados do Mapa da Obesidade, da Organização Mundial da Saúde e do Ministério da Saúde, apenas cresce... enquanto o espaço de assentos, moradias e cômodos apenas diminui.[17] Quer mais espaço? Pague mais caro! Afinal, o mundo não lhe pertence, "corpo ineficiente"!

Enquanto realizávamos a pesquisa para este livro, lendo uma matéria na internet sobre modelos plus size, uma forma estranha de dizer mulheres bonitas e que posam para fotos de campanhas publicitárias de moda, nos deparamos com os famigerados comentários de leitores internautas. Não cabe neste texto explicar por que o anonimato dessas postagens e sua facilidade são causas de tamanha agressividade nas pessoas, mas o resultado todos nós conhecemos. Pinçamos algumas frases inacreditáveis que destilam preconceito. Não as transcrevemos aqui para dar voz aos idiotas da aldeia, mas sim para ilustrar esse preconceito velado e que, para ser dirimido, precisa, como todos os outros, ser reconhecido como um problema. "O problema não é ser gordo. O problema é a falta de senso de ridículo. A pessoa pesa trezentos quilos, põe um fio dental e todo mundo tem que achar bonito? é ridículo mesmo", escreveu anonimamente alguém, julgando a modelo ridícula e considerando sua opinião particular como a de "todo mundo". "Gordas(os) têm mais é que ocuparem SEUS QUADRADOS... Nada de tirar a roupa, fazer nudes poses de sensuais... NÃO DÁ... Destaquem-se em outras áreas... É a mesma coisa que o Stephen Hawkins [sic], aquele gênio inglês, físico já falecido QUERER POSAR NU...", postou outro usuário, também anônimo. Nesse caso, fica claro o paralelismo que nos esforçamos em traçar: gordo-doença-ineficiência/deficiência. Para além disso, um curioso falso correlato: pessoas que fogem ao padrão do que é visto como belo podem ser inteligentes, mas jamais podem fazer um nude! Se o nosso leitor ou leitora ainda não se convenceu: "O problema não é ser gordo, é ser doente!! Já assistiram *Quilos mortais* [referindo-se a um programa que retratava o sofrimento psicológico e físico de pessoas com obesidade mórbida na forma de entretenimento]?? Parem com essa história de achar que ser gordo demais é bacana! Gordo não é o mesmo que ser forte!". Ser gordo é ser doente, mata, é ruim. Errado é quem denuncia o preconceito e as mulheres obesas que tentam vencê-lo, jamais a internauta anônima que escreveu esse violento e sentencioso texto.

Não à toa, uma campanha contra a discriminação de obesos e por seus direitos, o Body Positive, teve início em meados dos anos 1960 nos Estados Unidos, liderada por mulheres, pois, como já afirmamos inúmeras vezes no livro, preconceitos tendem a se sobrepor. No Brasil, existem iniciativas mais recentes, como o Movimento Corpo Livre, que tem como um de seus expoentes a jornalista Alexandra Gurgel, afirmando que "todos os corpos deveriam ter acesso e liberdade"; ou a Feira Pop Plus, primeira feira de moda e cultura plus size em nosso país, idealizada pela jornalista Flávia Durante. Há a fundação Casa Corpo Livre, fruto do movimento de mesmo nome, localizada em São Paulo e fundada por Alexandra Gurgel, Caio Cal e Beta Boechat. Essa luta por equiparação de tratamento na sociedade levou à criação de projetos no

Congresso, um deles tratando do acesso de equipamentos médicos para todos os corpos, já que eles são projetados apenas para os imaginários "corpos eficientes". Além disso, desde 2019 o dia 10 de setembro é marcado como o Dia da Luta contra a Gordofobia no Brasil.

O ESTIGMA DO CORPO TATUADO

Em 1991, um casal de alpinistas alemães, Helmut e Erika Simon, avistou um corpo congelado nos Alpes, na fronteira entre Itália e Áustria. Acreditando se tratar de um turista que falecera recentemente e que pudesse constar como desaparecido, informaram a polícia de Innsbruck, que recolheu o cadáver mumificado para processamento. As roupas e pertences da múmia, contudo, estavam longe de ser a última moda do montanhismo. Exames posteriores revelaram-nos a Múmia do Similaun, carinhosamente apelidada de Ötzi, uma brincadeira com o nome do vale de Ötztal, local preciso onde foi encontrada. Ötzi talvez seja a múmia humana mais antiga, datando da era do cobre, o que significa que viveu cerca de 3 mil anos antes de Cristo.

O corpo daquele homem foi extensamente estudado. A pele revelou 61 tatuagens, muitas delas aparentando ser uma forma antiga de acupuntura. Ou seja, o velho (na verdade, ele morreu entre trinta e 45 anos de idade) montanhês tinha algumas doenças crônicas, como verminoses, e podia fazer uso terapêutico desses desenhos perenes no corpo. Que ironia: nossa múmia mais antiga é a de um homem tatuado, cheio de pontos e linhas na lombar, na parte posterior do joelho esquerdo e no tornozelo direito.

Essa poderia ser uma coincidência. Talvez tenhamos topado com um bandido foragido do mundo pré-histórico. Afinal, tatuagens e outras marcas corporais são coisa de gente execrável, não é mesmo? Se ainda pensa assim neste último capítulo, recomendamos que leia o livro de novo. Ou abandone a leitura de vez e tente alguma espécie de terapia ou meditação para abrir uma mente tão fechada. Uma forma mais branda do mesmo preconceito seria pensar: mas eram apenas marcas de tatuagem terapêutica. Não temos como saber se as marcas também não tinham outro tipo de significado para Ötzi e sua gente. Tampouco ele foi uma exceção. Os egípcios amavam tatuar-se. Muitas múmias citas, povo que há cerca de dois milênios e meio dominou da fronteira da China à Sibéria, e de lá ao mar Negro, por mais de mil anos, são repletas de tatuagens. Múmias de outros períodos, em todo o mundo, revelam marcas e desenhos na pele. De pontos e linhas a escarificações, de cenas de batalha a seres mitológicos.

Aparentemente, se pudermos pensar uma regra ela seria: nossos antepassados amavam pintar indelevelmente seus corpos. Os gregos e os romanos tenderam a condenar essas práticas. Viam os vizinhos que se tatuavam por mera questão de "autodecoração" (tatuavam-se como quem veste certas roupas, faz este ou aquele penteado, usa tais brincos e maquiagem) como *bárbaros* (cf. capítulo 3), gente menos avançada. Que povos considerados bárbaros usavam pintura corporal bem como tatuagens é sabido pela análise de corpos mumificados na tundra europeia. É possível, porém, que os romanos exagerassem quando diziam que todo o corpo era coberto de tatuagens e que todos os guerreiros as tinham. Devemos sempre lembrar que os romanos gostavam de acentuar a alteridade de seus vizinhos: quanto mais bárbaros fossem eles, mais civilizados eram os romanos a seus próprios olhos. Como a tatuagem era um sinônimo de barbárie para os latinos, podemos entender a fixação em falar delas nos textos que chegaram até nós.[18] Um segundo uso mapeado pelos romanos, não facilmente distinguível do primeiro, seria o uso religioso das tatuagens. Este era associado a nações do Oriente, como os egípcios e os sírios. Em tais casos, quanto mais se cobria o corpo, mais bárbaro o povo, acreditavam os romanos. Ainda se registrava uma terceira forma de marcar o corpo, a mais importante delas: o uso punitivo, uma prática que parece ter vindo dos persas para os gregos e ter ido destes para os romanos. Estes últimos não marcavam apenas criminosos, mas também soldados e trabalhadores militares na Antiguidade Tardia.[19] Nesse caso, era comum tatuar ou marcar a testa e a face, bem como punhos, braços e tornozelos, indicando o criminoso, seu delito, estigmatizando-o. Como a tatuagem era geralmente ligada à degradação, existem muitas referências a sua remoção em escritos médicos e técnicos que foram preservados. Tudo leva a crer que, sempre que possível, os marcados queriam se livrar de seus *stigmata*.

Isso mudou pouco no início da Idade Média. Os pictos aparecem em escritos medievais como seres vis e abomináveis. São Gildas, em *A destruição britânica e sua conquista*, escreveu que eles eram vermes que no calor do meio-dia vêm de seus buracos, rapidamente desembarcaram [...] de suas canoas que os carregaram através do vale Cichican. Eles diferiam uns dos outros pelas maneiras, mas eram inspirados pela mesma avidez de sangue e desejavam mais esconder suas faces vis em densos cabelos que cobrir com uma roupa decente as partes do corpo que requerem ser cobertas.[20]

Mais adiante, no mesmo texto, essa ideia do cabelo revolto e da nudez aparece associada à tatuagem, construindo a imagem do bárbaro que deveria ser eliminado. Como percebemos no exemplo de são Gildas, a herança clássica casou-se perfeitamente com a tradição judaico-cristã de pensar o corpo humano como criado por Deus, logo, não podendo ser alterado pelo homem. Não à toa, em 787 d.C. o papa Adriano proibiu a prática da tatuagem, vinculando-a ao paganismo e à superstição. Outras religiões pensavam de modo semelhante. Obviamente o islamismo, por partilhar da mesma tradição judaico-cristã, também proíbe marcas no corpo. No confucionismo, o corpo deve ser preservado, então a tatuagem foi estigmatizada. O curioso é perceber que roupas, cortes de cabelo, adereços, barba e outras formas de modificar a aparência são menos codificados nessas religiões. A tatuagem ganhou o estigma maior.

Para esses povos que imaginam seus corpos ideais livres de marcas perenes e como epicentros do que entendiam como civilidade, polidez e bons costumes, encontrar povos que não pensavam do mesmo modo não serviu para abrir a mente à possibilidade da múltipla existência, da pluralidade de formas de vida e cultura. Pelo contrário, serviu para reforçar seus preconceitos. A tatuagem entre indígenas americanos chamou muito a atenção de cronistas europeus do tempo dos descobrimentos e da colonização. O calvinista Jean de Léry, escrevendo sobre o que hoje é o Rio de Janeiro, em *História de uma viagem feita à terra do Brasil*, se refere ao desenho de cicatriz (escarificações) feito pelos nativos:

> Os executores desses sacrifícios humanos reputam o seu ato grandemente honroso; depois de praticada a façanha, retiram-se em suas choças e fazem no peito, nos braços, nas coxas e na barriga das pernas sangrentas incisões. E para que perdurem toda a vida, esfregam-nas com um pó negro que as torna indeléveis. O número de incisões indica o número de vítimas sacrificadas e lhes aumenta a consideração dos companheiros.[21]

Esse estranhamento do outro durou séculos e viajou de barco por continentes diferentes. O próprio termo *tattoo* deriva da onomatopeia *tau* ou *tatau*, o som produzido pela batida do instrumento utilizado para fazer tatuagem. A palavra entrou para o inglês (e desse vernáculo se expandiu para outros idiomas) trazida pela equipe do explorador James Cook, em 1769, quando eles descreveram as tatuagens dos povos Maori (pouco depois, os próprios marinheiros ingleses já usavam tatuagens). Na língua portuguesa, os dicionários passam a registrar "tatuagem" no século XIX. No mesmo século, com a abertura dos portos em 1808, e a mistura de marinheiros ingleses com a população das cidades litorâneas, as tatuagens voltaram a circular com mais frequência em meio urbano no Brasil.[22] Antes disso, escarificações eram comuns entre aqueles considerados criminosos e, num ato de barbárie extrema, desde o início da colonização, no costume de marcar escravizados, dando origem à profissão de marcador — que estava presente logo nos portos que recebiam os escravizados.

Como a tatuagem era associada havia muito tempo ao crime e à barbárie, não demorou para as teorias sociais do século XIX se apropriarem dela. Talvez o exemplo mais emblemático seja o influente e nefasto *L'uomo delinquente* (1876, *O homem delinquente*), do médico italiano Cesare Lombroso. Lembra-se dele do capítulo anterior? Nesse livro, o autor quis criar uma teoria de como identificar pessoas propensas ao crime. Para isso, teve uma ideia que julgou brilhante: estudar prisioneiros. Afinal, se está na cadeia só pode ser gente ruim, propensa ao crime, postulou nosso preconceituoso e muito lido Lombroso. As cadeias no século XIX prendiam de tudo: ladrões de carteira e autores de pequenos furtos, assassinos, pessoas que se envolviam em brigas, "vagabundos" (leia-se pessoas em situação de rua) e bêbados, prostitutas, LGBTQIA+ e toda sorte de gente considerada indesejada, "criminosa" para os padrões da época. Logo, dá para entender por que o próprio pressuposto de Lombroso era equivocado: as prisões não contêm apenas pessoas que nasceram propensas ao crime. Para cada psicopata e sociopata incurável numa prisão daquele tempo, deveria haver dezenas de outros criminosos circunstanciais de baixa periculosidade, e muitas pessoas que hoje jamais seriam presas, como moradores de rua, homossexuais e transgêneros. Lombroso ignorou tudo isso. Uma vez com sua "população de delinquentes" escolhida, começou seus estudos utilizando ferramentas muito populares então, entre elas a que misturava a frenologia (que associava a morfologia de partes do cérebro a comportamentos humanos

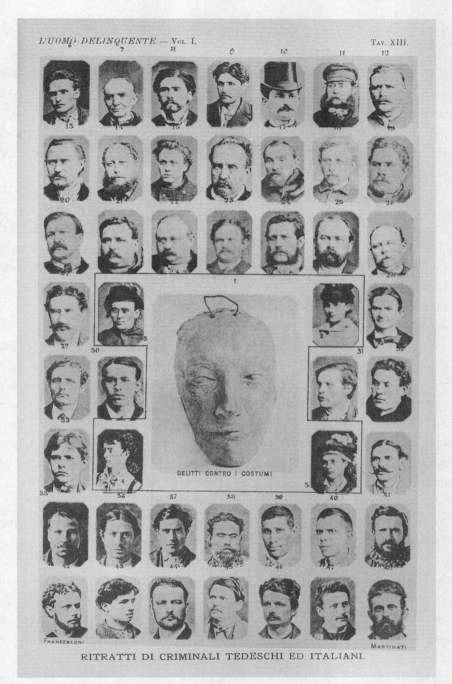

Cesare Lombroso, "Retratos de criminosos alemães e italianos", em L'uomo delinquente. Fundador da antropologia criminal, Lombroso exerceu enorme influência no Brasil e no mundo ao estabelecer que os tipos físicos indicariam comportamentos criminosos. Nesta ilustração, vemos fotografias de condenados por "delitos contra os costumes", isto é, prostitutas, homossexuais e jogadores, cujo arquétipo facial seria representado pelo molde de gesso ao centro.

fixos) e a craniometria (a medição do volume cerebral, bem como de certas distâncias entre pontos da face). Os resultados dessas medições todas foram interpretados usando-se as teorias sociais em moda. Uma delas era compartilhada por muitos teóricos sociais em sua época: o determinismo biológico, a ideia de que nós nascemos marcados para isso ou aquilo, de que certas características hereditárias seriam a causa de nossos comportamentos, regendo nossos sucessos e fracassos.

Tomemos como exemplo Francis Galton, o rico primo de Charles Darwin, mais uma vez. Ambos viveram na Inglaterra da industrialização, marcada pelo longo reinado da rainha Vitória. Com imensos bolsões de pobreza e pessoas aos milhares se amontoando em cortiços e moradias improvisadas, Londres enfrentara três surtos de cólera e um episódio de calor intenso no verão de 1858, chamado de Grande Fedor. Homens como Galton e Lombroso, embora tivessem perfis distintos, olhavam para aquela massa empobrecida e abandonada à própria sorte, e não viam soluções como melhorias urbanas, sociais, direitos de trabalhadores, construção e acesso a esgoto tratado e água encanada. Pelo contrário, liam aquele aglomerado de gente pobre e doente como um problema darwinista. Concentravam-se em tentar associar pobreza a bebida demasiada, condenar pubs e bordéis. Darwin, sejamos justos, nem sequer menciona o ser humano em sua obra *A origem das espécies* (1859). Galton, contudo, aplicou a teoria da seleção natural ao *Homo sapiens*, de um jeito bastante enviesado. Sua eugenia, vimos, tirou medidas corporais de famílias inteiras buscando explicações para a hereditariedade de traços "indesejáveis" como alcoolismo, criminalidade e prostituição. Em 1877, com Lombroso recém-publicado, Galton também examinou de modo minucioso rostos de condenados para tentar atribuir um tipo de crime a cada fisionomia humana.

O importante é atentarmos para as premissas de Galton e Lombroso relativas aos tipos físicos (que seriam imutáveis e hereditários) que indicariam comportamentos criminosos.[23] Essa maneira de raciocinar levou à teoria de que certas pessoas nasceram para ser criminosas e que isso é determinado por características físicas inatas, como nariz adunco e testa fina, mas também outras, sociais, como tatuagens. A obra de Lombroso fez muito sucesso e influenciou o direito penal no mundo todo. Mas o problema maior foi que ela também reforçou várias teorias racistas — como o antissemitismo nazista. Lombroso ficou conhecido como o "pai da criminologia". Se fosse levado a sério, tatuados teriam propensão a crimes, bem como os canhotos, que seriam mais suscetíveis a psicopatias, criminalidade e violência.

Profundamente influenciados pela eugenia e por Lombroso, estudiosos no Brasil da virada do século XIX para o XX fizeram investigações similares. A relação entre tatuagens e presidiários foi tema de diversas pesquisas no século XX, entre as quais estão *Tatuagem e criminalidade*, de José Inácio de Carvalho, no Rio de Janeiro, em 1912. Ou *Tatuagem* (*estudo médico-legal*), de Ângelo Rodrigues da Cruz Ribeiro, em Pernambuco, também em 1912. Não à toa, se você nasceu até os anos 1980 no Brasil, em algum momento da vida ouviu que tatuagem era coisa de bandido.

Hoje, a tatuagem parece influenciar menos em certos meios. Ser jogador de futebol implica conviver com colegas cobertos de pinturas corporais, por exemplo. O meio musical é outro em que a tatuagem é comum. Em algumas partes do corpo ela continua mais tabu: tatuar o rosto ainda é algo raro e costuma chamar a atenção, atrair a pecha de transgressão. Quanto ao tema da tatuagem, idem. Temas religiosos, familiares, florais costumam provocar pouca reação. Caveiras, cenas agressivas provocam mais. Lentamente, contudo, parece que estamos entendendo que a civilidade independe da pintura no corpo alheio. Depende muito mais de viver e deixar o corpo alheio igualmente viver. Não gosta de tatuagem? Não faça. Simples assim. Não gosta de tatuagens nos outros, faça um esforço de entender por quê, pois você decerto gosta de desenhos em outros suportes que não a pele: às vezes num livro, num mural, numa tela ou camiseta.

Se as tatuagens atualmente estigmatizam menos, isso também tem a ver com sua gentrificação, uma forma contemporânea de demofobia. Bons tatuadores e tatuadoras cobram caríssimo, são reconhecidos com status de artistas. Tattoos malfeitas, com tinta de baixa qualidade, por mãos menos treinadas provocam mais olhares enviesados. Diríamos que não é mais a tatuagem que gera o preconceito, mas o fato de ela aparentar estar no corpo de um pobre. O preconceito é mais de classe social do que de pintura corporal.

Por outro lado, marcar o corpo alheio como os romanos ou os senhores de escravos faziam parece ainda rondar o imaginário nosso de cada dia. Lombroso ainda segue vivo. No dia 9 de junho de 2017, um menor de idade foi acusado de roubo por dois indivíduos. Sem terem autoridade alguma para tal, prenderam o suposto infrator (isso pode ser enquadrado como rapto e cárcere privado!), "julgaram-no" culpado (sem serem juízes e sem o devido processo legal) e executaram a pena por eles mesmos estabelecida (crime de tortura e agressão). Crueldade maior: filmaram a "execução da sentença" e disseminaram o vídeo nas redes sociais (incorrendo em diversos crimes de veiculação indevida de imagens). Pasmem, leitores: a pena aplicada pelos nada virtuosos cidadãos foi tatuar na testa do rapaz a frase "eu sou ladrão e vacilão". O tatuador e seu vizinho foram presos em flagrante num estúdio de tatuagem no centro de São Bernardo do Campo, em São Paulo.[24] Tatuar o corpo com uma espécie de letra escarlate é uma agressão muito simbólica, pois deixa a pessoa com uma marca permanente de criminosa.[25]

O CORPO FISICAMENTE DISTINTO

O corpo bárbaro ou criminoso foge à lógica do corpo eficiente, nosso modelo imaginado, nosso corpo ideal. Lembremos que esse corpo deve ser apto, incansável para o trabalho ou para qualquer outra performance a que seja submetido. Portanto, um corpo delinquente ou vagabundo foge à regra, choca e deve ser punido por isso. A tatuagem ou qualquer outra marca no corpo ganhou com o tempo a pecha de adornar o corpo de pessoas indesejáveis ao corpo ideal. Está à beira de sua redenção, ao menos em sua versão cara, domesticada e artística. Mas e quando seu próprio corpo é tão distinto do modelo que é impossível disfarçar? Se o ideal tem cabelos e você é careca, vira ponto de referência, mas isso não chega a ser um preconceito. Salvo se a calva indicar doença ou afetar mulheres: aí entra em contradição com o modelo de corpo eternamente saudável. Se você é alto demais, desde que isso não atrapalhe sua performance, ótimo! A nossa sociedade valoriza. Exceção se você for mulher ou alto por conta de algum distúrbio de crescimento que prejudique seu desempenho locomotivo.[26]

Bem mais complicado é ter algum tipo de deficiência de nascimento ou adquirida. Até muito recentemente na história humana, a cegueira, a surdez, a deficiência física ou mental, salvo em raríssimas ocasiões, era uma condenação à marginalidade e a viver de caridade alheia ou de cuidados de abnegados familiares. Para cada Aleijadinho ou Beethoven, a história registra um sem-número de pessoas que passaram a vida a mendigar, recolhidas em instituições, ou que conheceram uma existência miserável, quando não a morte precoce. Várias sociedades humanas do passado, desde algumas indígenas até outras na Grécia antiga, descartavam bebês com qualquer diferença física indesejada ao seu corpo imaginado como correto. Gente que buscava métodos inclusivos sofria rejeição ou zombaria. Lembremos o caso de Braille, que ficou cego ainda criança, teve a sorte de ir parar numa instituição que o instruiu, teve a inteligência, diligência e perseverança para desenvolver um método de escrita e leitura para cegos infinitamente mais prático e útil do que o que fora empregado em sua educação. Tentou emplacá-lo inúmeras vezes na França do século XIX, e morreu com negativas e dizeres de que seu método jamais funcionaria. Hoje, é forma de aprendizado universal.

Quer mais um exemplo? Até meados do século XX, pessoas com deficiência eram apartadas de atividades físicas. Quase como se fossem a antítese viva do corpo eficiente. Foi então que Ludwig Guttmann, um médico alemão que se refugiara do nazismo na Inglaterra, começou a trabalhar com a reabilitação de feridos na Segunda Guerra Mundial. Naquela época, pouco se conhecia de terapias de reabilitação e, dos "inválidos", como eram chamados os mutilados em combate, se esperava uma vida curta e de má qualidade. Guttmann foi um pioneiro e introduziu esportes de forma consistente na recuperação e tratamento de saúde dessas pessoas. Pouco tempo depois, em 1948, na mesma data da abertura dos Jogos Olímpicos de Londres, o médico promoveu o primeiro evento desportivo para pessoas com deficiência, na sede do Centro Nacional de Traumatismos, em Stoke Mandeville. O evento passou a se repetir anualmente, crescendo a cada ano até se tornar internacional em 1952 e itinerante em 1960. Após décadas, o mundo assiste (quase!) com o mesmo fascínio às Paraolimpíadas a cada quatro anos. Ainda estamos a anos-luz de ver esses atletas ganharem cotas de patrocínio e apoio como os não deficientes. O mundo, porém, andou alguns quilômetros em relação ao preconceito contra a deficiência física.

O documentário *Crip Camp: Revolução pela inclusão* (direção de Jim LeBrecht e Nicole Newnham, 2020) narra a vida de pessoas que frequentaram o acampamento Jened nos Estados Unidos do final da década de 1960. Muitas delas acabaram se envolvendo na luta por direitos iguais e acessibilidade para as pessoas com deficiência física e intelectual nos Estados Unidos. Algumas entraram para a política. Essa luta culminou na conquista de certos direitos e na melhoria das condições de acessibilidade.

Apesar de descrever um preconceito muito antigo, o termo "capacitismo" é recente.[27] Em inglês, a palavra *ableism* ganhou maior presença a partir dos anos 1980. Podemos pensar em inúmeras formas de definir capacitismo. Eis algumas:

a. O preconceito contra pessoas com algum tipo de deficiência;
b. A crença na superioridade de uma pessoa por não possuir deficiências;
c. A redução de um ser humano a sua deficiência;
d. A exclusão/invisibilização de pessoas com deficiência nas imagens de propagandas, novelas etc.;
e. O uso de termos que indicam preconceito, como "mancada" (vem de "manco"), "dar uma de joão sem braço", "fingir demência" etc.;
f. Elogios ambíguos: "nem parece que você é uma pessoa com deficiência", "você não tem cara de autista", "você parece normal", "mas você faz tudo sozinho?", "você faz muito mais com deficiência do que algumas pessoas sem" etc.;
g. Uso da pessoa com deficiência para justificar felicidade pessoal: "eu reclamava do sapato apertado até que vi uma pessoa sem pernas", "eu aqui reclamando da vida até que vi um tetraplégico" etc.

Práticas e discursos capacitistas são antigos em nosso mundo ocidental. Na cidade grega de Esparta, um conselho de anciãos examinava crianças recém-nascidas para saber se eram aptas para a vida militar. O infanticídio era usado regularmente e consagrado pelas leis espartanas, pelo costume social e pela religião. O rigoroso regime de educação dos meninos espartanos (*agōgē*) era iniciado por práticas de eutanásia.

Em Esparta, o corpo "perfeito" era uma condição de pertencimento ao ideal militar da elite do Peloponeso. Na tradição judaica, a condição do sacerdócio era o corpo "sem defeitos". Segundo a Torá (Levítico 21,16-23), ser cego, coxo, corcunda ou anão (falaremos do nanismo mais à frente) impedia o oferecimento de sacrifícios a Deus. A presença de uma deficiência física no corpo eficiente, mesmo sendo da linhagem de Aarão, profanaria o santuário sagrado.

Avancemos para o mundo contemporâneo. O genocídio nazista começou pelas pessoas com deficiência. Ainda antes da eliminação de judeus, ciganos, homossexuais e outros grupos, os nazistas fizeram propagandas pesadas sobre doenças mentais e mostravam que, enquanto o alemão "normal" tinha de trabalhar muito, o "deficiente mental" ficava em hospitais de luxo sendo bem tratado. A eugenia, ou seja, o controle dos nascimentos a partir da concepção de superioridade de um grupo, foi utilizada na Alemanha nazista. O uso da morte como estratégia para acabar com os "indesejáveis" ficou conhecido como programa Aktion T4 (abreviatura do endereço em Berlim onde foram gestadas políticas de extermínio: Tiergartenstraße 4). Os médicos foram autorizados a negligenciar pacientes com doenças incuráveis ou deficiências. Milhares morreram de inanição. Algumas vozes isoladas fizeram protestos contra o programa de eutanásia nazista, como o bispo Clemens August Graf von Galen.

Ou seja, quando pensamos historicamente a relação entre o que chamamos de corpo eficiente e as pessoas com deficiências (PcDs), podemos mapear duas atitudes: eliminação ou segregação. No início do século passado, o paradigma da segregação das pessoas com deficiência parecia um avanço se comparado ao da exclusão, no qual PcDs, quando muito, eram confinadas ao espaço de suas casas. À moral brasileira do bom samaritano daqueles tempos, parecia alvissareiro e cristão criar algumas (poucas) instituições especializadas no cuidado das pessoas com deficiência. Em tais lugares, elas seriam internadas e ali permaneceriam por toda a sua vida: "Essas instituições ofereciam tratamento, práticas de reabilitação e até algumas práticas educacionais, mas sempre com objetivo assistencialista e não de reinserção das pessoas no convívio social".[28]

No pós-Segunda Guerra, como fica claro no exemplo que demos sobre a reabilitação de soldados que adquiriram deficiências, surge um alargamento dos horizontes. A Declaração Universal dos Direitos Humanos, de 1948, faz uma menção às pessoas com deficiência como um grupo socialmente vulnerabilizado que deveria ter seus direitos individuais e sociais respeitados. Ainda assim, o modelo médico, legal e social de ver PcDs eram a meta: transformar o corpo deficiente num corpo eficiente, adaptando a pessoa à vida produtiva numa sociedade que não se vergaria um centímetro para aceitá-la de outra forma. Um exemplo disso é que, em vários lugares do mundo, ao longo do século XX, surgiram as instituições de "educação especial", nas quais pessoas com deficiência encontrariam formação supostamente adequada. Algumas existem até hoje em nosso país. O objetivo dessas instituições era acolher (de forma segregada dos demais estudantes) os alunos com deficiência, oferecendo currículo próprio, mas que pretendia "adaptá-los à vida em sociedade" — uma sociedade que, insistimos, não mudaria uma vírgula: os diferentes que buscas-

A ex-primeira-dama Eleanor Roosevelt foi a primeira representante dos Estados Unidos na Comissão de Direitos Humanos da ONU. Criada em 1946, a comissão teve papel primordial na elaboração da Declaração Universal dos Direitos Humanos, publicada dois anos depois. A despeito das ótimas intenções cristalizadas no documento, violações massivas de direitos humanos têm acontecido em todos os continentes desde 1948, sob o olhar impotente das Nações Unidas.

sem seu lugar nela, agora com uma "ajudazinha". Os especialistas chamam esse modelo de *paradigma da integração*. Numa variação disso, havia ainda as salas de aula especiais dentro das escolas voltadas ao corpo eficiente.

Embora a luta por direitos seja anterior, é a partir dos anos 1980 que começa a se consolidar o *paradigma da inclusão*: a noção de que PcDs "têm o direito de conviver em sociedade, e a sociedade tem obrigação de remover barreiras para incluí-las".[29]

Em nosso país, o espírito da Constituição de 1988 permitia vislumbrar esses direitos, mas eles careciam de legislações específicas e regulamentações. Em 2006, a Convenção sobre os Direitos das Pessoas com Deficiência foi ratificada pelo Brasil com status de emenda constitucional. Era uma imensa mudança de foco em relação ao modelo anterior: não se mirava mais no impedimento, mas "na responsabilidade de redução das barreiras por parte da sociedade, resultando em um aumento da acessibilidade e equiparação das oportunidades". A sociedade deveria tirar da "incivilidade" as pessoas com deficiência e garantir sua cidadania plena. Isso começou a ser esboçado dois anos depois, com a Política Nacional de Educação Especial na Perspectiva da Educação Inclusiva e, de forma mais ampla, com a lei n. 13 146, de 6 de julho de 2015, que, em seu parágrafo primeiro, afirma "assegurar e [...] promover, em condições de igualdade, o exercício dos direitos e das liberdades fundamentais por pessoa com deficiência, visando à sua inclusão social e cidadania". O texto trata das barreiras ao exercício da cidadania de uma pessoa com deficiência. Em resumo, a lei considera que superar obstáculos de mobilidade, por exemplo, é um dever do Estado e da sociedade para o pleno exercício da cidadania.[30]

Mas estamos falhando flagrantemente nisso. Dados recentes do IBGE mostram que PcDs têm menos escolaridade, menores salários e menos oportunidades. Segundo constatou a pesquisa, a interseccionalidade também opera nesse preconceito: mulheres com deficiência ganham menos que homens em condições similares; do ponto de vista regional, o Nordeste tem o maior número de pessoas com deficiência (e isso está ligado aos efeitos da desigualdade, da concentração de renda, da falta de políticas públicas etc.).[31] De acordo com Maíra Bonna Lenzi, analista do IBGE, a questão da deficiência se relaciona com uma série de fatores, em especial com o envelhecimento. "Tem a questão do rendimento e da qualidade de vida. Essa região é a que tem histórico maior de analfabetismo, índices de pobreza, por exemplo." Essa é uma tendência mundial: "O Banco Mundial estima que 20% das pessoas mais pobres no mundo possuem alguma deficiência e, consequentemente, tendem a ser consideradas as mais desfavorecidas em suas comunidades".[32] A Organização das Nações Unidas estima que cerca de 75% das crianças com deficiência no mundo não têm acesso à educação inclusiva e de qualidade. O preconceito igualmente estrutural contra PcDs só não bate o racismo brasileiro: uma pessoa branca com deficiência recebe, em média, 2358 reais por mês, ao passo que um preto sem deficiência tem rendimento mensal de 2051 reais; e um pardo, de 2065 reais.

As vantagens de uma sociedade inclusiva são inúmeras. Os preconceitos que a impedem também. O capacitismo se traduz em bullying nas escolas,

What's your excuse? Angel
The only disability in life is a bad attitude.
Diffability **Before you**
Never **Cute** **quit, try.**
give up! **Miracle**
Overcome **Despite**
Hidden **So brave!**
potential

A despeito de seus reais desafios, necessidades e desejos, ainda se insiste em considerar as pessoas com deficiência como fontes de inspiração e exemplos de superação. Nesta imagem, uma série de frases e palavras associadas a esse tipo de "preconceito positivo" resume o universo de disparates: "Nunca desista!", "Você é tão corajoso(a)!", "A única deficiência é a atitude negativa".

carência de políticas de capacitação em empresas, falta de acessibilidade em qualquer lugar. No geral, ainda impera a ideia de que a deficiência é a antítese do corpo eficiente, e seu portador é, portanto, um ser humano em estado inferior. Pesquisas mostram que o preconceito carrega a ideia de que adaptar o mundo às PcDs sairia caro, e que, mesmo o fazendo, essas pessoas não conseguiriam agregar à sociedade. É certo que, nas escolas, impera a "falsa ideia de que os estudantes com deficiência são menos capazes e podem atrasar a aprendizagem dos demais".[33] Fica clara a eugenia presente nesse raciocínio perverso e infundado. Estudos deixam cada vez mais claro os benefícios da inclusão não somente para quem se imagina que dela precisaria: "Quando a cidade constrói e mantém rampas de acesso, proíbe estacionar nesses locais e preserva calçadas, os benefícios alcançam outras faixas da população, como os idosos com pouca mobilidade, os pais que usam carrinhos para os seus bebês e mesmo as crianças pequenas que ainda não adquiriram segurança para andar".[34] Não educar nem capacitar pessoas com deficiência significa — ainda que de um ponto de vista estreitamente liberal — perder rentabilidade e gerar menos recursos humanos e capital. Aos que acham isso pouco: não incluir é agir contra uma série de leis, e preconceito é crime.

Até aqui, tecemos um preâmbulo a esta parte. Mais histórias mereceriam ser contadas com detalhes, é claro. O livro é um convite para que nos aprofundemos. Daqui em diante, juntos, vamos esmiuçar alguns casos de preconceito que se ligam ao mito do corpo eficiente, à eugenia e à nossa aparentemente infinita capacidade de sadismo quando se trata de preconceito. Comecemos pelo nanismo. Sociedades antigas, medievais e modernas tinham, em comum, fascinação por pessoas com nanismo. Não admiração e respeito, mas um desejo de posse, um olhar exótico sobre o corpo do anão. Em estudo feito pela Universidade de Georgetown, nos Estados Unidos, constatou-se que muitos anões ocupavam uma posição de autoridade nas famílias de egípcios antigos, havendo inclusive adoração a deuses anões.[35] Para tanto, analisaram-se despojos humanos e manifestações artísticas de um período que remonta de 4500 a.C. até o Antigo Império, entre 2700 a.C. e 2190 a.C. Foram encontradas imagens de pessoas com nanismo nas paredes de tumbas e em vasos, bem como estátuas e outras variedades de expressão artística. Segundo os pesquisadores, havia representações de anões em pelo menos cinquenta tumbas examinadas, o que mostra que eles eram integrados à sociedade. As imagens indicam que se empregavam anões como secretários particulares, encarregados de joias, bailarinos e artistas, por exemplo. Vários deles eram tão apreciados que foram sepultados no cemitério real, próximo às pirâmides. Mas o que não está claro é como se recrutavam esses trabalhadores. A julgar por outras sociedades antigas, a história é tétrica e desumanizadora.

Entre os romanos, os anões eram dados de presente como símbolo de status para a família que os possuísse. Na China antiga, serviam nas cortes de nobres e imperadores. Há registros de que sofriam abusos sexuais e que podiam ser mortos quando da ocasião do enterro de seus senhores.[36] Você está lendo isso mesmo: seres humanos arrancados de sua existência livre e arrastados para uma vida não muito distante da de um animal de estimação de luxo ou algo assim. Preconceito com o corpo alheio em estado bruto: quando não eram alvo de superstições e afastados da sociedade, eram usados como símbolo de status em cortes e seus corpos tinham que estar à disposição para os caprichos de seus "donos". Ficamos sabendo de Jeffrey Hudson, um inglês que, quando tinha apenas sete anos e cerca de 45 centímetros de altura, foi recrutado para alegrar a rainha da Inglaterra. Corria o ano de 1626 quando o obrigaram a se enfiar numa torta, usando uma diminuta armadura, e dela sair acenando com uma bandeira para deleite da rainha Henrieta Maria, esposa do rei Carlos I. Após o ocorrido, a criança foi levada para viver na corte, onde permaneceu até os 21 anos. Sua situação mudou quando estourou a Guerra Civil Inglesa, e Hudson se tornou um guerreiro em defesa da rainha na Batalha de Bridlington, em 1643, quando as tropas parlamentares atacaram. Histórias como essa estiveram longe da exceção, e quase todas as cortes modernas europeias (com o auge no século XVII) contavam com anões fazendo as vezes de bobos da corte, de companhia, geralmente infantilizados. Em alguns casos, podiam ganhar a confiança de nobres e monarcas e servir como diplomatas, agenciadores, recebendo pensão ao envelhecerem.

Como a "moda" dos anões nas cortes arrefeceu no século XVIII, daí em diante pessoas nessa condição viveram ainda mais marginalizadas. No século seguinte, outro costume macabro se desenvolveu: começava a era dos *freak shows*, ou "shows dos horrores" ou "feiras de curiosidades"; empresários levavam um elenco de pessoas com dons incomuns ou consideradas aberrações (anões, gigantes, mulheres barbadas, gêmeos siameses, entre outros) em shows de circo pelos trens da Europa e das Américas. Essa época coincide com o início do show business, das celebridades, dos impactos da exploração e de um fascínio sobre a alteridade trazida até você. Em 1844, o general Tom Thumb, uma criança de 63,5 centímetros de altura, adentrou a Picture Gallery do Palácio de Buckingham e se curvou perante a rainha Vitória. Nascido em Bridgeport, Connecticut, nos Estados Unidos, Charles Stratton (nome real de Thumb) foi cooptado por Phineas T. Barnum em 1842, quando tinha apenas quatro anos de idade. Barnum, um desses homens de espetáculo típicos de meados do século XIX, fundou o Barnum & Bailey Circus. Sentindo que podia ganhar muito dinheiro explorando aquele menino, criou seu apelido fantasioso e mentiu ao dobrar sua idade quando o apresentava ao público. Desde a primeira exibição, no American Museum de Barnum, general Tom Thumb impressionou a plateia com seus truques, habilidades e imitações, agindo como um pequeno cavalheiro. Viajou pelas maiores cidades dos Estados Unidos sob "contrato" com Barnum, que na prática lhe pagava pouco e agia como se fosse seu proprietário, embora os pais do garoto sempre estivessem por perto. Todos embarcaram juntos para a apresentação diante da jovem rainha da Inglaterra que se emendou numa turnê bem-sucedida de três anos pela Europa. Com a aprovação da rainha, uma verdadeira "mania de anões" explodiu. Aos nove anos, Stratton continuou sua turnê por lugares como Washington, Filadélfia, Cuba e Canadá, melhorando suas cláusulas contratuais. Em dado momento, conquistou riqueza individual e ajudou financeiramente seus pais e suas irmãs.

Estrela de freak shows *no século XIX, o general Tom Thumb tinha apenas quatro anos quando foi cooptado para trabalhar num circo, nos Estados Unidos. Ao contrário da maioria das vítimas desse tipo de "espetáculo", ele enriqueceu, casou-se e teve uma vida confortável. O preconceito contra portadores das diversas formas de nanismo, que remonta à Antiguidade, os transforma em corpos exóticos, dignos apenas de chacota e/ou piedade.*

Atingiu a altura de 82 centímetros aos dezoito anos.[37] Mais tarde, casou-se com Mercy Lavinia Warren Bump, que media 81 centímetros. Como um casamento vitoriano não estava completo sem uma criança, Barnum anunciou que Lavinia dera à luz uma menina. Na turnê de lua de mel do casal, onde eles se apresentaram para milhares de fãs, em cada país que visitavam uma nova criança era "alugada" de um orfanato.[38]

Se esse caso teve um final aparentemente feliz, a regra foi bem diferente. Estudemos de perto o que ocorreu com Julia Pastrana, uma garota mexicana conhecida como Lady Babuína. Julia tinha duas condições congênitas raras: hipertricose (que provoca o crescimento anômalo de cabelos no rosto e no corpo) e hiperplasia gengival (gengivas hipertrofiadas). Ainda que se desconhecesse sua infância, contava-se que ela teria sido vendida pelos pais ao show business, ou que ela e a mãe teriam se refugiado numa caverna em Sinaloa, fugindo da perseguição que a criança enfrentava. De lá, Julia teria ido trabalhar como empregada doméstica até ser "descoberta" por empresários em busca de novas "atrações". Seja como for, em 1854 Julia Pastrana foi persuadida a participar no teatro musical Gothic Hall, na Broadway, como a Marvelous Hybrid ou Bear Woman. Acabou se casando em 1855 com Theodore Lent, um cafetão local a quem provavelmente conheceu numa performance em Nova York e que passou a empresariá-la. Ela se apresentou pelos Estados Unidos, Canadá e Europa. Morreu em 1860, na Rússia, de complicações pelo nascimento de seu filho. O bebê tinha as mesmas condições da mãe, e morreu dois dias depois. Com a intenção de que os corpos da esposa e do filho fossem preservados no Museu Anatômico da Universidade de Moscou, Theodore Lent vendeu-os por quinhentas libras, recomprando-os, posteriormente, por oitocentas libras e passando a exibi-los. Os cadáveres foram expostos em museus e circos por quase cem anos.

Aliás, a ideia de exibir corpos "não ideais" mortos não era nova. É muito conhecida a história de Sarah ou Saartjie Baartman,[39] uma órfã oriunda da província do Cabo Oriental da África do Sul, que, com cerca de vinte anos, apesar de ser analfabeta, assinou um contrato com o cirurgião inglês Alexander Dunlop e o empresário Hendrik Cesars, dono da casa em que trabalhava como doméstica. O contrato estipulava que ela viajaria para a Inglaterra naquele ano, 1810, e apareceria em espetáculos vestindo roupas justas da cor de sua pele, além de portar plumas e um cachimbo. No palco, tocaria instrumentos e dançaria para a plateia londrina. O motivo do interesse empresarial em seu corpo era sua condição genética, que fazia com que acumulasse gordura na região das nádegas, tornando-as protuberantes. Isso numa época em que ter nádegas grandes era moda e as roupas femininas passaram a incorporar estruturas para deixar vestidos armados. Quando foi exibida no Piccadilly Circus, causou fascinação, com o nome de Vênus Hotentote (ver figura 22 do caderno de imagens). Vênus numa associação erótica com suas formas físicas, e hotentote porque esse era o termo utilizado pelos holandeses para se referir aos Khoikhoi e os San, membros do grupo africano Khoisan, do Sudoeste da África. Quando seu show foi perdendo popularidade, saiu em turnê pela Grã-Bretanha e Irlanda. Ao chegar a Paris, em 1814, Baartman se converteu numa celebridade. Seu passe foi vendido para um exibidor de animais, que provavelmente a prostituiu. Grupos de abolicionistas e humanitários processaram seus empresários alegando coerção e maus-tratos, condições análogas às de escravidão. Eles foram inocentados depois de ela testemunhar a seu favor. Difícil saber, até hoje, o quanto de compreensão de tudo o que a envolveu podia realmente ser compreendido por Baartman: teve ela consciência de que era explorada, mas temia seus empresários a ponto de mentir por eles? Sentia-se uma artista e se apresentava de livre e espontânea vontade? Se é muito difícil saber como ela se via, fica óbvio como foi vista na vida e na morte: Baartman passou por um processo extremo ao qual muitos corpos negros (em especial os de mulheres) foram também submetidos. Tratava-se da animalização e da hipersexualização: seus corpos "tudo aguentam", "tudo podem" e são território onde "tudo é permitido". O imaginário do "negão" sem muita inteligência, mas forte "como um touro", com imenso pênis, tem a contraparte na imagem da mulher negra como uma "feroz Afrodite". Sueli Carneiro resume isso muito bem quando nos lembra de que o mito brasileiro da mestiçagem é, no fundo, uma ode ao estupro: "O intercurso sexual entre brancos, indígenas e negros seria o principal indicativo de nossa tolerância racial, argumento que omite o estupro colonial praticado pelo colonizador sobre mulheres negras e indígenas".[40] Isso também se relaciona com dados atuais de que as mulheres negras são as que menos recebem anestesia durante o parto; afinal, se o corpo da mulher branca é visto como frágil e delicado, o da mulher negra é desumanamente forte.[41]

Quando Baartman faleceu, aos 26 anos, de uma doença inflamatória e eruptiva (resultado de pneumonia, sífilis ou alcoolismo), o famoso naturalista Georges Cuvier, um dos muitos que dançaram com ela numa das festas de seu novo empresário, fez um modelo de gesso de seu corpo. Então, dissecou o cadáver, preservando o esqueleto, o cérebro e os órgãos genitais, que ficaram expostos no Museu do Homem de Paris até 1974. O presidente da África do Sul, Nelson Mandela, em 1994, solicitou a repatriação dos restos mortais e do modelo de gesso de Baartman. O governo francês os entregou oito anos depois! Finalmente, em 2002, seus restos foram enterrados onde se acredita que ela nascera.

À nossa sensibilidade contemporânea causa aversão imaginar que seres humanos cujo corpo possa destoar do considerado ideal sejam exibidos como curiosidades, aberrações. Mais estranho ainda é imaginar pessoas pagando para ver "espetáculos" assim. Quando os preconceitos raciais se amontoam sobre o sadismo de exibir e ver corpos "diferentes", o resultado podia ser o dos *freak shows* que acabamos de descrever. Podia ser ainda mais degradante. Se há quem defenda que essas pessoas que mencionamos foram artistas, lucraram com sua arte e que não há nada de mau nisso (argumento com o qual não fazemos coro), que dirá de serem exibidas em zoológicos? Isso mesmo, zoológicos humanos.

Em fins do século xix e início do xx, milhares de seres humanos literalmente sequestrados da Ásia, África e América Latina foram expostos para deleite, curiosidade e escárnio de uma "sofisticada" e "civilizada" audiência nas cidades europeias e norte-americanas. Não era raro que, na condição desumanizada em que se encontravam, fossem também submetidos à experimentação científica. Numa mistura de racismo e xenofobia, representantes de diferentes povos e grupos étnicos foram exibidos principalmente nos pavilhões das Feiras Mundiais.

Temos que nos lembrar de que, por volta da segunda metade do século xix até a Grande Guerra de 1914, o mundo dito civilizado se ufanava de sua capacidade de inovar tecnologicamente. Em curto espaço de tempo, invenções como o telefone, o telégrafo, o cinema, os trens, a bicicleta, o automóvel e o avião começaram a se tornar reais. Em 1800, voar era um sonho. Pouco mais de cem anos depois, dirigíveis cruzavam os céus e os aviões davam seus primeiros voos. Cidades se transformaram em epicentros de uma burguesia e de uma aristocracia ilustrada que perambulavam por cafés, concertos, balés, óperas, livrarias, teatros, bulevares. Era a chamada Belle Époque, tendo Londres como sua capital econômica e Paris como sua capital cultural. Fazia-se vista grossa, claro, para o fato de que o acesso a esses bens e serviços novos eram caros e disponíveis apenas para uma pequena e nova elite. Também se jogava para debaixo do tapete que o custo da urbanização e industrialização que enriqueceram a Europa e os Estados Unidos nesse período veio nas costas de verdadeiras barbáries realizadas nas Américas, Ásia e África, e de milhões de trabalhadores mal pagos e que viviam sem direitos ou acesso ao mundo que ajudavam a produzir. Da barbarização do outro advinha parte da lógica das autodeclamadas glórias da civilização "superior". Para propagandear a si mesma, criou as exposições ou feiras mundiais. A primeira em Londres, em 1851. Logo estas passaram a ser um meio importante de promoção industrial para as elites culturais e políticas da época. Durante todo o século XIX, houve tais mostras de "produção e inovação" urbana e civilizada versus "exotismo" do resto do mundo. As maiores e mais relevantes exposições universais deram-se em Londres (1862), Viena (1873), Filadélfia (1876) e Paris (1889).

Eram exposições de inovações tecnológicas e industriais, que mostravam produtos e máquinas em imensos pavilhões organizados por empresários e governos de vários países. Nações como o Brasil expunham suas commodities e tentavam vender-se como uma civilização dos trópicos. Países industrializados apresentavam-se como locomotivas do mundo. Muita arquitetura efêmera era construída e milhares de visitantes afluíam para suas exibições, movimentando toda uma nascente indústria do turismo. A Torre Eiffel e a Estátua da Liberdade, por exemplo, foram concebidas e exibidas em feiras mundiais. Logo ao lado dos "triunfos da civilização" apresentavam-se os produtos e as gentes coloniais. Sim: temos de lembrar que a industrialização esteve umbilicalmente ligada ao imperialismo (e este ao racismo, lembra-se?). Essas partes das feiras serviam de entretenimento aos milhares de visitantes e eram vendidas como experiências educacionais. Nos pavilhões, na forma de zoológicos, com "recriações de habitats", populações humanas, como grupos da Patagônia e da Terra do Fogo, anunciados como os últimos sobreviventes daquelas "espécies", eram dispostas ao público visitante. Povos africanos foram exibidos aos montes, propagandeados como mais ou menos selvagens. Se o público se encantasse, podia levar cartões-postais com fotos daquelas pessoas, produzidos e comercializados em larga escala. O bizarro costume continuou até — acreditem! — 1958. Na época, a Bélgica dominava o Congo, na África, por ser uma região rica em minério — conferindo ao pequeno país europeu algum destaque frente às potências França e Reino Unido no pós-guerra. Foram expostos na feira 598 congoleses, dentre os quais 273 eram homens, 128 mulheres e 197 crianças, um total de 183 famílias.[42]

O negócio dos zoológicos humanos foi tão lucrativo que impulsionou empresários a reproduzi-los fora das feiras mundiais. Desde 1848, Carl Hagenbeck, um pescador de Hamburgo, Alemanha, começou a cobrar para que as pessoas olhassem as focas árticas que nadavam em seu quintal. Logo, transformou a exibição de animais selvagens em algo altamente rentável, criando circos e coleções particulares itinerantes. Após um certo tempo, animais não eram mais suficientes, iniciando-se então a exploração de "selvagens" dos mais diversos cantos do planeta. Os lapões foram um dos primeiros grupos étnicos a ser exibidos em cenários que remontariam suas aldeias. Outro exemplo foi o do jovem Ota Benga, que possuía dentes afiados, um pigmeu raptado do Congo e levado para os Estados Unidos em 1904, onde foi enjaulado e exibido com primatas no Zoológico do Bronx, em Nova York. O congolês cometeu suicídio doze anos depois.[43] Outro caso de humilhação desses povos considerados exóticos aconteceu com o grupo de onze nativos da Terra do Fogo e Patagônia, entre eles Kaweskar, Mapuche, Tehuelche e Selk'nam, sequestrados por empresários germânicos. Visitantes bêbados os apedrejaram, exigindo que acasalassem em público.

FINALMENTE: O CORPO VELHO

Uma mudança enorme ocorreu na sensibilidade a respeito do corpo ideal entre o século XIX e o XX. E, de lá para cá, certo ideal aristocrático deu lugar a um tipo de hedonismo muito particular: a máquina de eficiência e da performance. O corpo ideal do século XIX praticava esportes como uma forma de sociabilidade, mas tinha no ócio e na vida regrada do escritório o ideal de sucesso. Logo, como dissemos mais acima, ostentar uma barriguinha era sinal de ser bem-sucedido e, no caso feminino, ficar em casa, cultivando a flacidez e a palidez de um dolce far niente. O racismo se misturava a tantos outros preconceitos, entre eles o horror ao povo e ao trabalho braçal. Mais recentemente, como exploramos, o corpo virou uma máquina performativa, que deve estar azeitada, calibrada e pronta para a ação em todos os instantes. Lazer e ócio tornaram-se sonho para as férias que nunca vêm. Essa mudança no ideal de corpo trouxe consigo, em meados do século XX, o surgimento de um novo tipo de ser humano: o adolescente.

Antes disso, nem a economia tratou os jovens com a mesma atenção com que trata atualmente. Nos anos 1850, por exemplo, crianças e jovens de favelas, guetos e cortiços eram recrutadas como trabalhadores em fábricas, quando tinham "sorte". Do contrário, andavam pelas ruas de cidades americanas e europeias, não raro em estágio de desnutrição e meio bêbadas, sem casa ou ocupação. A imprensa da época os via como um problema. A própria concepção de infância e de juventude era muito distinta da de hoje. Acreditava-se que a idade adulta chegaria logo após a infância, de modo que a sociedade esperava que tais "jovens adultos" se virassem sozinhos. Sem apoio de adultos, muitos formaram gangues que, nos Estados Unidos de 1890, já tinham dividido a Times Square de Manhattan em verdadeiros reinos: os Five Pointers, os Eastmans, a gangue Gas House, os Gophers, os Fashion Plates, os Marginals e os Pearlbuttons disputavam cada metro da região para seus pequenos delitos e brigas. Ofereciam até cardápio com especialidades no crime: bater em alguém, dois dólares; fazer um "big job", ou seja, um roubo a banco ou algo tão elaborado quanto saía caro, em torno de cem dólares. No Velho Mundo, coisa similar ocorria. Em Paris, a gangue juvenil mais famosa se autodenominava Apaches. Em 1889, dos 82 mil presos pela polícia de Manhattan, mais de 10 mil tinham menos de vinte anos.[44]

Já no século XVIII, Rousseau escreveu sobre puberdade, descrevendo-a como um período que se iniciava perto dos doze ou treze anos e terminava aos dezoito ou dezenove, na qual se vivia um estágio emocional único e se adquiriam qualidades mentais que representariam um segundo nascimento. O indivíduo púbere estava fadado a mudanças de temperamento, surtos de raiva e uma perpétua agitação da mente. Na década de 1870, Stanley Hall seguiu as recomendações do filósofo e a expectativa que sua própria época tinha dos jovens. Com isso, estudou a juventude durante sua carreira e propôs que o objetivo da educação deveria ser levar jovens até a adolescência com a maior perfeição de desenvolvimento. Era a primeira recomendação mais séria de que jovens e crianças frequentassem escolas em massa. Nas décadas seguintes, leis e instituições foram criadas nesse sentido, educar o jovem *para* a vida adulta e abolir o trabalho infantil. Por volta de 1910, 88% dos alunos em idade equivalente à de entrar para o nosso ensino médio simplesmente não se formavam.

De modo que as escolas secundárias atraíam os alunos, mas não os mantinham — não tinham como competir com os salários de curto prazo das fábricas.

Ou seja, chegamos ao século XX com um mundo voltado para o adulto. Nelson Rodrigues[45] escreveu que "o Brasil de 1920 era uma paisagem de velhos". Naquele tempo, "os moços não tinham função, nem destino. A época não suportava a mocidade". Rodrigues se referia aí aos sinais de respeitabilidade e seriedade que os jovens tinham pressa em ostentar: aos 25 anos deixavam crescer o bigode, usavam roupa escura e guarda-chuva, já se colocando entre os homens de cinquenta e não mais entre os de dezoito. A juventude, na leitura de Rodrigues, tinha pressa em envelhecer, ser respeitada. O padrão do corpo era o de homens maduros ou homens-feitos, como se dizia. Ser jovem era ser um jovem adulto. Era assim no Brasil e em boa parte do mundo.

O sinal da mudança estava visível nos anos 1940. Já em 1941, a revista *Popular Science Monthly* publicou uma nova palavra: *teenager*. Queria descrever um grupo entre a infância e a vida adulta que não era nem mais criança nem ainda adulto, mas um híbrido das duas pontas. Apostava-se no sufixo *teen* que, em inglês, é usado para falar dos números 13 a 19. *Age* quer dizer "idade". Em português, a palavra era usada desde o século XV ou XVI, mas como um sinônimo de juventude, a formação para a fase adulta, verdadeiro fim de nossas vidas. Em 1944, a revista *Life* publicou um artigo: "Teen-Age Girls: They Live in a Wonderful World of Their Own" [Meninas adolescentes: Elas vivem no seu próprio mundo maravilhoso] A foto da matéria mostra um grupo de doze meninas, entre quinze e dezessete anos, de Webster Groves, subúrbio de St. Louis, no estado americano do Missouri. A ideia da matéria era reconhecer a adolescência, a fase pós-puberdade, como um estágio da vida em si e não mais como um preâmbulo indesejado para a vida adulta. Não mais um trainee de velho, o teenager tinha suas próprias modas, comportamentos e rituais, algo que simplesmente não existia até a era pós-Depressão. Nas décadas seguintes assumiria cada vez mais um papel central na formação da cultura jovem ocidental.[46] Era como se o vigor da juventude tivesse sido captado pela inteligência do capitalismo e transformado num alvo de produtos e modas. Foi um verdadeiro gol de placa. Muito rapidamente, roupas, bebidas, comidas, chicletes, filmes, músicas etc. começariam a ser produzidos mirando justamente os novos adolescentes. Já em 1945, Elliot E. Cohen publicava no *The New York Times* uma lista elaborada pela Jewish Board of Guardians com um decálogo de direitos dos teenagers.[47] Leiamos:

I. Direito de deixar a infância ser esquecida.
   II. Direito à palavra sobre sua própria vida.
   III. Direito de cometer erros e descobrir por si próprio.
   IV. Direito a ter as regras explicadas e não impostas.
   V. Direito de ter diversão e companheiros.
   VI. Direito de questionar ideias.
   VII. Direito de estar na fase romântica.
   VIII. Direito a oportunidades e chances justas.
   IX. Direito de lutar pela sua própria filosofia de vida.
   X. Direito à ajuda profissional sempre que necessário.

Esse texto parece a cristalização de um longo processo de dissociar a juventude da puberdade e, mais do que isso, criar um novo estágio na vida humana. Entre primatas, a maturação sexual coincide com maturidade física e psíquica. Em nossa espécie, tal processo já foi similar, mas quanto mais nos tornamos seres históricos, mais a biologia humana é obrigada a se adaptar. Nosso cérebro está "pronto", ou seja, maduro fisicamente, adulto, entre os dezoito e os 21 anos de idade. É impressionante casar esse dado com o da puberdade humana em 1850. Naquela época, os meninos atingiam sua maturação sexual entre os dezoito e os dezenove anos. As meninas, entre dezessete e dezoito anos. Ou seja, nossa biologia emulava a de outros primatas: cérebro pronto para a vida adulta, maturação sexual idem. Estamos falando de médias, claro. De 1850 para cá, a cada 25 anos (de novo, em média), houve um retrocesso de um ano em nossa maturação sexual. Hoje, estão em plena puberdade meninas de onze a doze anos e meninos de doze a treze. Dissociamos as duas maturações. O resultado, em si, diz pouco se isolado do contexto em que vivemos. No século XX, ocorreu a massificação das escolas e o banimento do trabalho infantil como regra em boa parte do mundo. Junto disso, legislações de proteção física da infância e da adolescência pipocaram em todo o planeta. No Brasil, consolidaram-se no Estatuto da Criança e do Adolescente, por exemplo. Em ambientes cada vez mais urbanizados, ao menos para famílias de classe média para cima (como regra, não custa insistir), criamos, de fato, esse novo estágio, em que, por volta dos dezesseis, dezessete anos, temos um indivíduo capaz fisicamente, razoavelmente instruído e treinado, com um corpo maturado sexualmente (tornando-se desejante e desejável), cuja força física e destreza estão entrando em seu auge para assumir tarefas de trabalho. Por outro lado, não está bem na hora para tudo isso! O adolescente típico de classe média urbana viverá ainda sob a tutela dos adultos por cerca de mais seis anos, pelo menos. Ou seja, os teenagers, ao menos desde o pós-guerra, seriam então uma nova categoria de brancos, filhos de camadas médias urbanas e com poder de consumo. Por um lado, podem tudo — ou ao menos têm o potencial para tudo — e, por outro, não podem nada (ideia de tutela). Se se transformaram num grupo à parte, esse novo grupo precisava de lugares próprios, assim clubes sociais foram organizados. Adolescentes tornaram-se então um mercado-alvo, bem como uma faixa etária com seus próprios rituais, direitos e demandas, como no texto do *New York Times* de 1945:

> Ser jovem virou slogan, virou clichê publicitário, virou imperativo categórico — condição para se pertencer a uma certa elite atualizada e vitoriosa. Ao mesmo tempo, a "juventude" se revelava um poderosíssimo exército de consumidores, livres dos freios morais e religiosos que regulavam a relação do corpo com os prazeres, e desligados de qualquer discurso tradicional que pudesse fornecer critérios quanto ao valor e à consistência, digamos, existencial, de uma enxurrada de mercadorias tornadas, da noite para o dia, essenciais para a nossa felicidade.[48]

Fosse isso apenas e já seria um fenômeno histórico fascinante para ser estudado. Fomos além dele, todavia. E queremos abordar dois fenômenos derivados desse processo. Um de forma rápida: a *adolescentização* da vida adulta. Nas últimas décadas, a adolescência começou a ser estendida à vida adulta, e com ela seus hábitos, comportamentos e gostos. E seus corpos ideais vieram na bagagem. Quanto mais tempo pudermos nos considerar jovens, melhor, e isso na cabeça de muita gente. A indústria e a propaganda agradecem! A psicanalista Maria Rita Kehl, um quarto de século atrás, já cravara essa *teenagização* da cultura ocidental, que havia deixado desocupada a "vaga de 'adulto' na nossa cultura". Afinal, ninguém quer estar do lado "careta" e potencialmente repressivo dos adultos: "Mães e pais dançam rock, funk e reggae como seus filhos, fazem comentários cúmplices sobre sexo e drogas, frequentemente posicionam-se do lado da transgressão nos conflitos com a escola e com as instituições". E isso tem seu preço: adolescentes parecem viver num mundo com regras feitas por eles e para eles.

Se o mundo tem no corpo do jovem e na sua capacidade física inesgotável (em potencial) a referência para o corpo eficiente, o corpo do idoso, associado a menos produção e trabalho, por vezes a doença e morte, torna-se um fardo para a sociedade.[49] Mas que tipo de preconceito sofre um idoso? Normalmente, em relação a saúde, capacidade, fragilidade e a outros estereótipos ligados às pessoas mais velhas. O velho deixa de ser um adulto e passa a ser infantilizado, posto de lado, e a ter suas decisões e vontades desrespeitadas. Numa sociedade feita para jovens, um corpo idoso "custa mais caro". Converse com um idoso e você vai descobrir que seu plano de saúde é mais caro (mesmo que ele use pouco), o gasto com remédios come uma fatia maior de seu salário etc. Não à toa, isso é acompanhado de uma *obsoletização* do idoso. Não raro ouvimos de pessoas mais velhas a expressão "no meu tempo". Trata-se de um indicativo de que o tempo atual não é mais seu tempo, que ela está aqui por mero acaso. Isso é muito triste, pois se estamos aqui, este é nosso tempo, independentemente de nossa idade. Algumas dessas ideias conduzem a noções de que "idosos não podem trabalhar; as pessoas mais velhas são todas iguais, possuem saúde debilitada; os idosos são frágeis; não conseguem resolver suas necessidades básicas, os mais velhos nada têm a contribuir, e são um ônus econômico para a sociedade".[50] Embora já seja sentido na lei (o Estatuto do Idoso foi definido pela lei federal n. 10 741, de 2003, e contém uma série de normas para proteção e defesa da pessoa idosa), não há consenso em língua portuguesa sobre como se referir a esse preconceito. No geral, fala-se em etarismo, idadismo ou ageísmo (neste caso, um neologismo vindo do inglês *age*). Mas também é possível extrapolar e falar de um verdadeiro pânico de envelhecer, logo, do corpo de quem envelheceu: uma gerontofobia.

Segundo dados do IBGE, 13% da população brasileira tem acima de sessenta anos, e a projeção é de que, em 2031, existam mais idosos do que crianças e adolescentes no país e que em 2042 a população brasileira seja composta de 57 milhões de idosos.[51] Ou seja, nossa sociedade envelhece. Em breve terá mais idosos do que jovens, mas o mundo continua sendo orientado ao "corpo eficiente", cujo modelo, como vimos, não representa a sociedade. Quando analisamos os dados globais, o quadro é similar. A ONU projeta que a população com sessenta anos ou mais chegará a 1,4 bilhão em 2030 e 2,1 bilhões em 2050 — quando apenas a África não terá perto de um quarto de sua população acima dos sessenta anos. A taxa de crescimento dessa população é de 3%

ao ano. Em resumo: mundialmente, a população acima de sessenta anos está crescendo mais rápido do que os demais grupos etários. Estamos envelhecendo, mas não estamos adaptando o mundo ao corpo real; ao contrário, imaginamos um eterno "corpo eficiente" como modelo. O resultado é extremamente palpável e robusto. Estudo feito pela Organização Mundial da Saúde em parceria com a faculdade de saúde pública da Universidade Yale foi o maior já realizado sobre os efeitos do etarismo na saúde de pessoas idosas. Pesquisadores revisaram 422 estudos publicados globalmente, reunindo dados de 7 milhões de indivíduos de 45 países diferentes, no período entre 1970 e 2017. Como resultado, observaram que, em 96% dos casos, havia evidências adversas de preconceitos etários contra idosos. Uma das conclusões do estudo foi o mapeamento do impacto negativo gerado na saúde mental, principalmente ligado à depressão. Becca Levy, líder da pesquisa, constatou que o preconceito afetava as chances de pacientes mais velhos receberem tratamento médico, por exemplo: "Foram observadas evidências de que o acesso à saúde havia sido negado entre essa faixa etária em 85% dos estudos mais relevantes. Em 92% das pesquisas internacionais, havia a indicação de que o preconceito influenciava até mesmo as decisões médicas".[52]

Na pandemia de coronavírus, a gerontofobia ficou ainda mais explícita. Logo no início da primeira onda, em 2020, intelectuais europeus publicaram uma carta aberta denunciando uma "cultura do descarte" do idoso durante a pandemia. Velhos morrem mais, se dizia, quase que com alívio. Houve comentários que chegaram a comemorar o possível impacto "positivo" nas contas públicas, quando se pensava na previdência.[53] Alexandre Kalache, médico gerontólogo e ex-diretor da área de envelhecimento da Organização Mundial da Saúde, chamou esse processo de "gerontocídio": o fato de não se importar mais com a morte de alguém que já viveu. Para Kalache, a diferença do Brasil em relação aos países europeus seria a de que lá existem ONGS que falam pelo idoso e com o idoso, o que não acontece aqui. Além de não termos conselhos de idosos que atuem de modo efetivo e eficaz — a voz do idoso é silenciada no Brasil. O isolamento social resultou em aumento de 50% da violência doméstica contra o idoso, embora as estatísticas tenham permanecido tímidas, pois a última coisa que um idoso gostaria de fazer é denunciar seu filho(a) ou neto(a), sobretudo em isolamento social, sendo monitorado o tempo todo.[54]

Atualmente, 70 milhões de brasileiros padecem de algum nível de insegurança alimentar. A carência nutricional atinge sobretudo crianças e idosos, e o etarismo tende a agravar essa situação. Cerca de 13% dos brasileiros têm acima de sessenta anos; daqui a vinte anos, o país terá 57 milhões de idosos, o dobro do contingente atual, em números absolutos.

Em países que enfrentaram o coronavírus de forma diametralmente oposta à praticada no Brasil, obtiveram-se números interessantes. Na Nova Zelândia, um país-modelo no combate ao coronavírus, o papel mais do que relevante dos idosos ficou patente. Era de imaginar que, como em muitos países, o maior número de casos e mortes afetasse a população mais pobre de maneira mais incisiva. Os Maori (povo nativo que representa algo entre 15% e 20% da população neozelandesa) são estatisticamente mais pobres que o resto da população. Por um raciocínio lógico, teriam sido mais afetados, certo? Errado. Os Maori têm em sua tradição oral memórias da gripe espanhola de 1918. E tais tradições são contadas de geração em geração e mantidas pelos... *idosos*! Quando essa população soube o que estava acontecendo na China, se autoconfinou antes da determinação do governo. Isso não exclui o fato de que uma combinação genética e social (de pobreza e ostracismo social) não tenha elevado a chance de morrer dos Maori em 50% quando comparada à do resto da população neozelandesa.[55]

CRITÉRIO APERTANDO: NOSSOS DIAS E O NOVO CORPO OPRESSOR

Recapitulemos o percurso que fizemos até aqui. Entendemos que vivemos uma era de performance, que o corpo ideal deve ser uma máquina eficiente, o tempo todo pronta a nos fornecer resultados excepcionais em todas as áreas da vida. Esse corpo é uma idealização da vida sem doenças e da vida infinita. Temos horror à morte. Portanto, todos os corpos que fujam desse padrão acabam me lembrando de que vou morrer, vou ficar doente, minha performance não sairá sempre a contento. Por isso, o corpo obeso (que há um século podia mostrar sinais de pujança e de um indivíduo bem-sucedido) é visto com desprezo, relacionado a doenças, preguiça e ineficiência. O corpo tatuado ou escarificado já foi ligado a vagabundagem, marginalidade e toda sorte de "anticivilidade" possível. Embora hoje seja mais tolerado, paira sobre ele uma associação com classe social e temática e localização das tattoos ou outras deformações deliberadamente provocadas. No rosto, podem significar o ostracismo social. Tais párias só são aceitos se bem-sucedidos financeiramente (reforçando o estereótipo do corpo eficiente; nesse caso, rebelde, diferente, mas eficiente, logo, tolerado). Em seguida, pensamos os corpos com deficiências. Vimos que já foram explorados abertamente e segregados de todas as formas. Na atualidade, ainda que mais tolerados, sofrem imenso preconceito, por serem associados a doenças, mau funcionamento, e prejudicam a imagem do corpo ideal de nossa sociedade. Por fim, analisamos como o corpo eficiente tem colado cada vez mais numa eterna adolescência e juventude, relegando os idosos à condição de "peso morto", algo "desnecessário", "oneroso" à sociedade. O velho traz à imagem, mais uma vez, a doença, a finitude, a ineficiência. Surge daí a gerontofobia.

Não fosse esse enorme acúmulo de preconceitos (que se ligam a todos os outros abordados no livro e aos que aqui não estão), a tirania do corpo ideal tem passado por uma subida no sarrafo. A cada dia, por conta da hipermodernidade em que vivemos, da massificação a que somos expostos, da uniformização de gostos e hábitos, a lógica do corpo ideal vai ganhando contornos cada vez mais inatingíveis e padronizados. A lógica das bolhas algorítmicas das redes sociais e dos mecanismos de busca nas quais estamos imersos e que, mais do que consumir, alimentamos, piora ainda mais. Não à toa novos distúrbios de autoimagem, antes raros, tornam-se cada vez mais comuns. Pensemos, por exemplo, na cultura das selfies.

Não inventamos o autorretrato. Artistas, desde o Renascimento, popularizaram a pintura de si próprios. Alguns foram quase obcecados pela autoimagem, como Rembrandt. Difícil mesmo era ter talento, material e tempo para criar uma imagem pessoal com tamanha qualidade. Quando a fotografia surgiu, não era nem um pouco simples conseguir uma boa imagem. Tampouco era barato o equipamento para bater uma foto, bem como a tecnologia para revelá-la. O gosto pela autoimagem estava lá nos primórdios da fotografia. Entre os anos 1839 e 1840, pioneiros das tecnologias de captar a luz em suporte foram pródigos em fotografar a si mesmos. Entre as primeiras fotos do mundo estão autorretratos de Hippolyte Bayard e Robert Cornelius. Mas foi a popularização da tecnologia das máquinas fotográficas no século XX que deu maior vazão a nossa paixão por nos fotografarmos. Quando as câmeras se tornaram digitais e foram parar em smartphones, eliminaram-se o custo e o tempo da revelação da foto, facilitando bater várias poses em sequência e escolher qual se considera a melhor. Escolher para quê? Para postar em redes sociais e obter likes. Chegamos à era das selfies, na qual nosso Narciso nunca parece satisfeito e na qual nossa necessidade de aceitação se transformou num verdadeiro veneno. Postamos tudo o que fazemos, o tempo todo. Quando não estamos postando, estamos curtindo postagens e, acima disso, esperando as interações com as nossas, para saber se somos realmente queridos. A necessidade de agradar, ver e ser visto alimentou o monstro de Frankenstein do corpo ideal. A selfie difere, portanto, do autorretrato tradicional: ela é efêmera, padronizada, massificada, é produzida quase o dia todo e quase todo dia, repetidas vezes, julgada quase instantaneamente. Está submetida à lógica das redes, nos enreda nelas. Por isso, os filtros viraram uma das ferramentas mais consumidas nas redes sociais.

Em algumas redes, como Instagram ou TikTok, a influência de filtros na aparência das pessoas é brutal. Sabe-se (e as companhias que desenvolvem esses softwares sabem melhor do que nós) que a superexposição causada pelas redes sociais nos coage a maximizar, o tempo todo, o que é belo. Já não podemos ter nosso próprio rosto ou corpo, ele é obviamente um lembrete do quão longe estou do ideal. Uso, assim, filtros e estudo poses e gestos que me aproximem da aparente perfeição que busco. Como apontado pela antropóloga Hilaine Yaccoub, "muitas pessoas perseguem a sua própria imagem do perfil do Instagram como se fosse uma versão 'melhorada' de si mesmas".[56] Vamos a alguns exemplos. Quase uma década atrás, surgiu a moda conhecida por "sobrancelha de

Instagram", na qual estavam bonitas apenas as mulheres que tivessem os pelos acima dos olhos bem arqueados, bem desenhados, sem nenhum "fora do lugar" ou "rebelde". Isso virou uma obsessão, e filtros foram criados para que você pudesse transformar suas próprias feições em uma criada por um algoritmo. Nos dias atuais a moda é outra: lábios carnudos e bem definidos. As bocas grandes e delineadas se tornaram muito populares na timeline, ganhando projeção mundial com a influência das irmãs Kardashians. Sabe-se lá o que estará na moda depois de amanhã. O fato é que essa ditadura do corpo ideal, capaz de relegar imensos contingentes de pessoas para a margem da sociedade, negando-lhes ou encarecendo serviços e acessos, hoje passou a ser um Ouroboros. A cobra está comendo o próprio rabo, para falar o português claro.

Se o Instagram é a nova capa de revista, e se eu mesmo posso ser capa dessa revista, em fotografia batida por mim mesmo, em edições que saem aos magotes, isso faz com que mudemos a maneira como nos enxergamos e nos achamos bonitos ou feios.[57] Os resultados podem ser percebidos no censo de 2016 da Sociedade Brasileira de Cirurgia Plástica, segundo o qual a procura por procedimentos estéticos não cirúrgicos cresceu 390% em nosso país, sendo o preenchimento nos lábios a intervenção mais buscada. A ligação entre o fenômeno das selfies, a ditadura do corpo perfeito e as redes sociais foi mapeada em 2018 pela Academia Americana de Cirurgiões Plásticos Faciais e Reconstrutores, quando publicou um estudo mostrando que a motivação de 55% das pessoas que fizeram rinoplastia no ano anterior foi o desejo de saírem mais harmônicas em selfies! Mesmo os corpos jovens rejeitam a si próprios nessa nova lógica hiperbólica do corpo eficiente: devido ao aumento nos números de depressão em meninas adolescentes por conta dessas redes (mapeado pelo University College de Londres em 2019), certas redes sociais retiraram filtros de cirurgia plástica, que estavam entre seus mais populares. A Sociedade Brasileira de Cirurgia Plástica diz que, no Brasil, houve um aumento de 141% no número de procedimentos estéticos feitos por jovens de treze a dezoito anos, também como reflexo da hiperexposição e da uniformização dos padrões de beleza.[58] Quem não pode pagar sua cirurgia faz o quê? Quem realiza o procedimento fica satisfeito? Certamente não. Ao menos não de forma perene, pois o padrão vai se alterar, a pessoa vai envelhecer, emagrecer ou engordar... e qualquer mudança pode gerar novo distúrbio de autoimagem. Vivemos um tempo tão paradoxal que o preconceito hoje pode ser contra mim mesmo, ainda que eu faça parte da maioria que está mais acostumada a ser preconceituosa do que a sofrer com preconceitos.

Entre os homens, a pressão exercida pela sociedade para que tenham o corpo perfeito vem gerando a vigorexia (ou dismorfia muscular), condição mapeada há pelo menos vinte anos e cada vez mais comum.[59] Também conhecido como anorexia nervosa reversa, o transtorno envolve uma preocupação sobre não ser suficientemente forte e musculoso em todas as áreas do corpo:

> Os indivíduos acometidos pela vigorexia frequentemente se descrevem como "fracos e pequenos", quando na verdade apresentam musculatura desenvolvida em níveis acima da média da população masculina, caracterizando uma distorção da imagem corporal. [...] [Isso pode levar] ao excesso de levantamento de peso, prática de dietas hiperproteicas, hiperglicídicas e hipolipídicas, e uso indiscriminado de suplementos proteicos, além do consumo de esteroides anabolizantes. [...] Os indivíduos com vigorexia não praticam atividades aeróbicas, pois temem perder massa muscular. [...] A prevalência da vigorexia afeta com maior frequência homens entre dezoito e 35 anos, mas pode também ser observada em mulheres. [...] Dentre as alterações físicas [do uso de esteroides] estão maiores riscos para o desenvolvimento de doenças coronarianas, hipertensão arterial, tumores hepáticos, [...] sintomas depressivos quando de sua abstinência, comportamento agressivo, hipomania e quadros psicóticos.[60]

Realmente, quando o assunto é maltratar corpos alheios, somos bons. Agora estamos provando ser também eficientes em desprezar a nós mesmos.

Uma conclusão?

"Houve um passado perfeito onde um homem era homem, uma mulher era mulher, os pobres e negros sabiam seu lugar, havia poucos estrangeiros na nossa sociedade, as crianças obedeciam, os professores tinham autoridade, não existiam sensibilidades com piadas, a segurança nas ruas era grande e o crime era punido." Essa ideia, fantasiosa, claro, está na base da construção dos preconceitos. Quando existiu o mundo não fraturado? Jamais, mas faz parte da estratégia do preconceito ser reacionário e idealizar um passado glorioso. Depois de nossa aventura ao que pior fizemos uns aos outros na história, é fácil perceber que um mecanismo central do preconceito é a invenção da unidade harmônica mítica. O mundo sempre foi diverso e fraturado. O silêncio que era adotado sobre essas fendas ajudou a despertar uma nostalgia que embasa o preconceito. A repressão de antes invisibilizou tanta gente que construiu uma névoa de unidade.

Períodos de crise (guerras, epidemias, revoluções, depressões econômicas) parecem aumentar a nostalgia pelo passado idealizado e as críticas à diversidade. Quase sempre o discurso preconceituoso usa slogans sobre restaurar a época em que éramos grandes ou em que reconhecíamos algo acima de tudo e de todos. A unidade fantasiosa embala o sonho reacionário.

A constituição de um grupo de privilégios só pode existir com a redução dos privilégios (quando não dos direitos) de outros. Assim, se sou um homem branco, para que meu papel siga sólido não basta que eu desenvolva minha consciência, é fundamental que outros grupos (mulheres, pobres, negros etc.) sejam inferiorizados. Se eu puder inscrever a inferiorização nos textos sagrados, na vontade do Altíssimo, na natureza ou no saber histórico universal, melhor ainda. Desse modo, o preconceito estabelece uma ordem, controla uma forma de existir como única e cria uma ideia de natureza ou de tradição identificada com a natureza. "Sempre foi assim" procura selar minha posição com o argumento histórico e essencialista.

A diferença universal precisa ser eliminada. Mais: devo supor que ela foi inventada por um grupo subversivo (militantes, intelectuais, radicais) para acabar com meu Éden sonhado. "Antes, éramos felizes e funcionávamos bem. No meu tempo não tinha mimimi." Os suspiros de uma época de sonhos e de unidade vão ficando mais fortes à medida que se percebe que a diversidade não é um surto de um grupo radical, mas algo que existe na minha família imediata, no meu trabalho e no condomínio.

O enfoque do preconceito pode nascer de uma análise psicanalítica. Diz Christian Dunker:

> Logo, todo aquele que pensa o contrário, só pode estar louco, mal-intencionado ou ter a pretensão arrogante de possuir uma verdade superior (incógnita aos mortais). Este estado básico do fantasma nos ajuda a entender por que em uma dada comunidade, grupo ou família prospera o imperativo de que só é possível gozar desta maneira (estipulada pelo fantasma do líder). Todos aqueles que são "gozo-divergentes" devem sair. Mas olhando de perto perceberemos que esta homogeneidade é bem aproximada e mesmo entre os mais próximos a identidade de gozo é precária, revelando diferenças, em geral perturbadoras. Daí vem o complemento fantasmático: precisamos nos unir mais ainda atacando, destruindo e reduzindo a pó aqueles outros lá fora, que não são como nós, apesar de serem nossos vizinhos, cujo gozo excessivo, espalhafatoso, estranho está perturbando a "nossa ordem".[1]

Podemos construir um viés econômico. Manter o racismo é uma garantia de desqualificar mão de obra e justificar baixos salários. Preciso das múltiplas jornadas femininas para que a sociedade continue existindo nos moldes atuais. Com esse fim, crio uma mística feminina de base misógina. Necessito da xenofobia para que os imigrantes saibam seu lugar como trabalhadores mal remunerados. O preconceito, aqui, entra na categoria socioeconômica. "Antigamente as mulheres ficavam em casa e criavam bem seus filhos." Bem, a Revolução Industrial dos séculos XVIII e XIX foi feita baseada na mão de obra feminina e infantil. Quando seria esse "antigamente"?

O preconceito faz parte de projetos de poder. Pode ser instrumentalizado em campanhas políticas. Ele funciona como um catalisador de eleitores. Saber explorá-lo é um mecanismo eficaz no marketing das instituições, como vimos ao longo do livro. O preconceito é uma categoria artificial que não resiste a nenhuma análise objetiva. Todavia, ele constrói realidades sólidas. Ele exclui, agride, mata e isola de forma real e direta. Como um fantasma pode ter tanto poder?

Somos uma espécie que viveu a Revolução Cognitiva. Mesmo não sendo criação sua, o autor Yuval Harari tornou conhecida essa expressão no best-seller *Sapiens*. Há quase 70 mil anos, imaginamos fantasias intangíveis que uniam o grupo. Temos ancestrais em comum, nossa comunidade é protegida por um deus, existem tabus e uma ordem natural que deve ser preservada. Assim inventamos o Estado teocrático no Egito e na Mesopotâmia. A civilização nada mais é do que a capacidade de convencer centenas, milhares e até milhões de que nosso rei é especial, o próprio Deus ou um representante dele. Ele demanda coisas de enorme custo, como uma pirâmide, e nós empenharemos vidas sem fim em torno de uma abstração compartilhada: a divindade do faraó. Se ele é algo, significa que todos os outros não serão. O privilégio é excludente. Você é um plebeu e nosso rei um ser acima de todos. Precisamos convencer todos da realidade única e punir sediciosos, subversivos e hereges. A crença no caráter superior de um povo gerou o que conhecemos como história. Somos uma espécie capaz de compartilhar sonhos e delírios.

É fácil identificar isso no Egito antigo. O mundo posterior substituiu o termo "faraó" por "europeu", "branco", "homem", "hétero", "rico", "cristão", "nascido aqui": poderíamos construir centenas de "normalidades" para compreender que o preconceito foi a condição do cimento social. Sem excluir, quase nada pode ser feito. Sem tornar "normal" um viés, fica difícil sustentar o edifício social. Nada construo se eu não excluir.

A dificuldade em entender o preconceito foi sua negatividade. Sendo irracional, violento e injusto, o preconceito foi apenas tratado como uma anomalia que deveria sumir quando avançassem a alfabetização, o dinamismo econômico ou a própria legislação. Expressão tribal e isolada, evaporaria num mundo cosmopolita, democrático e dinâmico. Somos surpreendidos, porém, pela vitalidade do preconceito. No coração de metrópoles com internet e inteligência artificial, sobrevivem práticas e discursos preconceituosos. Pelo contrário, a exposição a uma inevitável diversidade do mundo líquido parece despertar ainda maiores reações. Ao lado de poderosos grupos de combate ao preconceito e de vastas legislações que até o criminalizam, ele sobrevive entre nós. Pior: sobrevive forte!

O avanço da luta contra o preconceito parece ser, por vezes, uma vitória do mercado. Opiniões tóxicas limitam acesso a clientes. A virtude parece forçar caminho artificial pelo lucro. Mais do que luta humanista, prevalece um esforço de atingir metas e agregar valor à marca. Outro avanço duvidoso é o do individualismo. Não me torno inimigo da homossexualidade, apenas perco qualquer interesse no outro. Nesse caso, a tolerância se torna passiva: não me atingindo, tanto faz como o outro atinge seu prazer. Mais do que luta humanista, prevalece a indiferença.

A convivência com a diversidade dentro da ética e da lei é um desafio. Como produzir a tolerância ativa sem construir um faraó divinizado ou uma ordem étnica, de gênero ou sexual a partir de um padrão único? Haverá chance ainda de convencer trabalhadores nas pedreiras das pirâmides sem o apelo da ordem natural das diferenças? Não conseguimos dar uma resposta clara para esse desafio. Seguimos intolerantes e resistentes. Henry Thoreau advertiu que nunca seria tarde demais para abrirmos mão dos nossos preconceitos. Será?

Ao longo do livro, ficou claro que a ideia de humanidade única, como a concebemos hoje, é razoavelmente recente (talvez seja pós-1948) e está, infelizmente, longe de ser um consenso. Ainda nos vemos mais como diferentes, segregáveis, inassimiláveis do que como similares, parecidos, portadores dos mesmos direitos e deveres. A busca desse consenso humano ainda requererá o esforço conjunto de gerações empenhadas. Se superássemos os preconceitos aqui contidos (e outros que não conseguimos abordar), se pactuássemos reparações a quem sofreu tais preconceitos e nos comprometêssemos a não os repetir (por meio de políticas públicas, educação e medidas coercitivas para quem insistisse no erro), o mundo se tornaria um pouco mais justo. Como vimos, nosso objetivo não foi mapear — isso seria ótimo, mas outro esforço — as lutas contra o preconceito (como o antirracismo, direitos das mulheres, LGBTQIA+, de pessoas com corpos mais reais do que idealizados etc.). Nossa ideia foi tentar entender, basicamente, duas coisas: o mecanismo que constitui diferentes (não todas!) formas de preconceito, assim como entender a confirmação histórica de algumas de suas formas mais poderosas na atualidade. Ao fazer isso, e aqui o segundo ponto, a intenção era desnaturalizar, mostrar historicidade, logo, esclarecer que, se um preconceito é uma grande elaboração, ele pode ser desmontado.

Propor isso num livro escrito por quem nunca sofreu preconceito de maneira sistemática (dois homens brancos, filhos justamente do establishment do preconceito) foi nossa modesta forma de auxiliar numa luta que já é travada há gerações por quem, de fato, sente o preconceito no corpo. Sem de modo algum querer ensinar a ninguém o caminho certo de uma luta que já é travada com suor, intelecto e ação política por muitos, nossa modesta contribuição é pensar o descaminho que nos trouxe até aqui. Acreditamos, como educadores, que nenhum preconceito pode ser revisto e reparado se não deixar de ser uma estrutura. Logo, todos, incluindo nós dois, podem e devem fazer esse esforço. A luta é de todos e todas; não nos cabe capitanear, mas certamente é nosso dever batalhar, com as armas que temos, por um mundo menos preconceituoso, com menos dor, mais justo e solidário.

UM DECÁLOGO DE ONZE?

1. Como reação humana primitiva frente à diferença, o preconceito pode ser compreendido, mas não deve ser normalizado. Não somos seres governados apenas por lógicas advindas de nossos instintos ou da nossa biologia mais básica.
2. O preconceito pode nascer de modo inconsciente, aprendido no afeto da família e reforçado por lógicas institucionais. Conhecer nossos próprios preconceitos é o primeiro passo para superá-los. Mas o preconceito também pode se tornar consciente e intencional, transformar-se em política pública segregacionista, genocida, racista, xenófoba, capacitista etc. Vale lembrar: sempre que alguém é oprimido por ser diferente, o grupo que estabelece a norma da diferença é beneficiado.
3. Pratiquemos o relativismo dentro da ética: ao notar que estamos hierarquizando o mundo a partir de nosso próprio umbigo, é preciso ver

as coisas sob a lente alheia. Fugir dos vieses de confirmação, estar atentos às disfunções cognitivas que nos fazem querer enxergar as mesmas coisas que sempre estivemos acostumados a ver. O diferente pode nos causar estranheza, mas, na maior parte das vezes, é apenas algo diverso do meu mundo.

4. Não podemos relativizar tudo. Há limites. A fronteira principal é a vida e a integridade de si e do outro. Se fizermos mal a outro ser humano, há uma enorme chance de esta ser uma atitude advinda de preconceito.
5. Pensemos em nosso grupo de convívio. Há diversidade nele? Se a resposta for não, por que estamos cercados de pessoas muito parecidas conosco? Amplie seu universo para pensar mais e melhor.
6. Hoje há uma atitude ruim que parece querer abusar de liberdades civis. No lugar de entender que a liberdade de opinião surgiu da luta de pessoas oprimidas por mais voz, procura-se dizer que há direito de ser intolerante e preconceituoso. Isso não é verdade. É fundamental combater a intolerância. Liberdade de expressão não inclui crime.
7. Não basta sermos tolerantes com a diferença. Precisamos promover a diferença, pois do diverso surge um mundo mais multifacetado, com espaço para todos. Tolerância ativa sempre!
8. O preconceituoso pode ser uma pessoa que nunca teve a chance de se educar melhor, mas a fonte do preconceito por vezes está no comodismo e até no mau-caratismo. É preciso cobrar uma educação pluralista, que exponha a diversidade de corpos, ideias e práticas. Daí pode surgir uma sociedade mais inclusiva.
9. Ao testemunhar uma atitude preconceituosa, lembremo-nos: estamos diante de um crime. O silêncio é cumplicidade.
10. Estejamos atentos a pautas de minorias e de grupos vulneráveis em nossa sociedade. Endossemos políticas públicas e corporativas de inclusão e de diversidade. O preconceito torna o ar irrespirável, e a intoxicação pode nos atingir também.
11. Por fim, desconfiemos de decálogos e olhemos direto nos olhos das pessoas. Cada ser humano é único. A diversidade nos torna melhores.

Depoimentos

Preconceito é uma narrativa simplificada, com conotações assumidamente pejorativas, que se produz sobre um grupo social inteiro e, por tabela, sobre pessoas que integram ou acreditamos que integrem esse grupo. É um processo natural do ser humano, perceptível por exemplo entre torcidas de futebol e adeptos de linhas políticas distintas (muitas vezes dentro do próprio partido, aliás) e chegando a ocorrer mesmo em pessoas que se acreditam desconstruídas ou em grupos marginalizados (a aversão que boa parte das travestis têm em relação às ditas "mariconas", por exemplo). Tensões cotidianas envolvendo preconceitos acontecem a todo momento, o problema maior surgindo quando tais narrativas ganham reverberação na sociedade e elas passam a ser usadas como justificativa para a eliminação do(s) grupo(s) visado(s) pelo preconceito. É uma questão cotidiana, portanto, e isso exige de nós, enquanto cidadãos e enquanto sociedade, atenção permanente para não permitirmos que tais narrativas atinjam o ponto em que a vida de pessoas ou mesmo a existência do grupo do qual elas fazem parte estejam ameaçadas. Duvido que sejamos capazes de construir uma sociedade livre de preconceito, mas acredito, isso sim, na possibilidade de convivermos em paz, a despeito dos nossos preconceitos.
— **Amara Moira, professora e ativista**

Preconceito pra mim é fruto da incompreensão da inteireza do outro ser. Incapacidade de olhar e ver o outro como ele é e não como gostaríamos que ele fosse. Por isso todo o preconceito é fruto da ignorância alimentada nas pessoas pela estrutura social que prefere nela investir e que entorpece a mente das pessoas. — **Daniel Munduruku, escritor e ativista indígena**

O preconceito julga, diminui, desmerece, amiúda, oprime, machuca, afoga, afunda e mata. É a tentativa covarde de retirar a humanidade do outro. — **Daniela Mercury, cantora e compositora**

Confira no QR Code o depoimento em vídeo de **Fernanda de Araujo Machado, pesquisadora e professora de Libras e de literatura surda**

Quando fui questionada sobre o conceito de preconceito, me debrucei diante da minha própria história. Pois, enquanto mulher trans e preta, precisei entender desde muito nova os desafios de assumir a minha própria identidade. E se Exu matou um pássaro ontem com uma pedra que só jogou hoje, isso significa que ainda existe tempo suficiente para analisarmos nossas memórias a fim de mudarmos as estruturas do passado no nosso presente. — **Giovanna Heliodoro, historiadora, apresentadora e fundadora do @transbaile**

Quando penso na palavra "preconceito", penso que o significado mais óbvio que podemos ter é o de julgamento sem um juízo preconcebido. Ou seja, é baseado em ideias que causam, na maioria das vezes, atos discriminatórios. Uma ideia mal concebida sobre algo que nem sequer conhecemos direito, e que, por ignorância pessoal, não procuramos adquirir o repertório necessário. Entendo que o preconceito é algo que não enxergamos com os olhos, mas sentimos com a alma, principalmente se a causa for por sermos quem somos. Já sofri muito por causa dessa palavra, que pode se disfarçar em frases, pensamentos e, infelizmente, em atitudes (para mim é o estágio mais avançado). Acredito que não podemos falar de cura para o preconceito, já que isso não deve ser tratado como uma doença e muito menos "deficiência". Preconceito é problema estrutural e deve ser combatido com a principal ferramenta que temos: educação. Com um processo de letramento e "anti-ignorância" para que assim o que recusamos por causa de uma preconcepção sobre diversos campos de ideias no que diz respeito a situações, pessoas, religiões e etnias, por exemplo, não nos prive de viver o diferente. Vamos aprender? — **Ivan Baron, influenciador e ativista anticapacitista**

Algo preconcebido, onde existe uma expectativa que em geral não é esperada socialmente ou que foge a uma norma. O preconceito pode ter relação com a não proximidade em relação a certo tema ou grupo e por isso existe o estranhamento e repulsa e/ou por perversidade e alinhamento com posturas e pensamentos negativos com cunho maldoso. Em muitos casos descamba para a discriminação, que é a ação em prol do preconceito com uma pessoa ou grupo. Geralmente a coletividade de indivíduos que perpassam por episódios de preconceitos é vulnerabilizada. Por isso, se faz necessário um olhar cuidadoso e respeitoso para com as diferenças no intuito de valorizar a diversidade e não apenas reproduzir atitudes estereotipadas. — **Leonardo Morjan Britto Peçanha, professor, escritor e ativista**

Vejo o preconceito como uma armadilha social muito bem planejada e estruturada para destruir sonhos e, como em muitos casos, vidas. Ele é reflexo de uma sociedade que não se interessa por novos conhecimentos, mas acumula intolerância em sua essência. O preconceito é um perigo. — **Luanda Vieira, jornalista**

Pré-conceito, o que vem antes do que é. Não entender que somos diversos e diferentes e que nessa realidade está o grande barato da vida. Que quando estamos abertos ao novo, ao diferente, compomos uma vida mais feliz, criativa e cheia de novidades, estamos abertos a mudar de opinião e "verdades" o tempo todo. Não perceber que o mundo é plural, próspero de ideias, concepções e saberes. Preconceito, portanto, é estar fechado às construções infinitas que a vida nos oferece. — **Malu Jimenez, filósofa**

O preconceito, para mim enquanto mulher preta, é uma coisa que faz parte do nosso cotidiano, porque vivemos em uma comunidade que se autodeclara preta, vivemos no Quilombo Urbano Liberdade em São Luís do Maranhão e, a partir desse título de quilombo, vivenciamos várias situações de preconceito e de racismo, mas também de combate a essas mazelas da sociedade. Recentemente eu estava visitando uma clínica estética e o porteiro me confundiu com uma pessoa que fosse trabalhar e mandou eu ir pelo elevador de serviço. Então, às vezes, não é o preconceito no extremo da palavra, mas é o desconhecimento da pessoa que está ali e, por ser uma forma de viver que já está introduzida na sociedade por longos e longos séculos, a gente absorve isso como se fosse uma coisa comum. Nesse exemplo, o porteiro talvez nem tivesse percebido que fez uma distinção da cor da pele, porque eu sou preta. As outras pessoas que entraram pelo elevador social entraram normalmente, não sabendo ele que eu também era uma cliente da clínica. Para mim, às vezes não é o preconceito no sentido da palavra, mas é o desconhecimento, a falta de instrução do ser humano. O indivíduo precisa estar conscientizado de que a cor da pele não determina a pessoa que se é, porque por baixo tem o sangue e são todos iguais, isso independe de cor de pele, altura ou peso. O importante é o ser humano, e temos que olhar para os outros de igual para igual, temos que conhecer as pessoas, entender e respeitar as diferenças. — **Nadir Olga Cruz, líder comunitária do Liberdade, maior quilombo urbano da América Latina**

Há, ao menos no Ocidente, uma longa tradição de estudos e pesquisas sobre as facetas tanto do preconceito quanto do estigma e das marcas perniciosas que estes deixam nos indivíduos que tocam. Acredito que a forma de compreensão mais abrangente do fenômeno que reconhecemos como "preconceito" começou a ser articulada a partir da psicologia social estadunidense, em 1933. No emblemático estudo *Racial Stereotypes of One Hundred College Students* [Estereótipos raciais de cem estudantes universitários], Katz e Braly argumentam que há uma conexão, mais ou menos indissociável entre os estereótipos, os preconceitos e a discriminação. Produzidos e circulados em uma cultura, os estereótipos correspondem ao fenômeno mais inconsciente e cognitivo do processo, dizem respeito à associação de signos a significados por um grupo que partilha daquela cultura. O que nomeamos como preconceito estaria atrelado ao componente afetivo que tais signos e significados são capazes de gerar em grupos e indivíduos. Por fim, a discriminação seria o componente consciente e trazido à instância performativa, seria o conjunto de práticas que impedem (sistemicamente, muitas vezes) que indivíduos de um grupo tenham acesso ou sucesso em determinadas esferas. Uma cultura reprodutora de estereótipos tende a ser um ambiente de proliferação de preconceitos e de seus desdobramentos em discriminações.

O preconceito é uma produção social capaz de organizar os sistemas de valores e significados de um povo em um tempo, mas também de manter no lugar hierarquias de valoração de grupos e indivíduos. O autor francês Marcel Jouhandeau escreveu, em 1939, um tratado curto sobre a abjeção e, com impressionante eloquência, ele equaciona a ofensa proveniente do preconceito com a tortura de marcar, em certos animais, a ferro e a fogo a ficção da relação de posse entre eles e certos seres humanos: "Não somos mais o que pensávamos ser. Não somos mais a pessoa que conhecíamos, mas aquela que os outros pensam conhecer, aquela que os outros consideram ser isto ou aquilo". Como uma estratégia sofisticada de subjetivação dos dominados, o preconceito serve à ideologia dominante ao produzir, propriamente, tanto a cognição sobre o corpo dos dominados quanto os seus próprios corpos. Passar à esfera de reconhecimento pela via do escrutínio público e do achincalhamento são traços comuns aos indivíduos que fazem parte de grupos minorizados. No entanto, tal processo guarda consigo as ferramentas para a contraofensiva, ao passo que abre aos subalternos um espaço de enunciação a partir do qual podem denunciar os mecanismos de desumanização que os transformaram em estranhos-abjetos, mas não apenas isso; é também pela via da ofensa do dominador que os dominados insurgem em jornadas de orgulho e de combate ao estigma. — **Rita von Hunty, artista e educadora**

O preconceito é uma leitura dada pela régua do julgamento que surge sem avisar. Às vezes por inércia, outras por conivência. Suas raízes, profundas e ramificadas, podem ser desenterradas mediante diálogos contínuos, que catalisem a recomposição de nossas lentes. — **Rodrigo Hübner Mendes, fundador do Instituto Rodrigo Mendes, que atua na área da educação inclusiva**

Preconceito pra mim é uma tecnologia ancestral de opressão. É um meio que a sociedade arrumou para tentar nos separar pelo medo que o outro tem do que é diferente. Preconceito é ação, é o que faz chorar, o que faz pessoas serem expulsas de ambientes, coloca outras em perigo e até mesmo mata. Preconceito também é moda, é lugar de privilégio, sempre arraigado em algum contexto que supostamente dá um ar de superioridade, mas que só mostra o pior daquele ser. Apesar de muitos dizerem que não aceitam pessoas preconceituosas perto de si, muitos preconceituosos conquistam a fama e são alçados ao estrelato. Preconceito é a fonte do sucesso nessa era. Preconceito é a metástase de um câncer que corrói toda a sociedade em todos os cantos da terra. Preconceito é natural? Acredito que não, mas foi tão bem empregado em nossas vidas, que é uma extensão de alguns quase como um celular. Não nascemos com ele, mas hoje em dia é difícil ver alguém sem. — **Samuel Gomes, escritor e consultor de diversidade**

O preconceito é uma das mais nefastas armas de perpetuação de injustiças e segregações. Ele é insidioso porque atravessa épocas, atinge indiscriminadamente praticantes de diferentes religiões e se volta, na maior parte das vezes, contra os indivíduos mais frágeis de qualquer grupamento ou sociedade. É uma maneira de privilegiados negarem àqueles que não são do mesmo grupo o direito a ser quem são, a ocupar alguns espaços e a almejar os direitos mais essenciais: amor, igualdade, respeito e liberdade. É algo estrutural, sub-reptício, e tem um outro componente terrível: assim como todos nós sofreremos alguma forma de preconceito ao longo da vida, também não estamos livres de cometê-los. Justamente porque é algo repassado de geração em geração em todas as estruturas a que pertencemos desde que nascemos: família, escola, igreja e ambiente de trabalho. Do ponto de vista político, a polarização reforça preconceitos como forma de gerar o pior tipo de identificação: aquele que só reconhece como digno aquele que pensa e age da mesma forma, que vem do mesmo grupo. — **Vera Magalhães, jornalista**

Agradecimentos

Escrever um livro a quatro mãos quebra a lógica quase eremítica de pesquisa e redação. Porém... engana-se quem acha que este volume é fruto apenas da vontade de dois autores.

No último quadriênio, em meio às leituras e à formulação dos primeiros rascunhos dos capítulos deste livro, contamos com a ajuda de muita gente. Marielen Gomes e Elton Genari foram fundamentais como pesquisadores, ajudando-nos a levantar estatísticas e material bruto. Felipe Vieira, Aline Carvalho, Lívia Mendes, Ricardo Krause e Nelson Garrone, em momentos e temas distintos, leram as primeiras versões e nos apontaram falhas argumentativas, novas leituras, melhorias de redação e críticas excelentes. Igor Gandra esteve presente em muitas decisões. Em todas as etapas, a paciência e a diligência de nosso editor Otavio Marques da Costa foram fundamentais. Ele foi um leitor e comentador essencial, além de nos animar nos momentos mais desafiadores. Muito obrigado!

Ainda no corpo editorial, recebemos mais sugestões e correções de uma equipe competente e generosa: Érico Melo, Lara Salgado, Lucila Lombardi, Márcia Copola, Marina Munhoz, Matinas Suzuki, Vitória Soares, Yasmin Santos.

Parte do material iconográfico foi sugerido pelos autores, mas tudo ganhou vulto com a intervenção de Erica Fujito, Gislene Barreto e Vladimir Sacchetta, que ampliaram nossa primeira versão para as imagens que compõem as histórias que o leitor e a leitora têm aqui em mãos.

Ainda na Companhia das Letras, agradecemos o trabalho incansável de Alceu Chiesorin Nunes, Ale Kalko, André Aguiar, Andrea Oliveira, Ariadne Martins, Bianca Arruda, Bruna Casaroti, Bruna Frasson, Cê Oliveira, Kyara Castro, Lilia Zambon, Luciana Borges, Mariana Figueiredo, Mariana Metidieri, Marina Saraiva, Mário Fernandes, Max Santos, Paulo Santana, Priscila Tioma e Tomoe Moroizumi.

A todos e todas que aceitaram oferecer os depoimentos aqui reunidos, nosso mais sincero agradecimento. Os relatos de vocês dão um significado muito mais profundo a tudo o que produzimos. Nosso muito obrigado a Djamila Ribeiro, que, além de contribuir com muitas ideias inspiradoras, aceitou prefaciar o texto.

Por fim, o livro não existiria se, durante um almoço no longínquo ano de 2019, a produtiva dupla composta de Luiz Schwarcz e Lilia M. Schwarcz não tivesse embarcado na ideia de publicar uma obra que naquele encontro ainda era pura representação mental. Como nós, eles viram que urgia escrever este texto. Lilia ainda foi uma das nossas leitoras e comentadoras mais argutas e que mais contribuiu para a forma final que o texto ganhou.

As famílias sofrem com horas de escrita e pesquisa subtraídas do convívio afetivo. Obrigado a Aline (também por isso), Maria Tereza e Manuela, e a Vitor Fadul pelo amor inesgotável.

A todos os citados, nossa imensa gratidão. A responsabilidade pelas ideias aqui contidas, no entanto, é inteira dos autores.

Notas

INTRODUÇÃO [pp. 15-24]

1. Enfatizamos, na obra, o preconceito nas sociedades ocidentais. Há preconceitos nas sociedades orientais e outras.
2. A frase atribuída a Angela Davis encontra seu desenvolvimento em toda a obra da autora. Sugerimos começar com seu clássico *Mulheres, raça e classe* (São Paulo: Boitempo, 2016), no qual ela desenvolve, entre outros argumentos, como a luta abolicionista andou de mãos dadas com a luta por direitos das mulheres; como mulheres brancas ora encamparam o abolicionismo (entendemos que a luta por direitos dos negros e das mulheres era a mesma), ora se distanciaram dele. A ideia da frase citada foi bem desenvolvida no livro de outra pesquisadora, Robin Diangelo, *Não basta não ser racista: Sejamos antirracistas* (São Paulo: Faro, 2020).
3. Contardo Calligaris, *O grupo e o mal: Estudo sobre a perversão social*, São Paulo: Fósforo, 2022.

1. O PRIMEIRO DOS PRECONCEITOS: A MISOGINIA [pp. 25-82]

1. Disponível em: <igrejacontemporanea.com.br>.
2. Sobre as descobertas de Lucy, de Mary Leakey, e sobre a exposição do museu, cf. Adovasio, Soffer e Page, *Sexo invisível*, Rio de Janeiro: Record, 2002, pp. 44-50. Os questionamentos foram inicialmente levantados por Adrienne Zihlman, em textos publicados entre 1981 e 1997.
3. V. Gordon Childe, *The Most Ancient East: The Oriental Prelude to European Prehistory*, Londres: Kegan Paul, 1928; Marsha Ogilvie, *Bioarchaeology of the Foraging to Farming Transition in the Southwestern United States*, Albuquerque: University of New Mexico, 2000.

4. James Mellaart, *Çatal Hüyük: A Neolithic Town in Anatolia*, Nova York: McGraw-Hill, 1967.

5. Cf. em especial seus três livros mais famosos: *As deusas e deuses da antiga Europa* (1974), *A linguagem da deusa* (1989) e *The Civilization of the Goddess* [A civilização da deusa] (1991).

6. Margaret Mead, *Sexo e temperamento em três sociedades primitivas*, 1935. Sobre os Mosuo: <https://www.bbc.com/portuguese/reporterbbc/story/2008/06/080611_videomasauebc.shtml>.

7. Bonnie L. Hewlett, *Listen, Here is a Story: Ethnographic Life Narratives from Aka and Ngandu Women of the Congo Basin*, Nova York: Oxford University Press, 2012; Peggy Reeves Sanday, *Women at the Center: Life in a Modern Matriarchy*, Ithaca: Cornell University Press, 2004.

8. Cynthia Eller, *The Myth of Matriarchal Prehistory: Why an Invented Past Won't Give Women a Future*, Boston: Beacon Press, 2000.

9. Xenofonte, *Econômico*, São Paulo: Martins Fontes; Martins, 1999, pp. 364-9.

10. Apud M. Aldhouse-Green, *Boudica Britannia*, Londres: Pearson Longman, 2006; e Tais P. Bélo, *Boudica e as facetas femininas ao longo do tempo: Nacionalismo, feminismo, memória e poder*, Campinas: Unicamp, 2014, tese (Doutorado em História Cultural).

11. Sharon L. James e Sheila Dillon (Orgs.), *A Companion to Women in the Ancient World*, Oxford: Blackwell, 2012.

12. O termo é complexo. As hetairas ou heteras não eram exatamente amantes ou prostitutas como pensaríamos hoje. Eram companheiras de status variados. Aspásia era grega, mas não de Atenas.

13. *"Agora volta para os teus aposentos e presta atenção*
aos teus lavores, ao tear e à roca; e ordena às tuas escravas
que façam os seus trabalhos. Pois a fala competirá aos homens
todos, a mim sobretudo: pois dele é o poder cá em casa."
Ela, por seu lado, regressou espantada para a sua sala.
E guardou no coração a fala prudente do filho.
Depois de subir até os seus aposentos com as escravas,
chorou Odisseu, o marido amado, até que um sono suave
lhe lançasse sobre as pálpebras Atena de olhos garços. (Homero, *Odisseia*, São Paulo: Companhia das Letras, 2023, pp. 63-4.)
Ver também "How Misogyny in Ancient Rome Shaped Modern Cyberstalking: Interview with Mary Beard", Nova York: Women in the World Summit, 2016, disponível em: <https://youtu.be/rcu0_7NiDl4>.

14. Temos indicações de que o cristianismo do século I convivia com funções de algum destaque para mulheres. Esse traço foi sendo suprimido ao longo da concentração de poder nas mãos dos bispos nos séculos seguintes e sobreviveu em algumas heresias, em particular.

15. Michelle Perrot, *Minha história das mulheres*, São Paulo: Contexto, 2008, p. 84.

16. Jacopo de Varazze, *Legenda áurea: Vidas de santos*, trad. do latim, apres., notas e sel. iconográfica de Hilário Franco Júnior, São Paulo: Companhia das Letras, 2003, p. 163.

17. *Summa Theologica*, I, quaestio 92, q. 93 e q. 99.

18. Alastair Sooke, "Where do Witches Come from?", BBC, 10 out. 2014. Disponível em: <https://www.bbc.com/culture/article/20140925-where-do-witches-come-from>.

19. A cifra mais baixa é de William Monter, *Witchcraze* (1994), e a maior é de Anne Llewellyn Barstow.

20. Richard Kieckhefer, *European Witch Trials: Their Foundations in Popular and Learned Culture, 1300-1500*, Berkeley; Los Angeles: University of California Press, 1976.

21. Charlotte-Rose Millar, *Witchcraft, the Devil and Emotions in Early Modern England*, Londres: Routledge, 2017; e também em Alastair Sooke, "Where do Witches Come from?", op. cit.

22. Simão de Vasconcelos, *Chronica da Companhia de Jesu do Estado do Brasil*, Rio de Janeiro: Typographia de João Ignacio da Silva, 1864. Lemos à p. 55 a descrição de um ritual envolvendo um prisioneiro que é recebido por "seis ou sete velhas mais feras que tigres, e mais imundas que Harpyas". Laura de Mello e Souza, em *Inferno atlântico: Demonologia e colonização — Séculos XVI-XVIII* (São Paulo: Companhia das Letras, 1993), destacou a circularidade das imagens europeias e da América que construíram o imaginário sobre a fúria das mulheres feiticeiras e canibais.

23. Silvia Federici, *Calibã e a bruxa: Mulheres, corpo e acumulação primitiva*, São Paulo: Elefante, 2017.

24. Sobre Maquiavel e o feminino nos baseamos na instigante leitura de Hanna Pitkin, *Fortune Is a Woman: Gender and Politics in the Thought of Niccolo Machiavelli*. Sobre Lucrécia, mais uma vez conferir o trabalho de Mary Ritter Beard, *SPQR: Uma história da Roma antiga* (São Paulo: Planeta, 2015), pp. 123-4.

25. "De forma geral, a noção se refere a concepções indígenas que estabelecem que os seres providos de alma reconhecem a si mesmos e àqueles a quem são aparentados como humanos, mas são percebidos por outros seres na forma de animais, espíritos ou modalidades de não humanos. A construção dessa humanidade compartilhada se efetiva pela construção dos corpos. Quer dizer: a humanidade só se torna visível para quem compartilha um mesmo tipo de corpo ou para os xamãs, que são capazes de assumir a perspectiva de outros e vê-los como humanos. [...] A humanidade à qual o perspectivismo ameríndio se refere não é a da noção de espécie humana [*humankind*], mas a da condição reflexiva de sujeito [*humanity*]. De fato, os termos ameríndios que costumam ser traduzidos como 'humanos' são formas de autodesignação que denotam o lugar da pessoa, colocando em cena o ponto de vista de quem se nomeia." Lucas da Costa Maciel, "Perspectivismo ameríndio", 2019, em *Enciclopédia de antropologia*, São Paulo: Universidade de São Paulo; Departamento de Antropologia, [s.d.]. Disponível em: <https://ea.fflch.usp.br/conceito/perspectivismo-amerindio>. A concepção que enunciamos nesta nota é mais radical do que a que propomos no livro. Ela advoga o que Eduardo Viveiros de Castro chamou de multinaturalismo (a coexistência de diversas naturezas, como no excerto acima). Nós estamos um passo atrás, ainda sugerindo perspectivas mais conservadoras de multiculturalismo, no convívio possível e desejável de múltiplos pontos de vista e lógicas culturais, mas sem que isso possa gerar práticas discriminatórias.

26. Temos sempre que nos lembrar de exemplos anteriores, como as reformadoras religiosas dos séculos XVI e XVII que se perguntavam sobre o sacerdócio feminino, ou a grande poeta mexicana Sor Juana Inés de la Cruz, para quem os homens eram tolos justamente porque davam às mulheres papéis ridículos baseados na chave fácil/difícil. Pior, criticavam a difícil e atacavam a fácil.

27. Michelle Perrot, *Minha história das mulheres*, op. cit.

28. Inciso VII do artigo 242 do Código Civil de 1916, segundo o qual "a mulher não pode, sem autorização do marido, exercer a profissão".

29. Boris Fausto, *O crime da Galeria de Cristal: E os dois crimes da mala, São Paulo 1908-1928*, São Paulo: Companhia das Letras, 2019.

30. Disponíveis em: <https://www.geledes.org.br/tag/trabalho-domestico/>.

31. O trecho de *O segundo sexo* que contém essa frase é o início do segundo volume: "Ninguém nasce mulher: torna-se mulher. Nenhum destino biológico, psíquico, econômico define a forma que a fêmea humana assume no seio da sociedade; é o conjunto da civilização que elabora esse produto intermediário entre o macho e o castrado, que qualificam de feminino". Simone de Beauvoir, *O segundo sexo*, São Paulo: Difel, 1970, p. 9.

Para refletirmos sobre o quanto rodamos sem sair do lugar desde então, vale lembrar que esse trecho apareceu numa das questões do Enem 2015, gerando muitos comentários nas redes sociais — positivos e negativos. Tanto um lado como o outro, ao repercutirem de maneira tão quente uma frase com setenta anos, mostram o quanto ainda precisamos discutir o preconceito contra as mulheres. No mesmo ano e prova, o tema da redação foi a violência contra a mulher.

32. Betty Friedan, *A mística feminina*, Petrópolis: Vozes, 1971, p. 27.

33. "O primeiro ato do novo movimento pela liberação da mulher a receber cobertura de primeira página na imprensa foi um protesto contra o concurso de Miss América. Várias passeatas por empregos, equiparação salarial e igualdade de condições na educação o precederam, mas não despertaram o mesmo interesse por parte da mídia. A razão pela qual este acontecimento mereceu tamanha divulgação foi que algumas mulheres jogaram os seus sutiãs na lata do lixo. Ninguém queimou sutiãs, naquele dia — como foi erroneamente relatado por um repórter. De fato, não há evidência alguma de qualquer tipo de roupa de baixo ter sido danificada nas demonstrações feministas da década." Susan Faludi, *Backlash: O contra-ataque na guerra não declarada contra as mulheres*, Rio de Janeiro: Rocco, 2001, p. 93. A argumentação deste trecho é devedora do mesmo livro.

34. Sobre isso, ver Naomi Wolf, *O mito da beleza: Como as imagens de beleza são usadas contra as mulheres* (Rio de Janeiro: Rocco, 1992); Lílian Henrique de Azevedo, "Para ser mulher: Feminismo, revolução sexual e a construção de uma nova mulher em revistas no Brasil (1960--1975) (ANPUH — XXIII Simpósio Nacional de História, Londrina, 2005); Tânia Maria Dias, Claudia Bonan, Andreza Rodrigues Nakano, Ivia Maksud e Luiz Antônio Teixeira, 'Estará nas pílulas anticoncepcionais a solução?' Debate na mídia entre 1960 e 1970 (*Estudos Feministas*, Florianópolis, v. 26, n. 3, pp. 1-12, 2018); Anderson Luís de Sant Ana, *As consequências da revolução sexual: Uma reflexão sobre as transformações da vida íntima em tempos de modernidade líquida* (Juiz de Fora: Universidade Estadual de Juiz de Fora, 2016).

35. O filme *365 dias*, que estreou na plataforma de streaming Netflix em 7 de junho de 2020 (Brasil), chegou ao primeiro lugar do TOP 10 da mesma devido ao grande sucesso entre espectadores. Contudo, petição online foi feita para retirá-lo da plataforma, pois o filme romantiza e erotiza a síndrome de Estocolmo e situações de abuso sexual. Link da petição com mais de 96 mil assinaturas hoje, 25 maio 2023: <https://bit.ly/2OnDUHe>. Após análises sobre representação e erotização feminina em video games, nas quais 120 homens e 61 mulheres foram expostos a imagens de PPT de alguns jogos como GTA IV e outros, Dill, Brown e Collins chegaram a resultados que demonstram que homens apresentam maior tolerância ao assédio sexual de jovens por um homem mais velho, seu professor. Em contrapartida, mulheres expostas às mesmas imagens de objetificação feminina mostraram diminuição na tolerância ao assédio. "Quando reunidas, as imagens midiáticas de mulheres sendo humilhadas fazem os homens defenderem a manutenção das mulheres 'no lugar delas', enquanto as mulheres passam a defender a justiça social." Karen E. Dill, Brian P. Brown e Michael A. Collins, "Effects of Exposure to Sex-Stereotyped Video Game

Characters on Tolerance of Sexual Harassment", *Journal of Experimental Social Psychology*, Amsterdam, v. 44, n. 5, pp. 1402-8, 2008.

36. Naomi Wolf, *O mito da beleza*, op. cit., p. 198.

37. "Oral Contraceptive Use Worldwide", em *Oral Contraceptives, Population Reports*, Baltimore: Johns Hopkins, v. 28, n. 4, 2000, disponível em: <http://www.infoforhealth.org/pr/a9/a9chap2.shtml>; e matéria de Eva Armas, "Por que as 'millennials' estão deixando de tomar a pílula anticoncepcional?", *El País*, 26 fev. 2019, disponível em: <https://brasil.elpais.com/brasil/2019/02/26/ciencia/1551209357_760518.html>.

38. De acordo com o Grant Thornton, International Business Report (IBR) — Women in Business.

39. Dados do World Economic Forum Annual Meeting, 2018 — Report.

40. Dados retirados do documentário *Precisamos falar com os homens*, de pesquisas feitas pela Kering Foundation e pela ONU, apenas levando em consideração os anos de 2016 e 2017.

41. Fundadora do Geledés, filósofa e doutora em educação, Carneiro é autora de diversos textos fundamentais, alguns dos quais alicerçam raciocínios sobre feminismo negro, interseccionalidade e as ligações entre desigualdade, gênero e raça. *Racismo, sexismo e desigualdade no Brasil* (São Paulo: Selo Negro, 2015) e *Escritos de uma vida* (São Paulo: Jandaíra, 2019) são duas de suas coletâneas.

42. É uma das cinquenta pessoas mais influentes do mundo no tema da desigualdade, segundo ranking da *The Economist*. Bento é psicóloga, direto do centro que ajudou a fundar (Centro de Estudos das Relações de Trabalho e Desigualdades, o Ceert) e doutora pela USP. Seu livro *O pacto da branquitude* (São Paulo: Companhia das Letras, 2022) é uma análise que parte de um relato pessoal: como um "pacto narcísico da branquitude" (que nomeia sua tese) alicerça o mundo corporativo e o poder público, a partir do medo da perda de privilégios.

43. Foi uma professora universitária, doutora em antropologia política, que escreveu muito sobre o que hoje chamamos de racismo estrutural e fez uma crítica ao mito da democracia racial brasileira, advogando por um feminismo negro. Em coautoria com Carlos Hasenbalg, escreveu *Lugar de negro* (Rio de Janeiro: Zahar, 2022), com artigos que analisam as relações entre desigualdade e racialidade e mapeiam o surgimento do Movimento Negro Unificado (do qual Lélia foi uma das fundadoras). A coletânea *Por um feminismo afro-latino-americano* (Rio de Janeiro: Zahar, 2020) traz textos nos quais seus conceitos de pretuguês e amefricanidade (que ajuda a entender a diáspora negra) são descritos.

44. Sobre esses aspectos, de uma imensa bibliografia possível, comece lendo bell hooks, *Teoria feminista: Da margem ao centro* (São Paulo: Perspectiva, 2019); e Djamila Ribeiro, *Quem tem medo do feminismo negro?* (São Paulo: Companhia das Letras, 2018).

45. Cida Bento, *Pacto da branquitude*, op. cit., p. 17.

46. Id., "*O pacto da branquitude*: Uma hierarquia da cor", *Nexo Jornal*, 18 mar. 2022. Disponível em: <https://www.nexojornal.com.br/estante/trechos/2022/03/18/%E2%80%98O-pacto-da-branquitude%E2%80%99-uma-hierarquia-da-cor>.

47. "No Brasil, mulheres vivem 7 anos a mais do que os homens", *O Tempo*, 25 nov. 2022. Disponível em: <https://www.otempo.com.br/brasil/no-brasil-mulheres-vivem-7-anos-a-mais-do-que-os-homens-1.2772142>.

48. Marcia Regina Cominetti, do Laboratório de Biologia do Envelhecimento da Universidade Federal de São Carlos (UFSCar), e ONU Mulheres em parceria com o site Papo de Homem e o Grupo Boticário, feita em 2016.

49. *Mapa da violência*, Flacso Brasil.

50. *Atlas da violência*, publicado pelo Instituto de Pesquisa Econômica Aplicada (Ipea) e pelo Fórum Brasileiro de Segurança Pública.

51. Ludmila Mendonça Lopes Ribeiro e Vinícius Assis Couto (Coords.), *Mensurando o tempo do processo de homicídio doloso em cinco capitais*, Brasília: Ministério da Justiça, Secretaria de Reforma do Judiciário, 2014.

2. CORPO, DESEJO E IDENTIDADE DE GÊNERO: "BORBOLETAS VÃO QUEIMAR" [pp. 83-150]

1. Moacyr Scliar, "O nascimento de um cidadão", em Jaime Pinsky e Carla Bassanezi Pinsky (Orgs.), *História da cidadania*, São Paulo: Contexto, 2003, p. 588.

2. Judith Butler, *Excitable Speech: A Politics of the Performative*, Nova York: Routledge, 1997, p. 5.

3. Daniel Borrilo, *Homofobia: História e crítica de um preconceito*, Belo Horizonte: Autêntica, 2010, p. 16.

4. Luiz Mott, "Anti-homossexualidade: A gênese da homofobia", *Revista de Estudos de Cultura*, Aracaju, n. 2, p. 20, maio-ago. 2015.

5. Gabriela Coelho, "STF define tese autorizando pessoa trans a mudar nome sem cirurgia". Consultor Jurídico, 15 ago. 2018, disponível em: <https://www.conjur.com.br/2018-ago-15/stf-define-tese-autorizando-pessoa-trans-mudar-nome-cirurgia>.

6. Devemos lembrar que este é um traço específico do conservadorismo nas Américas. Na Europa, há políticos de extrema direita com outro perfil. Geert Wilders, na Holanda, é xenófobo e insiste que o Islã é um risco para gays. Há conservadores europeus que consideram que o Estado não deve impedir o casamento de pessoas do mesmo gênero porque isso é liberdade individual.

7. Bruce Bagemihl, *Biological Exuberance: Animal Homosexuality and Natural Diversity*, Nova York: St. Martin's, 1999.

8. Alan F. Dixson, "Homosexual Behaviour in Primates", em Aldo Poiani (Org.), *Animal Homosexuality: A Biosocial Perspective*, Cambridge: Cambridge University Press, 2010, pp. 381-400.

9. "Large-Scale GWAS Reveals Insights into the Genetic Architecture of Same-Sex Sexual Behavior", *Science*, Washington, v. 365, ago. 2019, disponível em: <https://science.sciencemag.org/content/365/6456/eaat7693>.

10. Eugene Rice, "Greece: Ancient", *Encyclopedia GLBTQ*, 2015, p. 1, disponível em: <http://www.glbtqarchive.com/ssh/greece_ancient_S.pdf>.

11. Geraldino Alves Ferreira Netto, "Perversões ou perversão", *Estilos da Clínica*, São Paulo, v. 4, n. 6, pp. 156-64, jul. 1999, disponível em: <http://pepsic.bvsalud.org/scielo.php?script=sci_arttext&pid=S1415-71281999000100016&lng=pt&nrm=iso>.

12. Breiller Pires, "Por que não tentamos tratar pedófilos em vez de homossexuais?", *El País Brasil*, 19 set. 2017, disponível em: <https://brasil.elpais.com/brasil/2017/09/19/deportes/1505778433_705974.html>.

13. Entre católicos, por exemplo: "Cardeal é intimado a provar declarações" (*O Estado de S. Paulo*, 14 abr. 2010, disponível em: <https://www2.senado.leg.br/bdsf/bitstream/handle/id/349446/noticia.htm?sequence=1&isAllowed=y>). No caso de evangélicos, sugerimos o artigo de

Marcelo Natividade e Leandro de Oliveira "Sexualidades ameaçadoras: Religião e homofobia(s) em discursos evangélicos conservadores" (*Sexualidad, Salud y Sociedad*, Rio de Janeiro, n. 2, pp. 121-61, 2009, disponível em: <https://www.e-publicacoes.uerj.br/index.php/SexualidadSaludy Sociedad/article/view/32/447>).

14. "'É errado dizer que os abusos de menores são causados pela homossexualidade', afirma sociólogo italiano", Instituto Humanitas Unisinos, 9 nov. 2018, disponível em: <https://www.ihu.unisinos.br/categorias/188-noticias-2018/584522-e-errado-dizer-que-os-abusos-em-menores-sao-causados-pela-homossexualidade-afirma-sociologo-italiano>.

15. Ricardo Westin, "Igreja divulga as normas sobre gays", *O Estado de S. Paulo*, 30 nov. 2005, disponível em: <https://www2.senado.leg.br/bdsf/bitstream/handle/id/313697/noticia.htm?sequence=1>.

16. Alice Portes, "Pastor é preso em flagrante por abusar de parente menor de idade; ele disse que 'precisava ser curado através do sexo'", G1, 11 abr. 2023, disponível em: <https://g1.globo.com/rj/rio-de-janeiro/noticia/2023/04/11/pastor-e-preso-na-zona-oeste-do-rio.ghtml>; José Maria Tomazela, "Padre e bispado são condenados a indenizar vítima de abuso sexual durante confissão em SP", *O Estado de S. Paulo*, 28 fev. 2023, disponível em: <https://www.estadao.com.br/sao-paulo/padre-e-bispado-sao-condenados-a-indenizar-vitima-de-abuso-sexual-durante-confissao-em-sp-nprm/>.

17. Maria Eugênia Gonçalves, "Hungria aprova lei que equipara pedofilia à 'promoção da homossexualidade'", *Revista Híbrida*, 2021, disponível em: <https://revistahibrida.com.br/mundo/hungria-aprova-lei-que-equipara-pedofilia-a-promocao-da-homossexualidade/>.

18. Daniel Borrillo, *Homofobia: História e crítica de um preconceito*, Belo Horizonte: Autêntica, 2010, p. 48.

19. Luiz Mott, "Filhos de Abraão e de Sodoma: Cristãos-novos homossexuais nos tempos da Inquisição", em Maria Luiza Tucci Carneiro e Lina Gorenstein Ferreira da Silva (Orgs.), *Ensaios sobre a intolerância: Inquisição, marranismo e antissemitismo*… São Paulo: Humanitas, 2005, p. 21.

20. John Boswell publicou nos anos 1980 a obra *Christianity, Social Tolerance and Homosexuality: Gay People in Western Europe from the Beginning of the Christian Era to the 14th Century* (Chicago: Chicago University Press, 1980). Os exemplos a seguir encontram-se nesse livro, em especial entre as páginas 195 e 261.

21. Íntegra do poema em: <https://www.greek-love.com/europe-5th-17th-centuries/ganymede-and-hebe-13th-century>.

22. Este caso e os dados mencionados no parágrafo anterior saíram de Catherine Tideswell, "How Far Did Medieval Society Recognise Lesbianism in This Period?", disponível em: <https://www.medievalists.net/2014/02/gender-sexuality-europe-1200-1500-far-medieval-society-recognise-lesbianism-period/>.

23. Roland Betancourt, "Transgender Lives in the Middle Ages through Art, Literature, and Medicine", The Getty Museum, disponível em: <https://www.getty.edu/art/exhibitions/outcasts/downloads/betancourt_transgender_lives.pdf>.

24. Essa história é contada tanto por Gabrielle Bychowski ("Were there Transgender People in the Middle Ages?", The Public Medievalist, 1 nov. 2018, disponível em: <https://publicmedievalist.com/transgender-middle-ages/>) quanto por Tideswell, "How Far Did Medieval Society Recognise Lesbianism in This Period?", op. cit.

25. Gabrielle Bychowski, "Were There Transgender People in the Middle Ages?", nov. 2018, disponível em: <https://publicmedievalist.com/transgender-middle-ages/>.

26. Serge Gruzinski, "Las cenizas del deseo: Homosexuales novohispanos a mediados del siglo XVII, em Sergio Ortega (Org.), *De la santidad a la perversión, o de porqué no se cumplía la ley de Dios en la sociedad novohispana*, México: Grijalbo, 1986, pp. 255-83.

27. Úrsula Camba Ludlow, "Mulatos, morenos y pardos marineros: La sodomía en los barcos de la Carrera de Indias, 1562-1603", *Ulúa: Revista de Historia, Sociedad y Cultura*, Veracruz, n. 19, 2014.

28. Federico Garza Carvajal, *Butterflies Will Burn: Prosecuting Sodomites in Early Modern Spain and Mexico*, Austin: University of Texas Press, 2003.

29. Geoffrey Spurling, "Honor, Sexuality, and the Colonial Church: The Sins of Dr. González, Cathedral Canon", em Lyman L. Johnson e Sonya Lipsett-Rivera (Orgs.), *The Faces of Honor: Sex, Shame, and Violence in Colonial Latin America*, Albuquerque: University of New Mexico Press, 1998, pp. 45-67.

30. Federico Garza Carvajal, *Butterflies Will Burn*, op. cit. Toda a história que se segue foi tirada do capítulo 2 desse livro.

31. O provérbio está em Mary Elizabeth Perry, *Gender and Disorder in Early Modern Seville*, Princeton: Princeton University Press, 1990.

32. Graham Robb, *Strangers: Homosexual Love in the Nineteenth Century*, Londres: Pan Macmillan, 2017.

33. Neil Miller, *Out of the Past: Gay and Lesbian History from 1869 to the Present*, Nova York: Vintage, 1995, p. 222.

34. Heródoto, *Histórias* — Livro 1º, intr. geral de M. H. Rocha Pereira; intr. ao livro 1º, versão do grego e notas de José Ribeiro Ferreira e Maria de Fátima Silva, Lisboa: Edições 70, 1994.

35. Evandro Charles Piza Duarte e Vitor Nunes Lages, "Epistemologias dos armários: Novas performances públicas e táticas evasivas na sociedade da informação", *Revista Culturas Jurídicas*, Niterói, v. 8, n. 20, p. 428, maio-ago. 2021.

36. "Proibido na Grã-Bretanha o uso oficial do termo 'homossexual'", *O Estado de S. Paulo*, 27 nov. 2002.

37. João Silvério Trevisan, "Oscar Wilde e os direitos homossexuais", *Cult*, n. 114, Dossiê digital Oscar Wilde, jun. 2007.

38. Ari Adut, "A Theory of Scandal: Victorians, Homosexuality, and the Fall of Oscar Wilde", *American Journal of Sociology*, Chicago, v. 111, n. 1, pp. 213-48, jul. 2005, disponível em: <https://www.jstor.org/stable/pdf/10.1086/428816.pdf>.

39. Os dois exemplos acima e os demais relativos à Austrália, logo abaixo no texto, vieram de Robin Eames, "Trans People Aren't New, and Neither is Their Oppression: A History of Gender Crossing in 19th-Century Australia", *The Conversation*, 21 mar. 2023.

40. Se essa era a regra, havia, claro, exceções. O livro *Before Trans*, de Rachel Mesch, analisa casos na França do começo do século XX. Jane Dieulafoy (1850-1916), Rachilde (1860-1953) e Marc de Montifaud (1845-1912) foram três escritores franceses cuja expressão de gênero não estava de acordo com as noções de feminilidade do século XIX. Malgrado o fato de que alguns deles foram acusados de grave "ofensa à decência pública", Mesch mostra-nos como, no mundo literário da Paris *fin-de-siècle*, o escândalo e a perseguição andavam de mãos dadas com escritores, e cien-

tistas e médicos franceses ficavam cada vez mais fascinados com a sexualidade e a diferença sexual, criando um ambiente (violento, sem dúvida) de existência possível para aquelas pessoas.

41. Essa história foi retirada de "Twentieth-Century Trans Histories", Historic England, disponível em: <https://historicengland.org.uk/research/inclusive-heritage/lgbtq-heritage-project/trans-and-gender-nonconforming-histories/20th-century-trans-histories/>.

42. Se compararmos com outras experiências europeias nas primeiras décadas do século XX, a Inglaterra parecia seguir um vitorianismo que cheirava a bolor. Na Alemanha da virada do século até a ascensão dos nazistas, Magnus Hirschfeld foi um ativista e estudioso das relações humanas que preconizou a existência do que chamava de "intermediários" entre as pontas cisgênero de homens e mulheres heterossexuais. Ele era gay e conseguiu arregimentar assinaturas que mudaram a legislação alemã, a qual criminalizava relacionamentos entre pessoas do mesmo sexo e, pioneiramente, reconheceu a existência de transgêneros e intergêneros. Com a ascensão do nazismo ao poder, as leis foram revertidas e ser LGBTQIA+ continuou crime na Alemanha até os anos 1960.

43. Rose Collis, *Colonel Barker's Monstrous Regiment: A Tale of Female Husbandry*, Londres: Virago, 2001, p. 78.

44. Palavras proferidas na sentença pelo juiz do caso, em Martin Pugh, *Hurrah for the Blackshirts!: Fascists and Fascism in Britain Between the Wars* (Nova York: Pimlico, 2006), p. 55.

45. A história de Barker, salvo quando indicado em notas, foi retirada de "Twentieth-Century Trans Histories", op. cit.

46. Thomas Piontek, "Forget Stonewall: Making Gay History Perfectly Queer", em *Queering Gay and Lesbian Studies*. Urbana: University of Illinois Press, 2010, pp. 7-29.

47. Eve Kosofsky Sedgwick, "A epistemologia do armário", *Cadernos Pagu*, Campinas, n. 28, pp. 19-54, jan.-jun. 2007. O exemplo de Ester e suas derivações também são dela. Os exemplos citados são nossos.

48. O exemplo foi retirado do texto de Eve Sedgwick, "A epistemologia do armário", op. cit.

49. Estamos datando como antissemitismo o período posterior às perseguições institucionais medievais. Por óbvio, houve inúmeros casos de perseguições a judeus anteriores à Idade Média, com registros ainda entre os gregos e romanos. A sistemática estigmatização, criação de guetos etc., contudo, data do século XI em diante.

50. Patrick Awondo, Peter Geschiere e Graeme Reid, "Homophobic Africa?: Toward a More Nuanced View", *African Studies Review*, Cambridge, v. 55, n. 3, pp. 145-68, 2012.

51. Cf. o episódio "Refúgio LGBTQIA+ no Brasil", do podcast Café da Manhã, disponível em: <https://open.spotify.com/episode/5YO3c4PIuNxhBV4eTP3hlR>.

52. "Museu de Arte do Rio cancela negociações para realizar exposição 'Queermuseu'", G1, 3 out. 2017, disponível em: <https://g1.globo.com/rio-de-janeiro/noticia/museu-do-rio-cancela-negociacoes-para-realizar-exposicao-queermuseu.ghtml>.

53. Nelson Gobbi, "Abertura do 'Queermuseu', no Parque Lage, é marcada por protestos", *O Globo*, 18 ago. 2018, disponível em: <https://oglobo.globo.com/cultura/abertura-do-queermuseu-no-parque-lage-marcada-por-protestos-22991149>; e "Exposição *Queermuseu*, que provocou polêmica em 2017, é aberta no Rio", *Jornal Nacional*, 18 ago. 2013, disponível em: <https://g1.globo.com/jornal-nacional/noticia/2018/08/18/exposicao-queermuseu-que-provocou-polemica-em-2017-e-aberta-no-rio.ghtml>.

3. "VOCÊS, ESTRANGEIROS, NÃO ENTENDEM NADA": A XENOFOBIA [pp. 151-205]

1. Apud Kathryn Woodward, em Tomas Tadeu da Silva (Org.), *Identidade e diferença: A perspectiva dos estudos culturais*, Petrópolis: Vozes, 2014, pp. 1-3.

2. Experimento de Libet: David Lewis, "Free Will Is a Grand Illusion", em *Impulse: Why We Do What We Do without Knowing Why We Do It*, Nova York: Random House, 2013, pp. 198-204; Kathleen D. Vohs e Jonathan W. Schooler, "The Value of Believing in Free Will: Encouraging the Belief in Determinism Increases Cheating", *Psychological Science*, Washington, v. 19, n. 1, pp. 49-54, 2008; Yuval Noah Harari, *Homo deus*, São Paulo: Companhia das Letras, 2016; Michael S. Gazzaniga, *Who's in Charge: Free Will and the Science of the Brain*, Nova York: Ecco, 2012.

3. N. Mahajan, M. A. Martinez, N. L. Gutierrez, G. Diesendruck, M. R. Banaji e L. R. Santos, "The Evolution of Intergroup Bias: Perceptions and Attitudes in Rhesus Macaques", *Journal of Personality and Social Psychology*, Washington, v. 100, n. 3, pp. 387-405, mar. 2011. Houve uma retratação metodológica desse estudo, a qual, no entanto, não parece ter influenciado em suas conclusões.

4. Brian Handwerk, "An Ancient, Brutal Massacre May Be the Earliest Evidence of War", *Smithsonian Magazine*, 20 jan. 2016, disponível em: <https://www.smithsonianmag.com/science-nature/ancient-brutal-massacre-may-be-earliest-evidence-war-180957884/#cYgkB8tEUQQo6HAj.99>.

5. Andrea Lessa, "Arqueologia da agressividade humana: A violência sob uma perspectiva paleoepidemiológica", *História, Ciência, Saúde: Manguinhos*, Rio de Janeiro, v. 11, n. 2, pp. 279-96, ago. 2004, disponível em: <http://www.scielo.br/scielo.php?script=sci_arttext&pid=S0104-59702004000200004&lng=en&nrm=iso>.

6. Mark Allen, Robert Lawrence Bettinger e Brian F. Codding, "Resource Scarcity Drives Lethal Aggression among Prehistoric Hunter-Gatherers in Central California", *Proceedings of the National Academy of Sciences*, Washington, v. 113, n. 43, pp. 12 120-5, 2016. Sobre os dados de violência e agressão ao longo da história, existem muitas metodologias de contagem. Sugerimos três leituras para começarmos a compreender o fenômeno: Will Koehrsen, "Has Global Violence Declined?: A Look at the Data", Towards Data Science, 6 jan. 2019, disponível em: <https://towardsdatascience.com/has-global-violence-declined-a-look-at-the-data-5af708f47fba>; "Assessing the Qualities of Systemic Peace", Center for Systemic Peace, disponível em: <https://www.systemicpeace.org/conflicttrends.html>; "From World Wars to Internal Conflict: 100 Year Trends", Vision of Humanity, disponível em: <https://www.visionofhumanity.org/world-become-peaceful-since-wwi/>.

7. Agressão é violência física realizada por um indivíduo ou grupo contra outro indivíduo ou grupo. Pode ocorrer entre humanos e entre outros animais. Já a guerra é um típico fenômeno humano, pois é uma maneira específica de agressão, seguindo a definição de Brian Ferguson ("Introduction: Studying War", em *Warfare, Culture, and Enviroment*, Berkeley: Academic Press, 1984, pp. 1-80.): "A guerra é um fenômeno organizado, uma ação grupal determinada diretamente contra outro grupo, o qual pode ou não estar organizado para uma ação similar, envolvendo a aplicação real ou potencial de força letal".

8. Brian Ferguson, "Pinker's List: Exaggerating Prehistoric War Mortality", em Douglas P. Fry (Org.), *War, Peace, and Human Nature: The Convergence of Evolutionary and Cultural Views*, Nova York: Oxford University Press, 2013, pp. 112-31.

9. Hisashi Nakao et al., "Violence in the Prehistoric Period of Japan: The Spatio-Temporal Pattern of Skeletal Evidence for Violence in the Jomon Period", *Biology Letters*, Londres, v. 12, n. 3, 20160028, mar. 2016, disponível em: <https://doi.org/10.1098/rsbl.2016.0028>.

10. "With Highest Number of Violent Conflicts Since Second World War, United Nations Must Rethink Efforts to Achieve, Sustain Peace, Speakers Tell Security Council", Organização das Nações Unidas, 26 jan. 2023, disponível em: <https://press.un.org/en/2023/sc15184.doc.htm>.

11. Jean Guilaine e Jean Zammit, *The Origins of War: Violence in Prehistory*, Malden: Blackwell, 2005.

12. Konrad Lorenz, *On Aggression*, Nova York: Harcourt Brace, 1966; Edward O. Wilson, *On Human Nature*, Cambridge: Harvard University Press, 1979; Keith F. Otterbein, "The Origins of War", *Critical Review*, Londres, v. 11, n. 2, pp. 251-77, 1997; Id., *How War Began*, College Station: Texas A&M University Press, 2004.

13. Jonathan Haas e Matthew Piscitelli, "The Prehistory of Warfare: Misled by Ethnography", em Douglas P. Fry (Org.), *War, Peace, and Human Nature*, op. cit., pp. 168-90.

14. Jarryd Bartle, "The Scientific Reasons Why Men Are More Violent than Women", *New York Post*, 16 jan. 2019, disponível em: <https://nypost.com/2019/01/16/the-scientific-reasons-why-men-are-more-violent-than-women/>.

15. Cf. Felipe Fernandez-Armesto, *Então você pensa que é humano?: Uma breve história da humanidade*, São Paulo: Companhia das Letras, 2007; e Durval Muniz de Albuquerque Júnior, *Xenofobia: Medo e rejeição ao estrangeiro*, São Paulo: Cortez, 2016.

16. Ana Gabriela Morim de Lima, *Hoxwa: imagens do corpo, do riso e do outro: Uma abordagem etnográfica dos palhaços cerimoniais Krahô*, Rio de Janeiro: UFRJ, 2010, p. 16, dissertação (Mestrado em Sociologia), disponível em: <http://www.uft.edu.br/neai//file/diss_ana_gabriela.pdf>.

17. No clássico de Jean Delumeau, *História do medo no Ocidente*, o historiador nos fala de como, na Primeira Modernidade, o imaginário religioso criara grupos que eram vistos como verdadeiros "agentes de satã": os judeus, os muçulmanos, os indígenas e as mulheres. As informações sobre a perseguição aos judeus foram tiradas também de dois livros de Jeremy Cohen, *The Friars and the Jews: The Evolution of Medieval Anti-Judaism* (Ithaca: Cornell University Press, 1985) e *Christ Killers: The Jews and the Passion from the Bible to the Big Screen* (Oxford: Oxford University Press, 2007). Por outro lado, Stuart Schwartz, em *Cada um na sua lei* (São Paulo: Companhia das Letras, 2009), lança a tese de que, embora a sociedade ibérica da Primeira Modernidade fosse intolerante do ponto de vista de suas instituições, do Estado, havia, sim, *tolerância*, significando um conjunto de atitudes ou sentimentos de indivíduos para com os outros: "Minha pesquisa revelou centenas de casos de pessoas com algum tipo de atitude tolerante, relativista, universalista ou cética em relação à religião. Claro que não eram a maioria da sociedade, e não havia nenhum movimento clandestino de céticos de aldeia à espera de uma oportunidade para anunciar suas convicções. Mas ao mesmo tempo, em vista do perigo de expor tais opiniões e da intolerância da Coroa e da Igreja, julgo bastante razoável supor que existiam muitas outras pessoas nessas sociedades com ideias parecidas mas que tinham também o bom senso ou a discrição de não as alardear" (p. 23).

18. Maria Filomena Lopes de Barros e José Alberto Rodrigues da Silva Tavim, "Cristãos(ãs)-novos(as), mouriscos(as), judeus e mouros: Diálogos em trânsito no Portugal moderno (séculos XVI-XVII)", *Journal of Sefardic Studies*, Tel Aviv, n. 1, pp. 1-45, 2013.

19. Abby Budiman, "Key Findings about U.S. Immigrants", Pew Research Center, 20 ago. 2020, disponível em: <https://www.pewresearch.org/short-reads/2020/08/20/key-findings-about-u-s-immigrants/>.

20. Outros países da Ásia, também por conta de efeitos ligados ao imperialismo, sofrem emigrações massivas. Inúmeros indianos, por exemplo, foram para a África do Sul. A migração chinesa foi igualmente expressiva para o Chile e o Caribe.

21. "Cuba foi o país latino-americano que mais recebeu trabalhadores chineses entre 1847 e 1874. O Peru surge como o segundo da lista, tendo registro da entrada de cerca de 100 mil chineses. Os bairros chineses de Havana e de Lima são heranças da imigração asiática. Também o Chile e o Equador receberam chineses." Joelza Ester Domingues, "Quando o Brasil pensou em substituir o negro por 'semiescravo' chinês", Blog Ensinar História, 4 maio 2022, disponível em: <https://ensinarhistoria.com.br/quando-o-brasil-pensou-em-substituir-o-negro-por-semiescravo-chines/>.

22. O termo *brown* é uma categorização racial usada nos Estados Unidos para qualificar, de forma pejorativa, pessoas que são vistas como tendo a pele não branca, mas que também não são negras. Historicamente, foi usada para designar indígenas, imigrantes e descentendes de latinos, mas também para pessoas oriundas ou descendentes do Oriente Médio e sul da Ásia. Em décadas recentes, *brown* tem sido usado de forma empoderadora por parte desses grupos.

23. Shirley Sui Ling Tam, "The Image of Chinatown in American Periodicals, 1900-1924: An Oriental Ghetto, not a Chinese Settlement", *Selected Papers in Asian Studies: Western Conference of the Association for Asian Studies*, Provo, n. 65, 2001, p. 10.

24. Ricardo Westin, "No fim do Império, Brasil tentou substituir escravo negro por 'semiescravo' chinês", Agência Senado, 2 set. 2019, disponível em: <https://www12.senado.leg.br/noticias/especiais/arquivo-s/no-fim-do-imperio-brasil-tentou-substituir-escravo-negro-por-201csemiescravo 201d-chines>.

25. Apud Lars Schoultz, *Estados Unidos: poder e submissão: Uma história da política norte-americana em relação à América Latina*, Bauru: Edusc, 2000, pp. 17 e 21.

26. *Ringside Seat to a Revolution: An Underground Cultural History of El Paso and Juárez, 1893-1923*, El Paso: Cinco Puntos, 2005.

27. Yolanda Chávez Leyva, "There Is a Great Good in Returning: A Testimonio from the Borderlands", em Antonia Castañeda et al. (Orgs.), *Gender on the Borderlands: The Frontiers Reader*, Lincoln: University of Nebraska Press, 2007, pp. 1-9.

28. Cf. a primeira parte do livro de Italo A. Tronca, *Lepraids: As máscaras do medo* (Campinas: Editora da Unicamp, 2000).

29. Durval Muniz de Albuquerque Jr., *A invenção do Nordeste e outras artes*, São Paulo: Cortez, 1999.

30. "Uso do termo paraíba quase rendeu processo contra jogador Edmundo, em 1997", *Correio Braziliense*, 20 jul. 2019, disponível em: <https://www.correiobraziliense.com.br/app/noticia/brasil/2019/07/20/interna-brasil,772457/uso-do-termo-paraiba-quase-rendeu-processo-contra-jogador-edmundo.shtml>.

31. Há textos que atribuem o fenômeno a um processo de racialização que essas regiões — majoritariamente negras e indígenas — sofreram. Cf. Fabiana Moraes, "Rejeição da elite a Lula tem origem na racialização do Nordeste", The Intercept Brasil, 9 ago. 2022, disponível em: <https://www.intercept.com.br/2022/08/09/lula-nordeste-racializacao-elite-preconceito/>.

32. A expressão é de Francis Jennings, *The Invasion of America: Indians, Colonialism, and the Cant of Conquest* (Williamsburg: Institute of Early American History and Culture, 1975).

33. Robert DeKelaita, "The Origins and Developments of Assyrian Nationalism", Chicago: Universidade de Chicago; Committee on International Relations of the University of Chicago; Assyrian International News Agency, 2009, disponível em: <http://www.aina.org/books/oadoan.pdf>.

34. A porta aberta a partir de então nos tornou capazes de estudar genocídios anteriores, como o provocado entre os ameríndios desde o século XVI e o genocídio africano advindo dos séculos da escravidão moderna. Ambos os temas são abordados no livro sob outras chaves de leitura. Reiteramos: a divisão dos preconceitos (e discriminações) neste livro é fruto de uma intenção didática, mas eles se interligam com frequência. A multiplicidade de leituras e interpretações, portanto, é imensa.

35. Fonte: <https://www.unhcr.org/refugee-statistics/>.

36. Tim Marshall, *A era dos muros: Por que vivemos em um mundo dividido*, Rio de Janeiro: Zahar, 2021, p. 5.

4. "A HUMANIDADE PRECISA DE UMA PODA": DE ANTES DAS LÓGICAS DA EUGENIA AO RACISMO DE HOJE [pp. 206-57]

1. A citação do militante, de forma anônima, consta de Nilma Lino Gomes e Ana Amélia de Paula Laborne, "Pedagogia da crueldade: Racismo e extermínio da juventude negra", *Educação em Revista*, Belo Horizonte, n. 34, p. 4, 2018, disponível em: <https://www.scielo.br/scielo.php?pid=S0102-46982018000100657&script=sci_arttext>.

2. Toda essa história foi narrada nesse projeto, que recomendamos. O site é <https://projetoquerino.com.br/podcast-item/a-grade-aposta/>. Informações colhidas na página, em resumo, mostram o escopo do podcast: "O *Projeto Querino* é um projeto jornalístico brasileiro lançado em 6 de agosto de 2022, como um podcast produzido pela Rádio Novelo e uma série de publicações na revista *piauí*. A iniciativa é inspirada no *1619 Project*, criado pela jornalista norte-americana Nikole Hannah-Jones e lançado em agosto de 2019 pela *The New York Times Magazine*, do jornal *The New York Times*. O *Projeto Querino* lança um olhar afrocentrado sobre a história do Brasil: mostra alguns dos principais momentos (como a Independência, em 1822, ou a Abolição, em 1888) sob a óptica dos africanos e de seus descendentes. O projeto tem idealização e coordenação do jornalista Tiago Rogero; apoio do Instituto Ibirapitanga; consultoria em história de Ynaê Lopes dos Santos e consultoria narrativa de Paula Scarpin e Flora Thomson-DeVeaux, da Rádio Novelo".

3. Cf. Lilia Moritz Schwarcz, "A dialética do isso. Ou a ladainha da democracia racial", 16 jul. 2018, disponível em: <https://www.liliaschwarcz.com.br/conteudos/visualizar/A-dialetica-do-isso-Ou-a-ladainha-da-democracia-racial>.

4. Silvio Luiz de Almeida, *Racismo estrutural*, São Paulo: Sueli Carneiro; Pólen, 2019, p. 31.

5. Lucas Morais, "'Se demorasse mais, elas morreriam': Drama de um pai para salvar as filhas", *O Tempo*, 14 fev. 2023, disponível em: <https://www.otempo.com.br/especiais/yanomami/crise/se-demorasse-mais-elas-morreriam-drama-de-um-pai-para-salvar-as-filhas-1.2814130>.

6. Achille Mbembe, *Necropolítica*, São Paulo: Edições n-1, 2018.

7. "Número de deputados pretos e pardos aumenta 8,94%, mas é menor que o esperado", Agência Câmara de Notícias, 3 out. 2022, disponível em: <https://www.camara.leg.br/noticias/911743-numero-de-deputados-pretos-e-pardos-aumenta-894-mas-e-menor-que-o-esperado/>.

8. Mariana Mainenti, "GT do CNJ debate percentual de cotas para indígenas no Judiciário", Conselho Nacional de Justiça, 10 out. 2022, disponível em: <https://www.cnj.jus.br/gt-do-cnj-debate-percentual-de-cotas-para-indigenas-no-judiciario/>.

9. Para Kabengele Munanga, antropólogo e professor brasileiro-congolês da Universidade de São Paulo (USP), foi a construção da Primeira Modernidade a grande responsável por engendrar um amplo debate sobre o conceito de humanidade. "As descobertas do século XV colocam em dúvida o conceito de humanidade até então conhecida nos limites da civilização ocidental. Que são esses recém-descobertos (ameríndios, negros, melanésios etc.)? São bestas ou são seres humanos como 'nós', europeus? Até o fim do século XVII, a explicação dos 'outros' passava pela Teologia e pela Escritura, que tinham o monopólio da razão e da explicação. A península Ibérica constitui nos séculos XVI-XVII o palco principal dos debates sobre esse assunto. Para aceitar a humanidade dos 'outros', era preciso provar que são também descendentes do Adão, prova parcialmente fornecida pelo mito dos Reis Magos, cuja imagem exibe personagens representantes das três raças, sendo Baltazar, o mais escuro de todos, considerado como representante da raça negra. Mas o índio permanecia ainda um incógnito [...]. No século XVIII, batizado Século das Luzes, isto é, da racionalidade, os filósofos iluministas contestam o monopólio do conhecimento e da explicação concentrado nas mãos da Igreja e os poderes dos príncipes. Eles se recusam a aceitar uma explicação cíclica da história da humanidade fundamentada na idade de 'ouro', para buscar uma explicação baseada na razão transparente e universal e na história cumulativa e linear. Eles recolocam em debate a questão de saber que eram esses outros, recém-descobertos. Assim lançam mão do conceito de raça já existente nas ciências naturais para nomear esses outros que se integram à antiga humanidade como raças diferentes, abrindo o caminho ao nascimento de uma nova disciplina chamada História Natural da Humanidade, transformada mais tarde em Biologia e Antropologia Física." Palestra proferida no III Seminário Nacional Relações Raciais e Educação, Rio de Janeiro, 5 nov. 2003, disponível em: <https://www.ufmg.br/inclusaosocial/?p=59>.

10. Façamos uma importante ressalva: a ciência do século XIX, bem como durante boa parte do século XX, foi calcada na ideia de raça. Por isso, neste texto optamos ora por chamar de *pensamento científico* e de ciência essa lógica racializada de análise do mundo, ora de *pseudociência* os ramos da produção de narrativas cuja única finalidade era a produção do racismo.

11. António de Cértima, *Epopeia maldita*, Lisboa: Edição do Autor, 1924.

12. "Esse tipo de viés foi encorajado sobretudo pelo nascimento simultâneo da frenologia e da antropometria, teorias que passavam a interpretar a capacidade humana tomando em conta o tamanho e proporção do cérebro dos diferentes povos." Lilia Moritz Schwarcz, *O espetáculo das raças: Cientistas, instituições e questão racial no Brasil do século XIX*, São Paulo: Companhia das Letras, 1993, pp. 48-9.

13. Francisco Silva Noelli e Lúcio Menezes Ferreira, "A persistência da teoria da degeneração indígena e do colonialismo nos fundamentos da arqueologia brasileira", *História, Ciências, Saúde: Manguinhos*, Rio de Janeiro, v. 14, n. 4, p. 1247, dez. 2007.

14. As ambiguidades de Nina Rodrigues, por vezes considerado nosso primeiro antropólogo, são bem analisadas no artigo de Lilia Moritz Schwarcz "Quando a desigualdade é diferença: Re-

flexões sobre antropologia criminal e mestiçagem na obra de Nina Rodrigues" (2006) ao tratar da pesquisa do médico maranhense sobre o candomblé baiano: ver Nina Rodrigues, *O animismo fetichista dos negros baianos* (org. de Yvonne Maggie e Peter Fry, Rio de Janeiro: Editora UFRJ; Biblioteca Nacional, 2006), pp. 881-6.

15. Um dos mais importantes achados do Projeto Genoma Humano foi a determinação da diversidade de DNA existente entre diferentes indivíduos. Cada pessoa que já existiu no planeta — com exceção de gêmeos idênticos — possui um genoma único e, embora quaisquer dois genomas sejam ~99,9% idênticos, isso ainda deixa milhões de diferenças entre os 3,2 bilhões de pares de bases de nucleotídeos que compõem o genoma. O nível de identidade entre dois genomas é aproximadamente o mesmo, qualquer que seja a origem étnica dos indivíduos. As diferenças genéticas que existem entre duas pessoas brancas de origem europeia ou entre um europeu branco e um asiático é a mesma. Isso é válido para qualquer etnia e aniquila o conceito de raça. Elida P. Benquique Ojopi et al., "O genoma humano e as perspectivas para o estudo da esquizofrenia", *Archives of Clinical Psychiatry*, São Paulo, v. 31, n. 1, pp. 9-18, 2004, disponível em: <https://www.scielo.br/j/rpc/a/F6ST4p9DYGWcgCKkHdcVkDz/?lang=pt>. Para uma linguagem acessível a leigos, leiam sobre Luigi Cavalli-Sforza, o geneticista italiano que ajudou a demolir o racismo biológico: ver Luca Tancredi Barone, "O geneticista italiano que desmontou o conceito de raça" (*El País Brasil*, 4 set. 2018, disponível em: <https://brasil.elpais.com/brasil/2018/09/03/ciencia/1535974124_908508.html>).

16. *Dar nome ao novo: Uma história lexical da Ibero-América entre os séculos XVI e XVIII* (*as dinâmicas de mestiçagens e o mundo do trabalho*), Belo Horizonte: Autêntica, 2015.

17. Carmen Bernand, "Los hibridos en Hispanoamerica", em Guillaume Boccara e Sylvia Galindo (Orgs.), *Lógica mestiza en América*, Temuco: Ed. Universidad de La Frontera; Instituto de Estudios Indígenas, 2000, pp. 61-84; e Robert C. Schwaller, *Géneros de Gente in Early Colonial Mexico: Defining Racial Difference*, Norman: University of Oklahoma Press, 2016.

18. "As revelações do estudo que descartou o 'gene gay'", BBC News Brasil, 30 ago. 2019, disponível em: <https://www.bbc.com/portuguese/geral-49523102>.

19. Beatriz Demboski Búrigo, "'Existe um gene para a sexualidade': Genética, divulgação científica e questões de gênero", *Anais da VII Reunião de Antropologia da Ciência e da Tecnologia*, Florianópolis, 2019, disponível em: <https://ocs.ige.unicamp.br/ojs/react/article/download/2674/2585/12277>.

20. Para aprofundar a discussão sobre Gobineau e outros, recomendamos fortemente a leitura de Tzvetan Todorov, *Nós e os outros: A reflexão francesa sobre a diversidade humana* (Rio de Janeiro: Jorge Zahar, 1993).

21. Sobre a recepção de Gobineau na Alemanha, ver Márcio Renato Guimarães, "O termo ariano e a narrativa indo-europeia" (*Línguas & Letras*, Umuarama, v. 19, n. 43, pp. 40-58, 2018). No Brasil, Gobineau fez sucesso, como podemos ver em Lilia Moritz Schwartz, *O espetáculo das raças*, op. cit., por exemplo. Nos Estados Unidos, vale ler Nina Schneider, "Global Cooperation of the 'Old Right': The Use and Abuse of Gobineaus 'Race Theory' in the Americas" (Centre for Global Research Cooperation, abr. 2023, disponível em: <https://www.gcr21.org/publications/gcr/gcr-quarterly-magazine/qm-1/2023-articles/qm-1-2023-schneider-global-cooperation-of-the-old-right-the-use-and-abuse-of-gobineaus-race-theory-in-the-americas>).

22. Roteiro em Myvanwy M. Dick, "Stations of the Thayer Expedition to Brazil 1865-1866" (*Breviora: Museum of Comparative Zoology*, Cambridge, n. 444, pp. 437-63, 1977, disponível em: <https://archive.org/details/cbarchive_40776_stationsofthethayerexpeditiont1952/mode/2up>).

23. Lorelai Kury cita um texto do início da carreira de Agassiz no qual podemos ler: "Enquanto os animais são de espécies distintas nas diferentes províncias zoológicas às quais pertencem, o homem, apesar da diversidade das raças, constitui uma única e mesma espécie sobre toda a superfície do globo. Sob este aspecto, dentre tantos outros, o homem aparece como um ser excepcional para a Criação, da qual ele é o objetivo e o fim último". Vinte anos mais tarde, ele referendaria a ideia de que a espécie humana era a mesma, criada por Deus, logo, as diferenças visíveis seriam frágeis: "Por mim, julgo estar demonstrado que, a não ser que se prove que as diferenças existentes entre as raças índia, negra e branca são instáveis e passageiras, não se pode, sem estar em desacordo com os fatos, afirmar a comunidade de origem para todas as variedades da família humana". Cf. Lorelai B. Kury, "A sereia amazônica dos Agassiz: Zoologia e racismo na *Viagem ao Brasil*", *Revista Brasileira de História*, São Paulo, v. 21, n. 41, pp. 157-72, 2001, disponível em: <http://old.scielo.br/scielo.php?script=sci_arttext&pid=S0102-01882001000200009&lng=en&nrm=iso>.

24. "Duas grandes vertentes aglutinavam os diferentes autores que na época enfrentaram o desafio de pensar a origem do homem. De um lado, a visão monogenista, dominante até meados do século XIX, congregou a maior parte dos pensadores que, conformes às escrituras bíblicas, acreditavam que a humanidade era una. O homem, segundo essa versão, teria se originado de uma fonte comum, sendo os diferentes tipos humanos apenas um produto 'da maior degeneração ou perfeição do Éden' [...]. Nesse tipo de argumentação vinha embutida, por outro lado, a noção de virtualidade, pois a origem uniforme garantiria um desenvolvimento (mais ou menos) retardado, mas de toda forma semelhante. Pensava-se na humanidade como um gradiente — que iria do mais perfeito (mais próximo do Éden) ao menos perfeito (mediante a degeneração) —, sem pressupor, num primeiro momento, uma noção única de evolução. Esse mesmo contexto propicia o surgimento de uma interpretação divergente. A partir de meados do século XIX a hipótese poligenista transformava-se em uma alternativa plausível, em vista da crescente sofisticação das ciências biológicas e sobretudo diante da contestação ao dogma monogenista da Igreja. Partiam esses autores da crença na existência de vários centros de criação, que corresponderiam, por sua vez, às diferenças raciais observadas." Lilia Moritz Schwarz, *O espetáculo das raças*, op. cit., p. 48.

25. Esta lógica é a mesma que embalará o sucesso de *Eram os deuses astronautas?* e programas contemporâneos de TV, que exploram a ideia de que toda civilização fora da Europa foi fruto de contribuições de extraterrestres. Nunca se questionou como as civilizações europeias, logo, brancas, foram feitas. Mas todas as outras, não brancas, aí... só ETs!

26. Citação de Lorelei B. Kury, "A sereia amazônica dos Agassiz: Zoologia e racismo na *Viagem ao Brasil*", op. cit. Os demais trechos de autoria do casal Agassiz mencionados no decorrer do texto, salvo indicado, vieram desse mesmo estudo.

27. Lilian Denise Mai e Emília Luigia Saporiti Angerami, "Eugenia negativa e positiva: Significados e contradições", *Revista Latino-Americana de Enfermagem*, Ribeirão Preto, v. 14, n. 2, pp. 251-8, abr. 2006, disponível em: <http://www.scielo.br/scielo.php?script=sci_arttext&pid=S0104-11692006000200015&lng=en&nrm=iso>. Recuperando alguns aspectos da história, quando Galton utilizou o termo "eugenia" para expressar a preocupação com a saúde das futuras gerações, o momento histórico lhe permitiu associar o novo termo à ideia de diferenciação dos seres humanos em raças distintas para determinar um ideal de tipo físico ou raça a ser alcançado pela eugenia. Eis um dos grandes equívocos dos cientistas daquela época: classificar os homens em melhores ou piores, superiores ou inferiores. Determinado o tipo ideal, os conhecimentos incipientes sobre transmissão hereditária indicaram o caminho para a transmissão das características dese-

jadas às gerações seguintes. Dando voz às preocupações populacionais correntes e diante das precárias condições de vida e de saúde da maioria da população inglesa, o controle reprodutivo sobre as diferentes classes sociais tornou-se a principal estratégia assumida pelos defensores da eugenia. As classes pobres passaram a ser vistas como ameaça à ordem vigente, devendo a sua procriação ser regulada.

28. "Na Alemanha, a eugenia norte-americana inspirou nacionalistas defensores da supremacia racial, entre os quais Hitler, que nunca se afastou das doutrinas eugenistas de identificação, segregação, esterilização, eutanásia e extermínio em massa dos indesejáveis, e legitimou seu ódio fanático pelos judeus envolvendo-o numa fachada médica e pseudocientífica. Não houve apenas extermínio em massa de judeus e outros grupos étnicos. Em julho de 1933, foi decretada lei de esterilização compulsória de diversas categorias de 'defeituosos' e, com o início da Segunda Guerra Mundial, os alemães considerados mentalmente deficientes passaram a ser mortos em câmaras de gás. Médicos nazistas realizavam experimentos em prisioneiros nos campos de concentração, e, em Auschwitz, Mengele dedicou-se ao estudo de gêmeos para investigar a contribuição genética ao desenvolvimento de características normais e patológicas — de 1500 pares de gêmeos submetidos a suas experiências, menos de duzentos sobreviveram." Andréa Trevas Maciel Guerra, "Do holocausto nazista à nova eugenia no século XXI", *Ciência e Cultura*, São Paulo, v. 58, n. 1, pp. 4-5, mar. 2006, disponível em: <http://cienciaecultura.bvs.br/scielo.php?script=sci_arttext&pid=S0009-67252006000100002&lng=en&nrm=iso>.

29. Há notórias exceções a essa regra. Vide Manoel Bomfim, *A América Latina: Males de origem* (Rio de Janeiro: Topbooks, 1993). Nesse importante ensaio, Bomfim debate com Sílvio Romero as teses racistas sobre o branqueamento e afirma que as mazelas do povo brasileiro podiam ser solucionadas com educação de qualidade. Outra voz muito importante foi Manuel Querino, que, em *O colono preto como fator da civilização brasileira* (Salvador: Imprensa Oficial do Estado, 1918), debatendo contra teses racistas de Nina Rodrigues, postulou que os negros eram o alicerce da civilização brasileira e que eram capazes de executar as mais refinadas e sofisticadas atividades.

30. Ana Emília Cordeiro Souto Ferreira e Carlos Henrique de Carvalho, "Escolarização e analfabetismo no Brasil: Estudo das mensagens dos presidentes dos estados de São Paulo, Paraná e Rio Grande do Norte (1890-1930)", *Anais do XII Encontro de Pesquisa em Educação do Centro-Oeste*, Goiânia, 2014, disponível em: <https://sites.pucgoias.edu.br/pos-graduacao/mestrado-doutorado-educacao/wp-content/uploads/sites/61/2018/05/Ana-Em%C3%ADlia-Cordeiro-Souto-Ferreira_-Carlos-Henrique-de-Carvalho.pdf>.

31. Pietra Diwan, "Eugenia, a biologia como farsa", *História Viva*, n. 49, nov. 2007.

32. "Candidato a vice de Bolsonaro, Mourão cita 'branqueamento da raça' ao elogiar neto", G1, 6 out. 2018, disponível em: <https://g1.globo.com/politica/eleicoes/2018/noticia/2018/10/06/candidato-a-vice-de-bolsonaro-mourao-cita-branqueamento-da-raca-ao-elogiar-neto.ghtml>.

33. Cf. Guilherme Orsi, "'Não há negros na Argentina': O mito da homogeneidade racial argentina", *Simbiótica*, Vitória, v. 9, n. 2, pp. 140-64, maio-ago. 2022; e Luiz Estevam Fernandes, *Patria mestiza: A invenção do passado nacional mexicano (séculos XVIII e XIX)*, Jundiaí: Paco, 2012.

34. Lilia Schwarcz analisa o quadro em "Ler imagens: *A redenção de Cam*, de Modesto Brocos", disponível em: <https://www.youtube.com/watch?v=v3mtwEoBZJM>. A dissertação de Tatiana Helena Pinto Lotierzo sobre a obra, *Contornos do (in)visível: A redenção de Cam, racismo e estética na pintura brasileira do último Oitocentos*, está disponível em: <https://www.teses.usp.br/teses/disponiveis/8/8134/tde-18122013-134956/pt-br.php>.

35. Na Constituinte, em 1987, pintando o rosto de preto com jenipapo num ritual Rin'tá (que no idioma krenak significa "armado de luto e guerra"), Ailton Krenak já discursava diante dos congressistas: "Os senhores não poderão ficar omissos, os senhores não terão como ficar alheios a mais esta agressão, movida pelo poder econômico, pela ganância, pela ignorância do que significa ser um povo indígena" (cf. Carola Saavedra, "Com as armas de Ailton Krenak: Brasil não é nação de mestiços assimilados", Ecoa UOL, 1 nov. 2022, disponível em: <https://www.uol.com.br/ecoa/ultimas-noticias/2022/11/01/com-as-armas-de-ailton-krenak-brasil-nao-e-nacao-de-mesticos-assimilados.htm?>). Mais recentemente, no documentário *Guerras do Brasil.doc*, ele voltou à carga: "Nós estamos em guerra. Eu não sei por que você está me olhando com essa cara tão simpática. Nós estamos em guerra. O seu mundo e o meu mundo estão em guerra. Os nossos mundos estão todos em guerra. A falsificação ideológica que sugere que nós temos paz é pra gente continuar mantendo a coisa funcionando. Não tem paz em lugar nenhum. É guerra em todos os lugares, o tempo todo". Em seus livros mais recentes, o pensador e ativista esclarece o que são esses "dois mundos" ("o seu mundo e o meu mundo"), o mundo da modernidade e sua falácia de humanidade versus os excluídos desse universo: "As andanças que fiz por diferentes culturas e lugares do mundo me permitiram avaliar as garantias dadas ao integrar esse clube da humanidade. E fiquei pensando: 'Por que insistimos tanto e durante tanto tempo em participar desse clube, que na maioria das vezes só limita a nossa capacidade de invenção, criação, existência e liberdade?'. Será que não estamos sempre atualizando aquela nossa velha disposição para a servidão voluntária? Quando a gente vai entender que os Estados nacionais já se desmancharam, que a velha ideia dessas agências já estava falida na origem? Em vez disso, seguimos arrumando um jeito de projetar outras iguais a elas, que também poderiam manter a nossa coesão como humanidade. Como justificar que somos uma humanidade se mais de 70% estão totalmente alienados do mínimo exercício de ser? A modernização jogou essa gente do campo e da floresta para viver em favelas e em periferias, para virar mão de obra em centros urbanos. Essas pessoas foram arrancadas de seus coletivos, de seus lugares de origem, e jogadas nesse liquidificador chamado humanidade. Se as pessoas não tiverem vínculos profundos com sua memória ancestral, com as referências que dão sustentação a uma identidade, vão ficar loucas neste mundo maluco que compartilhamos" (*Ideias para adiar o fim do mundo*, São Paulo: Companhia das Letras, 2019, pp. 8-9).

36. Disponível em: <https://www.youtube.com/watch?v=8Io0WfKo0Qo>.

37. Apud Nilma Lino Gomes e Ana Amélia de Paula Laborne, "Pedagogia da crueldade: Racismo e extermínio da juventude negra", op. cit.

38. Felipe Milanez, Lucia Sá, Ailton Krenak, Felipe Sotto Maior Cruz, Elisa Urbano Ramos e Genilson dos Santos de Jesus, "Existência e diferença: O racismo contra os povos indígenas", *Direito e Práxis*, Rio de Janeiro, v. 10, n. 3, p. 2172, 2019, disponível em: <https://repositorio.unb.br/bitstream/10482/36660/1/ARTIGO_ExistenciaDiferencaRacismo.pdf>. A ideia contida no fim do parágrafo também é desse artigo.

5. O CORPO IDEAL, O CORPO EFICIENTE [pp. 258-303]

1. "Soneto do vinho", em Jorge Luis Borges, *Obras completas*, v. 2, São Paulo: Globo, 2000. p. 320.

2. Para expandir esses argumentos, sugerimos a leitura de *História da beleza* (Rio de Janeiro: Record, 2010) e *História da feiura* (Rio de Janeiro: Record, 2007), de Umberto Eco.

3. Georges Duby, *Guilherme Marechal ou O melhor cavaleiro do mundo*, Rio de Janeiro: Edições do Graal, 1988, p. 10.

4. Isabela Bolzani, "Brasileiros gastaram R$ 216,2 bilhões com alimentação fora de casa em 2022, diz estudo" (G1, 18 mar. 2023, disponível em: <https://g1.globo.com/economia/noticia/2023/03/18/brasileiros-gastaram-r-2162-bilhoes-com-alimentacao-fora-de-casa-em-2022-diz-estudo.ghtml>). Nas camadas mais pobres, a fome voltou a rondar com força nos anos mais recentes. Ver Thaís Matos, "As fases da fome: Com despensa vazia, famílias mais pobres pulam refeições e dependem de doações para sobreviver" (G1, 27 ago. 2022, disponível em: <https://g1.globo.com/economia/noticia/2022/08/27/as-fases-da-fome-com-despensa-vazia-familias-mais-pobres-pulam-refeicoes-e-dependem-de-doacoes-para-sobreviver.ghtml>).

5. É possível encontrar um desenvolvimento desse argumento em Michael Pollan, *Cozinhar: Uma história natural da transformação* (Rio de Janeiro: Intrínseca, 2014).

6. "Indústria de alimentos e bebidas registra alta de empregos diretos", Abia, 12 nov. 2021, disponível em: <https://www.abia.org.br/releases/industria-de-alimentos-e-bebidas-registra-alta-de-empregos-diretos>.

7. "The Global Food Service Market Is Projected to Grow from $2,646.99 Billion in 2023 to $5,423.59 Billion by 2030", Fortune Business Insights, 2023, disponível em: <https://www.fortunebusinessinsights.com/food-service-market-106277>.

8. "Durante décadas, recursos e conhecimentos foram investidos na agricultura gerando a crença de que o aumento da produtividade e o avanço da tecnologia seriam capazes de gerar excedentes para sanar a carestia alimentar da população. Hoje, diferentes estudos demostram que há uma oferta suficiente de alimentos para nutrir a população mundial com uma dieta caloricamente consistente (2700 a 3000 kcal/pessoa/dia). No entanto, no mundo ainda há 815 milhões de pessoas em estado de fome; considerando-se só a América Latina e o Caribe, 42,5 milhões de pessoas estão subnutridas. Concomitante a esta antiga mazela, a obesidade tem se tornado uma epidemia mundial — o excesso de peso afeta 1,9 bilhão de adultos, e 41 milhões de crianças com menos de cinco anos estavam acima do peso ou obesas em 2016. O Brasil segue essa tendência, e as estimativas do Ministério da Saúde, em 2017, eram de que mais de 50% da população estaria acima do peso. Esse fenômeno, que a comunidade acadêmica tem chamado de 'dupla má nutrição', gera graves problemas à saúde, sendo as doenças crônicas não transmissíveis e associadas à alimentação (problemas cardiovasculares, câncer, diabetes e as doenças respiratórias) uma das principais causas de morte em nível mundial. Um agravante nesse processo é a qualidade dos alimentos produzidos, os quais parecem ser cada vez mais nocivos à saúde humana, seja pelo uso abusivo de agrotóxicos, seja pelo excesso de aditivos químicos para sua conservação, seja pela perda da carga nutricional e das qualidades organolépticas. Vale lembrar que o Brasil carrega o vergonhoso título de maior consumidor mundial absoluto de agrotóxicos, exibindo uma estimativa de consumo médio anual de 5,2 quilos de veneno agrícola por habitante, conforme pesquisa lançada em 2015 pelo Instituto Nacional de Câncer (Inca)". Potira V. Preiss e Sergio Schneider, "Sistemas Alimentares no século XXI: Uma introdução ao debate", em *Sistemas alimentares no século XXI: Debates contemporâneos*, Porto Alegre: Editora da UFRGS, 2020, pp. 12-3, disponível em: <https://lume.ufrgs.br/bitstream/handle/10183/211399/001115756.pdf>).

9. *Satíricon*, São Paulo: Editora 34, 2014.

10. Sobre santos, sugerimos, modéstia à parte, nosso livro *Santos fortes: Raízes do sagrado no Brasil* (Rio de Janeiro: Anfiteatro, 2017). Sobre a relação medieval com os corpos e a comida, cf. o *Café Filosófico* da série Pecados Capitais, organizada por Leandro Karnal, episódio sobre a gula, com Luiz Estevam.

11. Denise Bernuzzi de Sant'Anna, *Gordos, magros e obesos: Uma história do peso no Brasil*, São Paulo: Estação Liberdade, 2016, p. 22.

12. Claude Fischler, *L'Homnivore: Le Goût, la cuisine et le corps*, Paris: Odile Jacob, 1990, p. 15.

13. Maria Luisa Jimenez-Jimenez, *Lute como uma gorda: Gordofobia, resistências e ativismos*, Cuiabá: UFMT, 2020, tese (Doutorado em Estudos de Cultura Contemporânea).

14. Ibid., p. 3.

15. Erving Goffman, *Estigma: Notas sobre a manipulação da identidade deteriorada*, Rio de Janeiro: LTC, 1975.

16. Maria Luisa Jimenez-Jimenez, *Lute como uma gorda*, op. cit., p. 56.

17. No Mapa da Obesidade, criado pela Associação Brasileira para o Estudo da Obesidade e da Síndrome Metabólica (Abeso), a Organização Mundial da Saúde (OMS) apresenta dados sobre o crescimento da obesidade e o sobrepeso no país. A projeção indicada pela OMS para 2025 é que "cerca de 2,3 bilhões de adultos estejam com sobrepeso; e mais de 700 milhões, obesos", Abeso, 2017.

Segundo a OMS, "a obesidade e o sobrepeso quase triplicaram desde 1975. Em 2016, mais de 1,9 bilhão de adultos, com dezoito anos ou mais, apresentavam excesso de peso. Destes, mais de 650 milhões eram obesos. No Brasil, dados da Pesquisa de Vigilância de Fatores de Risco e Proteção para Doenças Crônicas por Inquérito Telefônico (Vigitel), de 2017, trouxeram que quase um em cada cinco brasileiros (18,9%) está obeso e que mais da metade da população das capitais brasileiras (54,0%) está com excesso de peso", Rio Com Saúde, 13 set. 2018. Segundo pesquisas apresentadas pela BBC (British Broadcasting Corporation), o Brasil é considerado um dos países com mais obesos no mundo. Em relação às mulheres, as mais afetadas, ocupamos o quinto lugar no ranking. Maria Luisa Jimenez-Jimenez, *Lute como uma gorda*, op. cit., pp. 61-2.

18. Gillian Carr, "Woad, Tattooing and Identity in Later Iron Age and Early Roman Britain", *Oxford Journal of Archaeology*, Oxford, v. 24, n. 3, pp. 273-92, 2005.

19. C. P. Jones, "Stigma: Tattooing and Branding in Graeco-Roman Antiquity", *Journal of Roman Studies*, Londres, v. 77, pp. 139-55, 1987.

20. São Gildas, *A destruição britânica e sua conquista* (c. 540-546), 11.19, disponível em: <http://www.ricardocosta.com/sites/default/files/pdfs/destruicaobritanica.pdf>.

21. Apud Toni Marques, *O Brasil tatuado e outros mundos*, Rio de Janeiro: Rocco, 1997, p. 124.

22. Michelle Larissa Zini Lise et al., "Tatuagem: aspectos históricos e hipóteses sobre a origem do estigma", *Brazilian Journal of Forensic Sciences, Medical Law and Bioethics*, Ribeirão Preto, v. 2, n. 3, pp. 294-316, 2013.

23. Nunca é demasiado reiterar que essas teorias todas são refutadas hoje em dia. Nenhuma delas faz o menor sentido sob qualquer baliza científica atual. São apenas preconceito travestido de ciência. Para se aprofundar e entender melhor isso, um livro acessível e que continua impecável é o clássico de Stephen J. Gould, *A falsa medida do homem* (São Paulo: Martins Fontes, 2014).

24. Gustavo Basso, "Jovem acusado de roubo é torturado e tatuado: 'Sou ladrão e vacilão'", R7, 10 jun. 2017, disponível em: <https://noticias.r7.com/sao-paulo/jovem-acusado-de-roubo-e-torturado-e-tatuado-sou-ladrao-e-vacilao-11062017>.

25. Impossível não nos lembrarmos de Michel Foucault: "Fazer uma cicatriz, deixar um sinal no corpo, em suma, impor a esse corpo uma diminuição virtual ou visível, ou então, caso o corpo real do indivíduo não seja atingido, infligir uma mácula simbólica a seu nome, humilhar seu personagem, reduzir seu status. De qualquer maneira, trata-se de deixar sobre o corpo visível

ou simbólico, físico ou social, anatômico ou estatutário, algo como um vestígio. O indivíduo que tiver cometido a infração ficará assim marcado por um elemento de memória e reconhecimento. Nesse sistema, a infração já não é aquilo que deve ser ressarcido, compensado, reequilibrado, portanto até certo ponto apagado; ao contrário, é aquilo que deve ser ressaltado, que deve escapar ao esquecimento, ficar fixado numa espécie de monumento, ainda que este seja uma cicatriz, uma amputação, algo que gire em torno da vergonha ou da infâmia, são todos os rostos expostos no pelourinho, as mãos cortadas dos ladrões. O corpo visível ou social, nesse sistema, deve ser o brasão das penas, e esse brasão remete a duas coisas. [Por um lado] à culpa, de que ele deve ser o vestígio visível e imediatamente reconhecível: sei muito bem que és ladrão, pois não tens mãos; e [por outro lado] ao poder que impôs a pena e, com essa pena, deixou no corpo do supliciado a marca de sua soberania. Na cicatriz ou amputação, visível não é apenas a culpa, mas também o soberano. Foi essa tática da marcação que preponderou no Ocidente desde o fim da Alta Idade Média até o século XVIII". Michel Foucault, *A sociedade punitiva: Curso no Collège de France*, São Paulo: WMF Martins Fontes, 2015, pp. 8-9.

26. Aysha Imtiaz, "Como discriminação por altura pode afetar a carreira", BBC News Brasil, 18 set. 2022, disponível em: <https://www.bbc.com/portuguese/geral-62882160>.

27. "A socióloga mineira Camila Lanhoso cita em artigo sobre capacitismo que, no Brasil, o termo foi registrado pela primeira vez nos anais da II Conferência de Políticas Públicas para LGBTs ocorrida em 2011. Ela reconhece que pode parecer um tanto desconexo que um termo para nomear formas de opressão dirigidas a pessoas com deficiência tenha surgido numa conferência voltada a lésbicas, gays, bissexuais, travestis e transgêneros. De todo modo, foi nesse encontro que uma mulher branca, surda e lésbica se pronunciou sobre a existência do capacitismo." Cintia Sasse, "Capacitismo: Subestimar e excluir pessoas com deficiência tem nome", Agência Senado, 13 nov. 2020, disponível em: <https://www12.senado.leg.br/noticias/infomaterias/2020/11/capacitismo-subestimar-e-excluir-pessoas-com-deficiencia-tem-nome>.

28. Luiza Corrêa, "A inclusão de pessoas com deficiência na educação", *Nexo Jornal*, 28 abr. 2021, disponível em: <https://pp.nexojornal.com.br/linha-do-tempo/2021/A-inclus%C3%A3o-de-pessoas-com-defici%C3%AAncia-na-educa%C3%A7%C3%A3o>.

29. Ibid. As aspas imediatamente seguintes também saíram desse artigo.

30. Há muitas outras leis específicas sobre pessoas com deficiência. Só para citar algumas: lei n. 10 436/2002 e decreto n. 5626/2005 (Lei da Língua Brasileira de Sinais, ou Libras); lei n. 12 319/2010 (Lei da Regulamentação da Profissão de Tradutor e Intérprete da Língua Brasileira de Sinais); lei n. 8213/1991 (Lei de Benefícios da Previdência Social e Cotas para Pessoas com Deficiência); lei n. 11 126/2005 e decreto n. 5904/2006 (Lei do Cão-Guia); leis n. 10 048/2000 e 10 098/2000 e decreto n. 5296/2004 (Leis do Atendimento Prioritário e da Acessibilidade); lei n. 12 764/2012 e decreto n. 8368/2014 (Política Nacional de Proteção dos Direitos da Pessoa com Transtorno do Espectro Autista, também conhecida como Lei Berenice Piana); decreto n. 9099/2017 (Programa Nacional do Livro e do Material Didático em Formato Acessível).

31. A metodologia para calcular a porcentagem de pessoas com deficiência na sociedade brasileira variou com o tempo. Dados do Censo de 2010 apontaram que um em cada quatro brasileiros tinha alguma deficiência. Os dados foram revistos: em 2018, a projeção caiu muito — 6,7% dos brasileiros. Este texto ficou pronto antes do Censo de 2023, mas os dados trazidos aqui são de 2022, baseados na Pesquisa Nacional por Amostra de Domicílio Contínua. Esse percentual, usando metodologia internacional, calculou que 8,9% da população tem algum tipo de

deficiência. Essa pesquisa mostrou que o número é muito maior entre pessoas mais velhas (entre os que têm oitenta anos ou mais, cerca de 50% são PcDs). Os resultados mostram que os nove estados nordestinos figuram no ranqueamento dos dez estados com mais pessoas com deficiência. As informações foram consultadas em Carlos Madeiro, "Pessoas com deficiência são 8,9% da população e têm salário menor, diz IBGE" (UOL, 7 jul. 2023, disponível em: <https://noticias.uol.com.br/colunas/carlos-madeiro/2023/07/07/pessoas-com-deficiencia-ibge.htm#:~:text=O%20levantamento%20revelou%20que%20as,que%20as%20pessoas%20sem%20defici%C3%AAncia>).

32. "Capacitismo e os desafios das pessoas com deficiência", Politize, 2 nov. 2021, disponível em: <https://www.politize.com.br/equidade/blogpost/capacitismo-e-os-desafios-das-pessoas-com-deficiencia/>. As pesquisas e estudos que embasam o parágrafo seguinte foram tiradas deste texto.

33. Luiza Corrêa, "A inclusão de pessoas com deficiência na educação", op. cit.

34. Cintia Sasse, "Capacitismo: subestimar e excluir pessoas com deficiência tem nome", op. cit.

35. Chahira Kozma, "Dwarfs in Ancient Egypt", *American Journal of Medical Genetics*, Hoboken, v. 140A, n. 4, pp. 303-11, 2006.

36. Betty M. Adelson, *The Lives of Dwarfs: Their Journey from Public Curiosity toward Social Liberation*, New Brunswick: Rutgers University Press, 2005, pp. 4 ss.

37. Wallacy Ferrari, "General Tom Thumb, o anão que virou celebridade mundial nos insólitos freak shows", *Aventuras na História*, 27 ago. 2020, disponível em: <https://aventurasnahistoria.uol.com.br/noticias/reportagem/general-tom-thumb-o-anao-que-virou-celebridade-mundial-nos-insolitos-freak-shows.phtml>.

38. Este exemplo e o próximo foram retirados do livro do historiador John Woolf, *The Wonders: Lifting the Curtain on the Freak Show, Circus and Victorian Age* (Londres: Michael O'Mara, 2019).

39. As informações sobre ela vieram de *Hottentot Venus: The Life and Death of Saartjie Baartman — Born 1789-Buried 2002* (Cidade do Cabo: Jonathan Ball, 2007), de Rachel Holmes.

40. Sueli Carneiro, *Racismo, sexismo e desigualdade no Brasil*, op. cit., p. 66.

41. "Grávidas negras e pardas recebem menos anestesia no parto", Geledés, 21 mar. 2014, disponível em: <https://www.geledes.org.br/gravidas-pardas-e-negras-recebem-menos-anestesia-no-parto/>.

42. Daniel Buffey, "Belgium Comes to Terms with 'Human Zoos' of Its Colonial Past", *The Guardian*, 16 abr. 2018, disponível em: <https://www.theguardian.com/world/2018/apr/16/belgium-comes-to-terms-with-human-zoos-of-its-colonial-past>.

43. Ver Pamela Newkirk, "The Man Who Was Caged in a Zoo" (*The Guardian*, 3 jun. 2015, disponível em: <https://www.theguardian.com/world/2015/jun/03/the-man-who-was-caged-in-a-zoo>): "Na sóbria opinião dos avançados homens de ciências, a exibição de Benga no solo sagrado do Zoológico de Nova York não consistia em mero entretenimento — era educativa. Eles acreditavam que Benga pertencia a uma espécie inferior; colocá-lo à mostra no zoológico ajudava a promover os mais elevados ideais da civilização moderna. Essa visão, afinal, vinha sendo endossada por gerações de intelectuais de ponta. Louis Agassiz, o professor de geologia e zoologia de Harvard, que ao morrer, em 1873, era sem dúvida o mais celebrado cientista dos Estados Unidos, insistiu durante mais de duas décadas que os negros formavam uma espécie separada, uma 'raça degradada e degenerada'".

44. Esses dados e os do parágrafo seguinte vêm de Kristine Somerville, "Life Studies: Changing Ideas on Adolescence, Adulthood, and Aging", *The Missouri Review*, Columbia, v. 40, n. 2, pp. 169-80, 2017.

45. Nelson Rodrigues, "Só os idiotas respeitam Shakespeare", em *O óbvio ululante*, São Paulo: Companhia das Letras, 1993, p. 158.

46. Ben Cosgrove, "The Invention of Teenagers: *Life* and the Triumph of Youth Culture", *Time*, 28 set. 2013, disponível em: <https://time.com/3639041/the-invention-of-teenagers-life-and-the-triumph-of-youth-culture/>.

47. Elliot E. Cohen, "A Teen-Age Bill of Rights", *The New York Times*, 7 jan. 1945, disponível em: <https://graphics8.nytimes.com/packages/pdf/opinion/TeenageBillofRights_final.pdf>.

48. Maria Rita Kehl, "A teenagização da cultura", *Folha de S.Paulo*, 20 set. 1998, disponível em: <https://www1.folha.uol.com.br/fsp/mais/fs20099809.htm>.

49. Malgrado o fato de que as sociedades têm, no geral, envelhecido: "Os dados da ONU mostram que a população mundial crescerá cerca de 50% (para 9 bilhões) até 2050. No mesmo período, a população acima de 60 anos terá aumentado 350%, sendo que a maior parte desse aumento ocorrerá nos países em desenvolvimento, cada vez mais urbanizados. Essa perspectiva de futuro […] deverá ser compreendida pela sociedade, que precisará desenvolver com urgência uma 'cultura do envelhecimento' — o que inclui mudanças nas cidades e no comportamento ao longo da vida". "Novo envelhecimento", Portal do Envelhecimento e Longeviver, 7 mar. 2014, disponível em: <https://www.portaldoenvelhecimento.com.br/novo-envelhecimento/>.

50. "Etarismo, o preconceito contra os idosos", Sociedade Brasileira de Geriatria e Gerontologia, disponível em: <https://sbgg.org.br/etarismo-o-preconceito-contra-os-idosos/>.

51. Ibid.

52. Úrsula Neves, "Estudo americano revela como preconceito afeta a saúde dos idosos", Portal PEBMED, 14 fev. 2020, disponível em: <https://pebmed.com.br/estudo-americano-revela-como-o-preconceito-afeta-a-saude-dos-idosos/>.

53. Bruna Lage, "Dados mostram quanto o INSS 'economiza' com as mortes de idosos pela covid-19", *Diário do Aço*, 23 jun. 2021, disponível em: <https://www.diariodoaco.com.br/noticia/0089248-dados-mostram-quanto-o-inss-economiza-com-as-mortes-de-idosos-pela-covid19>.

54. Cláudia Collucci, "Preconceito contra idosos cresce na pandemia, diz ex-diretor de envelhecimento da OMS", *Folha de S.Paulo*, 29 maio 2020., disponível em: <https://www1.folha.uol.com.br/equilibrioesaude/2020/05/preconceito-contra-idosos-cresce-na-pandemia-afirma-ex-diretor-de-envelhecimento-da-oms.shtml>. O exemplo a seguir, sobre a Nova Zelândia, veio do dr. Kalache nessa mesma entrevista.

55. Um estudo feito pelo *The Guardian* afirma que os riscos para os Maori são de 50% mais chances de morrer de covid-19 que a população branca neozelandesa. "Why Maori Are 50% More Likely to Die from Covid-19 than White New Zealanders", *The Guardian*, 4 set. 2020. "Nosso estudo se baseou em dados internacionais sobre os fatores de risco para a mortalidade por covid-19, como doenças cardíacas, diabetes e asma. Nós combinamos esses dados com a prevalência dessas condições entre diferentes grupos étnicos e etários na Nova Zelândia. Também levamos em conta o fato de que os povos Maori e do Pacífico possuem menor expectativa de vida e mais necessidades sanitárias desatendidas do que os neozelandeses de origem europeia." Disponível em: <https://www.theguardian.com/commentisfree/2020/sep/04/why-maori-are-50-more-likely-to-die-from-covid-19-than-white-new-zealanders>.

56. Natália Eiras, "Os filtros do Instagram estão mudando a nossa aparência na vida real?", *Elle*, 25 maio 2020, disponível em: <https://elle.com.br/beleza/filtros-instagram-nos-deixam-iguais>.

57. "Exagero no uso de filtro em selfies pode revelar fragilidade emocional", *O Estado de S. Paulo*, 9 ago. 2019, disponível em: <https://emais.estadao.com.br/noticias/comportamento,exagero-no-uso-de-filtro-em-selfies-pode-revelar-fragilidade-emocional,70002958602>. "Uma pesquisa do Boston Medical Center, publicada no *JAMA Facial Plastic Surgery Viewpoint*, revela que o uso de filtros pode afetar a autoestima de uma pessoa e desencadear transtornos dismórficos corporais. 'Selfies filtradas podem fazer com que as pessoas percam o contato com a realidade, criando a expectativa de que devemos estar perfeitamente preparados, bonitos, elegantes e desejáveis o tempo todo. Isso pode ser especialmente prejudicial para adolescentes e pessoas com Transtorno Dismórfico Corporal e é importante que os cirurgiões plásticos compreendam as implicações das mídias sociais na imagem corporal para melhor tratar e aconselhar os pacientes', defende Ruben Penteado, integrante da Sociedade Brasileira de Cirurgia Plástica. O psicanalista Leonardo Goldberg acredita que associar uso de filtros ao transtorno de imagem é exagero. 'É impossível corroborar a tese. Seria mais prudente pensarmos que os filtros aparecem para suprir uma demanda e um sintoma da cultura — o que chamamos de estética — cada vez mais agressiva, que idealiza corpos e rostos de uma perfeição atingível apenas através da imagem computadorizada', argumenta. Para o doutor em Psicologia, os filtros são apenas um 'possível' nessa equação: 'A medicina estética, através da nutrologia e da cirurgia plástica, por exemplo, fornece "filtros" que também editam os corpos através de prescrições hormonais, cortes e suturas na própria carne. O botox, os lábios inchados, os idosos com pele firme, são típicos fenômenos contemporâneos que revelam o quanto nossa concepção do belo tem a ver com a promessa de estancar o tempo'." Ver Susruthi Rajanala, Mayra B. C. Maymone e Neelam A. Vashi, "Selfies — Living in the Era of Filtered Photographs", *JAMA Facial Plastic Surgery*, Chicago, v. 20, n. 6, pp. 443-4, 2018, disponível em: <https://www.liebertpub.com/abs/doi/10.1001/jamafacial.2018.0486>.

58. Natália Eiras, "Os filtros do Instagram estão mudando a nossa aparência na vida real?", op. cit.

59. Sheila Seleri Marques Assunção, "Dismorfia muscular", *Revista Brasileira de Psiquiatria*, São Paulo, v. 24, supl. III, pp. 80-4, 2002; Paula Melin e Alexandra M. Araújo, "Transtornos alimentares em homens: Um desafio diagnóstico", *Revista Brasileira de Psiquiatria*, São Paulo, v. 24, supl. III, pp. 73-6, 2002.

60. Tatiana Pimentel Pires de Camargo et al., "Vigorexia: Revisão dos aspectos atuais deste distúrbio de imagem corporal", *Revista Brasileira de Psicologia do Esporte*, São Paulo, v. 2, n. 1, pp. 1-15, jun. 2008, disponível em: <http://pepsic.bvsalud.org/scielo.php?script=sci_arttext&pid=S1981-91452008000100003&lng=pt&nrm=iso>.

UMA CONCLUSÃO? [pp. 304-9]

1. Christian Dunker, "Como fantasias inconscientes dão origem ao preconceito contra a diversidade", Blog do Dunker, 19 abr. 2023, disponível em: <https://www.uol.com.br/tilt/colunas/blog-do-dunker/2023/04/19/a-interseccao-dos-odios-discriminacao-preconceito-opressao-psicanalise.htm>.

Referências bibliográficas

Todos os links foram acessados em julho de 2023.

ADELSON, Betty M. *The Lives of Dwarfs: Their Journey from Public Curiosity toward Social Liberation*. New Brunswick: Rutgers University Press, 2005.

ADOVASIO, J. M.; SOFFER, Olga; PAGE, Jake. *Sexo invisível: O verdadeiro papel da mulher na pré-história*. Rio de Janeiro: Record, 2002.

ADUT, Ari. "A Theory of Scandal: Victorians, Homosexuality, and the Fall of Oscar Wilde". *American Journal of Sociology*, Chicago, v. 111, n. 1, pp. 213-48, jul. 2005. Disponível em: <https://www.jstor.org/stable/pdf/10.1086/428816.pdf>.

ALBUQUERQUE JÚNIOR, Durval Muniz de. *A invenção do Nordeste e outras artes*. São Paulo: Cortez, 1999.

_____. *Xenofobia: Medo e rejeição ao estrangeiro*. São Paulo: Cortez, 2016.

ALDHOUSE-GREEN. M. *Boudica Britannia*. Londres: Pearson Longman, 2006.

ALLEN, Mark; BETTINGER, Robert Lawrence; CODDING, Brian F. "Resource Scarcity Drives Lethal Aggression among Prehistoric Hunter-Gatherers in Central California". *Proceedings of the National Academy of Sciences*, Washington, v. 113, n. 43, pp. 12120-5, 2016.

ALMEIDA, Silvio Luiz de. *Racismo estrutural*. São Paulo: Sueli Carneiro; Pólen, 2019.

ARENDT, Hannah. *Eichmann em Jerusalém: Um relato sobre a banalidade do mal*. São Paulo: Companhia das Letras, 1999.

ARMAS, Eva. "Por que as 'millennials' estão deixando de tomar a pílula anticoncepcional?". *El País*, 26 fev. 2019. Disponível em: <https://brasil.elpais.com/brasil/2019/02/26/ciencia/1551209357_760518.html>.

"AS REVELAÇÕES do estudo que descartou o 'gene gay'". BBC News Brasil, 30 ago. 2019. Disponível em: <https://www.bbc.com/portuguese/geral-49523102>.

"ASSESSING the Qualities of Systemic Peace". Center for Systemic Peace. Disponível em: <https://www.systemicpeace.org/conflicttrends.html>.

ASSUNÇÃO, Sheila Seleri Marques. "Dismorfia muscular". *Revista Brasileira de Psiquiatria*, São Paulo, v. 24, supl. III, pp. 80-4, 2002.

AWONDO, Patrick; GESCHIERE, Peter; REID, Graeme. "Homophobic Africa?: Toward a More Nuanced View". *African Studies Review*, Cambridge, v. 55, n. 3, pp. 145-68, 2012.

AZEVEDO, Lílian Henrique de. "Para ser mulher: Feminismo, revolução sexual e a construção de uma nova mulher em revistas no Brasil (1960-1975)". *Anais do XXIII Simpósio Nacional de História*, ANPUH, Londrina, 2005.

BAGEMIHL, Bruce. *Biological Exuberance: Animal Homosexuality and Natural Diversity*. Nova York: St. Martin's, 1999.

BARONE, Luca Tancredi. "O geneticista italiano que desmontou o conceito de raça". *El País Brasil*, 4 set. 2018. Disponível em: <https://brasil.elpais.com/brasil/2018/09/03/ciencia/1535974124_908508.html>.

BARROS, Maria Filomena Lopes de; TAVIM, José Alberto Rodrigues da Silva. "Cristãos(ãs)--novos(as), mouriscos(as), judeus e mouros: Diálogos em trânsito no Portugal moderno (séculos XVI-XVII)". *Journal of Sefardic Studies*, Tel Aviv, n. 1, pp. 1-45, 2013.

BARTLE, Jarryd. "The Scientific Reasons Why Men Are More Violent than Women". *New York Post*, 16 jan. 2019. Disponível em: <https://nypost.com/2019/01/16/the-scientific-reasons-why-men-are-more-violent-than-women/>.

BARSTOW, Anne Llewellyn. *Witchcraze: A New History of the European Witch Hunts*. Nova York: HarperOne, 1994.

BASSO, Gustavo. "Jovem acusado de roubo é torturado e tatuado: 'Sou ladrão e vacilão'". R7, 10 jun. 2017. Disponível em: <https://noticias.r7.com/sao-paulo/jovem-acusado-de-roubo-e-torturado-e-tatuado-sou-ladrao-e-vacilao-11062017>.

BAUMAN, Zygmunt. *Modernidade líquida*. Rio de Janeiro: Zahar, 2021.

BEARD, Mary Ritter. *SPQR: Uma história da Roma antiga*. São Paulo: Planeta, 2015.

BEAUVOIR, Simone de. *O segundo sexo*. São Paulo: Difel, 1970.

BÉLO, Tais Pagoto. *Boudica e as facetas femininas ao longo do tempo: Nacionalismo, feminismo, memória e poder*. Campinas: Unicamp, 2014. Tese (Doutorado em História).

BENTO, Cida. *O pacto da branquitude*. São Paulo: Companhia das Letras, 2022.

_____. "*O pacto da branquitude*: Uma hierarquia da cor". *Nexo Jornal*, 18 mar. 2022. Disponível em: <https://www.nexojornal.com.br/estante/trechos/2022/03/18/%E2%80%98O-pacto-da-branquitude%E2%80%99-uma-hierarquia-da-cor>.

BERNAND, Carmen. "Los hibridos en Hispanoamerica". In: BOCCARA, Guillaume; GALINDO, Sylvia (Orgs.). *Lógica mestiza en América*. Temuco: Ed. Universidad de La Frontera; Instituto de Estudios Indígenas, 2000. pp. 61-84.

BETANCOURT, Roland. "Transgender Lives in the Middle Ages through Art, Literature, and Medicine". The Getty Museum. Disponível em: <https://www.getty.edu/art/exhibitions/outcasts/downloads/betancourt_transgender_lives.pdf>.

BOLZANI, Isabela. "Brasileiros gastaram R$ 216,2 bilhões com alimentação fora de casa em 2022, diz estudo". G1, 18 mar. 2023. Disponível em: <https://g1.globo.com/economia/noticia/2023/03/18/brasileiros-gastaram-r-2162-bilhoes-com-alimentacao-fora-de-casa-em-2022-diz-estudo.ghtml>.

BOMFIM, Manoel. *A América Latina: Males de origem.* Rio de Janeiro: Topbooks, 1993.

BORGES, Jorge Luis. *Obras completas.* v. 2. São Paulo: Globo, 2000.

BORRILLO, Daniel. *Homofobia: História e crítica de um preconceito.* Belo Horizonte: Autêntica, 2010.

BOSWELL, John. *Christianity, Social Tolerance and Homosexuality: Gay People in Western Europe from the Beginning of the Christian Era to the 14th Century.* Chicago: Chicago University Press, 1980.

BUDIMAN, Abby. "Key Findings about U.S. Immigrants". Pew Research Center, 20 ago. 2020. Disponível em: <https://www.pewresearch.org/short-reads/2020/08/20/key-findings-about-u-s-immigrants/>.

BUFFEY, Daniel. "Belgium Comes to Terms with 'Human Zoos' of Its Colonial Past". *The Guardian*, 16 abr. 2018. Disponível em: <https://www.theguardian.com/world/2018/apr/16/belgium-comes-to-terms-with-human-zoos-of-its-colonial-past>.

BÚRIGO, Beatriz Demboski. "'Existe um gene para a sexualidade': Genética, divulgação científica e questões de gênero". *Anais da VII Reunião de Antropologia da Ciência e da Tecnologia*, Florianópolis, 2019. Disponível em: <https://ocs.ige.unicamp.br/ojs/react/article/download/2674/2585/12277>.

BUTLER, Judith. *Excitable Speech: A Politics of the Performative.* Nova York: Routledge, 1997.

BYCHOWSKI, Gabrielle. "Were There Transgender People in the Middle Ages?". The Public Medievalist, 1 nov. 2018. Disponível em: <https://publicmedievalist.com/transgender-middle-ages/>.

CALLIGARIS, Contardo. *O grupo e o mal: Estudo sobre a perversão social.* São Paulo: Fósforo, 2022.

CAMARGO, Tatiana Pimentel Pires de et al. "Vigorexia: Revisão dos aspectos atuais deste distúrbio de imagem corporal". *Revista Brasileira de Psicologia do Esporte*, São Paulo, v. 2, n. 1, pp. 1-15, jun. 2008. Disponível em: <http://pepsic.bvsalud.org/scielo.php?script=sci_arttext&pid=S1981-91452008000100003&lng=pt&nrm=iso>.

"CANDIDATO a vice de Bolsonaro, Mourão cita 'branqueamento da raça' ao elogiar neto". G1, 6 out. 2018. Disponível em: <https://g1.globo.com/politica/eleicoes/2018/noticia/2018/10/06/candidato-a-vice-de-bolsonaro-mourao-cita-branqueamento-da-raca-ao-elogiar-neto.ghtml>.

"CAPACITISMO e os desafios das pessoas com deficiência". Politize, 2 nov. 2021. Disponível em: <https://www.politize.com.br/equidade/blogpost/capacitismo-e-os-desafios-das-pessoas-com-deficiencia/>.

"CARDEAL é intimado a provar declarações". *O Estado de S. Paulo*, 14 abr. 2010. Disponível em: <https://www2.senado.leg.br/bdsf/bitstream/handle/id/349446/noticia.htm?sequence=1&isAllowed=y>.

CARNEIRO, Sueli. *Racismo, sexismo e desigualdade no Brasil.* São Paulo: Selo Negro, 2015.

_____. *Escritos de uma vida.* São Paulo: Jandaíra, 2019.

CARR, Gillian. "Woad, Tattooing and Identity in Later Iron Age and Early Roman Britain". *Oxford Journal of Archaeology*, Oxford, v. 24, n. 3, pp. 273-92, 2005.

CARVAJAL, Federico Garza. *Butterflies Will Burn: Prosecuting Sodomites in Early Modern Spain and Mexico.* Austin: University of Texas Press, 2003.

CASTRO, Eduardo Viveiros de. *A inconstância da alma selvagem e outros ensaios de antropologia.* São Paulo: Cosac & Naify, 2002.

CÉRTIMA, António de. *Epopeia maldita.* Lisboa: Edição do Autor, 1924.

CHILDE, V. Gordon. *The Most Ancient East: The Oriental Prelude to European Prehistory.* Londres: Kegan Paul, 1928.

COELHO, Gabriela. "STF define tese autorizando pessoa trans a mudar nome sem cirurgia". Consultor Jurídico, 15 ago. 2018. Disponível em: <https://www.conjur.com.br/2018-ago-15/stf-define-tese-autorizando-pessoa-trans-mudar-nome-cirurgia>.

COHEN, Elliot E. "A Teen-Age Bill of Rights". *The New York Times*, 7 jan. 1945. Disponível em: <https://graphics8.nytimes.com/packages/pdf/opinion/TeenageBillofRights_final.pdf>.

COHEN, Jeremy. *The Friars and the Jews: The Evolution of Medieval Anti-Judaism*. Ithaca: Cornell University Press, 1985

_____. *Christ Killers: The Jews and the Passion from the Bible to the Big Screen*. Oxford: Oxford University Press, 2007

COLLIS, Rose. *Colonel Barker's Monstrous Regiment: A Tale of Female Husbandry*. Londres: Virago, 2001

COLLUCCI, Cláudia. "Preconceito contra idosos cresce na pandemia, diz ex-diretor de envelhecimento da OMS". *Folha de S.Paulo*, 29 maio 2020. Disponível em: <https://www1.folha.uol.com.br/equilibrioesaude/2020/05/preconceito-contra-idosos-cresce-na-pandemia-afirma-ex-diretor-de-envelhecimento-da-oms.shtml>.

CONRAD, Joseph. *Coração das trevas*. São Paulo: Companhias das Letras, 2008.

CORRÊA, Luiza. "A inclusão de pessoas com deficiência na educação". *Nexo Jornal*, 28 abr. 2021. Disponível em: <https://pp.nexojornal.com.br/linha-do-tempo/2021/A-inclus%C3%A3o-de-pessoas-com-defici%C3%AAncia-na-educa%C3%A7%C3%A3o>.

COSGROVE, Ben. "The Invention of Teenagers: *Life* and the Triumph of Youth Culture". *Time*, 28 set. 2013. Disponível em: <https://time.com/3639041/the-invention-of-teenagers-life-and-the-triumph-of-youth-culture/>.

DAVIS, Angela. *Mulheres, raça e classe*. São Paulo: Boitempo, 2016.

DEKELAITA, Robert. "The Origins and Developments of Assyrian Nationalism". Chicago: Universidade de Chicago; Committee on International Relations of the University of Chicago; Assyrian International News Agency, 2009. Disponível em: <http://www.aina.org/books/oadoan.pdf>.

DELUMEAU, Jean. *História do medo no Ocidente*. São Paulo: Companhia das Letras, 1989.

DIANGELO, Robin. *Não basta não ser racista: Sejamos antirracistas*. São Paulo: Faro, 2020.

DIAS, Tânia Maria; BONAN, Claudia; NAKANO, Andreza Rodrigues; MAKSUD, Ivia; TEIXEIRA, Luiz Antônio. "Estará nas pílulas anticoncepcionais a solução?: Debate na mídia entre 1960 e 1970". *Estudos Feministas*, Florianópolis, v. 26, n. 3, pp. 1-12, 2018.

DICK, Myvanwy M. "Stations of the Thayer Expedition to Brazil 1865-1866". *Breviora: Museum of Comparative Zoology*, Cambridge, n. 444, pp. 437-63, 1977. Disponível em: <https://archive.org/details/cbarchive_40776_stationsofthethayerexpedition1952/mode/2up>.

DILL, Karen E.; BROWN, Brian P.; COLLINS, Michael A. "Effects of Exposure to Sex-Stereotyped Video Game Characters on Tolerance of Sexual Harassment". *Journal of Experimental Social Psychology*, Amsterdam, v. 44, n. 5, pp. 1402-8, 2008.

DIXSON, Alan F. "Homosexual Behaviour in Primates". In: POIANI, Aldo (Org.). *Animal Homosexuality: A Biosocial Perspective*. Cambridge: Cambridge University Press, 2010. pp. 381-400.

DOMINGUES, Joelza Ester. "Quando o Brasil pensou em substituir o negro por 'semiescravo' chinês". Blog Ensinar História, 4 maio 2022. Disponível em: <https://ensinarhistoria.com.br/quando-o-brasil-pensou-em-substituir-o-negro-por-semiescravo-chines/>.

DUARTE; Evandro Charles Piza; LAGES, Vitor Nunes. "Epistemologias dos armários: Novas performances públicas e táticas evasivas na sociedade da informação". *Revista Culturas Jurídicas*, Niterói, v. 8, n. 20, pp. 425-59, maio-ago. 2021.

DUBY, Georges. *Guilherme Marechal ou O melhor cavaleiro do mundo*. Rio de Janeiro: Edições do Graal, 1988.

DUNKER, Christian. "Como fantasias inconscientes dão origem ao preconceito contra a diversidade". Blog do Dunker, 19 abr. 2023. Disponível em: <https://www.uol.com.br/tilt/colunas/blog-do-dunker/2023/04/19/a-interseccao-dos-odios-discriminacao-preconceito-opressao-psicanalise.htm>.

"'É ERRADO dizer que os abusos de menores são causados pela homossexualidade', afirma sociólogo italiano". Instituto Humanitas Unisinos, 9 nov. 2018. Disponível em: <https://www.ihu.unisinos.br/categorias/188-noticias-2018/584522-e-errado-dizer-que-os-abusos-em-menores-sao-causados-pela-homossexualidade-afirma-sociologo-italiano>.

EAMES, Robin. "Trans People Aren't New, and Neither is Their Oppression: A History of Gender Crossing in 19th-Century Australia". *The Conversation*, 21 mar. 2023.

ECO, Umberto. *História da feiura*. Rio de Janeiro: Record, 2007.

_____. *História da beleza*. Rio de Janeiro: Record, 2010.

EIRAS, Natália. "Os filtros do Instagram estão mudando a nossa aparência na vida real?". *Elle*, 25 maio 2020. Disponível em: <https://elle.com.br/beleza/filtros-instagram-nos-deixam-iguais>.

ELLER, Cynthia. *The Myth of Matriarchal Prehistory: Why an Invented Past Won't Give Women a Future*. Boston: Beacon, 2000.

ENGELS, Friedrich. *A origem da família, da propriedade privada e do Estado*. São Paulo: Boitempo, 2019.

"ETARISMO, o preconceito contra os idosos". Sociedade Brasileira de Geriatria e Gerontologia. Disponível em: <https://sbgg.org.br/etarismo-o-preconceito-contra-os-idosos/>.

"EXAGERO no uso de filtro em selfies pode revelar fragilidade emocional". *O Estado de S. Paulo*, 9 ago. 2019. Disponível em: <https://emais.estadao.com.br/noticias/comportamento,exagero-no-uso-de-filtro-em-selfies-pode-revelar-fragilidade-emocional,70002958602>.

"EXPOSIÇÃO *Queermuseu*, que provocou polêmica em 2017, é aberta no Rio". *Jornal Nacional*, 18 ago. 2013. Disponível em: <https://g1.globo.com/jornal-nacional/noticia/2018/08/18/exposicao-queermuseu-que-provocou-polemica-em-2017-e-aberta-no-rio.ghtml>.

FALUDI, Susan. *Backlash: O contra-ataque na guerra não declarada contra as mulheres*. Trad. Mario Fondelli. Rio de Janeiro: Rocco, 2001.

FAUSTO, Boris. *O crime da galeria de cristal: E os dois crimes da mala, São Paulo 1908-1928*. São Paulo: Companhia das Letras, 2019.

FEDERICI, Silvia. *Calibã e a bruxa: Mulheres, corpo e acumulação primitiva*. São Paulo: Elefante, 2017.

FERGUSON, Brian. "Introduction: Studying War". In: _____. *Warfare, Culture, and Environment*. Berkeley: Academic Press, 1984. pp. 1-80.

_____. "Pinker's List: Exaggerating Prehistoric War Mortality". In: FRY, Douglas P. (Org.). *War, Peace, and Human Nature: The Convergence of Evolutionary and Cultural Views*. Nova York: Oxford University Press, 2013. pp. 112-31.

FERNANDES, Luiz Estevam. *Patria mestiza: A invenção do passado nacional mexicano (séculos XVIII e XIX)*. Jundiaí: Paco, 2012.

FERNÁNDEZ-ARMESTO, Felipe. *Então você pensa que é humano?: Uma breve história da humanidade*. São Paulo: Companhia das Letras, 2007.

FERRARI, Wallacy. "General Tom Thumb, o anão que virou celebridade mundial nos insólitos freak shows". *Aventuras na História*, 27 ago. 2020. Disponível em: <https://aventurasnahistoria.uol.com.br/noticias/reportagem/general-tom-thumb-o-anao-que-virou-celebridade-mundial-nos-insolitos-freak-shows.phtml>.

FERREIRA, Ana Emília Cordeiro Souto; CARVALHO, Carlos Henrique de. "Escolarização e analfabetismo no Brasil: Estudo das mensagens dos presidentes dos estados de São Paulo, Paraná e Rio Grande do Norte (1890-1930)". *Anais do XII Encontro de Pesquisa em Educação do Centro-Oeste*, Goiânia, 2014. Disponível em: <https://sites.pucgoias.edu.br/pos-graduacao/mestrado-doutorado-educacao/wp-content/uploads/sites/61/2018/05/Ana-Em%C3%ADlia-Cordeiro-Souto-Ferreira_-Carlos-Henrique-de-Carvalho.pdf>.

FISCHLER, Claude. *L'Homnivore: Le Goût, la cuisine et le corps*. Paris: Odile Jacob, 1990.

FLACSO BRASIL. *Mapa da violência*.

FOUCAULT, Michel. *A sociedade punitiva: Curso no Collège de France*. Trad. Ivone C. Benedetti. São Paulo: WMF Martins Fontes, 2015.

FRIEDAN, Betty. *A mística feminina*. Petrópolis: Vozes, 1971.

"FROM WORLD Wars to Internal Conflict: 100 Year Trends". Vision of Humanity. Disponível em: <https://www.visionofhumanity.org/world-become-peaceful-since-wwi/>.

GANIMEDES e Hebe, séc. XIII. Disponível em: <https://www.greek-love.com/europe-5th-17th-centuries/ganymede-and-hebe-13th-century>.

GAZZANIGA, Michael S. *Who's in Charge: Free Will and the Science of the Brain*. Nova York: Ecco, 2012.

GIMBUTAS, Marija. *The Goddesses and Gods of Old Europe 6500-3500 BC: Myths and Cult Images*. Berkeley: University of California Press, 1974.

_____. *The Language of the Goddess*. San Francisco: Harper & Row, 1989.

_____. *The Civilization of the Goddess: The World of Old Europe*. Nova York: HarperCollins, 1991.

GOBBI, Nelson. "Abertura do 'Queermuseu', no Parque Lage, é marcada por protestos". *O Globo*, 18 ago. 2018. Disponível em: <https://oglobo.globo.com/cultura/abertura-do-queermuseu-no-parque-lage-marcada-por-protestos-22991149>.

GOFFMAN, Erving. *Estigma: Notas sobre a manipulação da identidade deteriorada*. Rio de Janeiro: LTC, 1975.

GOMES, Nilma Lino; LABORNE, Ana Amélia de Paula. "Pedagogia da crueldade: Racismo e extermínio da juventude negra". *Educação em Revista*, Belo Horizonte, n. 34, e197406, 2018. Disponível em: <https://www.scielo.br/scielo.php?pid=S0102-46982018000100657&script=sci_arttext>.

GONÇALVES, Maria Eugênia. "Hungria aprova lei que equipara pedofilia à 'promoção da homossexualidade'". *Revista Híbrida*, 2021. Disponível em: <https://revistahibrida.com.br/mundo/hungria-aprova-lei-que-equipara-pedofilia-a-promocao-da-homossexualidade/>.

GONZALEZ, Lélia. *Por um feminismo afro-latino-americano*. Rio de Janeiro: Zahar, 2020.

GONZALEZ, Lélia; HASENBALG, Carlos. *Lugar de negro*. Rio de Janeiro: Zahar, 2022.

GOULD, Stephen J. *A falsa medida do homem*. São Paulo: Martins Fontes, 2014.

GRANT THORNTON. *International Business Report* (IBR) — Women in Business, 2022.

"GRÁVIDAS negras e pardas recebem menos anestesia no parto". Geledés, 21 mar. 2014. Disponível em: <https://www.geledes.org.br/gravidas-pardas-e-negras-recebem-menos-anestesia-no-parto/>.

GRUZINSKI, Serge. "Las cenizas del deseo: Homosexuales novohispanos a mediados del siglo XVII". In: ORTEGA, Sergio (Org.). *De la santidad a la perversión, o de porqué no se cumplía la ley de Dios en la sociedad novohispana*. México: Grijalbo, 1986. pp. 255-83.

GUERRA, Andréa Trevas Maciel. "Do holocausto nazista à nova eugenia no século XXI". *Ciência e Cultura*, São Paulo, v. 58, n. 1, pp. 4-5, mar. 2006. Disponível em: <http://cienciaecultura.bvs.br/scielo.php?script=sci_arttext&pid=S0009-67252006000100002&lng=en&nrm=iso>.

GUILAINE, Jean; ZAMMIT, Jean. *The Origins of War: Violence in Prehistory*. Malden: Blackwell, 2005.

GUIMARÃES, Márcio Renato. "O termo ariano e a narrativa indo-europeia". *Línguas & Letras*, Umuarama, v. 19, n. 43, pp. 40-58, 2018.

HAAS, Jonathan; PISCITELLI, Matthew. "The Prehistory of Warfare: Misled by Ethnography". In: FRY, Douglas P. (Org.). *War, Peace, and Human Nature: The Convergence of Evolutionary and Cultural Views*. Nova York: Oxford University Press, 2013. pp. 168-90.

HANDWERK, Brian. "An Ancient, Brutal Massacre May Be the Earliest Evidence of War". *Smithsonian Magazine*, 20 jan. 2016. Disponível em: <https://www.smithsonianmag.com/science-nature/ancient-brutal-massacre-may-be-earliest-evidence-war-180957884/#cYgkB8tEUQQo6HAj.99>.

HARARI, Yuval Noah. *Homo deus*. São Paulo: Companhia das Letras, 2016.

HERÓDOTO. *Histórias* — Livro 1º. Intr. geral de M. H. Rocha Pereira; Intr. ao livro 1º, versão do grego e notas de José Ribeiro Ferreira e Maria de Fátima Silva. Lisboa: Edições 70, 1997.

HEWLETT, Bonnie L. *Listen, Here is a Story: Ethnographic Life Narratives from Aka and Ngandu Women of the Congo Basin*. Nova York: Oxford University Press, 2012.

HOLMES, Rachel. *Hottentot Venus: The Life and Death of Saartjie Baartman — Born 1789-Buried 2002*. Cidade do Cabo: Jonathan Ball, 2007.

HOOKS, bell. *Teoria feminista: Da margem ao centro*. São Paulo: Perspectiva, 2019.

HUNTINGTON, Samuel. *O choque de civilizações e a mudança na ordem mundial*. Rio de Janeiro: Gradiva, 1999.

IMTIAZ, Aysha. "Como discriminação por altura pode afetar a carreira". BBC News Brasil, 18 set. 2022. Disponível em: <https://www.bbc.com/portuguese/geral-62882160>.

"INDÚSTRIA de alimentos e bebidas registra alta de empregos diretos". Abia, 12 nov. 2021. Disponível em: <https://www.abia.org.br/releases/industria-de-alimentos-e-bebidas-registra-alta-de-empregos-diretos>.

IPEA; FÓRUM BRASILEIRO DE SEGURANÇA PÚBLICA. *Atlas da violência*.

JAMES, Sharon L.; DILLON, Sheila (Orgs.). *A Companion to Women in the Ancient World*. Oxford: Blackwell, 2012.

JENNINGS, Francis. *The Invasion of America: Indians, Colonialism, and the Cant of Conquest*. Williamsburg: Institute of Early American History and Culture, 1975.

JIMENEZ-JIMENEZ, Maria Luisa. *Lute como uma gorda: Gordofobia, resistências e ativismos*. Cuiabá: UFMT, 2020. Tese (Doutorado em Estudos de Cultura Contemporânea).

JONES, C. P. "Stigma: Tattooing and Branding in Graeco-Roman Antiquity". *Journal of Roman Studies*, Londres, v. 77, pp. 139-55, 1987.

KARNAL, Leandro; FERNANDES, Luiz Estevam. *Santos fortes: Raízes do sagrado no Brasil*. Rio de Janeiro: Anfiteatro, 2017.

KEHL, Maria Rita. "A teenagização da cultura". *Folha de S.Paulo*, 20 set. 1998. Disponível em: <https://www1.folha.uol.com.br/fsp/mais/fs20099809.htm>.

KIECKHEFER, Richard. *European Witch Trials: Their Foundations in Popular and Learned Culture, 1300-1500*. Berkeley; Los Angeles: University of California Press, 1976.

KOEHRSEN, Will. "Has Global Violence Declined?: A Look at the Data". Towards Data Science, 6 jan. 2019. Disponível em: <https://towardsdatascience.com/has-global-violence-declined-a-look-at-the-data-5af708f47fba>.

KOZMA, Chahira. "Dwarfs in Ancient Egypt". *American Journal of Medical Genetics*, Hoboken, v. 140A, n. 4, pp. 303-11, 2006.

KRENAK, Ailton. *Ideias para adiar o fim do mundo*. São Paulo: Companhia das Letras, 2019.

KURY, Lorelai B. "A sereia amazônica dos Agassiz: Zoologia e racismo na *Viagem ao Brasil*". *Revista Brasileira de História*, São Paulo, v. 21, n. 41, pp. 157-72, 2001. Disponível em: <http://old.scielo.br/scielo.php?script=sci_arttext&pid=S0102-01882001000200009&lng=en&nrm=iso>.

LAGE, Bruna. "Dados mostram quanto o INSS 'economiza' com as mortes de idosos pela covid-19". *Diário do Aço*, 23 jun. 2021. Disponível em: <https://www.diariodoaco.com.br/noticia/0089248-dados-mostram-quanto-o-inss-economiza-com-as-mortes-de-idosos-pela-covid19>.

"LARGE-SCALE GWAS Reveals Insights into the Genetic Architecture of Same-Sex Sexual Behavior". *Science*, Washington, v. 365, ago. 2019. Disponível em: <https://science.sciencemag.org/content/365/6456/eaat7693>.

LESSA, Andrea. "Arqueologia da agressividade humana: A violência sob uma perspectiva paleoepidemiológica". *História, Ciência, Saúde: Manguinhos*, Rio de Janeiro, v. 11, n. 2, pp. 279-96, ago. 2004. Disponível em: <http://www.scielo.br/scielo.php?script=sci_arttext&pid=S0104-59702004000200004&lng=en&nrm=iso>.

LEWIS, David. "Free Will Is a Grand Illusion". In: _____. *Impulse: Why We Do What We Do without Knowing Why We Do It*. Nova York: Random House, 2013. pp. 198-204.

LEYVA, Yolanda Chávez. "There Is a Great Good in Returning: A Testimonio from the Borderlands". In: CASTAÑEDA, Antonia et al. (Orgs.). *Gender on the Borderlands: The Frontiers Reader*. Lincoln: University of Nebraska Press, 2007.

LISE, Michelle Larissa Zini et al. "Tatuagem: Aspectos históricos e hipóteses sobre a origem do estigma". *Brazilian Journal of Forensic Sciences, Medical Law and Bioethics*, Ribeirão Preto, v. 2, n. 3, pp. 294-316, 2013.

LIMA, Ana Gabriela Morim de. *Hoxwa: imagens do corpo, do riso e do outro: Uma abordagem etnográfica dos palhaços cerimoniais Krahô*. Rio de Janeiro: UFRJ, 2010. Dissertação (Mestrado em Sociologia). Disponível em: <http://www.uft.edu.br/neai//file/diss_ana_gabriela.pdf>.

LIMA, Tânia Stolze. *Um peixe olhou para mim: O povo Yudjá e a perspectiva*. São Paulo: Editora Unesp; ISA; Rio de Janeiro: Nuti, 2005.

LÍVIO, Tito. *História de Roma*. v. 1. Belo Horizonte: Crisálida, 2008.

LOBATO, Monteiro. *O presidente negro ou O choque das raças*. São Paulo: Globo, 2008.

LORENZ, Konrad. *On Aggression*. Nova York: Harcourt Brace, 1966.

LOTIERZO, Tatiana Helena Pinto. *Contornos do (in)visível*: A redenção de Cam, racismo e estética na pintura brasileira do último Oitocentos. São Paulo: FFLCH-USP, 2013. Dissertação (Mestrado em Antropologia Social).

LUDLOW, Úrsula Camba. "Mulatos, morenos y pardos marineros: La sodomía en los barcos de la Carrera de Indias, 1562-1603". *Ulúa: Revista de Historia, Sociedad y Cultura*, Veracruz, n. 19, pp. 21-39, 2012.

MADEIRO, Carlos. "Pessoas com deficiência são 8,9% da população e têm salário menor, diz IBGE". UOL, 7 jul. 2023. Disponível em: <https://noticias.uol.com.br/colunas/carlos-madeiro/2023/07/07/pessoas-com-deficiencia-ibge.htm>.

MAHAJAN, N.; MARTINEZ, M. A.; GUTIERREZ, N. L.; DIESENDRUCK, G.; BANAJI, M. R.; SANTOS, L. R. "The Evolution of Intergroup Bias: Perceptions and Attitudes in Rhesus Macaques". *Journal of Personality and Social Psychology*, Washington, v. 100, n. 3, pp. 387-405, mar. 2011.

MAI, Lilian Denise; ANGERAMI, Emília Luigia Saporiti. "Eugenia negativa e positiva: Significados e contradições". *Revista Latino-Americana de Enfermagem*, Ribeirão Preto, v. 14, n. 2, pp. 251-8, abr. 2006. Disponível em: <http://www.scielo.br/scielo.php?script=sci_arttext&pid=S0104-11692006000200015&lng=en&nrm=iso>.

MAINENTI, Mariana. "GT do CNJ debate percentual de cotas para indígenas no Judiciário". Conselho Nacional de Justiça, 10 out. 2022. Disponível em: <https://www.cnj.jus.br/gt-do-cnj-debate-percentual-de-cotas-para-indigenas-no-judiciario/>.

MAQUIAVEL, Nicolau. *A mandrágora*. Rio de Janeiro: Civilização Brasileira, 1959.

_____. *O príncipe*. São Paulo: Penguin-Companhia das Letras, 2010.

MARQUES, Toni. *O Brasil tatuado e outros mundos*. Rio de Janeiro: Rocco, 1997.

MARSHALL, Tim. *A era dos muros: Por que vivemos em um mundo dividido*. Rio de Janeiro: Zahar, 2021.

MATOS, Thaís. "As fases da fome: Com despensa vazia, famílias mais pobres pulam refeições e dependem de doações para sobreviver". G1, 27 ago. 2022. Disponível em: <https://g1.globo.com/economia/noticia/2022/08/27/as-fases-da-fome-com-despensa-vazia-familias-mais-pobres-pulam-refeicoes-e-dependem-de-doacoes-para-sobreviver.ghtml>.

MBEMBE, Achille. *Necropolítica*. São Paulo: Edições n-1, 2018.

MEAD, Margaret. *Sexo e temperamento*. São Paulo: Perspectiva, 2009.

MELIN, Paula; ARAÚJO, Alexandra M. "Transtornos alimentares em homens: Um desafio diagnóstico". *Revista Brasileira de Psiquiatria*, São Paulo, v. 24, supl. III, pp. 73-6, 2002.

MELLAART, James. *Çatal Hüyük: A Neolithic Town in Anatolia*. Nova York: McGraw-Hill, 1967.

MELLO E SOUZA, Laura de. *Inferno atlântico: Demonologia e colonização — Séculos XVI-XVIII*. São Paulo: Companhia das Letras, 1993.

MENDOS, Lucas Ramón. *State-Sponsored Homophobia*. Ilga World, 2019. Disponível em: <https://ilga.org/downloads/ILGA_Sexual_Orientation_Laws_Map_2019.pdf>.

MESCH, Rachel. *Before Trans: Three Gender Stories from Nineteenth-Century France*. Redwood City: Stanford University Press, 2020.

MILANEZ, Felipe; SÁ, Lucia; KRENAK, Ailton; CRUZ, Felipe Sotto Maior; RAMOS, Elisa Urbano; JESUS, Genilson dos Santos de. "Existência e diferença: O racismo contra os povos indígenas". *Direito e Práxis*, Rio de Janeiro, v. 10, n. 3, pp. 2161-81, 2019. Disponível em: <https://repositorio.unb.br/bitstream/10482/36660/1/ARTIGO_ExistenciaDiferencaRacismo.pdf>.

MILLAR, Charlotte-Rose. *Witchcraft, the Devil and Emotions in Early Modern England*. Londres: Routledge, 2017.

MILLER, Neil. *Out of the Past: Gay and Lesbian History from 1869 to the Present*. Nova York: Vintage, 1995.

MONTER, E. William. "Witch Trials in Continental Europe, 1560-1660". In: ANKARLOO, Bengt; STUART, Clark; MONTER, E. William (Orgs.). *Witchcraft and Magic in Europe, Volume 4: The Period of the Witch Trials*. Filadélfia: University of Pennsylvania Press, 2002. pp. 1-52.

MORAES, Fabiana. "Rejeição da elite a Lula tem origem na racialização do Nordeste". The Intercept Brasil, 9 ago. 2022. Disponível em: <https://www.intercept.com.br/2022/08/09/lula-nordeste-racializacao-elite-preconceito/>.

MORAIS, Lucas. "'Se demorasse mais, elas morreriam': Drama de um pai para salvar as filhas". *O Tempo*, 14 fev. 2023. Disponível em: <https://www.otempo.com.br/especiais/yanomami/crise/se-demorasse-mais-elas-morreriam-drama-de-um-pai-para-salvar-as-filhas-1.2814130>.

MOTT, Luiz. "Filhos de Abraão e de Sodoma: Cristãos-novos homossexuais nos tempos da Inquisição". In: CARNEIRO, Maria Luiza Tucci; SILVA, Lina Gorenstein Ferreira da (Orgs.). *Ensaios sobre a intolerância: Inquisição, marranismo e antissemitismo*.... São Paulo: Humanitas, 2005. pp. 23-64.

_____. "Anti-homossexualidade: A gênese da homofobia". *Revista de Estudos de Cultura*, Aracaju, n. 2, pp. 15-32, maio-ago. 2015.

MUNANGA, Kabengele. "Uma abordagem conceitual das noções de raça, racismo, identidade e etnia". Palestra proferida no III Seminário Nacional Relações Raciais e Educação, Rio de Janeiro, 5 nov. 2003.

"MUSEU de Arte do Rio cancela negociações para realizar exposição 'Queermuseu'". G1, 3 out. 2017. Disponível em: <https://g1.globo.com/rio-de-janeiro/noticia/museu-do-rio-cancela-negociacoes-para-realizar-exposicao-queermuseu.ghtml>.

NAKAO, Hisashi et al. "Violence in the Prehistoric Period of Japan: The Spatio-Temporal Pattern of Skeletal Evidence for Violence in the Jomon Period". *Biology Letters*, Londres, v. 12, n. 3, 20160028, mar. 2016.

NATIVIDADE, Marcelo; OLIVEIRA, Leandro de. "Sexualidades ameaçadoras: Religião e homofobia(s) em discursos evangélicos conservadores". *Sexualidad, Salud y Sociedad*, Rio de Janeiro, n. 2, pp. 121-61, 2009. Disponível em: <https://www.e-publicacoes.uerj.br/index.php/SexualidadSaludySociedad/article/view/32/447>.

NETTO, Geraldino Alves Ferreira. "Perversões ou perversão". *Estilos da Clínica*, São Paulo, v. 4, n. 6, pp. 156-164, jul. 1999. Disponível em <http://pepsic.bvsalud.org/scielo.php?script=sci_arttext&pid=S1415-71281999000100016&lng=pt&nrm=iso>.

NEVES, Úrsula. "Estudo americano revela como preconceito afeta a saúde dos idosos". Portal PEBMED, 14 fev. 2020. Disponível em: <https://pebmed.com.br/estudo-americano-revela-como-o-preconceito-afeta-a-saude-dos-idosos/>.

NEWKIRK, Pamela. "The Man Who Was Caged in a Zoo". *The Guardian*, 3 jun. 2015. Disponível em: <https://www.theguardian.com/world/2015/jun/03/the-man-who-was-caged-in-a-zoo>.

"NO BRASIL, mulheres vivem 7 anos a mais do que os homens". *O Tempo*, 25 nov. 2022. Disponível em: <https://www.otempo.com.br/brasil/no-brasil-mulheres-vivem-7-anos-a-mais-do-que-os-homens-1.2772142>.

NOELLI, Francisco Silva; FERREIRA, Lúcio Menezes. "A persistência da teoria da degeneração indígena e do colonialismo nos fundamentos da arqueologia brasileira". *História, Ciências, Saúde: Manguinhos*, Rio de Janeiro, v. 14, n. 4, pp. 1239-64, dez. 2007.

"NOVO envelhecimento". Portal do Envelhecimento e Longeviver, 7 mar. 2014. Disponível em: <https://www.portaldoenvelhecimento.com.br/novo-envelhecimento/>.

"NÚMERO de deputados pretos e pardos aumenta 8,94%, mas é menor que o esperado". Agência Câmara de Notícias, 3 out. 2022. Disponível em: <https://www.camara.leg.br/noticias/911743-numero-de-deputados-pretos-e-pardos-aumenta-894-mas-e-menor-que-o-esperado/>.

OGILVIE, Marsha. *Bioarchaeology of the Foraging to Farming Transition in the Southwestern United States*. Albuquerque: University of New Mexico, 2000.

OJOPI, Elida P. Benquique et al. "O genoma humano e as perspectivas para o estudo da esquizofrenia". *Archives of Clinical Psychiatry*, São Paulo, v. 31, n. 1, pp. 9-18, 2004. Disponível em: <https://www.scielo.br/j/rpc/a/F6ST4p9DYGWcgcKkHdcVkDz/?lang=pt>.

"ORAL Contraceptive Use Worldwide". *Oral Contraceptives, Population Reports*, Baltimore, Johns Hopkins, v. 28, n. 4, 2000. Disponível em: <http://www.infoforhealth.org/pr/a9/a9chap2.shtml>.

ORSI, Guilherme. "'Não há negros na Argentina': O mito da homogeneidade racial argentina". *Simbiótica*, Vitória, v. 9, n. 2, pp. 140-64, maio-ago. 2022.

OTTERBEIN, Keith F. "The Origins of War". *Critical Review*, Londres, v. 11, n. 2, pp. 251-77, 1997.

_____. *How War Began*. College Station: Texas A&M University Press, 2004.

PAIVA, Eduardo França. *Dar nome ao novo: Uma história lexical da Ibero-América entre os séculos XVI e XVIII (as dinâmicas de mestiçagens e o mundo do trabalho)*. Belo Horizonte: Autêntica, 2015.

PERROT, Michelle. *Minha história das mulheres*. São Paulo: Contexto, 2008.

PERRY, Mary Elizabeth. *Gender and Disorder in Early Modern Seville*. Princeton: Princeton University Press, 1990.

PETRÔNIO. *Satíricon*. São Paulo: Editora 34, 2014.

PINKER, Steven. *Os anjos bons da nossa natureza: Por que a violência diminuiu*. São Paulo: Companhia das Letras, 2017.

PIONTEK, Thomas. "Forget Stonewall: Making Gay History Perfectly Queer". In: _____. *Queering Gay and Lesbian Studies*. Urbana: University of Illinois Press, 2010. pp. 7-29.

PIRES, Breiller. "Por que não tentamos tratar pedófilos em vez de homossexuais?". *El País Brasil*, 19 set. 2017. Disponível em: <https://brasil.elpais.com/brasil/2017/09/19/deportes/1505778433_705974.html>.

PITKIN, Hanna. *Fortune Is a Woman: Gender and Politics in the Thought of Niccolo Machiavelli*. Chicago: Chicago University Press, 1984.

POLLAN, Michael. *Cozinhar: Uma história natural da transformação*. Rio de Janeiro: Intrínseca, 2014.

PORTES, Alice. "Pastor é preso em flagrante por abusar de parente menor de idade; ele disse que 'precisava ser curado através do sexo'". G1, 11 abr. 2023. Disponível em: <https://g1.globo.com/rj/rio-de-janeiro/noticia/2023/04/11/pastor-e-preso-na-zona-oeste-do-rio.ghtml>.

"POVOADO chinês vive em sociedade matriarcal; assista". BBC Brasil, 11 jun. 2008. Disponível em: <https://www.bbc.com/portuguese/reporterbbc/story/2008/06/080611_videomasauebc.shtml>.

PREISS, Potira V.; SCHNEIDER, Sergio. "Sistemas Alimentares no século XXI: Uma introdução ao debate". In: _____ (Orgs.). *Sistemas alimentares no século XXI: Debates contemporâneos*. Porto Alegre: Editora da UFRGS, 2020, pp. 11-24. Disponível em: <https://lume.ufrgs.br/bitstream/handle/10183/211399/001115756.pdf>.

"PROIBIDO na Grã-Bretanha o uso oficial do termo 'homossexual'". *O Estado de S. Paulo*, 27 nov. 2002.

PUGH, Martin. *Hurrah for the Blackshirts!: Fascists and Fascism in Britain Between the Wars.* Nova York: Pimlico, 2006.

QUERINO, Manoel. *O colono preto como fator da civilização brasileira.* Salvador: Imprensa Oficial do Estado, 1918.

RAJANALA, Susruthi; MAYMONE, Mayra B. C.; VASHI, Neelam A. "Selfies — Living in the Era of Filtered Photographs". *JAMA Facial Plastic Surgery*, Chicago, v. 20, n. 6, pp. 443-4, 2018. Disponível em: <https://www.liebertpub.com/abs/doi/10.1001/jamafacial.2018.0486>.

RIBEIRO, Djamila. *Quem tem medo do feminismo negro?.* São Paulo: Companhia das Letras, 2018.

RIBEIRO, Ludmila Mendonça Lopes; COUTO, Vinícius Assis (Coords.). *Mensurando o tempo do processo de homicídio doloso em cinco capitais.* Brasília: Ministério da Justiça; Secretaria de Reforma do Judiciário, 2014.

RICE, Eugene. "Greece: Ancient". In: *Encyclopedia GLBTQ*, 2015, p. 1. Disponível em: <http://www.glbtqarchive.com/ssh/greece_ancient_S.pdf>.

ROBB, Graham. *Strangers: Homosexual Love in the Nineteenth Century.* Londres: Pan Macmillan, 2017.

RODRIGUES, Nelson. "Só os idiotas respeitam Shakespeare". In: _____. *O óbvio ululante: Primeiras confissões.* São Paulo: Companhia das Letras, 1993. pp. 158-60.

RODRIGUES, Nina. *O animismo fetichista dos negros baianos.* Org. Yvonne Maggie e Peter Fry. Rio de Janeiro: Editora UFRJ; Biblioteca Nacional, 2006.

ROMO, David Dorado. *Ringside Seat to a Revolution: An Underground Cultural History of El Paso and Juárez, 1893-1923.* El Paso: Cinco Puntos, 2005.

SAAVEDRA, Carol. "Com as armas de Ailton Krenak: Brasil não é nação de mestiços assimilados". Ecoa UOL, 1 nov. 2022. Disponível em <https://www.uol.com.br/ecoa/ultimas-noticias/2022/11/01/com-as-armas-de-ailton-krenak-brasil-nao-e-nacao-de-mesticos-assimilados.htm?>.

SAID, Edward W. *Cultura e imperialismo.* São Paulo: Companhia das Letras, 2011.

SANDAY, Peggy Reeves. *Women at the Center: Life in a Modern Matriarchy.* Ithaca: Cornell University Press, 2004.

SANT ANA, Anderson Luís de. *As consequências da revolução sexual: Uma reflexão sobre as transformações da vida íntima em tempos de modernidade líquida.* Juiz de Fora: Universidade Estadual de Juiz de Fora, 2016. Trabalho de conclusão de curso.

SANT'ANNA, Denise Bernuzzi de. *Gordos, magros e obesos: Uma história do peso no Brasil.* São Paulo: Estação Liberdade, 2016.

SÃO GILDAS. *A destruição britânica e sua conquista (c. 540-546).* Trad. Bruno Oliveira sob coordenação de Ricardo da Costa. Disponível em: <http://www.ricardocosta.com/sites/default/files/pdfs/destruicaobritanica.pdf>.

SASSE, Cintia. "Capacitismo: Subestimar e excluir pessoas com deficiência tem nome". Agência Senado, 13 nov. 2020. Disponível em: <https://www12.senado.leg.br/noticias/infomaterias/2020/11/capacitismo-subestimar-e-excluir-pessoas-com-deficiencia-tem-nome>.

SCHNEIDER, Nina. "Global Cooperation of the 'Old Right': The Use and Abuse of Gobineaus 'Race Theory' in the Americas". Centre for Global Research Cooperation, abr. 2023. Disponível em: <https://www.gcr21.org/publications/gcr/gcr-quarterly-magazine/qm-1/2023-articles/qm-1-2023-schneider-global-cooperation-of-the-old-right-the-use-and-abuse-of-gobineaus-race-theory-in-the-americas>.

SCHOULTZ, Lars. *Estados Unidos: Poder e submissão: Uma história da política norte-americana em relação à América Latina*. Trad. Raul Fiker. Bauru: Edusc, 2000.

SCHWALLER, Robert C. *Géneros de Gente in Early Colonial Mexico: Defining Racial Difference*. Norman: University of Oklahoma Press, 2016.

SCHWARCZ, Lilia Moritz. *O espetáculo das raças: Cientistas, instituições e questão racial no Brasil do século XIX*. São Paulo: Companhia das Letras, 1993.

_____. "Quando a desigualdade é diferença: Reflexões sobre antropologia criminal e mestiçagem na obra de Nina Rodrigues". *Gazeta Médica da Bahia*, Salvador, n. 76, supl. 2, pp. 47-53, 2006.

_____. "A dialética do isso. Ou a ladainha da democracia racial", 16 jul. 2018. Disponível em: <https://www.liliaschwarcz.com.br/conteudos/visualizar/A-dialetica-do-isso-Ou-a-ladainha-da-democracia-racial>.

SCHWARTZ, Stuart B. *Cada um na sua lei: Tolerância religiosa e salvação no mundo atlântico ibérico*. São Paulo: Companhia das Letras, 2009.

SCLIAR, Moacyr. "O nascimento de um cidadão". In: PINSKY, Jaime; PINSKY, Carla Bassanezi (Orgs.). *História da cidadania*. São Paulo: Contexto, 2003. pp. 585-8.

SEDGWICK, Eve Kosofsky. "A epistemologia do armário". Trad. Plínio Dentzien; rev. Richard Miskolci e Júlio Assis Simões. *Cadernos Pagu*, Campinas, n. 28, pp. 19-54, jan.-jun. 2007.

SILVA, Tomas Tadeu da (Org.). *Identidade e diferença: A perspectiva dos estudos culturais*. Petrópolis: Vozes, 2014.

SOMERVILLE, Kristine. "Life Studies: Changing Ideas on Adolescence, Adulthood, and Aging". *The Missouri Review*, Columbia, v. 40, n. 2, pp. 169-80, 2017.

SOOKE, Alastair. "Where do Witches Come from?". BBC, 10 out. 2014. Disponível em: <https://www.bbc.com/culture/article/20140925-where-do-witches-come-from>.

SPURLING, Geoffrey. "Honor, Sexuality, and the Colonial Church: The Sins of Dr. González, Cathedral Canon". In: JOHNSON, Lyman L.; LIPSETT-RIVERA, Sonya (Orgs.). *The Faces of Honor: Sex, Shame, and Violence in Colonial Latin America*. Albuquerque: University of New Mexico Press, 1998. pp. 45-67.

STANTON, Gregory H. "Ten Stages of Genocide", 1996/2006. The Genocide Education Project. Disponível em: <https://genocideeducation.org/wp-content/uploads/2016/03/ten_stages_of_genocide.pdf>.

TAM, Shirley Sui Ling. "The Image of Chinatown in American Periodicals, 1900-1924: An Oriental Ghetto, not a Chinese Settlement". *Selected Papers in Asian Studies: Western Conference of the Association for Asian Studies*, Provo, n. 65, 2001.

"THE GLOBAL Food Service Market Is Projected to Grow from $2,646.99 Billion in 2023 to $5,423.59 Billion by 2030". Fortune Business Insights, 2023. Disponível em: <https://www.fortunebusinessinsights.com/food-service-market-106277>.

TIDESWELL, Catherine. "How Far Did Medieval Society Recognise Lesbianism in This Period?". Medievalists.net, fev. 2014. Disponível em: <https://www.medievalists.net/2014/02/gender-sexuality-europe-1200-1500-far-medieval-society-recognise-lesbianism-period/>.

TODOROV, Tzvetan. *Nós e os outros: A reflexão francesa sobre a diversidade humana*. Rio de Janeiro: Jorge Zahar, 1993.

TOMAZELA, José Maria. "Padre e bispado são condenados a indenizar vítima de abuso sexual durante confissão em SP". *O Estado de S. Paulo*, 28 fev. 2023. Disponível em: <https://www.

estadao.com.br/sao-paulo/padre-e-bispado-sao-condenados-a-indenizar-vitima-de-abuso-sexual-durante-confissao-em-sp-nprm/>.

TRAVIS, William J. "European Art: Medieval". GLBTQ, 2015. Disponível em: <http://www.glbtqarchive.com/arts/eur_art4_medieval_A.pdf>.

TREVISAN, João Silvério. "Oscar Wilde e os direitos homossexuais". *Cult*, n. 114, Dossiê digital Oscar Wilde, jun. 2007.

TRONCA, Italo A. *Lepraids: As máscaras do medo*. Campinas: Editora da Unicamp, 2000.

"TWENTIETH-CENTURY Trans Histories". Historic England. Disponível em: <https://historicengland.org.uk/research/inclusive-heritage/lgbtq-heritage-project/trans-and-gender-non-conforming-histories/20th-century-trans-histories/>.

"USO do termo paraíba quase rendeu processo contra jogador Edmundo, em 1997". *Correio Braziliense*, 20 jul. 2019. Disponível em: <https://www.correiobraziliense.com.br/app/noticia/brasil/2019/07/20/interna-brasil,772457/uso-do-termo-paraiba-quase-rendeu-processo-contra-jogador-edmundo.shtml>.

VARAZZE, Jacopo de. *Legenda áurea: Vidas de santos*. Trad. do latim, apres., notas e sel. iconográfica de Hilário Franco Júnior. São Paulo: Companhia das Letras, 2003.

VOHS, Kathleen D.; SCHOOLER, Jonathan W. "The Value of Believing in Free Will: Encouraging the Belief in Determinism Increases Cheating". *Psychological Science*, Washington, v. 19, n. 1, pp. 49-54, 2008.

WESTIN, Ricardo. "Igreja divulga as normas sobre gays". *O Estado de S. Paulo*, 30 nov. 2005. Disponível em: <https://www2.senado.leg.br/bdsf/bitstream/handle/id/313697/noticia.htm?sequence=1>.

_____. "No fim do Império, Brasil tentou substituir escravo negro por 'semiescravo' chinês". Agência Senado, 2 set. 2019. Disponível em: <https://www12.senado.leg.br/noticias/especiais/arquivo-s/no-fim-do-imperio-brasil-tentou-substituir-escravo-negro-por-201csemiescravo 201d-chines>.

"WHY MAORI Are 50% More Likely to Die from Covid-19 than White New Zealanders". *The Guardian*, 4 set. 2020. Disponível em: <https://www.theguardian.com/commentisfree/2020/sep/04/why-maori-are-50-more-likely-to-die-from-covid-19-than-white-new-zealanders>.

WILDE, Oscar. *O retrato de Dorian Gray*. São Paulo: Penguin-Companhia das Letras, 2012.

WILSON, Edward O. *On Human Nature*. Cambridge: Harvard University Press, 1979.

"WITH Highest Number of Violent Conflicts Since Second World War, United Nations Must Rethink Efforts to Achieve, Sustain Peace, Speakers Tell Security Council". Organização das Nações Unidas, 26 jan. 2023. Disponível em: <https://press.un.org/en/2023/sc15184.doc.htm>.

WOLF, Naomi. *O mito da beleza: Como as imagens de beleza são usadas contra as mulheres*. Trad. Waldéa Barcellos. Rio de Janeiro: Rocco, 1992.

WOOLF, John. *The Wonders: Lifting the Curtain on the Freak Show, Circus and Victorian Age*. Londres: Michael O'Mara, 2019.

WORLD Economic Forum Annual Meeting — Report, 2018.

XENOFONTE. *Econômico*. São Paulo: Martins Fontes, 1999.

FILMES, VÍDEOS E PODCASTS

"A grande aposta", ago. 2022. *Projeto Querino*, ep. 1. Ideal., coord. e pesquisa de Tiago Rogero. Disponível em: <https://projetoquerino.com.br/podcast-item/a-grade-aposta/>.

"A gula: Entre vícios e virtudes", 22 nov. 2016. *Café Filosófico* da série Pecados Capitais, organizada por Leandro Karnal, com Luiz Estevam Fernandes. Disponível em: <https://www.youtube.com/watch?v=pfWHpe-uRxg>.

A Transamazônica, 1970. Agência Nacional. Disponível em: <https://www.youtube.com/watch?v=8Io0WfKo0Qo>.

Crip Camp: Revolução pela inclusão, 2020. Dir. de Jim LeBrecht e Nicole Newnham.

Divertida Mente, 2015. Disney/Pixar. Dir. de Peter Docter.

Guerras do Brasil.doc, 2019. TV Brasil.

"How Misogyny in Ancient Rome Shaped Modern Cyberstalking: Interview with Mary Beard", 2016. Women in the World Summit. Disponível em: <https://youtu.be/rcu0_7NiDl4>.

"Ler imagens: *A redenção de Cam*, de Modesto Brocos". Lilia Schwarcz, 27 ago. 2020. Disponível em: <https://www.youtube.com/watch?v=v3mtwEoBZJM>.

Precisamos falar com os homens?. ONU Mulheres Brasil, 1 nov. 2016. Disponível em: <https://www.youtube.com/watch?v=jyKxmACaS5Q>.

"Refúgio LGBTQIA+ no Brasil". *Café da Manhã Folha*, 28 jun. 2023. Disponível em: <https://open.spotify.com/episode/5YO3c4PIuNxhBV4eTP3hlR>.

XXY, 2007. Dir. de Lucía Puenzo.

Créditos das imagens

Todos os esforços foram feitos para reconhecer os direitos autorais das imagens. A editora agradece qualquer informação relativa à autoria, titularidade e/ou outros dados, se comprometendo a incluí-los em edições futuras.

MIOLO

p. 27: Gravura, 25,1 cm × 20 cm. The Metropolitan Museum of Art, Nova York

p. 32: Nevena Tsvetanova/ Alamy/ Fotoarena

p. 55: Gravura, 11,4 cm × 7 cm. The Metropolitan Museum of Art, Nova York

p. 69: Randall Studio, *c.* 1870. National Portrait Gallery, Smithsonian Institution, Washington, DC

p. 98: Fine Art Images/ Album/ Fotoarena

p. 117: Elia Naurizio e Johann Heinrich Störcklin, 1828. Biblioteca Municipal de Trento

p. 135: Maurice Seymour

p. 137: Hank O'Neal

p. 138: U. Dettmar/ Folhapress

p. 139: Revista *Transvestia*, n. 16, 1962. Divisão de Arquivos e Manuscritos/ Biblioteca Pública de Nova York

p. 145: Juca Martins/ Olhar Imagem

p. 148: Biblioteka Jagiellońska, Cracóvia

p. 192: Centro de Pesquisa de Coleções e Arquivos Especiais da Universidade do Estado do Oregon, Corvallis

p. 194: Russell Lee/ Divisão de Gravuras e Fotografias/ Biblioteca do Congresso dos Estados Unidos, Washington, DC

p. 200: Padre Rafael, cortesia de Garbis Kazanjian. Project SAVE/ Armenian Photograph Archives, Watertown, MA

p. 202: Bernhardt Walter/ Ernst Hofmann, cortesia de Yad Vashem/ United States Holocaust Memorial Museum, Washington, DC

pp. 220 e 275: Wellcome Collection, Londres

p. 225: Biblioteca Merrill-Cazier, Universidade do Estado de Utah, Logan

p. 244: Mrs. Frank DeGarmo Papers, ms. 1879. Divisão de Bibliotecas/ Universidade do Tennessee, Knoxville

p. 282: Administração Nacional de Arquivos e Registros dos Estados Unidos, Washington, DC

p. 284: DR/ MissLunaRose12, CC BY-SA/ Wikimedia Commons

p. 287: Ian Dagnall Computing/ Alamy/ Fotoarena

p. 299: Salvador Scofano/ Acervo Fiocruz Imagens

CADERNO DE IMAGENS

1. Museu de História Natural, Viena
2. Loggia dei Lanzi, Florença/ Age Fotostock/ Easypix Brasil
3. Biblioteca Estadual da Baviera, Munique
4 e 12. Biblioteca do Congresso dos Estados Unidos, Washington, DC
6. Óleo sobre tela, 188 cm × 228 cm. Musée Calvet, Avignon
7. Aquarela sobre papel, 33 cm × 38,1 cm. Tate Britain, Londres
8. Felipe Rau/ Estadão Conteúdo
9. DR/ Luiz30, CC BY-SA/ Wikimedia Commons
10. Ryan McGrady, CC BY-SA/ Wikimedia Commons
11. ILGA World
13. Óleo sobre madeira, 154 cm × 92 cm. Museu do Prado, Madri
14. Sociedade Histórica da Califórnia, San Francisco
15. Zuma Press/ Easypix Brasil
16. DR/ Psychology Forever, CC BY-SA/ Wikimedia Commons
17 e 18. Museu Nacional de Antropologia, Madri
19. Óleo sobre tela, 199 cm × 166 cm. Museu Nacional de Belas Artes, Rio de Janeiro
20 e 21. Ormuzd Alves/ Folhapress
22. Litografia, C. de Lasteyrie. Biblioteca Nacional da França, Paris
23. Óleo sobre tela, 109,5 cm × 155 cm. National Gallery, Londres
24. Óleo sobre tela, 106,5 cm × 81,5 cm. Museu do Prado, Madri
25. DR/ Engr Robert, CC BY-SA/ Wikimedia Commons

Índice remissivo

Números de páginas em *itálico* referem-se a gráficos e ilustrações; a indicação "figura" remete ao caderno de imagens.

I Congresso Internacional de Eugenia (Londres, 1912), 243
I Senale (Seminário Nacional de Lésbicas, 1996), 144
365 dias (filme), 322*n*

Aarão (sacerdote hebreu), 280
ABC paulista, 196
Abel (personagem bíblica), 234
ABGLT (Associação Brasileira de Lésbicas, Gays, Bissexuais, Travestis, Transexuais e Intersexos), 146
ableism, 280; *ver também* capacitismo
abolicionismo, *69*, 240, 289, 319*n*
"abominação", conceito bíblico de, 102, 106, 114
aborígenes australianos, 129
abraâmicas, religiões, 28, 52
Abraão (patriarca hebreu), 106
abusos sexuais de garotos no futebol, 99
acessibilidade para pessoas com deficiências, 269, 279, 283-4

Acnur (Alto Comissariado das Nações Unidas para os Refugiados), 195, 204
Acontece Arte e Política LGBTI+, 146
Adams, Abigail, 61-2
Adams, John Quincy, 61, 188
Adão e Eva, 26, *27*, 28-31, *32*, 49, 52, *55*, 82, 109, 234, 266, 332*n*, figura 3
Adão e Eva (gravura de Dürer), *27*
Addams, Jane, 144
Adis Abeba (Etiópia), 30
adolescentes, 98-9, 141, 143, 156, 215, 293-7, 302, 342, figura 23; *ver também* puberdade
Adriano, papa, 273
adultério, 50, 59, 110, 115
África, 30, 41, 48, 111, 176, 180, 187, 212, 218-9, *220*, 221, 223, 226, 249, 289-91, 297
África do Sul, 288, 290, 330*n*
ágape, 105
Agassiz, Elizabeth, 239, 241
Agassiz, Louis, 238-42, 245, 334*n*, 340*n*
Agostinho, Santo, 48

agricultura, 36-8, 337*n*
aids/HIV, epidemia de, 137-8, *137-8*
Aka (povo africano), 41, 320*n*
Albemarle Club (Londres), 125
Albuquerque Jr., Durval Muniz de, 195, 330*n*
álcool (bebidas alcoólicas), 66-8, 84, 215, 258-9
"Alegoria da África" e "Alegoria da América" (gravuras de Collaert), 220
Alemanha, 17, 19, 22, 109-10, *148*, 201, 243, 248, 280-1, 292, 327*n*, 333*n*, 335*n*
Alencar, José de, 63
Alerj (Assembleia Legislativa do Rio de Janeiro), 150
Alexandre Magno, 105
algonquinas, nações (americanos nativos), 60
Almeida, Silvio Luiz de, 209, 331*n*
alteridade/"o outro", 16-7, 71, 85-6, 89, 147, 152-5, 160-4, 171-81, 184, 186, 193, 204-5, 211-5, 218, 241, 260, 272, 286, 305, 312
"amarelo", perigo (preconceito contra asiáticos), 182, 187-8, 224; *ver também* asiáticos; chineses; japoneses
Amazonas, 240
amazonas (guerreiras mitológicas), 47, 57
Amazonas, rio, 57
Amazônia, 187, 195, 239
Ambrósio, Santo, 49
América Central, 95, 173, 230
América do Norte, 115, 188
América Latina, 149, 188, 259, 290, 314, 330*n*, 337*n*
América portuguesa, 176, 195; *ver também* Brasil
Americae Tertia Pars (gravura de Théodore de Bry), 56
Américas, 56, 115, *117*, 118, 166, 176, 183, 219, *220*, 226, 230-1, 233, 235, 249, 286, 291, 324*n*; *ver também* Novo Mundo
ameríndios *ver* indígenas
amonitas, 107
Amon-Rá (divindade egípcia), 162
"amor que não ousa dizer o nome" (expressão de Wilde), 126

anal, sexo, 102, 105, 115
analfabetismo, 247, 283
Andaluzia (Espanha), 105
Anderson (negro encarcerado injustamente), 206-7, 209-10, 216
Andrade, Mário de, 144
androginia, 108
Anglería, Pedro Mártir de, 115
Angola, 223
animais, comportamento homossexual em, 95-6
Anjos bons da nossa natureza, Os (Pinker), 167-8
anões, 173, 280, 285-7, *287*, figura 24
anorexia, 262, 266
Antigo Testamento, 48-9, 102, 105, 141, 174, 265
antissemitismo, 17, 19, 21-2, 24, 28, 104, 108, 140-1, 143, *148*, 174-7, 182, 199, 201, *202*, 213, 238, 248-9, 276, 280, 325*n*, 327*n*, 329*n*, 335*n*
Antra (Associação Nacional de Travestis e Transexuais), 146
antropologia, 38, 40-2, 171, 222, 226, 254, 323*n*
antropologia criminal, 227, *275*, 333*n*
Apaches (gangue juvenil parisiense), 293
Ápia (filha de santo Hilário), 51
Apolo (divindade grega), 100, figura 6
Apolo e Ciparisso (tela de Dubufe), figura 6
aporofobia, 21, 23, 79
Aquiles (personagem mitológica), 100, 105
Arendt, Hannah, 24
Argentina, 179-80, 197, 247, 249, 335*n*
Aristófanes, 43
Aristóteles, 144, 221
Ark, Wong Kim, 186, figura 14
"armário"/"sair do armário", uso da expressão, 121, 125, 129, 131-2, 139-40, 142-3, 145, 150, 327*n*
armênios, 111, 199, *200*
arqueologia, 31
artistas LGBTQIA+, 144; *ver também* LGBTQIA+, comunidade
Artur, rei (personagem), 80
"Árvore da vida ladeada por Maria e Eva" (gravura de Furtmeyr), figura 3

Ásia, 48, 176-7, 180, 187, 218, 221, 226, 249, 290-1, 330*n*
asiáticos, 182-4, 186, 188, 219
Aspásia, 47, 320*n*
assexuais, 94
assírios, 79, 97, 199
Assis, Dilermando de, 64
Associação de Empregadas Domésticas (Santos, SP), 79
Assuero, rei da Pérsia, 141-2
Asteca (indígenas), 173, 231
Atenas (Grécia antiga), 43-5, 82, *98*, 100, 144, 320*n*, figura 23
ativo/passivo, dicotomia, 100-1, 104
Atwood, Margaret, 81
audiência de custódia, 207
Augusto, imperador romano, 46
Auschwitz, campo de concentração de (Polônia), *202*, 335*n*
Austrália, 128, 183, 326*n*
australopitecos, 31, *32*
Australopithecus afarensis, 30, 32
Áustria, 39, 181, 271, figura 1
Auto de fe presidido por Santo Domingo de Guzmán (tela de Berruguete), figura 13
autoritarismo, 149
autorretratos, 301
Auto de fe presidido por Santo Domingo de Guzmán (tela de Berruguete), figura 13
autos de fé, 55-6, figura 13
aves, comportamento homossexual em, 95

Baartman, Sarah (Saartjie), 288-90, 340*n*, figura 22
Bærum, mesquita de (Noruega), 153
babuínos, 95
Bachofen, Johann Jakob, 38-40
Bagemihl, Bruce, 95, 324*n*
Bahia, 239
"baianos", 196
Bálcãs, 152-3, 165
Bamberg (Alemanha), 55
Banquete (Platão), 101

"bárbaros", 173-4, 179, 215, 231, 234, 272-3
Baril, Fernando, 150
Barker, Victor, 132-3
Barnum, Phineas T., 286-8
Barnum & Bailey Circus, 286
Baron, Ivan, 313
Batalha de Bridlington (Inglaterra, 1643), 286
Batalha dos deuses marinhos, A (gravura de Mantegna), 54
Baumfree, Isabella (Sojourner Truth), 69
Baviera (Alemanha), 109
Bayard, Hippolyte, 301
Bean, Robert, 245, 246
Beard, Mary, 47, 320*n*
Beatles, The, 30
Beauvoir, Simone de, 13, 71-2, 77, 322*n*
Beccaria, Cesare, 227
Beechworth Asylum (Austrália), 128
Before Trans (Mesch), 326*n*
Belchior, 196
"Belfagor, o arquidiabo" (Maquiavel), 59
Belle Époque, 124, 290
Benga, Ota, 292, 340*n*
Bento, Cida, 78, 323*n*
berdaches (conceito de "dois-espíritos", entre americanos nativos), 115, 121
Bernier, François, 224
Berruguete, Pedro, figura 13
bestialidade, 115
Betsabé (personagem bíblica), 49
Bíblia, 19, 21, 25, *27*, 28, 33, 45, 49-50, 67, 102-7, 109, 141-2, 203, 234, 249; *ver também* Antigo Testamento; Novo Testamento; Evangelhos
Bíblia moralisée (edição medieval ilustrada), 109
Biden, Joe, 192
Biggest Loser, The (programa de TV), 269
binarismos identitários, 82, 88-9, 127, 131
bissexualidade, 93-4, 96, 100, 144, 149, 339*n*
Blumenbach, Johann Friedrich, *225*
Boa Vista (RR), 212
Boal, Augusto, 43-4

Boaventura, São, 105-6
Bobo Sebastián de Morra, O (tela de Velázquez), figura 24
Body Positive (movimento), 270
Boechat, Beta, 270
Bolsonaro, Jair, 214-5
"bom gosto", 155, 238, 265, 267
"bom samaritano", parábola do, 203
Bonilha, Albertina, 65
bonobos, 95, 164
Bósnia, 151, 201
Boswell, John, 108, 325*n*
Bracero (programa de trabalhadores mexicanos nos EUA), 191-2
Bradley, Katherine Harris, 123, 141
Braille, Louis, 279
Braly, K., 314
"branqueamento", 181, 186, 209, 246-7, 249-50, 335*n*, figura 19
Brasil, 57, 64, 76, 78, 81-3, 90, 140, 145-6, 149, 179, 186, 195-7, 205, 207, 209, 211-2, 214, 216, *225*, 238-9, 242, 247-9, 255, 264, 271, 273-4, *275*, 277, 291, 294, 298-9, 302, 321-2*n*, 327*n*, 330-1*n*, 336-9*n*
Brassempouy (França), 39
Bray, Alberta Matilda, 133
Brevíssima relação da destruição das Índias (Las Casas), 177
Brito, Marcílio, 207, 209
Brocos, Modesto, 246, 249-50, 335*n*, figura 19
Broster, Lennox, 133
brown (categorização racial nos EUA), 184, 330*n*
Brown, Gordon, 131
Bruxa montando uma cabra ao revés (tela de Dürer), 55
bruxas, 42, 53-4, *55*, 56-7
Bry, Théodore de, 56
Buarque, Chico, 43
Buckle, Henry Thomas, 223
Buenos Aires (Argentina), 249
Buffon, conde de, 226
Bump, Mercy Lavinia Warren, 288
Burlingame, Anson, 183

Burroughs, Edgar Rice, 218
Butler, Judith, 87, 131, 324*n*

Cada um na sua lei (Schwartz), 329*n*
Caim (personagem bíblica), 234
Cal, Caio, 270
Calbo, Gerónimo, 113
Califórnia (EUA), 166, 185, 243
Calligaris, Contardo, 24, 319*n*
Cam (filho de Noé), 249
Camarões, República dos, 147
Camboja, 201
Cambridge Analytica, escândalo da (2018), 160
camitas, povos, 249
Campinas (SP), 79
Canadá, 180, 182-3, 287-8
candomblé, 26, 252, 333*n*
canhotos, 277
canibalismo, 56, 167
capacitismo, 280, 283-4, *284*, 312, 339-40*n*, figura 24; *ver também* deficiência física ou mental; PcDs (pessoas com deficiência)
capitalismo, 12, 38, 56-7, 180, 182, 227, 294
capoeira, 251-2
Caraffa, Carlo, 267
Carcassonne (França), 54
Caribe, 180, 198, 230-1, 330*n*, 337*n*
Carlos I, rei da Inglaterra, 286
Carnaval, 101
Carneiro, Sueli, 78, 289, 323*n*, 331*n*, 340*n*
Carolina do Sul (EUA), 120
cartaz com a mão do "mal" (2022), 147, 150
Carvajal, Agustín de, 118
Carvajal, Federico Garza, 57, 326*n*
Carvalho, Arnaldo Vieira de, 248
Carvalho, José Inácio de, 277
Casa Corpo Livre (São Paulo, SP), 270
Casa de Apoio Brenda Lee (São Paulo, SP), 137, *138*
Casé, Regina, 79
Castro, Eduardo Viveiros de, 321*n*
Castro, Fidel, 146
Çatalhöyük (Turquia), 39-40, 42

Catarina, santa, 266
catolicismo, 48-9, 119, 175, 324n; ver também Igreja católica
Cáucaso, 259
cavalaria, literatura de, 50, 80
Caxias do Sul (RS), 197, 253
Ceará, 196, 239
Cecília, santa, 51
Central Pacific Railroad (EUA), 185
Centro Nacional de Traumatismos (Stoke Mandeville, Inglaterra), 279
Cercopithecoidea (primatas), 96
cérebro humano, 158, 228, 246, 276, 295
Cértima, António de, 223, 332n
Cesars, Hendrik, 288
Céspedes Xeria, d. Luis de, 119
Chambri (povo de Papua Nova Guiné), 40-1
Charing Cross Hospital (Inglaterra), 133
Chávez, Simón de, 114
Chávez Leyva, Yolanda, 190, 330n
chichimecas (designação depreciativa de outras tribos por astecas), 173
Chilam Balam (texto sagrado dos Maia), 115
Childe, Gordon, 35, 319n
Chile, 117, 166, 330n
chimpanzés, 31, 85, 164
China, 41, 97, 153, 173, 182-7, 259, 271, 285, 299
chinatowns (bairros norte-americanos), 184-5
chineses, 180-7, 330n, figuras 12, 14
cholo, figura 17
Choque das civilizações, O (Huntington), 248
Cid, El (personagem), 80
Cidade do México, 113
cidades-Estado (Grécia antiga), 42
ciganos, 24, 201, 213, 280
Cinta Larga (indígenas), 254
Ciparisso (personagem mitológica), figura 6
cirurgias plásticas, 302, 342
cisgênero, 88, 91, 110, 132, 149, 327n
Ciudad Juárez (México), 188
"civilizados" versus "selvagens", 217-9, 223, 291
Clara, santa, 266
Clark, Lygia, 150

Clarke, Joan, 130
Cleópatra, 47
Cleveland, Grover, 127, 184
CNPI (Conselho Nacional de Proteção aos Índios), 254
Código Civil (1916), 65, 321n
Código Civil (2002), 65
Código Criminal (1830), 251
Código de Hamurabi, 47
Código de Processo Penal, 206
Código Penal (1890), 251
Código Penal (1940), 252
Cohen, Elliot E., 294, 341
Cohen, Jeremy, 329n
Collaert, Adriaen, *220*
Colombo, Cristóvão, 230
colonialismo, 116, 177, 198, 219, *220*, 256, 273-4, 321n; ver também imperialismo; neocolonialismo
colônias correcionais com trabalhos forçados, 251
Colono preto como fator da civilização brasileira, O (Querino), 335n
Comissão de Direitos Humanos da ONU, 282
Comissão Nacional da Verdade (CNV), 255-6
comportamento gregário violento, 85
Compton's Cafeteria (San Francisco), 139
Concílio de Trento (1545-63), 116, *117*
Concílio de Trento na igreja de Santa Maria Maggiore (Naurizio e Störcklin), *117*
Congo, 41, 291-2, 320n
Congresso Universal das Raças (Londres, 1911), 250
"Conheço o meu lugar" (canção), 196
Conquista (expansões marítimas europeias), 177-8, 231
Conrad, Joseph, 217-8
Conselho Real das Índias (Madri), 119
conservadorismo, 57, 65, 73, 92, 146, 150, 204, 324-5n
constitucionalismo, 235
Constituição brasileira (1988), 65, 178, 211, 257, 282

Constituição dos Estados Unidos, 185-6, 235
construção civil, trabalhadores da, 196
Conto da aia, O (Atwood), 81
contracultura, 40, 80
Contrarreforma, 116, *117*
Convenção para a Prevenção e a Repressão do Crime de Genocídio (ONU), 200-1
Convenção sobre os Direitos das Pessoas com Deficiência, 282
Cook, James, 274
Cooper, Edith Emma, 123
Cooper Do-nuts (café de Los Angeles), 138
Coração das trevas (Conrad), 217, 223
Coríntios, Carta de Paulo aos, 49
Cornelius, Robert, 301
"corpo eficiente", 258, 264-6, 269, 271, 278-82, 284-5, 297-8, 300, 302
corpo feminino, repressão e controle do, 49, 52, 73, 75, 268
Corpo Livre (movimento), 270
"corpos ideais/perfeitos", modelos de, 258, 260-2, 273, 278, 280, 292, 296, 300-3, 342
Correa, Juan, 113
Correia, Jader de Figueiredo, 255
Cotita de la Encarnación (nome social de Juan Galindo de la Vega), 113-4, 116
covid-19, pandemia de, 83-4, 146, 188, 192, 236, 298-9, 341
Crania Americana (Morton), 240
craniometria, 226, 240, 245, 276
Creta, ilha de (Grécia), 39, 100
Criação, mito da, 26-9, 33, 104, 121, 234, 334*n*
criacionismo ("design inteligente"), 34
criminalidade, 68, 84, 189, 211, 276-7
criminalização da homofobia no Brasil (2019), 146; *ver também* homofobia; violência contra grupos socialmente marginalizados
criollos, 179
Criolo, 7
Crip Camp: Revolução pela inclusão (documentário), 279
cristianismo, 25, 48, 51, 97, 108, 112, 162, 176, 269, 320*n*

Cristo *ver* Jesus Cristo
Crivella, Marcelo, 150
Croácia, 151, 160
Crônica da Companhia de Jesus (Vasconcelos), 56
Crusius, Patrick, 153
Crusoé, Robinson (personagem), 219
Cruz, Nadir Olga, 314
Cuba, 146, 287, 330*n*
Cuebas, Benito, 113-4
Cultura e imperialismo (Said), 217
Cunha, Euclides da, 64
"cura gay", 92, 128, 175
Currier, Nathaniel, 66, figura 4
Cuvier, Georges, 289
Cuzco (Peru), 118

Darwin, Charles, 33, 38, 219, 222, 243, 276
Daughters of Bilitis (DOB), 134, 141
Davenport, Charles, 243
Davi, rei de Israel, 49, 105, 126
Davis, Angela, 23, 70, 319*n*
DDT (pesticida), 191, *192*
De Vos, Maerten, *220*
"decálogo de onze" (diretrizes contra o preconceito), 308-9
Declaração dos Direitos da Mulher e da Cidadã (1791), 62
Declaração Universal dos Direitos Humanos (1948), 201, 281, *282*
Decreto-lei 145/1893 (criação de colônias correcionais com trabalhos forçados), 251
Decreto-lei 3688/1941 (vadiagem como contravenção), 252
Decreto-lei 3199/1941 (proibição às mulheres da prática de futebol e outros esportes), 12
deficiência física ou mental, 278-81, 283, *284*, 335*n*; *ver também* capacitismo; PcDs (pessoas com deficiência)
Degas, Edgar, figura 23
"degeneração" racial, 186, 226
Delumeau, Jean, 51, 329*n*
demarcação de terras indígenas, 257

democracia, 23, 43, 47, 67, 150, 209, 307
"democracia racial", mito da, 209-10, 249, 323*n*, 331*n*
demofobia, 244, 277
depoimentos sobre preconceito, 311-6
depressão, 92, 134, 262, 298, 302
"design inteligente" (criacionismo), 34
desigualdades, 12, 62, 68, 78, 205, 209, 211, 229, 234, 283, 323*n*
desnutrição de indígenas brasileiros (2023), 211-2, 256
Destruição britânica e sua conquista, A (São Gildas), 272, 338*n*
desumanização, 86, 213, 235, 312, 315
deusa-mãe, 38-40
Deuteronômio, Livro do, 102-3, 203
Dia da Luta contra a Gordofobia no Brasil (10 de setembro), 271
Dia da visibilidade bissexual (23 de setembro), 144
Dia da visibilidade lésbica (29 de agosto), 144
Dia da visibilidade trans (29 de janeiro), 144
Dia do orgulho lésbico (19 de agosto), 144
Dia Nacional de Combate à Intolerância Religiosa (21 de janeiro), 252
Diabo, 49, 52-3, 58, 106
Díaz, Alonso (nascido Catalina de Erauso), 117-20
Dieulafoy, Jane, 326*n*
Dilúvio, mito do, 28, 33
dimorfismo sexual, 30-2
Dinamarca, 109, 135
"dinâmicas de mestiçagem" (termo de Paiva), 231
Dio, Cassio, 101
diorama de um casal de australopitecos (Museu de História Natural de Nova York), *32*
direita política, 78, 146, 153, 324*n*
direitos civis, 135-6, 146, 149, 183
direitos das mulheres, 61-2, 65, 68, 70, 307, 319*n*, figura 5
direitos humanos, 150, 201, 281, *282*
direitos LGBTQIA+, 146-50, figura 10

discriminação (comportamento real e efetivo), 12-3, 20-1, 145-6, 185, 213, 229, 236, 262, 270, 313-4, 339*n*
dismorfia corporal/muscular, 303, 342
ditadura militar (1964-85), *145*, 256
Divertida mente (filme de animação), 156
Divina comédia (Dante Alighieri), 109
divórcio, 64-5
DNA, 94, 97, 160, 163-4, 333*n*
"doméstica", figura da, 64, 79; *ver também* trabalho doméstico
Domésticas (filme), 79
Domingos, são, figura 13
Dorado Romo, David, 189
Douglas, Alfred Bruce (Bosie), 125-7
Downing, Paul, 129-30
drag queen, 91, *137*, 315
Drusa, Lívia, 46
Dubufe, Claude-Marie, figura 6
Duby, Georges, 263, 336*n*
Dumas, Alexandre, 63
Dunker, Christian, 305, 342
Dunlop, Alexander, 288
"dupla jornada" de trabalho feminino, 71
Durán, Joseph, 113
Durante, Flávia, 270
Dürer, Albrecht, *27*, 54, *55*

"E não sou eu uma mulher?" (discurso de Sojourner Truth), 69
ech-Cheikh, Mawlay Muhammad, 176
Eclesiastes, Livro do, 265
Edmundo (jogador), 196, 330*n*
Eduardo II Plantageneta, rei da Inglaterra, 109
Eduardo VII, rei da Inglaterra, 130
educação inclusiva, 283, 315
efebofilia, 99
efeminação, 58, 60, 85, 101, 116, 127
egípcios, 97, 240, 271-2, 285
Egito, 22, 47, 162, 218, 259, 285, 306
El Paso (Texas, EUA), 153, 188-91
Elbe, Lili, 133, *134*, 141
Elizabeth I, rainha da Inglaterra, 58

Ellis, Havelock, 123
Ellis, Ruth, 144
Ellis Island, porto de (Nova York), 244
Emílio (Rousseau), 63
Engels, Friedrich, 38-9
Enigma (máquina de criptografia alemã), 130
Enoque (personagem bíblica), 234
Enquidu (personagem mitológica), 105
Epistemology of the Closet (Sedgwick), 131
Epopeia de Gilgalmesh (poema épico sumério), 105
Equador, 330*n*
"Era da Grande Deusa" (35 mil a.C. a 4 mil/3,5 mil a.C.), 40
Era do gelo (40 mil a.C.-10 mil a.C.), 39, 166
"era dos muros" (mundo atual), 204, figuras 15-6
Eram os deuses astronautas? (Däniken), 334*n*
Erina, figura 7
eromenos/eromenoi, 98, 100, 121
eros, 105
escarificações, 272-4; *ver também* tatuagens
Escitino de Teos (poeta grego), 97
Escola sem Partido (movimento conservador), 149-50
escravidão, 68, 71, 186, 197, 204, 206, 215-6, *225*, 227, 235, 250-1, 253-5, 277, 289, 331*n*
eslavos, 201
Espanha, 76, 83-4, 118, 129, 146, 167, 175, 177-8, 223, 233
Español con india serrana o civilizada producen mestizo (tela de Lozano), figura 18
Esparta (Grécia antiga), 42-3, 100-1, 280, figura 23
Espetáculo das raças, O (Schwarcz), 332-4*n*
Espira (Alemanha), 110
esposa de Caim, enigma da, 234-5
esquerda política, 78, 146
Essai sur l'inégalité des races humaines (Gobineau), 237
Estado Novo (1937-45), 252
Estados Unidos, 29, 33, 38, 40, 61-2, 64, 66-8, *69*, 71, 73, 75, 78, 84, 120, 129, 134, *135*, 136, 138-9, 180-4, 186, 188, 190-2, *192*, 194, 212, 235, 238-9, 243-4, *244*, 246-7, 259, 270, 279, *282*, 285-8, *287*, 290-3, 330*n*, 333*n*, 340*n*, figuras 4, 12, 14-5
Estátua da Liberdade, 291
Estatuto da Criança e do Adolescente (1990), 295
Estatuto da Mulher Casada (1962), 65
Estatuto do Idoso (2003), 297
Ester (personagem bíblica), 141
esterilização compulsória, 243, 335*n*
estrangeiros, preconceito contra *ver* xenofobia
estupro, 48, 59, 92, 95, 107, 215, 289
etarismo, 23, 297-8, *299*, 341, figura 25; *ver também* gerontofobia
Etiópia, 30
Etrúria/etruscos, 46
eugenia, 184, 186, 189, 206, 228, 243, *244*, 247-50, 276-7, 281, 284-5, 334-5*n*
Eugenics Record Office (ERO), 243
eunucos, 103, 111-2, 120
Europa, 35, 38-9, 42, 49, *55*, 82, 84, 108, 111, *117*, 120, 123, 130, 147, *148*, 173-4, 177, 180-2, 200, *202*, 213, 218-9, *220*, 221-3, 226-7, 238, 286, 288, 290-1, 320*n*, 324*n*, 327*n*, 334*n*
eutanásia, 280-1, 335*n*
Evangelhos, 15, 18, 49, 202
evangélicos (igrejas evangélicas), 146, 252, 324*n*
Evans, Arthur, 39
Evans, Edward de Lacy, 128
evolução, teoria da, 33, 219
expectativa de vida de homens e mulheres, 81
Exposição Geral de Belas-Artes (Rio de Janeiro, 1895), 249, figura 19
Exu (orixá), 312
Ezequiel, profeta, 107

Facebook, 160
Falsa medida do homem, A (Gould), 237, 338*n*
família greco-romana, estrutura da, 46
"família tradicional", 146-7, 149

Fantinel, Sandro, 197
faroeste, filmes de, 189
fascismos, 24
Fausto (personagem), 124
Fausto, Boris, 65, 321*n*
Fazenda Boa Vista (colônia correcional no Rio de Janeiro), 251
Federici, Silvia, 56-7, 321*n*
Feira Pop Plus, 270
Feiras Mundiais, exposições racistas nas, 290-2
feitiçaria, 53-6, *55*, 147, 321*n*
Felipe II, rei da Espanha, 178
Felipe IV, rei da Espanha, 118-9
feminicídio, 81, 216
feminismo, 29, 40, *69*, 73-4, 77, 80, 136, 247, 320*n*, 322-3*n*, figuras 5, 9
Ferguson, Brian, 328*n*
Fernandes, Luiz Estevam de Oliveira, 13, 335*n*, 337*n*
Ferro's Bar (São Paulo, SP), 144
Ferrovia Transcontinental (EUA), 183, 185
Field, Michael (pseudônimo literário de Cooper e Bradley), 123
Filipe (apóstolo), 15
Filipe II, rei da França, 108
Filipinas, 183, 223
Firmesa, Yuri, 150
Fitter Family Fairs (EUA), 243
Flaubert, Gustave, 63, 218
fluidez sexual, 82
fogueira, condenação à, 111, 114
fornicação, 114
Fortuna (o destino), 58
Foucault, Michel, 86, 338-9*n*
França, 39, 50, 54, 56, 62, 76, 108, 129, 184, 194, 223-4, 226, 238, 267, 279, 291, 326*n*
Francisco de Assis, são, 266
freak shows ("shows dos horrores" ou "feiras de curiosidades"), 286, *287*, 290, figura 22
Freud, Sigmund, 80, 226
Freyre, Gilberto, 209-10
Friedan, Betty, 40, 71-2, 322*n*
Fulda (Alemanha), 55

Funai (Fundação Nacional do Índio), 255-6
Furtmeyr, Berthold, figura 3
futebol, 12, 99, 151, 155, 160, 260, 277, 311

Gage, Frances, 70
Galen, Clemens August Graf von, 281
Galeria de Cristal, crime da (São Paulo, 1909), 65, 321*n*
Galp (Grupo Ação Lésbica Feminista), figura 9
Galton, Francis, 243, 245, 276, 334*n*
gangues de Nova York, 293
Ganimedes (personagem mitológica), 109
Gapa-SP (Grupo de Apoio à Prevenção da Aids), 137
Garbo, Greta, 144
García Lorca, Federico, 144
garimpo ilegal, 212, 214-5, figuras 20-1
Garota dinamarquesa, A (filme), 133
"gay", uso da palavra, 143
Gay Liberation Front (EUA), 136
gays, 21, 23, 82, 93-4, 100, 123, 131-2, 134, 136-7, 140, 142, 144, 146, 149, 324-5*n*, 327*n*, 339*n*
Geledés — Instituto da Mulher Negra, 71, 323*n*, 340*n*
genderqueer, 91
"gene gay", 94, 97, 236-7, 333*n*
gênero, fronteiras de, 82
gênero, identidade de, 72, 83, 89, 91, 324*n*
Gênesis, Livro do, 26-9, 59, 104, 106-7, 122
genocídios, 107, 141, 168, 177, 198-9, *200*, 201, 211-5, *225*, 248, 253-4, 256, 280, 331*n*, figuras 20-1
Genoma Humano, Projeto, 333*n*
genos, 199
"gerontocídio", 298
gerontofobia, 297-8, *299*, 300, 341, figura 25; *ver também* etarismo
Giambologna, figura 2
Gildas, são, 272-3, 338*n*
Gilgalmesh (rei mítico da Suméria), 105
Gimbutas, Marija, 40-1
Gladstone, Marcos, 26

369

Gliddon, George, 240
GLS (antiga sigla), 143; *ver também* LGBTQIA+, comunidade; sigla LGBTQIA+ (significado)
Gobineau, Arthur de, 223, 237-8, 333*n*
Goblin Market and Other Poems (Rossetti), 122
Goldberg, Leonardo, 342
Gomes, Aloisio, 197
Gomes, Samuel, 316
Gómez, José María, 167
Gomorra e Sodoma, destruição de (episódio bíblico), 106-7
Gonzaga, Chiquinha, 65
González, dr., 116
Gonzalez, Lélia, 78, 323*n*
gordofobia, 21, 268-70
Gouges, Olympe de, 62
Gould, Stephen Jay, 237, 240, 245, 338*n*
Grande Fedor (Londres, 1858), 276
Gray, Dorian (personagem), 123-4
greaser, 189
Grécia, 40, 42, 97-8, 100-1, 143, 237, 244, 246, 262, 279, figuras 6-7, 23
Grimaldi (Itália), 39
gripe espanhola (1918), 191, 299
Guangzhou (China), 183
Guarani-Kaiowá (indígenas), 257
Guarda Rural Indígena, 255
Guardian, The (jornal), 340-1*n*
Guerra Civil Americana (1861-5), 64, 240
Guerra Civil Inglesa (1642-51), 286
Guerra Fria, 205, 254
Guerras do Brasil.doc (documentário), 336*n*
Guerras do Ópio (China, séc. XIX), 182
Guido de Pisa, 109
"gula honesta", 267
Gurgel, Alexandra, 270
Guttmann, Ludwig, 279

hagiografias (vidas de santos), 50-1, 111-2, 266
Hall, Stanley, 293
Harari, Yuval Noah, 169, 306, 328*n*
Hasenbalg, Carlos, 323*n*
Havana (Cuba), 330*n*

Haward, Elfrida Emma, 132
Hebe (divindade grega), 109
hebreus, 97, 102
Heck, Johann Georg, *225*
Hefestion, 105
Hélade (Grécia antiga), 43
Heliodoro, Giovanna, 312
Heliogábalo, imperador romano, 101
Henrieta Maria, rainha consorte da Inglaterra, 286
heresias, 30, 106, 109, *117*, 320*n*, figura 13
Heródoto, 97, 121-2, 126, 141-2, 326*n*
Herrera, Juana de, 113
Hesíodo, 44
hetairas, 320*n*
heteronormatividade, 26, 88, 91-2, 101, 110, 144, 149
Hetzeldorfer, Katherina, 110-1
Hilário, santo, 51
hipertricose, 288
Hirschfeld, Magnus, 133, 327*n*
hispânicas, mulheres, 78
hispânicos, 153, 188, 192; *ver também* latino- americanos, preconceito contra
História de Roma (Tito Lívio), 59
História de uma viagem feita à terra do Brasil (Léry), 273
Hitler, Adolf, 17, 201, 335*n*
Hobbes, Thomas, 170
Holanda *ver* Países Baixos
Hollywood, filmes de, 56
Holocausto, *148*, 191, 201, 213, *225*, 238, 248, 335*n*
Homero, 48, 105
homicídios, 81
hominídeos, 34, 167
Hominoidea (primatas), 96
Homo sapiens, 61, 157, 164, 224, 276
homoerotismo, 89, 109, 111, 122, 147, figuras 6-7
homofobia, 83-150, 311, 324-5*n*, figura 11
homossexuais, 24, 85, 92-3, 96, 100, 127, 131, 136, 144, 146, 201, 213, 260, 274, *275*, 280, 324-6*n*

homossexualidade, 44, 82, 92, 95-103, *98*, 107-8, 120-1, 126-7, 131-2, 136, 142, 147, 237, 307, 324-5*n*, figuras 6-10
"homossexualismo", 120, 131
"honra", defesa da, 64-5, 80, 116, 118
hooks, bell, 77, 323*n*
"hotentotes", 289
Hudinilson Jr., 150
Hudson, Jeffrey, 286
Huerta, Victoriano, 189
humanidade, conceito de, 332*n*
humanity/humankind, conceitos de, 61
Hungria, 56, 100, 181, *202*, 325*n*
Huntington, Samuel, 248

"I can't get no satisfaction" (canção), 124
Idade Média, 18-9, 52-3, 80, 82, 99, 105, 108-10, 113-4, 145, 174, 182, 232, 234, 266, 272, 327*n*, 339*n*
Ideias para adiar o fim do mundo (Ailton Krenak), 336*n*
identidade de gênero, 72, 83, 89, 91, 324*n*
"ideologia de gênero", 90, 93, 149-50
idosos, preconceito contra *ver* etarismo; gerontofobia
Ignatieff, Michael, 151-2
Igreja católica, 19, 49-52, 71, 99, 110-1, *117*, 174, 267, 329*n*, 334*n*; *ver também* catolicismo
Igreja Cristã Contemporânea, 26
Ilê Axé Abassá de Ogum (terreiro em Salvador, BA), 252
Ilíada (Homero), 105
Iluminismo, 62, 168, 226, 332*n*
imigrantes, 66, 83, 153, 162, 172, 180-8, 190-4, *192*, *194*, 204, 244, 305, 330*n*; *ver também* xenofobia
imperialismo, 147, 172, 182, 222-4, 230, 244, 291, 330*n*; *ver também* colonialismo
Império Britânico, 122, 128
Império Otomano, 199, *200*; *ver também* Turquia
Império Romano, 17, 46, 101, 105; *ver também* Roma
Império Russo, 199
Inca (indígenas), 231-2
Index (livros proibidos aos católicos pela Igreja católica), 71
Indiana (EUA), 243
indígenas, 23, 56-7, 62, 113, 115, 118, 129, 173-4, 177-80, 198, 205, 212, 214-6, 219, 221, *225*, 229-35, 241-2, 249, 253-6, 273, 279, 289, 312, 321*n*, 329-32*n*, 336*n*, figuras 20-1
"índios", uso do termo, 230-1
Indonésia, 41
infanticídio, 167, 280
Inglaterra, 22, 52, 55-6, 58, 60, 108, 110, 112, 120, 122, 127, 129-30, 133, 223, 243, 276, 279, 286-8, 327*n*, figura 5
insegurança alimentar, 214, *299*, 337*n*
Instagram, 301-2, 341-2
Instituto Rodrigo Mendes, 315
inteligência artificial, 130, 307
intergêneros, 327*n*
internalização de paradigmas preconceituosos por vítimas de preconceito, 21
International Lesbian and Gay Association (ILGA), figura 11
interseccionalidade, 77-8, 144, 283, 323*n*
intersexuais, 90, 94
intersexualidade, 133
Inveja (gravura de Mantegna), 54
iorubá (idioma), 26
Iraque, 199
Irlanda, 180-1, 289
Isabel de Castela, rainha, 58
Ishtar (divindade mesopotâmica), 102
islamismo, 25, 108, 176, 273; *ver também* muçulmanos
islamofobia, 153, 160, 324*n*
Israel, figura 16
Itália, 39-40, *117*, 127, 181, 184, 227, 244, 271
Iugoslávia, 151
Ivo de Chartres, 108

Jacinto (personagem mitológica), 100
Jafé (filho de Noé), 249

Jamaica, 183
Japão, 169, 173, 183, 187
japoneses, 173, 182-3, 187-8, 193-4, *194*
Japs (designação depreciativa de japoneses por norte-americanos), 193
Jebel Sahaba (Sudão), 166
Jefferson, Thomas, 33
Jened, acampamento (eua), 279
Jeremias, profeta, 107
Jerônimo, São, 49
Jerusalém, 16-7, 203
jesuítas, 56
Jesus Cristo, 15-6, 19, 26, 49-50, 68, 104, 106, 108, 174, 202-3
Jimenez, Malu, 313
Joana d'Arc, 50
João (clérico acusado de sodomia), 108
João, Evangelho de, 15
João vi, d., 195
Jogo da imitação, O (filme), 130
Jogos Olímpicos de Londres (1948), 279
Johanson, Don, 30, 32
Johnson, Marsha P., 136-7, *137*
Jônatas (personagem bíblica), 105, 126
Jorgensen, Christine, 134-5, 141
Jorgensen, Jack, 129
Josefo, Flávio, 108
Jouhandeau, Francês Marcel, 315
Journey in Brazil, A (Agassiz), 241
Jovens espartanos (tela de Degas), figura 23
jovens lgbtqia+, dificuldades dos, 142
Judá, Reino de, 107
judaico-cristã, tradição, 26, 30, 101, 108, 221, 264, 273
judaísmo, 17, 25, figura 13
judeus, preconceito contra *ver* antissemitismo
Juno (divindade grega), 109

Kahlo, Frida, 144
Kalache, Alexandre, 298, 341
Kansas (eua), 191
Kardashian, irmãs, 302
Karnal, Leandro, 13, 337*n*

Katz, D., 314
Kehl, Maria Rita, 296, 341
Kehl, Renato, 248, 250
Kew Asylum (Austrália), 128
Khoikhoi (povo africano), 289
Khoisan (povo africano), 289
Kipling, Rudyard, 218, 223
Kis-Lev (artista israelense), figura 16
Kopenawa, Davi, figura 21
Krahô (indígenas), 173, 329*n*
Kramer, Heinrich, 53
Krenak, Ailton, 255-6, 336*n*
Kubitschek, Juscelino, 254
Kurtz, sr. (personagem), 218
Kury, Lorelai, 334*n*

La Coruña (Espanha), 83
Labouchere Amendment (criminalização da homossexualidade no Reino Unido, 1885), 126
Lacerda, João Batista de, 250
Lanhoso, Camila, 339*n*
lapões, 292
Las Casas, Bartolomé de, 177-8
latim, 49, 111, 199, 221, 232
latino-americanos, preconceito contra, 153, 172, 188-9, 192
Le Guin, Ursula K., 76
Lea Jr., Thomas Calloway, 189
Leakey, Louis, 31
Leakey, Mary, 31, 319*n*
Leão ix, papa, 106
LeBrecht, Jim, 279
Lee, Brenda, 137-9
Legenda áurea (Jacopo de Varazze), 51, 320*n*
Lei 10 741/2003 (Estatuto do Idoso), 297
Lei 13 146/2015 (inclusão social de pessoas com deficiência), 283
Lei 7716/1989 (criminalização do racismo e outros preconceitos), 20, 146
Lei 9459/1997 (definição dos crimes de racismo e outros preconceitos), 20
Lei de Repressão à Ociosidade (Código Penal de 1890), 251

Lei do Divórcio (1977), 65
Lei Seca (EUA, anos 1920), 84, 259
"Lei Turing" (cancelamento de condenações homofóbicas, Reino Unido, 2017), 131
Lemkin, Raphael, 199-200
lêmures de Madagascar, 96
Lent, Theodore, 288
Lenzi, Maíra Bonna, 283
Leonardo da Vinci, 22, 144
Leonilson, 150
"Ler imagens: *A redenção de Cam*, de Modesto Brocos" (Schwarcz), 335*n*
Léry, Jean de, 273
lesbianidade, 110, 122-3, 127, 143-4
"lésbica", uso do termo, 143, figura 7
lésbicas, 23, 82, 92, 94, 101, 134, 136, 140, 142-4, 339*n*, figura 9
lesbofobia, 82, 144
Lesbos, ilha de (Grécia), 143, figura 7
Leste Europeu, 244
Levítico, Livro de, 103-7, 203, 280
Levy, Becca, 298
Lewontin, Richard Charles, 228
Leyenda Negra (violência da colonização espanhola), 177-8
LGBTfobia, 21-2, 145-6, 150; *ver também* homofobia; lesbofobia; transfobia
LGBTQIA+, comunidade, 26, 94, 121, 136, 138-40, 142-7, 149-50, 175, 216, 260, 274, 307, 327*n*, figuras 8-10
liberalismo, 62-3
Licurgo, figura 23
Life (revista), 294
Liga pela Restrição da Imigração (Boston, EUA, 1894), 183
Lilith (personagem mitológica), 28-9
Lima (Peru), 330*n*
Lima, Albuquerque, 255
limpieza de sangre, 114, 232
Lineu, Carl, 224-5, 245
linguagem não binária, 147
lipofobia *ver* gordofobia
lira (ave australiana), 95

Lisístrata ou A guerra dos sexos (Aristófanes), 43
Lívio, Tito, 59
livre-arbítrio, noção de, 156-9
Livro de Gomorra, O (São Pedro Damião), 106
Lloyd, Constance, 125
Ló (personagem bíblica), 106-7
Lobato, Monteiro, 79, 246-8, 250
Locke, John, 61, 235
Lombroso, Cesare, 227-8, 274, 275, 276-7
Londres (Inglaterra), 113, 124, 129-30, 243, 250, 276, 290
Lorde, Audre, 144
Los Angeles (Califórnia, EUA), 138
Lozano, Cristóbal, figuras 17-8
Lucas, Evangelho de, 202, 265
Lucrécia, 59, 321*n*
Lucy (fóssil de *Australopithecus afarensis*), 30, 32
"Lucy in the Sky with Diamonds" (canção), 30
lugar de fala, conceito de, 23
Lugar de negro (Hasenbalg e Gonzalez), 323*n*

Macaca fuscata (macacas-japonesas), 95
macacos, comportamento homossexual em, 96
Machado, Fernanda de Araujo, 312
machismo, 23, 31, 64-5, 70-1, 73, 81, 122
"macho alfa", 85
Madri (Espanha), 119, figura 24
Mãe Gilda de Ogum (ialorixá), 252
Magalhães, Vera, 316
Magatte (senegalês), 83
Maguire, Ellen, 129
Maia (indígenas), 115
"maldição de Cam", mito da, 249-50
Malheiros, Artur, 65
Mall, Franklin, 246
Maluf, Paulo, *145*
mamutes, 33-4
Manaus (AM), 240, 242
Mandela, Nelson, 290
Mandrágora, A (Maquiavel), 59
Manshaus, Philip, 153, 159, 161
Mantegna, Andrea, 54

Mão esquerda da escuridão, A (Le Guin), 76
Maori (povo nativo da Nova Zelândia), 274, 299, 341
"Mapa das cinco raças humanas" (gravura de Heck e Blumenbach), *225*
Maquiavel, Nicolau, 58-60, 321*n*
Maranhão, 313
"marco temporal" (na demarcação de terras indígenas), 257
Maria, Santa (Nossa Senhora), 42, 49-51, 58, 74, 82, figura 3
Maria Tudor, rainha da Inglaterra, 58
maricón, 85-8, 121
"mariconas", 311
marinheiros, 114, 274
Marinos, são (nascido "Maria"), 111-2
Marlowe, Christopher, 109
Marrocos, 176
Marshall, Tim, 204, 331*n*
Marshall, William, 263
Martelo das bruxas [*Malleus maleficarum*] (Kramer e Sprenger), 53
Martius, Carl Friedrich Philipp von, 238
Marx, Karl, 38
masculinidade, modelos de, 63, 80-1, 88, 116, 118, 171; *ver também* virilidade
Massacre de Haximu (extermínio de indígenas brasileiros, 1993), 214, 257, figuras 20-1
Massacre de Simele (Iraque contra os assírios, 1933), 199
Massacre do Paralelo 11 (extermínio de indígenas brasileiros, 1963), 254
mastodontes, 33
masturbação, 115
Mateus, Evangelho de, 49-50
matriarcado primitivo (sociedades matriarcais antigas), 38-41, figura 1
matrilineares, sociedades, 40-2
maturação sexual de humanos e primatas, 295-6
Mcfarland, Abby, 64
Mcfarland, Daniel, 64
Mead, Margaret, 40-1, 320*n*

Medeia (personagem mitológica), 58
Melbourne (Austrália), 129
Mellaart, James, 40, 320*n*
Melo, Laudelina de Campos, 79
Mendel, Gregor, 243
Mendes, Rodrigo Hübner, 315
Mengele, Josef, 335*n*
Menológio de Basílio II (hagiografia), 112
Mercury, Daniela, 312
Mercury, Freddie, 144
Mesch, Rachel, 326*n*
Mesopotâmia, 47, 102-3, 306
Messias, o, 15, 49, 174
mestiçagem, 231-4, 242, 249, 289, 333*n*
Mestizo con india producen cholo (tela de Lozano), figura 17
mestizos, 231-3, 249, figuras 17-8
Mexía, Diego, 116
mexicanos, 172, 188-92, *192*
México, 37, 113, 117, 177, 188-91, 193, 230, 249, figura 15
Michelangelo, 126, 144
microfísica do poder (conceito de Foucault), 86
millennials, mulheres, 76, 323*n*
Minangkabau (povo indonésio), 41
Minas Gerais, 239
Ministério da Saúde, 269, 337*n*
Ministério Público, 207, 209, 215
minoica, civilização, 39
misoginia, 12, 19-21, 25-82, *27*, *32*, *55*, 88, 106, 122, 144, 149, 168, 305, 319*n*, 322*n*, figura 23
Missal de Salzburgo, figura 3
Missão dos Aborígenes de Warengesda (Austrália), 129
Mística feminina, A (Friedan), 40, 72, 322*n*
mitologia clássica, 82
moabitas, 107
Moate, Edward, 128
Mogli, o Menino Lobo (personagem), 218
Moira, Amara, 311
Moisés, 103
Moloque (divindade canaanita), 103
monstros mitológicos femininos, 56

Montaigne, Michel de, 267
Montifaud, Marc de, 326*n*
Moraes, Vinicius de, 196
Moreira, Adilson José, 12
Morgan, Lewis H., 38-9
Morton, Samuel, 239-40, 245
Mosteiro de são Sarkis (Armênia), *200*
Mosuo (povo chinês), 41
Mott, Luiz, 89, 324-5*n*
Mourão, Hamilton, 248, 253
mouros, 105, 175-7, 232
Movimento Negro Unificado, 323*n*
Movimento pelos Direitos Civis (EUA), 135-6
muçulmanos, 108, 176-7, 201, 232, 329*n*; *ver também* islamismo
mulheres, direitos das, 61-2, 65, 68, 70, 307, 319*n*, figura 5
mulheres, preconceito contra *ver* misoginia
"Mulheres de Atenas" (canção), 44
multinaturalismo, 321*n*
múmias, 271-2
Munanga, Kabengele, 332*n*
Munduruku, Daniel, 312
Muñiz, Samuel Luiz, 83-8, 121, 142, 146
Murray, Arnold, 130
Museu de Arte do Rio de Janeiro, 150
Museu de História Natural de Nova York, 31, *32*
Museu de Zoologia Comparada (Boston, EUA), 239
Museu do Homem (Paris), 290
Musi, Agostino, 54
Mutterrecht, Das (Bachofen), 38
Muylaert, Anna, 79

Nações Unidas *ver* ONU (Organização das Nações Unidas)
Nada ortodoxa (série da Netflix), 75
Nagib, Miguel, 149
Namban-jin (designação depreciativa de europeus por japoneses), 173
nanismo *ver* anões
não binário, gênero, 91, 147

Narciso (personagem mitológica), 124
"Nascimento de um cidadão, O" (Scliar), 87, 324*n*
Nastácia, Tia (personagem), 79
Natanael (apóstolo), 15-7, 20, 203
Nataruk (Quênia), 165-6, 169
naturalização de imigrantes (EUA, 1790), 181
nature-nurture, conceito de, 170
Naurizio, Elia, *117*
Nazaré (Israel), 15-7, 20
nazismo, 17, 19, 22, 130, 147, *148*, 153, 161, 191, 199-201, 209, 213, 238, 243, 248, 276, 279-81, 327*n*, 335*n*
Neale, Benjamin, 97
"negão" (estereótipo racista), 289
negras, mulheres, 78, 144, 146, 211, 216, 289, 313, 323*n*
negros, homens, 11-2, 146, 206, 209-11, 216, 246, 283
negros e negras, discriminação racial contra, 11-2, 21, 23, 57, 62, 68, 78, 113-4, 186-7, 207, 209-10, 213, 216, 221, 232-3, 235, 240-2, 246-52, 256, 260, 283, 289, 304-5, 319*n*, 332*n*, 335*n*, 340*n*; *ver também* racismo; segregação
neocolonialismo, 224, 227
Neolítico, 35, 41-2
neonazismo, 153, 160
neopentecostais, evangélicos, 146, 256
Nero, imperador romano, 47
New York Times, The (jornal), 74, 294, 296, 331*n*, 341
New York Times Magazine (revista), 74, 331*n*
New York Tribune (jornal), 64
Newnham, Nicole, 279
Nimuendajú, Curt, 254
"Ninguém nasce mulher: torna-se mulher" (expressão de Beauvoir), 71, 322*n*
Ninho, Severino, 99
Noé (personagem bíblica), 249
Noemi (personagem bíblica), 105
Noite dos Longos Punhais (Alemanha, 1934), 17

Nordeste do Brasil, 21, 195-8, 253, 283, 330*n*
nordestinos, 71, 78, 194-8, 239, 340*n*
Noruega, 153
Nossa Senhora, culto a, 42
Nott, Josiah, 240
Nouvelle Division de la Terre par les différentes espèces ou races d'hommes qui l'habitent (Bernier), 224
Nova York (NY), 68, *137*, 183, 244, 292-3, 340*n*, figura 10
Nova Zelândia, 153, 299, 341
Novo Mundo, 56, 58, 60, 96, 114, 117-8, 180; *ver também* Américas
Novo Testamento, 104; *ver também* Evangelhos
Núñez de Balboa, Vasco, 115
Nuremberg, leis racistas de (Alemanha, 1935), 19
Nzinga Mbandi, rainha de Ndongo, 58

Obama, Barack, 246
obesidade, 72, 268-70, 337-8*n*; *ver também* gordofobia
Oceania, 218
ocupações informais, pessoas em, *208*
Odisseia (Homero), 48
Odon (abade de Cluny), 52
Ogilvie, Marsha, 37, 319*n*
ONU (Organização das Nações Unidas), 169, 173, 195, 204, *282*, 283, 329*n*
"Operário em construção, O" (Moraes), 196
Ordenações Manuelinas, 175
Organização Mundial da Saúde (OMS), 81, 92, 269, 298, 338*n*, 341
orgulho LGBTQIA+, movimento e passeatas do, 132, 134, 136, 139-40, 144-5, figura 8
orientação sexual, 16, 91, 127
Oriente Médio, 35, 102, 111, 330*n*
Origem da família, da propriedade privada e do Estado, A (Engels), 39
Origem das espécies, A (Darwin), 219, 276
Ötzi (Múmia do Similaun), 271
"outro", o *ver* alteridade/"o outro"

Oxalá (orixá), 25
Oxumaré (orixá), 26

Pacífico, oceano, 115
"pacto narcísico da branquitude", 323*n*
paganismo, 273
Paget, Violet, 123
Países Baixos, 120, 324*n*
Paiva, Eduardo França, 231
pajubá (socioleto), 26
Palas Atena (Minerva, divindade greco-romana), 82
Paleolítico, 39
Palestina, 103, 204, figura 16
pandemia de coronavírus *ver* covid-19, pandemia de
pansexuais, 94
papéis de gênero, 25, 35, 44-5, 47, 60, 89, 93, 110-1, 120, 123
Papua Nova Guiné, 40
paquistaneses, figura 25
Paradas do Orgulho LGBTQIA+, 136, 140, 144, figura 8
Paraguai, 119, 247
Paraíba, 195-6, 239
"paraíbas", 196
Paraolimpíadas, 279
Paris (França), 62, 126, 289-90, 293, 326*n*
Paroo, H., 129
parteiras, 52-3
"passabilidade", conceito de, 129, 140, 142; *ver também* homossexualidade; transexualidade
passivo/ativo, dicotomia, 100-1, 104
Pastrana, Julia (Lady Babuína), 288
Patagônia, nativos da, 292
patriarcado, 12, 31, 38-9, 71
patriarcalismo, 48, 73; *ver também* machismo
Pátroclo (personagem mitológica), 100, 105
Paulo, São (apóstolo), 49, 104-5
PcDs (pessoas com deficiência), 213, 279-5, 284, 339-40*n*; *ver também* capacitismo; deficiência física ou mental

Pearl Harbor, bombardeamento de (Havaí, EUA, 1941), 192, *194*
PEC 478/2010 (igualdade de direitos trabalhistas), 79
"pecado original", *27*, 49, figura 3
Peçanha, Leonardo Morjan Britto, 313
pederastia, 98-100, 127
pedofilia, 98-100, 150, 157, 325*n*
Pedro II, d., 187
Pedro Damião, são, 106
Pedro de León, frei, 116
pegadas de australopitecos no Quênia, 31
Pélope (personagem mitológica), 100
Penélope (personagem mitológica), 48
Penitencial de Beda (compêndio medieval), 110
Penitencial de Teodoro (compêndio medieval), 110
Pentateuco, 28
Pérez de Navarreta, Francisco, 119
Péricles, 47
Pernambuco, 195, 197, 239, 277
Perrot, Michelle, 49, 320-1*n*
Pérsia, 97
Peru, 117-8, 177, 183, 233, 330*n*, figuras 17-8
"perversão", conceito de, 99
peste bubônica, 111
Peters, Gerhard, 191
Petrônio, 265
Petrópolis (RJ), 206
Phelan, James D., 184
piauí (revista), 331*n*
Piccadilly Circus (Londres), 289
pílula anticoncepcional, 75, 323*n*
Pinker, Steven, 167-9, 202, 328*n*
"pinturas de castas" (América espanhola), 233
pinups, 268
"Plano da Criação como mostrado no reino animal, O" (Agassiz), 239
Platão, 101, 126, 144
Plauto, 46
pobres, preconceito contra *ver* aporofobia; demofobia

polarização, 197, 213, 248, 316
poliamor, 38
Polícia Civil, *145*, 209
Polícia Federal, 215
poligenia, teoria da, 239
poligenicidade do comportamento homossexual, 97
Política Nacional de Educação Especial na Perspectiva da Educação Inclusiva, 283
Polônia, *148*, *202*
população mundial, 337*n*, 341*n*
Popular Science Monthly (revista), 294
Por um feminismo afro-latino-americano (Gonzalez), 323*n*
Porfírio Díaz, 189
pornografia, 75
Portinari, Cândido, 150, 195
Porto Alegre (RS), 150
Portugal, 70, 175-7, 223
Poseidon (divindade grega), 100
"pré-conceitos", 12, 15, 19, 209, 312-3
"prejuízo", noção de, 18-9
Presidente negro ou O choque das raças, O (Lobato), 246-7
primatas, 95-6, 165, 292, 295
Primeira Guerra Mundial, 70, 80, 181, 188, 191, 199-200, *200*, 223
Primeira Modernidade, 57, 120, 218, 221-2, 234, 250, 267, 329*n*, 332*n*
Primeira República *ver* República Velha
Prince, Virginia, *139*
Príncipe, O (Maquiavel), 58
privilégios, 12, 78, 210, 232, 304, 315, 323*n*
Proclamação da República (1889), 187
Progresso da bebedeira, O (litogravura de Currier), 66, figura 4
Projeto Querino (podcast), 209, 331*n*
Propithecus (lêmures de Madagascar), 96
prostituição, 66-7, 113, 121, 129, 214, 252, 255, 276
prostitutas, 114, 243, 265, 274, *275*, 320*n*, figura 3
prostitutos sacerdotais, 102, 107-8

protestantismo, 54, 108, *117*, 181
pseudociências, 226, 332*n*
psicanálise, 19, *134*
puberdade, 100, 293-5; *ver também* adolescentes
Puenzo, Lucía, 90

QI, testes de, 244
"Quando a desigualdade é diferença: Reflexões sobre antropologia criminal e mestiçagem na obra de Nina Rodrigues" (Schwarcz), 332-3*n*
Quatro bruxas, As (gravura de Dürer), 54
Quatro continentes, Os (gravuras de Collaert), *220*
Queensberry, marquês de (John Douglas), 105, 125
queer, estudos, 131
Queermuseu — Cartografias da Diferença na Arte Brasileira (exposição em Porto Alegre, 2017), 150, 327*n*
queers, 94, 142
Queiroz, Rachel de, 195
Quênia, 31, *32*, 165
Querino, Manuel, 335*n*
Quilombo Urbano Liberdade (São Luís, MA), 313
Quilos mortais (programa de TV), 270

"raça", etimologia da palavra, 221
"raças", divisão humana por, 153, 184, 217-30, *225*, 237-44, 334*n*
"raças fundantes do povo brasileiro", mito das, 253
Rachilde, 326*n*
Racial Stereotypes of One Hundred College Students (Katz e Braly), 314
racialização, 198, 233, 235, 330*n*
racismo, 19, 22-3, 70, 79, 137, 140, 143, 146, 149, 168, 180, 186, 190-1, 194, 196, 198, 206-57, 283, 290-2, 305, 313-4, 323*n*, 332-6*n*, figuras 17-9
"racismo científico", *225*, 226, figura 19

racismo estrutural, 21, 137, 180, 209, 215, 253, 323*n*
Racismo estrutural (Almeida), 209, 331*n*
Ramos, Graciliano, 195
Rapto das Sabinas (evento mitológico romano), 48, 59
Rapto das sabinas, O (escultura de Giambologna), figura 2
Ratzel, de Friedrich, 223
raza, 232-3
Redenção de Cam, A (tela de Brocos), 246, 249-50, 335*n*, figura 19
Reino Unido, 76, 122, 126, 131, 194, 291, figura 5; *ver também* Inglaterra; Irlanda
Reis, Livro dos, 102
Reis Magos, mito dos, 332*n*
Relatório Figueiredo (sobre irregularidades no SPI), 255
religiões afro-brasileiras, 205, 251-2
Rembrandt, 301
Renascimento, *55*, 301
rendimento domiciliar per capita, *208*
República Velha, 247, 252-3
republicanismo, 235
Retrato de Dorian Gray, O (Wilde), 123-4, 127
"Retratos de criminosos alemães e italianos" (Lombroso), *275*
Revolução Cognitiva, 306
Revolução Francesa (1789), 62
Revolução Industrial, 222, 306
Revolução Mexicana (1910-7), 189
Revolução Neolítica, 35
Revolução Pernambucana (1817), 195
Revoluções de 1848 (Europa), 180
Ribeiro, Ângelo Rodrigues da Cruz, 277
Ribeiro, Djamila, 11, 77, 323*n*
Ricardo Coração de Leão (Ricardo I, rei da Inglaterra), 108
Richardson, Albert D., 64
Rin'tá (ritual indígena), 336*n*
rinoplastia, 302
Rio de Janeiro (RJ), 150, 195-6, 207, 239, 251-2, 273, 277

Rio Grande do Norte, 195-6
Rita von Hunty (drag queen), 315
Rivera, Sylvia, 136, *137*
Robinson, Agnes Mary Frances, 123
Rodrigues, Nelson, 294, 341
Rodrigues, Raimundo Nina, 228, 332-3*n*, 335*n*
Rogero, Tiago, 331*n*
Rolando (personagem), 80
Rolling Stones, The, 124
Roma, 17, 46-8, 59, 97, 100-1, 119, 321*n*, figura 2; *ver também* Império Romano
romanos, 46-8, 101, 104, 173, 188, 265, 272, 277, 285, 327*n*
Romanos, Carta de Paulo aos, 104-5
Romero, Sílvio, 335*n*
Rômulo (fundador mítico de Roma), 48, figura 2
Rondon, Cândido, 254
Roosevelt, Eleanor, *282*
Roosevelt, Franklin D., 192
Roquette-Pinto, Edgard, 248
Roraima, 211, 214, figura 21
Rose, Cleveland, 127
Rossetti, Christina, 122-3
Rossetti, Dante Gabriel, 123
Roth, Rosely, 144
Rousseau, Jean-Jacques, 63, 170, 293
Roy, Jim (personagem), 246-7
Ruanda, 201, 212
Rússia, 40, 181, 288
Rute (personagem bíblica), 49, 105
Rykener, Eleanor (nascida John), 113

SA (Sturmabteilung), 17
sabandijas, figura 24
Sacro Império Romano-Germânico, 55-6
Safo de Lesbos, 101, 123, figura 7
Safo e Erina num jardim em Mitilene (tela de Solomon), figura 7
Said, Edward, 204, 217
Saída do pessoal operário da Fábrica Confiança (filme), 70
Saimiri sciureus (macaco-de-cheiro-comum), 96

salários femininos, 77
Salem, bruxas de (Massachusetts, EUA, 1692), 54
Salomão, rei de Israel, 49
Salvador (BA), 195, 252
Samaria (Israel), 203
San (povo africano), 289
San Francisco (Califórnia, EUA), 138-9, 184-5
San Lázaro (México), 113-4
San Pedro de Atacama (Chile), 166
Sanger, Margaret, 75
Sanöma (indígenas), 211
Sanöma, Matheus, 211
Santander Cultural, 150
Santo Ofício (Inquisição), 22, 53, *55*, *117*, 175, 325*n*, figura 13
Santos, Ynaê Lopes dos, 331*n*
santos medievais, 266
Sanumá, Mimika, 211-2
São Luís (MA), 313
São Paulo (SP), 137, *138*, 144, *145*, 196, 270, 278, figuras 8-9
Sapiens (Harari), 306
Sartre, Jean-Paul, 147
Satanás, 53, 56, 329*n*
Saturno (divindade grega), 56
Schäftlarn, mosteiro de (Baviera, Alemanha), 109
Schubert, Franz, 144
Schwaller, Robert C., 233, 333*n*
Schwarcz, Lilia Moritz, 331-5*n*
Schwartz, Stuart, 329*n*
Science (revista), 96
Scliar, Moacyr, 87, 324*n*
Sebastião, d. (rei de Portugal), 176
secas no Nordeste, 195
Sedgwick, Eve Kosofsky, 131, 327*n*
segregação, 154, 184-5, 240, 247, 281, 335*n*
Segunda Guerra Mundial, 80, 130, *135*, *148*, 167, 169, 180, 187, 193, *194*, 200, 204, 213, 267, 279, 281, 335*n*
Segundo sexo, O (Beauvoir), 71, 322*n*
seleção natural, 33, 222, 276

selfies, 300-2, 342
Sem (filho de Noé), 249
semitas, povos, 249
Sepúlveda, Juan Ginés de, 178
"sertanismo", 254
Sérvia, 160, 201
sexo biológico, 89-91, 95, 149
sexualidade, 12, 25, 49-50, 59, 73, 75-6, 88-90, 93, 97, 99, 104, 110, 120, 122-5, 131, 133, 141-2, 145, 149-50, 327*n*, 333*n*
Shakespeare, William, 126, 143, 341
Shakur, Ibrahima, 83
Shoah (nome hebraico para o genocídio de judeus), 201, 213; *ver também* Holocausto
sigla LGBTQIA+ (significado), 94
Silva, Benedita da, 79
Simon, Erika, 271
Simon, Helmut, 271
Sinimbu, João Lins Vieira Cansanção de, 186-7
siques, 25-6
Sítio do Picapau Amarelo (Lobato), 246
"sobrancelha de Instagram", 301-2
Sociedade Eugênica de São Paulo, 248
Sócrates, 47, 144
Sodoma e Gomorra, destruição de (episódio bíblico), 106-7
sodomia, 22, 102, 105-11, 113-6, 119-21, 125, 127, 129, 145, figura 13
Sojourner Truth (ex-escravizada), 69-70
Solomon, Simeon, figura 7
Sólon, 100
Sortie de l'usine Lumière à Lyon, La (filme), 70
Sotomayor, d. Juan Manuel de, 113
Spencer, Herbert, 223
SPI (Serviço de Proteção aos Índios), 253-5
Spix, Johann Baptist von, 238
Sprenger, Jakob, 53
St. Louis Children's Hospital (Missouri, EUA), 244
Staden, Hans, 246
Stanton, Gregory H., 212, 214
STF (Supremo Tribunal Federal), 90, 216, 324*n*
Stonewall, Revolta de (Nova York, 1969), 136, 137, 139-40, 143-5, 327*n*, figura 10

Störcklin, Johann Heinrich, *117*
Stratton, Charles (Tom Thumb), 286-7, *287*, 340*n*
Stregozzo, Lo (gravura de Musi), 54
Sudão, 166
sufrágio feminino, 68, 70
Suíça, 37, 56, 239
Sul e Sudeste do Brasil, 195-7, 253-4
Sumatra Ocidental (Indonésia), 41
Suméria, 259
sutiãs, 74, 322*n*
Symonds, John Addington, 123

Tácito, 47
Talmude, 28
Tamar (personagem bíblica), 49
Tarrant, Brenton, 153
Tarzan (personagem), 218-9
tattoo, etimologia da palavra, 274
Tatuagem (estudo médico-legal) (Ribeiro), 277
Tatuagem e criminalidade (Carvalho), 277
tatuagens, 104, 271-8, 300
Taunay, Escragnolle, 186-7
taxonomia das espécies, 224-5
Tebas (Egito), 162
"Teen-Age Girls: They Live in a Wonderful World of Their Own" (*Life*, 1944), 294
teenager, uso do termo, 294
Telêmaco (personagem mitológica), 48
Temperança (movimentos norte-americano), 66-8, figura 4
Templários, Ordem dos, 105
Ten Stages of Genocide (Stanton), 212, 214
Terra, planeta, 34
Terra do Fogo, nativos da, 292
terras indígenas, demarcação de, 257
Terreri, Guilherme, 315
terrorismo, 153, 159-60, 168, 256
Tertuliano, 48-9
testemunhas de Jeová, 24, 201
Texas (EUA), 37
Theatro Municipal (Rio de Janeiro), 252
Theodoro, Janice, 253
Thumb, Tom (Charles Stratton), 286-7, *287*, 340*n*
TikTok, 301

"todes", uso do termo, 147
Tomás de Aquino, São, *27*, 52
Torá, 102, 280
Torre Eiffel, 291
Torres, Carmelita, 190
Toulouse (França), 54
trabalhadores em situação análoga à escravidão, 197, 216
trabalho doméstico, 44, 57, 79, 216, 233
trabalho infantil, 293, 295
trans, pessoas, 82, 91, 128-38, *134-5*, *137*, *139*, 141, 144, 146
Transamazônica, 255
"transexual", cunhagem do termo, 135
transexualidade, 91-2, 94, 98, 110, 128, 130, *134*, 135, 142, 146
transfobia, 82, 92, 94, 138
transgêneros, 92, 94, 274, 327*n*, 339*n*
transição de gênero, 91, 113, 133, *134*
Transvestia (revista), 139
travestis, 94, 136-7, 140, *145*, 146, 311, 339*n*
travestismo, 99, 102-3, 111, 113-20, 128
Trevisan, João Silvério, 127, 326*n*
Triângulo de Afar (Etiópia), 30
Tribunal de Nuremberg, 200
Trier (Alemanha), 55
Trimalquião (personagem), 265
trovadoresca, poesia, 50
Trump, Donald, 192
"Tudo é baiano" (canção), 197
Tupinambá (indígenas), 56, 173
Turing, Alan, 130-1, 134
Turquia, 39-40; *ver também* Império Otomano
Tutsi (etnia africana), 201, 212
Twiggy (Lesley Hornby), 268
Tyldum, Morten, 130
Types of Mankind (Nott e Gliddon), 240

Ulisses (personagem mitológica), 48, 172
união civil de parceiros do mesmo gênero, 146-7
União Soviética, 146
Uomo delinquente, L' (Lombroso), 274, *275*
"uranismo", 127

Urbano II, papa, 108
Urbano VIII, papa, 119
Urias (personagem bíblica), 49
Uruguai, 247

"vadiagem", 37, 128-30, 138, 251-2
"vagabundos", 188, 274
Val (personagem), 79
Valeriano, 51
Valladolid, debate de (Espanha), 178
Vane, Sibyl (personagem), 124
Varazze, Jacopo de, 51, 320*n*
Varejão, Adriana, 150
Vargas, Getúlio, 12, 254
Varsóvia, ducado de (Polônia), 120
Vasconcelos, Simão de, 56, 321*n*
Vaticano, 112
Vega, Juan Galindo de la *ver* Cotita de la Encarnación (nome social de Juan Galindo de la Vega)
Velázquez, Diego, figura 24
Velho Testamento *ver* Antigo Testamento
Venezuela, 214
"Vênus" (estatuetas paleolíticas), 39, figura 1
Vênus Hotentote (Sarah Baartman), 289-90, figura 22
"viado", 86
Vieira, Luanda, 313
vigorexia, 303
Villas-Bôas, Leonardo, 254
Villas-Bôas, Orlando, 254
violência contra grupos socialmente marginalizados, 20, 146, 149, 207, 210, 216, 298; *ver também* estupro; feminicídio; genocídios
Virgínia (EUA), 58
virilidade, 80, *98*, 100, 118; *ver também* masculinidade, modelos de
virtù, conceito de, 58
visibilidade de grupos socialmente marginalizados, 133, 140, 144-5, 150, 253, 256
Vitória, rainha da Inglaterra, 130, 276, 286
voto das mulheres, direito de, 68, 70, figura 5
vulnerabilidade, 12-3, 146

Wa (designação depreciativa de japoneses por chineses), 173
Warhol, Andy, 144
Washington, George, 181
Weston, Mark, 133-4
Whipple, Evangeline Simpson, 127
Wilde, Oscar, 22, 105, 123-7, 129-30, 141-2, 144, 326*n*
Wilders, Geert, 324*n*
Willard, Frances, 68
Willendorf (Áustria), 39, figura 1
Wilsonia citrina (pássaro-cantor), 95
Wiradjuri (povo aborígene), 129
Wo, Yick, 185
Women's Convention (Akron, Ohio, EUA — 1851), 68, 70
Woolf, Virginia, 144
Würzburg (Alemanha), 55

xamãs, 321*n*

xenofobia, 22-3, 151-205, 212, 221, 244, 248, 290, 305, 324*n*, figuras 12, 14-6
Xenofonte, 44-5, 320*n*
xénos, 173
XXY (filme), 90

Yaccoub, Hilaine, 301
Yanomami (indígenas), 211-6, 256, 331*n*, figuras 20-1
"yellow peril" (EUA e Canadá), 182; *ver também* "amarelo", perigo (preconceito contra asiáticos)
You Are What You Eat (programa de TV), 269

Zeca Pagodinho, 84
Zeus (Júpiter, divindade greco-romana), 82, 109
Zoológico do Bronx (Nova York), 292, 340*n*
zoológicos humanos, 290-2
Zyklon B (gás venenoso), 191

ESTA OBRA FOI COMPOSTA POR OSMANE GARCIA FILHO EM MINION
E IMPRESSA PELA LIS GRÁFICA EM OFSETE SOBRE PAPEL PÓLEN NATURAL
DA SUZANO S.A. PARA A EDITORA SCHWARCZ EM SETEMBRO DE 2023

A marca FSC® é a garantia de que a madeira utilizada na fabricação do papel deste livro provém de florestas que foram gerenciadas de maneira ambientalmente correta, socialmente justa e economicamente viável, além de outras fontes de origem controlada.